사회적 대화와 스웨덴 노동법
Social Dialogue & Labour Law in Sweden

사회적 대화와 스웨덴 노동법
Social Dialogue & Labour Law in Sweden

초 판 인 쇄 | 2019년 1월 4일
초 판 발 행 | 2019년 1월 14일

지 은 이 | Axel Adlercreutz 외
엮 은 이 | 배 인 연
펴 낸 이 | 김 남 진
펴 낸 곳 | (주)중앙경제
편집 · 디자인 | 한 지 희

주 소 | 서울시 중구 다산로 11길 19(신당2동 355-8) 백석빌딩 신관 4층
전 화 | 02-2231-7293
팩 스 | 02-2235-5344
홈 페 이 지 | www.elabor.co.kr

출 판 등 록 | 80. 6. 21 제 2-66호

I S B N | 978-89-7017-411-2 (93360)
정 가 | 25,000원

사회적 대화와 스웨덴 노동법

Social Dialogue & Labour Law in Sweden

Axel Adlercreutz 외 지음

배 인 연 편저

(주)중앙경제

저자[1)]

AXEL ADLERCREUTZ

아셀 아들러크로이츠(1917-2013)는 1983년까지 스웨덴 룬트대학교에서 상법교수를 역임하였다. 1940년 룬트대학교에서 문학 학사학위를 받았으며 1943년 동 대학에서 법학사를 받았다. 졸업 후에 런던 대학교에서 정치경제학을 1년 더 연구하였다. 아들러크로이츠 박사는 짧은 기간(1952-3) 룬트 지방법원에서 법원실무를 맡기도 하였다. 1954년 법학박사를 받자마자 룬트대학교에서 사법 조교수로 임명되었다. 그는 룬트대학교에 남아 1959년 법학부 사법 주임교수가 되었고 1967년 사회학부 상법교수가 되었다. 1974년부터 1977년까지 사회학부 학장을 역임하기도 하였다. 아들러크로이츠 교수는 주로 노동법과 계약법 분야의 수많은 책들의 저자이기도 하다. 그의 저서들은 스웨덴 법률가에 의해 가장 많이 읽히는 책들 중 하나이다.

BRIGITTA NYSTRŐM

비르지타 니스트룀은 1957.4.23.에 태어났다. 1980년 스웨덴 룬트대학교에서 법학사를 받았다. 지방법원에서 법실무와 노동조합 변호사를 거친 후에 룬트대학으로 돌아와 1990년 법학박사를 취득하였다. 그녀는 1991년 사법 조교수로 그리고 1995년에는 사회학부 상법 교수로 임명되었다. 1999년부터 2000년 사이 그녀는 스웨덴 우메어대학교에서 법학교수를 역임하였다. 2001년부터 룬트대학교 법학부에서 사법학 교수가 되었다. 2002년부터 2008년 사이 법학부 학장을 맡았다. 2009년부터 2015년 동안 스웨덴과 유럽 법에 대해 스웨덴 조사위원장을 역임하였다. 그녀는 국가조정위원회와 같은 수많은 조사위원회와 정부 기구의 위원으로 임명되기도 하였다. 2007년부터 그녀는 유럽 이사회의 사회위원회의 구성원이 되었다. 그녀의 저서는 대부분 노동법과 유럽 노동법 분야이다.

편저자 배 인 연

법학박사(동국대)
공인노무사
서울중앙지방법원 조정위원
서울시노사정협의회 공익위원
노동법이론실무학회 부회장
인덕대학 학교법인 이사
동화노무법인 대표

---

1) 이 책은 사회적 대화와 스웨덴 노동법으로 구성되어 있는데 사회적 대화는 EU와 ILO의 여러 자료들을 참고하였고, 스웨덴 노동법은 웁살라대학의 '스웨덴 노동과 고용법(Swedish Labour and Employment Law)'을 포함하여 여러 자료를 참고하였으나 대부분은 볼터스클루어(Wolters Kluwer)사의 '스웨덴 노동법(Labour Law in Sweden)'이다. 따라서 이 책의 저자의 약력에 대하여만 소개한다.

머리말

밖으로는 세계 경제의 잦은 침체와 국가 간의 무역전쟁 그리고 실업의 증가와 복지의 위협은 세계적인 추세이다. 우리나라의 경우에도 최근 경제침체와 더불어 실업난이 가중되어 청년실업이 사회문제가 되고 있다. 그동안 우리나라는 경쟁적 사회구조와 취약한 사회보장제도 속에서 OECD 평균의 두 배가 넘는 갈등과 높은 빈부격차 그리고 세계 최고수준의 자살률을 겪고 있다. 우리나라가 현재 선진국의 문턱에 도달해 있으나 빈부격차 해소와 사회안전망 확충없이 이에 도달할 수는 없다고 본다. 세계 각국들도 실업을 해소하고 국제경쟁을 이겨내고 경제를 성장시키기 위해 모두 애를 쓰고 있다. 이러한 방법론중 하나가 사회적 대화(Social Dialogue)이다. 사회적 대화의 주된 주체는 사용자와 노동자 그리고 정부이다. 사용자와 노동자들이 기업을 통하여 사회적 부의 원천을 담당하기 때문이다. 대부분의 국가들의 사회적 대화의 목표는 경제 활성화와 사회안전망인데 예를 들어 일자리 창출과 빈부격차의 해소는 정부의 일방적인 정책만으로 한계가 있다. 한정된 일자리를 놓고 실업을 해소하기 위해서는 누군가 일자리를 나누어주어야 할 것이고, 경기가 침체된 경우 이를 극복하기 위해서는 임금이나 소득이 줄어들어야 할 것이다. 적자인 기업이나 조직이 존재할 이유가 없기 때문이다. 이러한 양보는 법과 제도로 강제할 수 있는 것이 아니고 당사자들 간의 대화를 통해 양보할 수밖에 없다. 따라서 지금은 경제위기를 겪고 있는 거의 모든 나라들이 사회적 대화를 진행하고 있고 우리나라의 경우도 1997년 IMF 경제위기를 계기로 사회적 대화체제가 만들어졌다. 세계 각국에서 진행되는 사회적 대화의 제도적 틀과 그 내용들을 살펴보고, 사회적 대화의 원조라고 할 수 있는 스웨덴의 사회적 대화과정과 그 내용을 살펴보고자 한다.

스웨덴은 스칸디나비아반도에 위치하고 인구가 약 900만 정도 밖에 되지 않는 소규모 나라이다. 농사도 제대로 지을 수 없는 척박한 땅과 추운 날씨로 인해 예로부터 노략질(바이킹족)을 통해 생계를 이어간 적이 있었고 19세기 중반까지 극심한 가난에 시달린 나라였다. 이러한 나라가 현재는 1인당 국민소득이 5만 불이 넘고 세계 최고의 복지국가로 인정받고 있다. 또한 실업률이 낮고 고용안정성이 높으며 특히 여성의 경제활동 참가율이 OECD 최고 수준인 약 80%에 이른다. 국제투명성기구(TI)의 부패인식지수(CPI) 조사에서 매년 톱 5위 안에 들 정도로 기업투명성이 높고 부패와는 거리가 먼 나라다. 그럼에도 불구하고 스웨덴은 산업강국으로 많은 세계적 기업들을 거느린 나라이다. 대표적인 것들이 스웨덴의 통신회사인 소니-에릭슨, 세계최대 의약품 '로섹'과 아스트라제네카, 항공사인 SAS, 산업공구 분야의 아트라스콥코, 하이테크 전투기와 자동차의 강자인 SAAB, 트럭의 대명사인 SCANIA, 초일류 엔지니어링 기업 ABB, 가전업체인 일렉트로룩스, 세계최대의 베어링 전문기업인 SKF 등 그 수는 200여개가 넘는다. 자원의 빈곤과 적은 인구로 인해 내수보다는 일찌감치 수출위주의 산업정책을 펼쳐왔고 이를 위해서는 대기업 중심의 산업구조를 가질 수밖에 없었다. 이러한 산업구조는 우리나라와 비슷한데 예를 들어 스웨덴에는 삼성과 견줄만한 발렌베리(Wallenberg) 가문의 기업들이 있다. 발렌베리 그룹은 1856년에 설립되어 약 160여개의 기업을 거느리고 있어 이 그룹의 경제력 집중도(약 30%)가 우리나라의 삼성그룹(약 25%)보다 더 심하다.

스웨덴이 노동과 복지를 중심으로 하면서도 강력한 산업정책과 대기업 중심의 산업구조를 갖고 있다는 것은 우리로서는 얼핏 이해하기 힘들다. 스웨덴은 노동조합 조직률이 80% 정도로 매우 높고 노동자의 경영참여 등 노동권을 잘 보장하고 있다. 반면에 경영권도 확실하게 보장하고 있는데 예를 들어 소수 주주인 대기업 소유주에 대한 기업지배권 보장, 즉시해고의 인정과 기업 경쟁력을 감안한 임금합의 등이 대표적 사례이다. 이러한 노동과 경영의 상호존중과 협력은 당연히 신뢰를 바탕으로 하고 있다고 생각되는데 이러한 신뢰는 정부의 중립주의 노선이 영향이 크다고 본다. 노사문제에 관한 한 정부의 개입은 최소화하고 당사자들이 스스로 결정하도록 하는데 이러한 입장은 입법과 법령에서도 나타나고 있다. 예를 들어 대부분의 나라들에 있어서 노동법령은 최소한의 노동조건 보장으로서 강제적 법령이 많은데 스웨덴 노동법의 많은 조항들이 당사자가 변경 가능한 반강제적(quasi-mandatory) 조항들이 많다. 이는 경영자들이 유연하게 기업을 운영할 수 있도록 해 준다. 정부가 중립적이 아닐 때 상대방에 대한 신뢰를 가질 수 없음은 당연한 귀결이라고 생각된다.

2018년 5월

배 인 연

Contents

제1장 사회적 대화 (Social Dialogue)

제2장 개별적 노동관계

제3장 집단적 노동관계

제1장

사회적 대화 (Social Dialogue)

NORWAY
SWEDEN
DENMARK
Hamar
Oslo
Drammen
Sandefjord
Rygge
Karlstad
Orebro
Vasteras
Norrkoping
Vanersborg
Goteborg
Jonkoping
Varberg
Halmstad
Kalmar
Angelholm
Malmo
Odense
Kiel
Rostock
Hamburg
Szczecin
Bremen
Hannover
Berlin
Poznan

제1절 사례와 기업지배구조

§1. 사회적 대화의 구조

1. 사회적 대화의 기초는 단체교섭이라고 할 수 있다. 우리나라는 기업별 노조가 중심이어서 단체교섭은 기업내부 문제로 치부될 수 있으나 산업별 노동조합의 경우에는 단체교섭이 국가나 전국 수준의 소득수준과 근로조건 등을 결정하게 된다. 이러한 결정은 전체 사회에 영향을 미치게 되고 국가가 중재자로 나설 경우 노·사·정에 의한 좁은 의미의 사회적 대화가 되는 것이다. 대표적인 것이 1938년 스웨덴의 샬트보덴 협약과 1982년 네덜란드의 바세나르 협약 그리고 1998년 스웨덴의 산업합의라고 할 수 있다. ILO도 사회적 대화를 '경제적 사회적 정책과 관련한 고통의 이해에 관한 주제에 대하여 정부, 사용자와 노동자들의 대표 사이에 교섭, 협의 그리고 단순한 정보교환' 이라고 정의하고 있다.[1] 이 후 그 주체와 다루는 주제가 확대되면서 서서히 단체교섭과는 별도의 제도로 발전되어 갔다. 그러나 단체교섭은 그 주체와 교섭대상이 법률로 정해져 있어 이에 구속받지 않는 사회적 대화와는 다르다.

2. 사회적 대화의 주체가 단체교섭 대상자 외의 사용자단체와 노동조합 단체의 확대는 물론 정부대표 외에 전문가 그룹이나 비정부기구나 1차 산업 대표들도 참여하는 경우도 있다. 그 논의 주제도 임금, 최저임금이나 노동조건 외에 사회보장, 소득정책, 기업 활동, 직업훈련, 더 나아가 사회·경제적 주제와 정부의 장기계획까지 확대되고 있다. 따라서 유럽에서는 "사회적 대화를 정부와 소득과 관련된 사회적 당사자들(노동자들과 사용자들) 사이의 공공의 정책협약, 정책 문제와 목표, 이를 이루는 수단과 관련되고 그 과업과 당사자들의 책임을 목적으로 하는 노동시장이나 복지 정책으로 정의한다"(Avdagic (2011a: 25-26) and Visser and Rhodes

1) European Commission, 'Social Dialogue', 2012, p.7.

(2011: 61)).[2] 한마디로 정부, 노동조합 그리고 사용자들 간의 노동과 복지와 관련된 공공정책에 대한 대화 또는 합의를 사회적 대화라고 할 수 있다. 논의 방식도 단순 자문에서 보고서 채택이나 발간, 회의체나 포럼, 논의의 창구역할, 선언서 채택 더 나아가 의사결정까지 다양하다. 조직도 공식적 조직과 비공식 조직 그리고 법률적 단체가 있는가하면 비법률적 단체 등 조직의 형태도 다양하다.

3. 사회적 당사자의 주된 주체가 노동자와 사용자라고 하였는데, 이들은 기업을 통해 부의 원천을 담당하고 있기 때문이다. 이들이 벌이는 산업별 임금교섭은 사회에 지대한 영향을 준다. 따라서 유럽에서는 이들의 관계를 노사관계(labor management relation)이 아닌 산업관계(industrial relation)라고 하고 더 나아가 이들을 사회적 당사자(social partners)라고 한다. 임금의 분배는 노동의 공급과 수요라는 경제적 원리로 이루어진다고 할 수 있다. 그러나 이러한 시스템은 사실상 힘의 우위를 점한 사용자들에 유리하게 정해짐으로써 소득격차와 많은 갈등을 야기해 왔다. 따라서 노동자들은 사용자에 대항하여 노동조합을 결성하여 파업권을 무기로 임금교섭을 할 권리를 법률로 보장받고 있다. 따라서 사회적 당사자의 실질적인 주체는 사용자단체와 전국규모의 노동조합이다.

4. 사회적 대화를 통해 몇몇 나라는 그 나라 고유의 거시적인 경제·사회 모형(model)을 만들어 경제위기를 극복해 왔다. 예를 들어 스웨덴은 노사 자율주의를 바탕으로 한 협력주의, 덴마크는 기업의 자율성을 보장하면서도 사회적 안정성을 강화한 유연안정성(flexicurity), 핀란드의 '협동주의적 정치경제 시스템' (corporatist political and economic system), 독일의 노사 간 공동결정제도를 통한 정부개혁, 아일랜드의 사회적 파트너십 등이 그것이다. 이들 나라의 목표는 경제활성화와 더불어 사회보장 정책이라고 할 수 있다. 사회적 대화 속에서의 경제활성화는 기업활동을 활성화하는 것인데 이를 위해 노동자의 참여를 활용하고 있다는 점을 눈여

2) N.N.J. (Nanda) Kurstjens, "The Dutch Polder Model: Social Pacts", Radboud University Nijmegen, August 2015, pp.16, 17. "social pacts are defined as publicly announced formal policy contracts between the government and social partners on incomes, labour markets or welfare policies that identify explicitly policy issues and goals, the means to achieve them, and designate the tasks and responsibilities of the signatories."

겨 볼 필요가 있다. 예를 들어 독일과 스웨덴은 경영에 노동자 참여에 따른 기업가치(주식평가)를 보장하여 외국자본으로부터 기업을 보호한 사례가 있다. 더 나아가 노동자들이 생산에 주도적으로 참여함으로써 생산성 향상에도 이바지하고 있다는 점이다. 이러한 문제를 기업지배구조(corporate governance)라고 하는데 각 나라의 사회적 대화 사례와 이에 대하여 간략하게 알아보고자 한다.

§2. 사회적 대화의 사례

Ⅰ. 덴마크 모형 (model)

5. 덴마크는 9세기경 독립국가를 이루어 13, 14세기에는 스웨덴, 노르웨이, 핀란드를 아우르는 북유럽 전역을 지배하는 대국이었다. 그러나 16세기 초 스웨덴 전쟁, 19세기 초 나폴레옹전쟁으로 노르웨이를 잃었으며 19세기 중반 프로이센과 오스트리아군에 패하여 슐레스비히-홀슈타인 지역을 잃었다. 15세기 중반 올덴부르크 왕조에 의해 의회 신설을 골자로 하는 자유헌법을 제정하면서 입헌군주제로 권력구조가 변하였다. 정식 명칭은 덴마크왕국(Kingdom of Denmark)이다. 북유럽에 위치해 있으며 면적은 4만 3천여 ㎢이며 그린란드(Greenland)와 패로(Faroe) 제도를 자치령으로 하고 있으며 수도는 코펜하겐(Copenhagen)이다. 인구는 역 600만 정도이다. 낙농업이 유명하고 식료품·철강·화학·기계공업 등이 발달했으며, 수산업도 발달되어 있다. 고도의 복지국가로서 사회보장비가 예산의 3분의 1을 차지한다. 2014년 현재 국내총생산은 3,420억 달러이며 1인당 국민소득은 4만 4,000달러가 넘는다. 정치체제는 입헌군주제의 내각책임제로서, 의회는 임기 4년의 단원제(179석)이다.

6. 덴마크에서는 이미 19세기 말부터 노동조합과 사용자 조직이 만들어져 노사관계가 형성되기 시작하였다. 덴마크 모형은 강한 노동조합 그리고 단체교섭과 단체협약 시스템 그리고 높은 노동조합 조직률을 바탕으로 하고 있다. 노사관계의 운영에도 정부 간섭은 최소화하고 있다. 그럼에도 불구하고 덴마크 기업의 경

쟁력[3]은 매우 높은데 이것이 덴마크 모델의 특징이라고 할 수 있다. 사용자의 해고제한을 완화하고 정부의 막대한 교육지원 그리고 노동시장 당사자들 즉 사용자와 노동조합이 모든 법률과 규정에 상당한 영향을 미칠 정도로 자율적인 시스템이다.

7. 덴마크 모델의 기초가 된 것은 9월 협약(September Compromise)인데 극심한 노사갈등을 겪은 지 몇 개월 후인 1899년 '덴마크 사용자협회' (DA)[4]와 '덴마크 노동자연맹' (LO)[5] 사이에 체결되었다. 두 당사자는 갈등을 중단하고 사용자들과 근로자들 사이의 장래의 규칙 설정을 위한 합의를 체결하였다. 9월 합의의 주된 내용은 지시하고 작업을 분배할 사용자의 권리를 인정하고 근로자들의 노동조합을 조직하는 것을 허용하는 것이었다. 더구나 당사자들은 단체협약에 들어가고 종료하는 규칙을 설정하고 쟁의행위를 시작하기 전에 고지할 것에 동의했다.

8. 최근의 3자협력의 사회적 대화는 2002년부터 고용창출을 위한 고용정책 개혁, 세계화 위원회, 노동시장과 관련한 모든 집단들을 위한 평생교육과 자격향상, 질병결근을 줄이는 것에 대한 3자 합의 등을 포함한다. 더구나 공공부문에서의 질적개혁을 위한 3자 위원회가 2007년 만들어졌는데 위원회는 공공부문에서의 경쟁력 향상을 위한 것이다. 더 나아가 정부는 2005년 일과 가정의 조화를 위한 일가정 위원회를 설립하기도 하였다.[6]

9. 덴마크 모델의 특징을 보면 첫째, 시장 수요에 대응하는 유연성인데 사회적 대화를 통해 유연성과 안정성(유연안정성, flexicurity) 사이의 균형에 도달한 것이다.

---

3) 세계은행에 따르면 덴마크는 기업하기 좋은 나라 5위에 해당한다.

4) 덴마크 경영자총협회(Dansk Arbejdsgiverforening, The Confedration of Danish Employers), 1896년 세워졌으며, 제조, 소매, 운송, 서비스와 건축 등 약 28,000여 개의 회사로 이루어진 14개의 경영자 조직을 대표한다. www.da.dk.

5) 덴마크 노동조합총연맹(Landsorganisation i Danmark, The Danish Conferation of Trade Unions)는 1898.1.3에 설립되었고 산하에 18개 연맹이 있다. 현재는 약 120만 명이 가입되어 있으며 사무직과 공무원연합인 FTF, 전문적 노조연합인 AC와 협력하고 있다. 회원들은 주로 숙련 또는 노동자계급의 비숙련 육체노동자, 방문판매원, 기술자, 생산적 종사자들이다. 1899년 경영자와 4개월간 대립한 끝에 9월 협약을 체결하였다. www.lo.dk.

6) 'European Social Dialogue', 2012, p.58.

그것은 기업들에게 시장수요에 맞추어 인력을 조정할 유연성을 허용한다. 이 결과, 연 중 덴마크 노동력 변동성은 전체 직업의 약 27%의 결과를 갖는 노동시장에 대한 높은 이동성이다. 대신 정부는 교육과 적극적 고용정책 그리고 사회보장 정책으로 이를 해결한다(안정성).

10. 둘째는 무분규이다. 이는 덴마크 노동시장 당사자들 사이의 높은 신뢰를 바탕으로 한다. 이러한 이유로 노동조합과 사용자단체들은 정부간섭 없이 교섭할 수 있고 합의에 도달할 수 있었다. 1950년 이래 민간부문에서 발생한 노사분규 건수는 5회에 그쳤다.

11. 세 번째는 단체협약 중심이다. 노동조합과 사용자단체들은 단체협약에 의해 노동시장을 규제하는 것에 동의한다. 특별한 영역에 대해서만 최소한의 법령만이 존재하는 데 이러한 법들은 대부분 EU 법으로부터 유래한다. 단체협약은 최저임금, 고용종료, 노동시간, 휴일, 연금, 직업훈련 등과 관련한 근로조건들을 규제한다. 덴마크 산업연맹(DI)은 대략 9,000개의 회원 기업을 거느린 최대의 사용자단체이다. DI는 200개 이상의 단체협약을 갖고 있다. 이러한 것 중 가장 큰 것은 '산업협약(The Industrial Agreement)인데 6,000개 기업에서 일하는 240,000명의 근로자에게 적용된다. 이러한 시스템과 단체협약 내에서 두 당사자들 즉 사용자들과 근로자들은 임금과 근로조건에 대해 그들 스스로 분쟁을 해결하고 합의한다. 이것은 덴마크 기업들의 경쟁력 향상과 그들의 일자리 창출의 효과를 가져왔다.

Ⅱ. Polder Model

12. 네덜란드의 명칭은 네덜란드 왕국(Kingdom of The Netherlands)이다. 수도는 암스테르담(Amsterdam), 행정부 소재지는 헤이그(Hague)이다. 면적은 4만 1543㎢, 인구는 약 1,700만 정도이다. 국토의 4분의 1이 해면보다 낮아 전통적으로 간척사업과 농지개량사업이 활발하고, 국토의 70%가 농목지로 낙농과 원예업이 크게 발달하였다. 주로 석유화학·금속·철강·수송·조선·식품가공업 등이 발달하였다. 2016년 현재 국내총생산은 7,625억 달러이고 1인당 국민소득은 4만 5,000달러 정도이다. 정부 형태는 내각책임제로, 총리는 형식상 국왕이 임명한다.

13. Polder라는 말은 네덜란드의 간척지를 말하고 온 나라의 국민들이 힘을 합쳐 자연재해를 무릅쓰고 해안 간척을 통해 국토를 크게 넓혀 온 것은 네덜란드의 커다란 특징이고 이는 곧 네덜란드를 뜻한다. Polder Model은 네덜란드가 어려운 자연환경 속에서 국토를 넓혔듯이 경제침체 속에서 노사정 3자가 대화를 통해 노사불안을 극복하고 경제위기를 극복한 것을 말한다. 그리고 이것은 더 나아가 네덜란드가 협의, 타협 그리고 공감을 기초로 협력정치의 지지기반이 되는 (단체)협약을 발전시키고, 이를 위해 반대자들을 대화로 이끌기 위한 정치적 결단의 바람직한 방법으로까지 인식되고 있다[7)]

14. 폴더 모델의 배경은 네덜란드의 협동주의적 사고의 전통이라고 할 수 있다. 이러한 코포라티즘(Corporatism, 즉 조합주의)은 전쟁 전 노사당사자의 사회참여를 독려하는 최고노동위원회의 설립부터 노동조합의 자본의 타도보다는 노동개혁주의 선회 그리고 사민당의 노사협조주의를 통한 정부의 적극적 개입을 내용으로 하였다. 노사협조주의는 기업차원에서는 사업장협의회(works council)를 통하여 그리고 산업별로는 단체협약에 의해 마지막으로 국가차원에서는 사회적 대화체제로 노동재단과 사회경제이사회(SER)가 있다.

15. 국가차원의 협의체제로서 사회 파트너십은 네덜란드 경제의 2차 대전 전후복구를 목표로 하는 노사 당사자들에 의해 1945년 설립된 노동재단(Foundation of Labor, Stichting van de Arbeid: STAR)과 1950년과 정부의 긴밀한 협조 속에서 진행되기 시작하였다. 경제 재건을 위해 정부의 임금통제권을 인정하고 노사가 이에 협조한다는 취지였다. 이후 노동재단은 정부의 각종 정책에 깊이 간여하게 되었고 더 나아가 이를 공식화하고자 1950년 산업조직법에 의거하여 사회경제이사회(SER, the social-economic council)[8)]를 설립하였다. 노동재단의 주목적은 노사 간의 대화를 촉진하는 것이고 정기적으로 매년 2 회 정부와 회의를 갖는다. 사회경제위원회는 노동자와 사용자의 대표들과 정부의 공익위원(독립된 전문가)들로 구성

7) N.N.J. (Nanda) Kurstjens, "The Dutch Polder Model: Social Pacts", Radboud University Nijmegen, August 2015, p.6

8) ibid, p.47. SER은 사회-경제 위원회(the social-economic council)라고 하는데, 노동조합, 사용자 그리고 독립된 외부전문가들로 구성된 3자 위원회이다.

된다.[9] 그 역할은 사회경제저책에 대한 정부와 국회에 대한 자문, 사회 파트너들과 관련된 법률의 집행, 사회적 경제적 이슈들에 대한 회의 진행, 협약들과 합의서 등에 대한 이행촉진 등인데 정부는 이를 통하여 사실상 노사정간의 합의를 실행하게 된다.[10] 사회경제이사회의 재원은 회원으로 가입한 기업들과 노동조합들이 부담한다.[11]

16. 이러한 협동주의는 줄곧 임금인상 억제와 고용안정을 목표로 하고 이를 실천하여 왔다. 이로 인해 1950년대 네덜란드 경제가 성장하는 계기를 만들었다. 이러한 소득정책은 노동재단을 뒷받침하는 중앙기획국(Centraal Bureau voor de Statistiek, CPB)이 경제전망을 제시하면 이를 근거로 노동재단에서의 노사 간의 대화와 사회경제이사회의 보고서 채택으로 합의가 이루어지는데 네덜란드의 임금억제 근거는 대부분 중앙기회국에 의해 제시되었다.[12]

17. 이러한 합의 중에 대표적인 것이 1982.11.24일 체결된 바세나르 협약(the Wassenaar Areements)이다. 당시 네덜란드 경제는 1970년대 말 오일쇼크로 국가 재정적자의 증가와 함께 국내총생산은 마이너스 성장을 기록하였다. 이에 따라 높은 물가상승과 약 13%의 실업률을 기록하였다. 이에 따라 노사불안도 격화되었다. 이를 타개하기 위해 임금인상 억제, 노동시간 단축, 일자리 분배를 통한 고용창출, 청년실업자들에 대한 훈련프로그램 기회부여, 사회보장제도 개혁 등 78개 사항을 내용으로 하였다. 이에 따라 그동안 단체협약 등에서 인정되었던 자동물가연동제를 폐지하였다. 동시에 정부는 이를 뒷받침하는 협력적 계획을 실시하였는데 세금과 사회보장의 감액을 통해 실질임금이 인상되도록 하였고, 단체교섭에

9) SER에 노동자 대표로는 네덜란드 노조연맹(FNV)가 7석, 네덜란드 전국기독교노조연맹(CNV)가 2석, 전문직 노조연맹(VCP)가 2석을 차지하고 있고 사용자 대표로는 네덜란드 경제인연합회(VNO-NCW) 7석, 네덜란드 중소기업연합회(MKB Nederland) 3석, 네덜란드 농업단체(LTO-Nederland 1석을 차지하고, 공익대표로는 독립적 전문가로서 네덜란드 중앙은행(DNB), 네덜란드 경제기획국(CPB) 대표가 를 포함하고 있다.

10) ibid, p.47.

11) 2017년 현재 1년 예산으로 1,500만 유로(우리나라 돈으로 255억 원) 정도이고 직원 수는 100여명이다.

12) ibid, p.35.

서 임금이 너무 높게 인상된다고 여겨질 경우 이에 제한을 가하였다.[13] 이를 통해 1990년대 후반의 네덜란드 경제기적을 만들어 냈다.

18. 1993년 협약에서도 임금인상 억제, 노동의 유연화(다양화)를 통한 고용확대, 이에 따른 정부의 세금감면을 내용으로 하였다. 특히 1995년 협약에서는 덴마크 모형의 특징인 고용의 유연안정성(flexicurity)에 관한 합의를 하였는데, 그 내용은 기간제 고용과 파견근로 등의 확대와 이들의 법적 지위를 강화하는 내용이었다. 이에 따라 이 시기 고용의 증가는 대부분 비정규직이었고 이들의 규모는 22.7%에서 38%까지 증가하였다. 이러한 협약은 유연안정성(flexicurity)에 관한 1999년 입법, 노동시간에 대한 2007년 입법으로까지 이어졌다.[14]

19. 이후에도 커다란 사회적 협약(social pact)이 있었는데, 2008년 세계적 경제위기가 시작된 이후인 2009.3.24. 캣취사코어드(Catshuisakkoord)라고 하는 합의서를 체결하였는데 이것은 2009년과 2010년에 즉시 경제를 살리고 정부 적자를 줄이는 수단들을 담고 있다. 긴축 수단들은 정년 연령을 65세에서 67세로 늘리고 건강보험 혜택과 공무원 봉급을 삭감하는 것이었다.[15] 그러나 2009년 추가 연금제도의 적용 연령을 늘리는 문제를 놓고 사회적 합의를 시도하였으나 노·사 간의 의견차로 실패하였다.[16] 그러나 2010년 6월 사회적 당사자들은 정년연금(AOW)[17]과 추가연금의 연령을 66 세로 늘리고 향후 연금으로 인한 재정악화를 방지하기 위해 기대수명과 연금 연령을 연동하는데 합의했다.[18]

20. 앞에서 본 바와 같이 네덜란드의 노사 파트너십의 근간은 노동시장에 대한 정부의 적극적 역할과 오랜 전통의 노사협동주의 외에도 노동조합의 중앙집권적

---

13) C. Maxwell Watson, Bas B. Bakker, Jan Kees Martin, Ioannis Halikias, “The Netherlands: Transforming a Market Economy”, IMF, 1999, p.29.

14) ‘European Social Dialogue’, 2012, p.137.

15) N.N.J. (Nanda) Kurstjens, “The Dutch Polder Model: Social Pacts”, Radboud University Nijmegen, August 2015, p.52.

16) ibid, p.66. 노동조합은 연금연령을 늘리기 전에 먼저 실업대책과 부자와 가난한 자 사이의 연대(소득)를 적용할 것을 요구했다.

17) 일반 노령연금.

18) ibid, p.73.

산별체제이다. 사회적 당사자들로서, 중앙에 가장 큰 3개의 노동조합이 있는데 사민주의를 근간으로 하고 190만 명의 조합원이 있는 '네덜란드 노동조합총연맹(FNV, Federatie Nederlandse Vakbeweging)' 과 개신교 계열의 40만 명의 조합이 있는 '국가기독교노동조합연맹(CNV, Christelijk Nationaal Vakverbond)' 그리고 16만 명의 조합원이 있는 '관리·감독직 노동조합(MHP)' 이 있다. 네덜란드의 노동조합 조직률은 대체로 30% 정도이다. 사용자 단체의 중앙조직은 '네덜란드 산업과 사용자연맹(VNO-NCW)' 이고 75%의 조직률을 갖고 있다. 네덜란드의 임금교섭은 전국, 산업별, 기업별로 이루어지지만 산업별 교섭이 그 핵심을 이룬다. 앞서 본 바와 같이 임금은 정부의 통제(사회적 협약) 하에 있고 산별교섭에서의 임금이 다른 교섭의 패턴이 되고 있다. 특기할 것은 네덜란드의 사업장평의회(Work's Council)도 임금교섭을 할 수 있다는 것이다. 이에 따라 기업 형편에 맞는 임금을 체결할 수 있고 이는 단체교섭의 분권화를 초래하고 있다.

Ⅲ. 핀란드 노사정 협동주의

21. 핀란드는 위에서 본 나라들과 달리 비중 있는 사회적 대화나 결과가 있는 것은 아니다. 다만 핀란드 노동정책은 노동조합과 사용자단체 그리고 정부 사이의 유기적인 협력체제(Finnish corporatism)에 의해 움직이고 있는데 이것을 '협동주의적 정치경제 시스템' (corporatist political and economic system)이라고 부른다.[19] 이의 연원은 1930년대로 거슬러 올라갈 수 있는데, 핀란드는 제1차 세계대전 중 소련으로부터 독립하였으나 제2차 세계대전 당시 소련과의 전쟁에 패한 후 소련은 핀란드에 막대한 전쟁배상금을 요구했고 이를 해결하느라 경제부흥을 이루어야 했다. 이를 위해 핀란드 정부 주도로 정부와 사용자 그리고 노동조합의 3자 위원회가 결성되었고 이들의 협동주의 체제가 만들어졌다. 이러한 협동주의는 단체교섭과 임금교섭 그리고 실업보험과 연금정책 등 사회보장정책에도 적용되고 있다.

22. 핀란드의 정치지도자들은 경제부흥을 위해 임금억제 정책을 시행하기 위

---

19) Juhana Vartianinen, 'The labour Market in Finland: Institutions and Outcomes', Prime Minister's Office, 1998, p.9.

해 노동조합의 협력이 필요했고, 이를 위해 노동조합을 억제하는 것이 아니라 그들의 통합을 바랬다. 그들은 만약 저축과 투자에 대한 거시적 분배가 국가에 의해 주도된다면 그러한 노동조합은 임금인상을 자제할 것이라고 생각했다. 협동주의 체제 하에서의 강력한 노동조합은 오히려 공산주의의 영향력과 정치적 압력의 영향에 대한 보장책이라고 생각되었다. 핀란드 정부는 각종의 노동조합 지원정책을 펼쳤는데 그 대표적인 것이 1967년 조합비에 대한 세금면제이다.

23. 경제정책은 1966년 설립된 노사 당사자들과 정부의 협의체인 경제이사회(Economic Council)에서 논의되었는데 여기에는 노사 지도자들과 서로 다른 이해관계를 갖는 조직을 대표하는 관료들 그리고 재정부 장관과 다른 정부기구들이 참여하였다. 이 단체는 공식적 권한이 없이 각 당사자들이 참여하는 중요한 의사결정에 관한 회의를 진행할 뿐이었다. 이 이사회에서 임명된 '소득정책정보위원회'(The Incomes Policy Information Commission)[20]라는 특별기구가 있는데 각 교섭 시에 노사당사자들이 납득할 만한 노동시장에 대한 정보를 제공하였다.

24. 핀란드의 단체교섭 구조는 다른 유럽 국가들과 마찬가지로 중앙 집중적이다. 여기에 정부도 직·간접적으로 관련되는데 임금교섭에 직접 참여하지는 않고 소위 브로커(broker)로서의 역할을 할 뿐이다. 즉 온건한 합의를 권장하고 교섭절차를 중재하고 세금과 복지정책 수단에 의해 임금억제에 대한 동기부여를 할 뿐이다. 따라서 교섭 주체는 어디까지나 노사당사자이다. 이러한 중앙 집중적이고 협력적 교섭은 강력한 임금억제와 연대임금정책(solidaristic wage policy)을 가능하게 하여 경제부흥과 공정한 분배에 기여했다. 이를 통해 핀란드는 1950년대 소련에 대한 막대한 전쟁배상금을 갚을 수 있을 만큼 경제를 성장시켜 1991년부터 시작된 경기침체로부터 1994년 경제를 회복하였다.

25. 중앙교섭은 각 산업별로 주요한 임금요소들을 결정할 뿐만 아니라 실업과 같은 사회보험 그리고 질병 수당이나 연금 등에 대해서도 논의한다. 협약이 체결되면 지역적으로 적용된다. 이러한 지역적 적용이 적용되지 않거나 중앙교섭의 결과에 불만이 있는 경우가 있는데 이 경우에는 기업 수준에서 노동자들과 사용

---

20) "Tulopoliittinen selvitystoimikunta"라고 하는데 통상 "tuposeto"라고 부른다.

자들이 또는 개별 노동조합들이 별도로 교섭할 수 있다.

26. 노동조합들은 기본임금 인상과 생산성에 따른 임금 다양성을 인정하고 있다. 임금에 대한 법적 기초는 단체협약이고 대개 산업별 사무직 근로자의 임금에 대하여 적용한다. 시간당 임금을 받는 육체노동자들과 사무직 근로자들은 별도의 단체협약을 적용받는다. 최저임금법과 관련한 법령은 없고 대신에 단체협약이 직업별 그리고 직업 수준에 따른 최저 임금표를 설정하고 있다. 따라서 이러한 임금표가 임금의 최저한으로 작용하고 있다. 그리고 이것은 법으로 비조합원에게도 확장 적용하고 있어서 핀란드에서는 단체협약 적용률이 90%를 넘는다. 단체협약에 의해 임금표(tariff wages)의 인상에 따라 적용받는 근로자들의 임금이 인상된다.

27. 그런데 임금인상에 대한 또 하나의 중요한 요소가 있는데 그것은 임금조정(wage drift)이다. 임금조정은 북구유럽에 필수적인 임금 항목인데 이것은 기업의 특정 이윤과 개별 실적에 따른 임금인상이다.[21] 이러한 임금조정을 통한 인상액은 모든 명목임금 인상의 1/3이나 된다. 이러한 수치는 스웨덴이 다른 북유럽 국가에 비해서는 낮다.[22] 물론 이것이 임금억제를 위한 협력을 헤치는 문제도 있지만 미시적 경제(생산성)에 영향을 주고 임금 유연성을 가능하게 한다. 그러나 중앙교섭 외에 지역적인 임금교섭은 하지 않고 중앙교섭에서의 전체임금 인상으로부터 자신들의 인상액을 도출한다. 따라서 상대적 임금에 대한 경직성을 보장하고 지역적 임금인상을 억제한다. 따라서 임금조정(wage drift)에 의한 인상이 있다고 하더라도 협력적 임금인상이 결정적 역할을 한다.

28. 단체협약 기간이 종료되는 경우 노동자들은 파업에 돌입할 수 있고, 사용자는 직장폐쇄를 할 수 있다. 핀란드에는 공식적인 조정시스템(the National Conciliator)이 있는데, 파업을 하려는 당사자는 미리 관련 조정인에게 고지하고 조정절차에 임하여야 하며, 단체협약이 체결되면 당사자들은 평화의무를 준수하여야 한다.

---

21) 이는 개인별 성과급이라고 말할 수 있다.

22) Juhana Vartianinen, 'The labour Market in Finland: Institutions and Outcomes', Prime Minister's Office, 1998, p.21.

Ⅳ. 독일의 사회적 대화와 하르츠 개혁(Hartz Reforms)

29. 독일은 다른 나라들과 같이 제도적으로 명시적인 사회적 대화 기구가 없으나 사안이 있을 때마다 사회적 대화를 진행하였다. 그 이유는 강력한 법적 보장 즉 노동자 기구(Works Constitution)를 형성하여, 기업별로는 사업장평의회(works council), 산업별로는 노동조합 그리고 경영단계에서도 공동결정제도(Mitbestimmung)를 통하여 제도적인 사회적 대화를 하고 있다.

30. 그럼에도 불구하고 경제위기 때마다 노사정은 별도의 대화를 진행하였던 사례가 있다. 1990.10.3. 독일 통일 후 몇 년간 독일 경제는 정체가 시작되었다. GDP 성장률은 1995년과 2001년 사이 1.6%에 불과했다. 2002년도에 실업률은 13.4%에 달했고 독일의 복지도 과하게 지출되었다. 고임금과 복지비용의 증대는 사용자들로 하여금 해외로 진출하도록 하였고 이로 말미암아 실업은 더욱 증가했다. 이를 해결하기 위해 임시적인 사회적 대화를 통해 단시간 노동을 확대하는 대신에 단시간 노동자들에게 '단시간 노동수당(Short-time allowance)' 을 지급하고 단시간 노동자들이 정규 노동자의 기회를 주기 위한 교육프로그램을 진행하였다. 단시간 노동수당은 예상 임금의 60% 정도이다. 중요한 것은 이에 대한 부담을 정부가 지원한다는 것이다. 사용자는 고용을 확대하고 노동조합은 비정규노동을 허용하는 한편 정부는 이에 대한 비용을 부담한다는 노사정의 사회적 합의의의 결과인 것이다.[23] 이러한 고용보장 방안은 2010년 2월 독일 사용자단체와 독일 금속노동조합인 IG Mellal 사이에 단체협약으로 발전되어 수습근로자(trainees)의 고용보장까지 확대하기도 하였다. 그러나 이러한 것들은 일부 지역이나 한시적인 성과로 그쳤다. 따라서 독일은 사회적 대화보다는 정부의 일방적 개혁에 의해 경제를 극복한 사례라고 할 수 있다.

31. 1998년 당선된 사민당의 Gerhard Schröder 수상은 실업률을 낮추겠다는 선거공약에 따라 2002년 당시 폭스바겐의 이사였던 Peter Hartz를 초빙하여 2003년과 2005년 사이 "고용시장의 개혁을 위한 입법(Laws for Reform of the Job Market)"

---

23) Dr. Jörg Weingarten, 'Short Summary – Germany: Social Dialogue in Times of the Crises'.

소위 하르츠 개혁(Hartz Reforms)을 추진하였다.

32. 먼저 연방노동청(FLO)의 기능을 더 확대하였는데 실업자들에게 교육상품권(voucher)을 지급하는 사업과 실업자 대책을 위한 전국조직인 '인력서비스청(Personal-Service-Agentur, PSAs)'을 설립하는 것이었다. PSAs의 주 업무는 실업자들에 대한 적극적인 취업활동인데 연방노동청(FLO)이 추천하는 사람을 기업에 알선하는 일이다. FLO로부터 이에 대한 비용도 받았는데 개별 취업자에 따른 보너스도 추가로 지급되었다.[24] 교육상품권은 선발된 실업자들에게 지급되었고 사례전문가(Caseworkers)들에 의해 결정된 교육부문을 스스로 선택하게 하는 것이었다. 그러나 PSAs의 취업 성공률이 기대에 미치지 못하자 2006년 폐지되기에 이르렀다.[25]

33. 임시직의 확대와 PSAs의 취업노력에 대해 독일 노동조합들은 임시직의 확대는 조합원 감소를 의미하므로 빈대에 나섰다. 이에 독일정부는 두 개의 주요 사용자단체들과 독일 노동조합총연맹 사이에 임시직 노동자들에 대한 별도의 단체협약을 맺지 않으면 현행법으로 임시직을 처음부터 동등하게 처우할 것이라고 위협하여 단체협약을 맺도록 하였다.

34. 임시직의 확대를 위해 새로운 형태의 임시직 고용을 인정하였는데 "Minijobs"과 "Midjobs"이다. 이들은 단기간 고용과 파트타임 고용을 의미하는데 주 15시간의 제한을 폐지하면서도 해고, 최저임금, 휴일 등의 근로조건들은 통상근로자와 동등한 처우를 보장하였다. 급여에 따라 그리고 사회보장 혜택에 따라 "Minijobs"과 "Midijobs"으로 구분한다.[26] Minijob은 급여가 450 유로 이하의 직종을 말하고 사회보험이 적용되지 않지만 일정한 경우 사용자가 이를 부담한다.[27]

---

24) 참고로 2005년도에 6개월 동안 500유로를 받았다. Janine Leschke, Günther Schmid, Dorit Griga, On the Marriage of Flexibility and Security: Lessons from the Hartz-reforms in Germany, WZB Social Science Research Center Berlin, April 2006.

25) Glyn Gaskarth, 'The Hartz Reforms', 2014, p.18.

26) ibid, p.19, Minijob의 최대 소득은 € 325에서 € 400로 인상시켰다.

27) 우리나라에도 불법이긴 하지만 저임금 근로자의 경우 사회보험료를 줄이기 위해 사회보장 혜택을 포기하는 사례가 많다.

Midijob 월급 총액이 450.01 유로에서 850.00 유로 사이인 경우이고 사회보험료가 통상 고용보다 줄어든다. 그러나 이 경우에도 사회보험 부담금은 사용자가 부담한다. 독일정부는 이러한 직업을 인정함으로써 고용확대와 더불어 사회보험료의 증가를 억제하였다. 이들의 대표적인 것들이 가사도우미들(예를 들어 가정부, 보모 등)이다.[28)]

35. 하르츠 개혁은 또한 실업자들로 하여금 자영업이나 창업을 독려하였는데 이는 Ich-AG (영어로 "Me Inc.")법에 의해 3년간 창업수당을 지급하고 세금혜택을 부여하였다. 이에 의한 창업은 주로 서비스, 건설, 무역, 공예 및 IT 분야였다. 이외에도 직업을 거부하는 사람들에 대해 사회보험 혜택을 줄이고 사회보장 체계를 통합하기도 하였다. 독일은 하르츠 개혁을 통해 2005년과 2006년 11% 정도의 실업률에서 2012년 5.5%까지 낮추었고 250만 개의 일자리를 창출하였다.[29)]

Ⅴ. 프랑스

36. 프랑스는 자유주의적 사고로 통합주의를 내세우는 사회적 대화에는 소극적이었다. 그러나 늘어나는 국가 연금의 고갈과 청년실업을 해고하기 위한 정책이 노동조합과 시민사회의 반대로 무산되자 정부는 사회적 대화의 필요성을 인식하게 되었다. 2006년 헌법상 자문기구인 경제사회이사회(Conseil économique, social, CES)는 정부에 대한 보고서에서 사회적 대화의 필요성을 강조하였다. 그리고 이는 정부에 수용되어 일관되게 현재까지(에마누엘 마크롱 대통령) 사회적 대화를 추진하게 되었다. 사회적 대화를 위해 노동조합 대표와 사용자 대표의 대표성을 강화하기 위한 법률도 정비했다.[30)]

---

28) 'Minijob - Midijob: Baustein für die Rente', Deutsche Rentenversicherung Sicherheit für Generation, 2018.

29) ibid, p.41.

30) 프랑스 노동조합 대표성의 인정조건은 노동법상 광화국 가치의 준수, 독립성, 조합활동의 영향력 등 다소 추상적인 기준이고 이는 사용자의 대표성도 마찬가지이다(배인연, 우리나라 집단노동법의 형성과정과 외국법의 영향). 이를 종업원대표 선거결과와 사용자의 경우 가입된 기업수와 고용한 노동자수 등을 기준으로 명확히 하였다.

37. 사용자와 노동조합 연맹이 정부정책에 영향을 주기 위한 3자기구가 '환경, 경제와 사회 이사회(Conseil économique, social et environmental, CESE)' 인데 헌법상 자문기구로서 기능하였다. 이것은 1946년 헌법상 설립된 경제이사회(Conseil économique)가 1958년 경제사회이사회(Conseil économique, social, CES)로 명칭을 변경하였고 2008년 환경문제를 포함하여 현재의 CESE로 다시 명칭을 변경한 것이다. 여기에는 사용자 단체와 노동조합 단체뿐만 아니라 소비자 단체나 정부에 의해 임명된 개별 전문가들도 참여한다. 이 기구는 스스로 공통사를 찾는 것이라기보다는 정부가 그의 사용자들과 노동조합들에게 그의 정책을 설명하고 정보를 제공하는 기구에 불과하였다. 프랑스는 전통적으로 통합적으로 운영되는 나라가 아니었기 때문이다. 통합적 기능(비구속적인 속성)은 예를 들어 2003년도의 연금개혁과 2004년도의 건강보험 개혁과 같은 커다란 사회개혁 기간 동안에만 작용하였다.

38. 그러나 이러한 사회적 당사자들은 현재 공공 건강보험, 실업수당과 사회보장위원회와 같은 특정한 사회보장 분야의 경영에 깊이 간여할 뿐만 아니라 민간 건강보험 체계(mutuelles)와 연금제도, 직업교육에서 중심적 역할을 하고 있다. 정책협력의 국가체계는 지역적으로 발전된 3자의 사회적 대화에 의해 완성된다. 프랑스 경제계는 지난 세기 동안 이러한 3자 시스템을 비판해 왔다. 그러므로 프랑스 경영자단체(MEDEF)는 현재 이러한 협의체에 선택적으로 참여해 왔다. 그럼에도 불구하고 2008년 사용자 단체와 5개의 노동조합연맹 중 4개(CGT 제외)는 '노동시장의 현대화' 에 대한 협약을 체결하였다. 이 협약은 고용의 유연화를 위해 고용계약 종료에 대한 프랑스식 유연안정성(flexicurity)을 도입하였다. 2008.12.16. 사용자와 노동조합 단체들은 실업수당 축소에 대한 협약을 체결하였는데 그것은 최소의 수당 유효기간의 축소를 조건으로 2009년 7월부터 기업 부담금을 축소하였다. 그러나 이 협약은 한 노동조합연맹(특히 CFDT)을 제외하고 다른 4개 노동조합들은 이의 서명을 거부하면서 재협상을 요구하고 있어서 그 당시 효력이 발생하지 않았다.

39. 프랑스의 사회적 대화를 현대화하는 2007년 법은 개별 또는 집단 노동관계, 고용, 직업교육에 대한 의무적 협의체제를 만들었다. 그러나 사회보장과 세금정책들과 같은 노동규제에 직접적 영향을 갖는 다른 개혁들은 이러한 절차에서 배

제되었다. 새 법은 노사관계, 고용과 직업교육의 분야에 대한 개혁들은 먼저 전국 수준에서의 노동조합과 사용자 단체 대표와의 협의대상이 되어야 한다고 규정하였다. 정부는 이러한 단체들에 진단, 목적과 제안취지를 설명하는 정책 자료를 제공하여야 한다. 이 때 사회적 당사자들은 교섭여부와 협의기간을 제시할 수 있다.

40. 2007년 법안의 구체적 내용은 다음과 같다.

· 노사관계 개혁을 위한 전국 교섭위원회(Commission nationale de la négociation collective, CNNC).
· 고용개혁을 위한 고용확대 위원회(Comité supérieur de l'emploi, CSE).
· 교육훈련 개혁을 위한 전국 평생교육 위원회(Conseil national de la formation professionnelle tout au long de la vie, CNFPTLV).

이러한 기구들을 대표하는 사회적 당사자들은 정부의 제안들이 단체협약 범위 내에 있는 것인지를 평가할 수 있고 의견을 제시할 수 있다. 새 법에 따라 정부는 매년 CNNC에 다음 해의 개혁 내용뿐만 아니라 관련 분야에 대한 주된 정책들을 설명하여야 한다. 동시에, 사회적 당사자들은 전국적 단체교섭의 진척상황과 다음 년도 계획을 세워야 한다. 더구나 정부는 전년도의 협의 상황에 대한 연차 보고서를 국회에 제출하여야 한다.[31)]

Ⅵ. 아일랜드 모형

41. 유럽 빈국 중 하나였던 아일랜드는 1979년 오일쇼크로 더 큰 경제위기를 맞았다. 1980년대 인플레이션이 17%까지 치솟고 실업률은 17.5%에 달했다. 이를 극복하기 위해 정부는 외국자본을 유치하고 국내 기업(주로 IT분야)을 활성화하기 위한 사회적 공감대 마련을 위해 사회적 대화를 시작하였다.

42. 1987년부터 국가의 3자 정책협력에 대한 아일랜드 모델이 발전하여 변화의 시기에 이르렀다. 중앙협약과 관련한 핵심은 장기 정책방향에 대한 것이다. 이러한 국가의 정책협력은 정부, 사용자들 그리고 노동조합들과 자문그룹을 통하여

---

31) 'European Social Dialogue', 2012, p.71-73.

경제와 사회의 정책결정에 맞추어져 있다. 특히 노동조합들에게 많은 권한을 주어 경제적인 사업장 문제들을 넘어 사회정책에 폭넓은 영향력을 갖게 하였다.

43. 이를 위한 3개의 협의기구들이 있는데 그것은 '국가경제사회이사회(National Economic and Social Council (NESC))', '국가 경제사회 포럼(National Economic and Social Forum (NESF))', '파트너십과 성과를 위한 전국센터(National Centre for Partnership and Performance (NCPP))' 이다. 현재 이러한 기구들은 '국가경제사회발전청(National Economic and Social Development Office (NESDO))' 이 관할하고 있는데 그것은 3 기구들을 지원하고 연구, 분석과 회의를 촉진하고 이에 대한 편의를 제공한다. 특히 1972년 설립된 국가경제사회이사회(NESC)에서 노사정의 '공동분석' 보고서의 발간을 통하여 사회적 공감대 형성과 중앙차원의 정책협의의 기초를 제공하고 있다.

44. 사회적 파트너십이 시간이 지남에 따라 정부, 사용자들과 노동조합들에서 다른 공동체와 자발적인 사람들을 대표하는 집단들이 이 과정에 참여하였다. 거시경제 전략에 대한 전국적 협상은 자문위원, 작업집단, 회의체와 포럼으로 확대되었다. 그 결과 1987년 국가재건프로그램(programme for National Recovery) 협약을 체결을 하여 재정과 환율 정책, 공평과세 시스템, 부적절한 사회보장 축소, 고용확대 등에 대한 광범위한 사회계획을 추진하였다.[32] 그러나 몇몇 비판자들은 사회적 파트너십이 너무 많은 그룹들과 위원회로 확대되었다고 주장한다. 경제발전, 노동조직, 평생교육, 공공주택, 가난과 소외 등을 포함하여 공급측면에 관심사가 증가하였다. 임금은 항상 주된 이슈가 되어 전국협약의 바탕이 되어 왔다. 정부는 한편으로 노동자의 소득을 증대하는 한편 외국의 투자를 유치하기 위해 법인세를 낮추어야 했다. 이에 따라 체결된 2008년 전국협약(개혁협약, Transitional Agreement)에서 임금인상이 이루어졌다. 일부는 이것이 비록 양질의 공공서비스 투자에 대한 비용이라고 하더라도 결국 세금과 임금의 거래에 불과하다고 비판하였다. 이와 함께 협력 세금의 명목으로 12.5%까지 세금인하를 단행하였다. 이러한 세금인하는 아일랜드에 많은 외국인 직접투자를 유도했다.

---

32) programme for National Recovery

45. 사회적 협약 하에 진행한 아일랜드의 경제는 1990년대에 비약적으로 성장하여 당시 연평균 경제성장률이 9.9%에 달했으며 실업률도 1987년 16.8%에서 1990년 4%대로 안정되면서 '켈트의 타이거(Celtic Tiger)'[33]라고 불릴 정도로 놀라운 경제성장을 달성하였다. 이후 국제금융위기로 부동산 가격의 붕괴와 외국인 투자의 급격한 위축으로 경제위기를 맞았으나 2011년부터 정부의 과감한 긴축정책으로 IMF 구제금융에서 벗어나 다시 경제성장을 추구하고 있다.

Ⅶ. 기타 국가들의 사회적 대화

46. 이제 사회적 대화는 북유럽 등 일부 국가들만의 전유물은 아니다. 정도의 차이는 있지만 지금은 경제위기를 겪는 거의 모든 나라가 사회적 대화를 하고 있다. 칠레, 멕시코, 콜롬비아, 코스타리카. 니콰라과, 도미니카, 브라질 등의 남아메리카와 튀니지[34], 카메룬, 세네갈, 토고, 기니, 남아프리카 공화국 등 아프리카 그리고 방글라데시, 베트남, 미얀마, 캄보디아, 말레이시아, 싱가포르 등 일부 아시아 국가[35] 그리고 오만, 이라크, 팔레스타인, 레바논 등 아랍 국가들 사이에서도 사회적 대화를 진행하고 있다.[36]

47. 오스트리아는 가장 강력한 제도적 기구로서 소위 'Parity 위원회(Paritätische Kommission)'가 있는데 정부 대표와 4개의 노사단체로 구성되어 있다. 여기서는 일반적인 경제와 사회문제들을 다룬다. Parity 위원회 산하에는 경제사회 자문위원회, 국제부문, 임금부문, 경쟁력과 가격 부문 등을 두고 있다.

48. 벨기에는 사회적 대화기구로 국가노동이사회/국가고용위원회(Conseil National du Travail/Nationale Arbeidsraad, CNT/NAR)와 중앙경제위원회(Conseil Central de l'' Économie/Centrale raad voor het bedrijfsleven, CCE/CRB)가 있다. CNT/NAR은 단

33) 당시 미국의 투자 은행인 모건스탠리는 국민 대부분이 켈트족인 아일랜드를 한국·대만·홍콩·싱가포르 등 아시아의 네 마리 호랑이에 빗대어 이런 별명을 붙였다.

34) 튀니지의 사회적 대화기구인 '국가대화기구'는 자스민 혁명을 통한 다원적 민주주의를 확립한 공로로 2015년 노벨평화상이 주어졌다.

35) 이러한 아시아 국가들은 임금에 한정하여 사회적 대화를 진행한다.

36) ILO, 'Social dialogue and tripartism', 2018, p.19.

체협약 체결을 책임질 뿐만 아니라 정부에 대한 자문역할도 하는 양자기구이다. CCE/CRB은 노동자와 사용자 측으로부터 온 동수의 대표자들로 구성된다.[37)]

49. 불가리아는 최근 사회적 대화기구가 만들어지기 시작하였는데 그것이 1993년 설립된 노·사·정의 '3자 협력 국가이사회(the National Council forTripartite Cooperation, NCTC)' 이다. 이것이 다루는 주제들은 노동, 사회복지 그리고 삶의 질에 대한 것이다.

50. 체코에서는 RHSD가 국가 수준에서 사회적 대화의 주체로서 역할을 한다. RHSD는 엄격히 자문으로서의 기능을 하지만 그 범위는 유럽국가들 중 가장 포괄적이어서 경제정책, 노사관계, 단체교섭과 고용, 사회 이슈들, 공공기관의 임금, 공공행정, 산업안전, 인적자원의 개발과 교육, EU 내에서의 체코의 역할 등을 취급한다.

51. 그리스 최고의 사회적 대화기구는 경제사회이사회((Οικονομική και Κοινωνική Επιτροπή, OKE)인데 이것은 EU의 사회적 대화기구인 유럽경제사회위원회(EESC)를 모델로 2232/1994 법에 따라 설립되었다. OKE는 사용자들과 노동자들 그리고 독립된 전문가들과 자영업자들 그리고 지방정부 조직 3부분으로 구성된다. OKE는 문서로 된 의견서를 제출함으로써 정부에 자문역할을 하는데 이것은 폭넓은 사회경제 정책과 관련한 문제들에 대한 공식적 법적절차 이전에 이행되어야 하는 의무적 절차이고 필요한 경우 정부에 의해 요구될 수도 있다. 더구나 OKE는 중요하다고 생각되는 주제에 대하여 자문을 발의할 수도 있다. OKE에 의한 의견들(2007년 말까지 약 200여 회)은 만장 일치된 의견과 적어도 2가지의 반대의견을 가진 의견을 포함한다. 그러나 정부가 OKE의 의견을 채택하지 않는 경우도 있다.[38)]

52. 헝가리는 1988년부터 '국가 이익조정이사회(National Interest Reconciliation Council, OÉT)' 가 선택된 노동 이슈들에 대해 3자 협상과 전국협약을 위해 사회적 당사자들과 정부를 위한 제도적 틀로 자리매김하고 있다. OÉT와 나란히 '헝가

37) ibid, p.33.
38) ibid, p.86.

리 경제사회이사회(Gazdasági és Szociális Tanács, GSZT)가 중장기 주요 국가적 수준의 전략적 계획을 위한 자문회의로서 2004년 8월 설립되었다. GSZT는 모든 사용자 단체와 OÉT를 대표하는 노동조합을 포함하는 사회적 파트너들과 상업과 산업 담당자들, 헝가리 과학아카데미 전문가(Magyar Tudományos Akadémia, MTA)들뿐만 아니라 외국인 기업과 은행 단체들, MNB의 통화이사회와 다양한 비정부기구(NGOs)들도 아우른다. 그러나 아직 뚜렷한 사회적 협약(social pact)이 체결되지는 않았다. OÉT는 정책과 우선적 과제를 입안하는 것뿐만 아니라 경제, 사회 고용과 기타 노동관련 법률에 대해 사회적 당사자들과 함께 협의에 대한 틀을 제공한다. 또한 국가와 관련된 그리고 사업장에서의 주요 이해관계자들에 대한 경제와 사회적 문제들에 대해 종합적 논의의 장과 의견교환의 회의체이기도 하다. 정기적인 본회의 외에, 몇몇의 하위 위원회와 별도의 3자 기구들은 법안에 참여하기도 한다. 사회적 대화의 주제는 노동시장 문제들, 사회정책, 최저임금과 임금인상 권고안, 세금개혁을 포함하고 노동시간 단축과 직업교육도 다룬다. OÉT는 최저임금에 대한 국가 차원의 교섭의 장이고 임금인상에 대한 연차권고안을 제시한다. GSZT 정부의 다양한 정책발의에 대해 협의할 것을 요구하였는데 이에는 전략적으로 중요한 ' 새 헝가리 계획(New Hungary Programme)도 포함하는데 이것은 EU 기금에 대한 로드맵에 대한 것이다. 지금까지 여기서 제기한 가장 중요한 전략적 제안들은 기후변화, 혁신과 협력에 대한 사회적 책임 차원의 인적자원에 대한 국가적 계획이다. 그러나 2006년까지 모든 전략적 계획들은 논의 과정에 있지도 않고 GSZT 조차도 활동이 미미하다.[39)]

53. 이탈리아에서 사회적 대화에 대한 제도적인 틀은 없으나, 정치적 협력체제는 다양한 경우에서 중요한 역할을 해 왔다. 소득정책을 위한 새로운 제도 확립, 협상절차의 재구축, 노동조합 대표 형태의 변경, 고용정책과 생산시스템을 지원하기 위한 수단들에 대한 1993년 7월 '3자 합의' 는 이탈리아 노사관계 역사에서 새로운 전환점으로 간주된다. 1990년 또 다른 협력 협약이 연금개혁(1995), 노동시장 개혁(1996) 그리고 경제성장(1998)을 내용으로 하여 체결되었다. 그러나 2000년부터 사회적 협력은 논란거리가 되면서 줄어들었다.

---

39) ibid, p.93

2002년 사용자 단체들과 노동조합들(가장 큰 노동조합 연맹인 Cgil은 제외)과 함께 정부는 소위 '이탈리아 협약(Patto perl'Italia)'에 합의하였다. 이 협약의 내용은 소득정책, 노동시장 개혁, 세금감면, 투자와 고용에 대한 것뿐만 아니라 실업수당과 사회보장을 개혁하는 것을 포함하였다. Cgil이 이 협약에 서명하지 않은 근본적인 이유는 협약이 해고보호에 대한 취약하다는 것이었다. 2007년 복지시스템에 대한 협약이 복지, 노동시장과 연금과 관련하여 6개 분야에 대하여 체결되었다. 이 협약은 2007년 근로자 투표로 통과되었는데 Cgil에 속한 노동조합인 '화이트칼라와 블루칼라 금속 노동자 이탈이아연맹(Federazione Italiana Operai Metalmeccanici, Fiom)' 에 의해 거칠게 항의를 받았으나 사용자들로부터는 지지를 받았다. 2009년 Cgil의 분명한 반대에도 불구하고 정부와 사회적 파트너들은 단체교섭 구조개혁에 관련하여 앞서 언급한 협약을 체결했다.[40)]

54. 폴란드에서의 3자 대화포럼은 '사회 경제적 문제들을 위한 3자 위원회(Trójstronna Komisja ds. Społeczno Gospodarczych, TK)' 인데 이것은 2001.7.6 법에 의한 것이다. TK 구성원들은 수상에 의해 임명된 정부대표들, 전국수준의 노동조합과 사용자 단체이다. TK는 기업에서의 임금인상 지침을 만드는 것과 국가 예산영역 두 부문에서만 권한을 갖는데 이 부문은 광범위한 공공영역에서의 임금에 직접으로 영향을 미치고 국가 예산의 편성 초기에 참여한다. 더구나 TK는 만약 문제를 해결하는 데 사회 평화에 중요하다고 생각되는 경우 경제적 사회적 사건들에 대하여 의견을 표명할 권리를 갖는다.[41)]

55. 포르투갈의 사회적 대화기구인 CPCS는 1984년 만들어졌다. 노동조합들은 CGTP와 UGT에 의해 대표되고 사용자들은 CIP, CCP, CAP, CTP에 의해 대표되고 있다. CPCS는 경제사회이사회(Conselho Económico e Social, CES)의 공식조직인데 이것은 폭넓은 공감대로 정부와 시민사회 사이에 협력적 기구로서 만들어졌고 사실상 완전히 독립적 기구이다. CPCS 설립 초기, 소득정책들은 CPCS 중앙 이슈들이었다. 1990년 체결된 경제사회 협약은 직업교육(vocational education and training, VET)과 건강, 안전 문제들을 포함하여 다른 문제들에 대한 협상의 길을 열었다.

40) ibid, p.109.
41) ibid, p.149.

경제위기 이후 VET, 사회적 대화는 건강과 안전 그리고 공공 연금계획에 대한 4가지 특별협약을 2001년 서명함으로써 새로운 전환기를 갖게 되었다. 이러한 협약은 소득 협약의 종말과 함께 폭넓은 주제 그리고 특정한 분야에서의 새로운 협약의 시작이 그 특징이라고 할 수 있다.

2005년과 2006년 사회적 당사자들은 단체교섭과 VET에 대한 첫 번째 쌍무적인 협약을 체결했다. 2006년과 2007년에는 3개의 사회적 협약이 이어졌는데 2001년 체결된 같은 주제들을 다루었다. 새로운 주제들이 2006년 전국 최저임금 인상에 대한 3자 협약과 노동법의 개정에 대한 협약에 대하여도 다루어졌다. 이러한 두 가지 협약 중 첫 번째 것은 모든 사회적 당사자들에 의해 서명되었으나 '포르투갈 총노동조합연맹(Confederação Geral dos Trabalhadores Portugueses, CGTP)' 은 후에 반대하였다.[42]

56. 스페인에서 지난 몇 년간 국가적 사회적 대화가 집중되었다. 그것은 새로운 작업방법을 채택하였는데 모든 입법에 적용하는 주제와 계획에 대해 대화로 채택하는 것이었다. 이러한 방법은 전국수준의 노동조합들과 사용자 단체들의 최고 대표들에 의해 2004년과 2008년 사회적 대화에 대한 합의를 하는 것이었다. 현재, 사회적 대화는 고용평등은 물론 기업경쟁력을 높이고 생산성 향상을 기초로 한 경제적 모델을 촉진하기 위해, 공통의 전략적 목표를 갖는 경제, 노동 그리고 사회적 문제들에 확대하는 것이다.

그 결과, 많은 협약들이 노동시장과 사회보장 체계의 기능을 개선하는데 이바지했다. 이러한 것들에는 2006년 5월 성장과 고용개선을 위한 협약, 2006년 7월의 사회보장 제도에 대한 협약 그리고 2008년의 부양가족 보호조치에 대한 협약들이다. 이러한 협약들은 각각 안정적 고용의 창출을 강화하고 사회보장체계의 균형을 전망하고 피부양자들을 만족시키는 권리와 급여에 대한 새로운 틀을 제공하는데 목적이 있다.[43]

---

42) ibid, p.155.

43) ibid, p.167.

§3. 우리나라의 사회적 대화

Ⅰ. 경제사회노동위원회

57. 우리나라의 사회적 대화는 1997년 IMF 경제위기를 계기로 이를 극복하기 위해 김대중 정부에 의해 시작되었다. 1998년 1월 노동계, 경제계, 정부는 노사정위원회 구성에 전격 합의하여 1998년 1월 15일 노사정위원회를 출범시켰고 20여 일 후 노사합의에 성공하였다.[44] 합의 내용은 정리해고제와 근로자파견제 그리고 실업자의 초기업 단위노조 가입허용과 노조의 정치활동보장, 공무원·교원의 노동기본권 보장에 대한 것이다. 그러나 정부의 사회협약안 이행이 지지부진하자 노동계가 노사정위원회 참여를 유보하기도 하였다. 이를 타개하기 위해 한국노총에서 이를 상설화하는 주장으로 정부는 1998.3.28. 국무회의에서 대통령령으로 노사정위원회 규정을 공포하여 상시기구로서의 법적 근거를 마련했다.

58. 민주노총은 정리해고와 근로자파견법을 포함한 사회합의안에 반대하면서 1999년 2월 노사정위원회에서 탈퇴하기도 하였다. 그러나 정부는 노동계의 참여를 독려하여 제2기 노사정위원회를 출범시켰다. 공기업과 금융부문 구조조정(민영화 문제)과 정리해고 문제, 교원노조와 실업자 노조가입 등 노동기본권 문제 등이 주요 의제였고 교원의 노동기본권을 보장하는 성과도 있었으나 구조조정과 정리해고를 놓고 노동계뿐만 아니라 경영계도 노사정위 탈퇴를 선언하는 등 파행을 겪었다.

59. 1999년 5월 정부는 한국노총과의 합의로 노사정위원회에 관한 법률을 제정하였고 그 주된 내용은 노사정의 합의사항 이행을 담보하는 것이었다. 이에 따라 제3기 노사정위원회가 출범하였으나 구조조정에 반대하는 민주노총은 여전히 불참하였다. 제3기 노사정위원회에서는 주로 구조조정 문제와 전임자 급여지급 그리고 복수노조 등 노사관계제도 그리고 후에 근로시간 단축에 대해서 논의하였다. 그러나 1999년 11월 정부의 일방적 구조조정(한국전력 민영화와 공공부문 처리)

---

44) 한국노동연구원, '노사정위원회 활동평가 및 발전방안에 관한 연구, 2002.

과 노조전임자 급여지급 문제로 노동계가 노사정위원회에서 철수하였다. 이 가운데 교원노조가 1999.7.3일 그리고 민주노총은 1999.11.23. 합법화되었다.

60. 참여정부는 2004년 5월 노사정대표자 회의로 노사정위원회를 정상화하기로 하였으나 2006년 2월 민주노총의 불참 속에 노사정위원회에 한국노총의 복귀와 함께 위원회의 명칭을 경제사회발전노사정위원회로 변경하고 의결권 확보, 업종·지역별 노사정위원회 구성 등 일부 조직을 변경하였다. 2006. 9.11 '노사관계법·제도 선진화를 위한 노사정 대타협을 통해 복수노조와 노조전임자 급여지급 유예 등 세세한 노사관계 관련 법 개정에 대한 합의를 하였다.

61. 이명박 정부에서 발생한 미국 발 국제금융위기 극복을 위해 노사정뿐만 아니라 사회각계 대표의 참여로 위기극복 방안을 위한 회의를 전개하여 '노사민정 합의문' 을 체결하였고 2009년 12월 노조전임자 및 복수노조에 대한 합의와 함께 법 개정으로 이어졌다.

62. 2013년 9월 박근혜 정부에서는 임금·근로시간 특별위원회를 설치하여 통상임금문제와 근로시간 단축, 정년제도 등을 창출을 위한 노사정위원회를 진행하여 2015.9.15 '노동시장 구조개선을 위한 노사정합의-사회적 대타협' 을 도출하기도 하였다. 그러나 정부의 일반해고와 취업규칙 불이익 변경에 대한 일방적 지침에 반대하는 노동계와 갈등을 이어갔다.[45)]

63. 위에서 본 바와 같이, 우리나라 사회적 대화의 특징을 보면 거의 정부 주도로 진행되었을 뿐만 아니라 심지어 주된 사회적 당사자인 노동조합의 불참 속에서도 사회적 대화가 이어졌다는 것이다. 또한 노동조합은 이미 그 대표가 참여하여 합의한 내용까지 반대하면서 사회적 대화에서 탈퇴함으로써 지도력의 부재와 대표성에 한계를 드러내기도 하였다. 이는 취약한 노동조합 조직률과 기업별 노동조합을 바탕으로 한 것에 기인한 것으로 볼 수 있다. 또 하나의 특징은 사회적 대화의 주체를 노사정이 아닌 일반 사회단체까지 참여한 사실이다. 이는 노동조합의 불참으로 인한 정부의 고육지책이라고 생각된다. 마지막으로 다른 나라의

45) 경제사회발전노사정위원회, '경제사회발전노사정위원회 20년, 2017.

경우 예를 들어 스웨덴의 경우 연대임금, 네덜란드의 경우 임금억제, 핀란드의 경우 연금개혁 등 불가피한 최소한의 주제를 놓고 사회적 대화를 진행했으나 우리나라는 노사관계에 대한 거의 모든 주제를 다루었다는 것이다.

Ⅱ. 서울특별시노사정 서울모델협의회

64. 서울시노사정협의회는 서울지하철노조에 새로이 당선된 배일도 위원장이 서울시투자기관노조협의회(서투노협)와 함께 기존의 투쟁적 노조운동에서 벗어나고자 "공동교섭"을 골자로 하는 "노사정협의체"를 서울시와 서울시투자기관 사장단에 제의하였다. 당시 고건 서울시장도 노사갈등을 미연에 방지하고 노사정 협력방안을 위한 지역차원의 노사정협의체에 대한 필요성을 느껴, '지역노사정위원회 설치 및 운영에 관한 법률'에 근거하여 '서울시노사정협의회 구성 및 운영 조례'를 통하여 2000.2.14 노사정협의회가 만들어졌고 이의 구체적인 실행 주체로 2000년 8월 서울모델협의회를 발족시켰다.

65. 서울시노사정협의회 의장은 서울특별시장이 되고 위원은 위원장 포함하여 15명 이내로 근로자대표, 사용자대표, 공익대표 중에서 서울특별시장이 위촉하고 임기는 2년으로 연임할 수 있다. 서울시노사정협의회는 그 산하에 노사정 간의 협력증진과 노사분규발생 예방 등을 목적으로 특별위원회를 둘 수 있는데 그것이 서울모델협의회이다. 따라서 서울시노사정협의회 업무를 실질적으로 서울모델협의회에서 진행하고 있다. 서울모델협의회의 의장은 서울시장이 임명하고 서울시투자기관노동조합협의회(서노협) 대표자들과 서울시투자기관사용자협의회의(서사협) 대표자들로 구성되는데 실제로 서울시투자기관의 노동조합 위원장과 사장이 위원으로 활동하고 있다. 이와는 별도로 전문위원이 있는데 이들은 공익위원으로 서울시와 서노협 그리고 서사협이 각 2명씩 추천하도록 하고 있다. 이에 따라 2017년도에 구성위원이 총33명으로 공익위원 6명, 노동조합대표 14명 사용자대표 13명으로 구성하였다.[46] 의장과 공익위원 5명이 전문적인 부분에 대하여 실무

46) 당시 노사정서울모델협의회 위원으로 참여한 서울시 투자 및 출연 기관은 서울교통공사, 서울시시설관리공단, 서울시농수산식품공사, 서울주택도시공사, 서울의료원, 서울산업진흥원, 서울신용보증재단, 세종문화회관, 서울복지대단, 서울디자인재단 등이다.

를 맡고 상설기구로서 사무처가 있다. 서울모델위원회는 회의 결과를 서울시노사정협의회에 보고하도록 하고 결정은 여기서 하고 있다.

66. 서울시모델협의회는 주된 업무는 집단교섭을 중재하고, 노사갈등에 대한 조정과 노사분쟁 예방을 위한 연구도 한다. 설립 시부터 2010년까지 총 32건의 조정실적과 29건의 노사분규 예방활동 그리고 많은 국제협력과 교육사업을 진행하였다.[47] 최근의 대표적인 사례로는 2008년 12월 '서울시노사정 서울모델 국제포럼을 개최하였으며, 2013년 서울메트로(현 서울교통공사)의 퇴직수당제도의 폐지에 대한 조정, 2015년 서울시투자기관의 임금피크제 관련 조정(서울시노사정 서울협약)과 2016년 서울시 투자기관 성과연봉제 관련 집단교섭에 대한 조정이 있었고 특히 2017년 우리나라 최초로 박원순 서울시장의 서울시투자기관에 노동이사제 도입에 대하여 노사정간 협의를 진행하였다. 서울시모델협의회 예산은 서울특별시와 서노협 그리고 서사협이 공동 부담하는데 특히 서사협 사용자측 즉 서울시투자기관들은 그 규모에 불구하고 균등 부담하도록 하였다.[48]

§2. 기업 지배구조 (the corporate governance)

67. 유럽에서 노동자 경영참여를 인정하는 바탕에는 사회주의적 요소가 강하다. 그리고 이의 전제조건으로서 강한 노동조합이 존재한다는 공통점이 있다. 대표적인 나라인 독일과 덴마크, 노르웨이, 스웨덴, 네덜란드, 핀란드 등은 사민당이 다수 정당으로서 일찌감치 기업을 포함한 공공 자산을 사회적 자산으로 보는 공감대가 사회 저변에 깔려 있다. 그렇다고 하더라도 사용자들이 이를 수용하고 적극적으로 노동자의 경영참여를 도모하는 이유는 무엇일까? 독일의 경우, 패전 이후 연합군의 군수산업의 해체 위기에 몰렸던 대기업들이 나치에 적대적이었던 노동조합의 지지를 얻기 위해 이사회에서의 노동자대표권을 부여한 사례가 있

47) 최종태, 서울특별시노사정 서울MOEL협의회 10년 발자취, 2010.

48) 참고로 2017년도 예산을 보면 총액이 4억1천여만 원 정도이고 이 중 국고보조금이 4천2백여만 원, 서울시 분담금이 1억5천만 원, 서사협이 2억1천여만 원을 분담했다.

다.[49] 이는 일시적인 것이고 기업 입장[50]에서 좀 더 근본적인 이유는 사회적 갈등을 예방하고 노동자의 자발적 참여에 의한 생산체제의 강화 그리고 주주자본주의로부터의 기업의 보호이다. 노동의 경영참여를 가치화함으로써 기업을 보호하는 것이다. 경영참여를 인정하는 기업은 그렇지 않은 기업의 가치를 달리 평가하는 것이다. 예를 들어 스웨덴의 경우 경영참여를 인정하는 기업 소유자의 주식지분을 다른 주식에 비해 10배 이상 가치를 인정하는 식이다. 이로 인해 유럽의 기업들은 영·미식 주주자본으로부터 기업을 보호할 수 있었다. 서구유럽의 이러한 정책에 힘입어 소위 이해관계자 지배구조의 기업은 더 높은 가치를 인정받는 동시에 노동자의 자발적 참여로 우수한 상품을 만들 수 있는 바탕이 되었다고 할 수 있다.

68. 기업의 지배구조를 노동을 배제한 영·미형의 '주주 중심의 기업지배구조'와 노동을 포함하는 유럽형의 '이해관계자 지배구조'로 나눌 수 있다. 이에는 각각 장·단점이 있는데 주주 지배구조는 기업의 투명성과 자본동원이 용이하나 기업보호가 약하고 단기적 성과에 집중한다는 단점이 있고, 이해관계자 지배구조는 장기적 전략을 가질 수 있는 등 기업을 강하게 보호할 수 있으나 기업의 투명성이 약하고 대기업 중심의 산업구조로 될 가능성이 높다. 따라서 오늘날은 어느 한 제도에만 치중하지 않고 서로의 장점을 살리는 방향으로 전개되고 있다.[51]

Ⅰ. 독 일

69. 독일의 산업구조는 3가지 특징이 있는데 그것은 (1) 집중화된 자본과 네트워크 관계를 중심으로 한 내부자 중심의 기업지배 시스템, (2) 강한 산별노조와 노사의 공동결정 시스템을 중심으로 한 노사관계 시스템 그리고 (3) 다양한 양질

---

49) 배인연, '독일노동법과 노사관계', (주)중앙경제, 2016, p.315.

50) 사회적 입자에서 보면, 노동조합을 파트너로 인정하여 노사갈등을 예방하는 등 안정적인 경영 유지일 것이다.

51) Inge Lippert, Tony Huzzard, Ulrich Jüggens, William Lazonick, "Coporate Governance, Employee Voice, and Work Organization", Oxford University Press, 2014, p.52.

의 생산 시스템이다.[52)]

70. 집중화된 자본과 네트워크 관계를 중심으로 한 내부자 중심의 기업경영은 일반화된 주식시장을 통한 자본보다는 기업과 밀접한 관계(같은 그룹 내)가 있는 은행(house bank) 중심의 자본을 중심으로 하고 있다는 것이다. 이러한 은행들은 직접 기업경영에 참여하기도 하고 기업은 이에 같은 의존성을 보인다. 이러한 시스템의 장점은 외부자(외부의 다수 주주들)로부터 기업을 확실히 보호할 수 있으나 소수주주의 권리에 대한 보호가 약하고 기업 투명성이 약화될 가능성이 있다. 가장 대표적인 사건이 2015년 9월 발생한 폭스바겐 자동차의 배기가스 조작사건이다.

71. 독일의 노사관계는 강한 산별 노동조합과 노동자의 경영참여를 통한 공동결정 시스템이다. 경영참여의 공식 기구는 감독이사회에서의 근로자대표와 사업장협의회(the works council)이다. 이들은 기업 운영에 있어서 공동 작업하고 외부자의 기업간섭에는 공동 대응하기도 한다. 내부적으로 기업의 사회적 책임, 지식 경영, 근로자들에게 더해지는 가치와 같은 결과를 개선하는 것을 목표로 한다. 독일의 노동자 참여는 다른 나라와 비교하여 이를 법적 측면에서 보장하는 경향이 강하고 생산과 경영 수준 양쪽에서 공동결정 과정의 밀접한 통합이다.[53)]

72. 노동자의 경영참여는 자연스럽게 생산체제의 질적인 향상을 가져온다. 독일의 생산시스템은 '다양한 질적 생산'으로 일컬어지는데 체계적인 직업훈련과 고도로 훈련된 작업자들의 자발적 생산체계의 형성과 작업 그리고 이를 지원하는 국가의 정책으로 이루어진다.

Ⅱ. 스웨덴

73. 스웨덴은 독일과 달리 기업의 소유자 구조에 있어서 높은 중앙 집중화와 다른 한편으로 복지국가와 평등사회이다. 우선 두 개의 지배적인 재정그룹인 발렌베리 가문(SHB)과 스벤트카 한델스방켄(SHB)이 대부분의 스웨덴 산업을 지배하

52) ibid, pp.48, 59, 65.
53) 배인연, '독일의 노동법과 노사관계'

고 있다. 두 번째로 강한 노동조합에 기초한 기업 모델로서 노사관계의 협력적 시스템인데 이사회에 노동자 대표들이 참여한다. 세 번째로 근로자 참여를 강조하는 생산시스템과 경영과 노동조합 양자에 의해 폭넓게 지지받는 작업그룹의 형성이다.

74. 스웨덴의 기업 소유자 모델은 유럽의 다른 나라와 현저하게 다르다, 기업자본이 소수의 소유자에 의해 지지되고 기업지배 소유권은 유럽의 다른 기업보다 적은 자본에 기초하고 있다는 것이다. 이는 스웨덴이 기업지배권(기업 소유자 주주권)과 자본유동성에 대한 권리(단순한 주주권)를 분리하고 있기 때문이다. 기업 지배권을 갖는 주주의 가치를 단순한 주주의 가치보다 훨씬 높게 평가한다. 예를 들어 소유주 주주는 일반 주주의 가치를 10배 더 높게(과거에 가끔은 심지어 100배) 부여한다. 이러한 분리는 소유자에게 더 높은 기업통제권을 보장함으로써 '슈퍼 투표 주주들' 로서 의 비교적 작은 지주사를 거느린 피라미드식 기업 그룹들을 갖는 발렌베리 가문과 같은 우수한 재정 그룹을 가능하게 했다. 이러한 기업 지배의 스웨덴 시스템 내에서의 경제 엘리트의 우수한 역할은 외국 자본의 침투에 대한 방어의 요새도 되었다. 그러한 지위는 1990년 초부터 스웨덴 법령에 의해 보장되었다.[54] 이 법은 더 나아가 외국인의 스웨덴 산업의 소유를 제한하고 하고 있다.

75. 사회민주주의 정책들은 소유권의 중앙집중화와 대규모 산업그룹의 지배를 강화하는 한편 노사관계 시스템의 확립과 산업 민주주의의 원리들을 제도화하였다. 산업민주주를 향한 출발점은 샬트보덴 합의(Saltsjöbaden Ageements)였는데 그것은 1938년 샬트보덴[55]에서 스웨덴 사용자연맹(SAF)와 스웨덴 노동조합동맹(LO-Landsorganisation i Sverige) 사이에 체결되었다. 이것은 노사관계에 대한 기초를 설정했는데 그것은 공감, 협력, 권고, 신뢰에 기초되었고 오랜 동안 높은 정도의 산업 평화를 보장했다. 또한 스웨덴 산업과 노동을 동시에 보호한 정책이 1951년

54) Inge Lippert, Tony Huzzard, Ulrich Jüggens, William Lazonick, "Coporate Governance, Employee Voice, and Work Organization", Oxford University Press, 2014, p.56.

55) 샬트보덴은 스웨덴 동남부에 위치해 있다. 1970년까지 지방자치였으나 1971년 낙카(Nacka)에 통합되었다. 샬트보덴 합의는 이 곳에 있는 발렌베리 가문의 그랜드호텔에서 체결되었다.

도입된 '연대임금정책' 인데 이것은 '렌-마이너 모델' 을 배경으로 도입되었다. 이로써 노동계의 핵심이슈인 동일노동 동일임금의 정책을 달성함과 동시에 외국과의 경쟁에 있던 대기업의 임금억제 효과를 가져와 스웨덴 기업의 경쟁력에 큰 도움이 되었다. 반대로 경쟁력 없는 한계기업은 과감히 구조조정을 하고 이로 인한 실업자는 정부의 적극적 노동시장 정책을 통하여 훈련과 재취업을 통해 구제되도록 하였다. 이러한 정부의 적극적 노동정책을 '협상된 유연안정성' (negotiated flexicurity) 정책으로 언급된다.[56] 적극적 노동시장 정책 그리고 중앙 교섭으로서의 연대임금 정책은 전통적 스웨덴 시스템의 기초를 구성했다. 독일과 마찬가지로 스웨덴도 이사회에서의 노동자대표와 사업장평의회(works council)를 통하여 노동자의 경영참여를 보장하고 있다. 그러나 독일은 법령에 의해 이를 보장하고 있으나 스웨덴은 단체협약으로 보장하고 따라서 좀 더 자율적이고 유연하다고 할 수 있다.

76. 스웨덴의 작업시스템은 노동조합에 의해 주도되는데 스웨덴 금속 노동조합은 1983-1984년 '산업 노동의 가치와 조건' 에 관한 전국 프로그램 위원회를 만들었다. 이 프로그램에 의해 '좋은 작업' (Det Goda Arbetet)을 위한 조직과 방법을 마련하였다. 이 정책을 위한 다음의 9가지 지침이 제시되었고 1985년 금속 노동조합 총회에서 논의되었다. (1) 직무 안전, (2) 생산에서의 공정 임금, (3) 기업에서의 참여, (4) 협력적 작업 조직, (5) 전문적 지식, (6) 개인 직무로서의 능력개발, (7) 사회적 필요에 따른 근로시간 조정, (8) 직무에서의 성 평등, (9) 건강과 안전 위험의 노동환경의 자유.[57] 이러한 작업 시스템은 스웨덴 전체 기업으로 확대되어 양질의 제품을 생산할 뿐만 아니라 스웨덴 기업의 경쟁력을 향상할 수 있었다.

56) ibid, p.57.
57) ibid, p.58.

Ⅲ. 미 국

77. 미국은 초기 경영자본에 의한 시대에서 오늘날 국내 주주자본주의로 전환되었다. 전형적인 자유주의 시장경제로서 미국 모형(model)이라고 할 수 있다. 기업은 광범위하게 분산된 주주 소유자들에 의해 지배되고 있고 당연히 소수 주주도 보호된다. 따라서 기업 이사나 집행자도 이러한 외부 주주들에 의해 임명되고 그 외부 주주들은 다른 기업들의 주주이기도 하다. 이들의 최고 가치는 주주의 보호이다. 따라서 기업은 객관화되고 합리적이며 투명하게 운영된다. 이의 최대 장점은 분산된 주주들로부터 대량의 자원동원 능력이다. '주주가치의 최대화'는 혁신과 연결되었는데 대표적인 것이 실리콘 벨리에서의 혁신기업들의 성장이다. 그러나 미국 기업들이 자주 세계의 저임금에 기초한 해외 고용에 의지하고 있는 점은 역으로 미국 제조 산업의 약화를 초래하기도 하였다.

78. 기업지배의 미국 시스템은 어떤 공식적 근로자 참여나 공동결정권을 포함하지 않는다. 노동문제는 노동법에 할당되고 기업과 주주에 대한 것은 기업법에 할당될 뿐이다. 이는 테일러 시스템에 기초하여 경영자들을 '결정권자'로서 그리고 노동자들을 단순한 '실행자'로 만들었고 이는 사용자들에 의해 더 공고화되었다. 노동조합 활동의 초점은 임금과 근로조건에 대한 교섭이었고 반면에 공동결정 시스템을 추구하지 않았다. 노동자의 목소리에 대한 관심은 없지만 노동자를 인적자원으로 보고 합리적인 노동여건을 개선하기도 한다. 또한 동기부여 차원에서 종업원 지주제도와 같은 독특한 제도를 발전시키기도 하였다.

79. 그러나 기업의 노동자참여에 대한 관심이 높아지면서 이에 대한 사례가 나타나기도 한다. 2007년 주요 자동차 회사들(GM, Chrysler, Ford, 기타 자동차 회사들)과 노동조합이 이에 관한 합의에 도달하였는데 이는 미국 자동차 회사들의 경쟁력 향상과 더불어 노동조합이 경영결정 절차에 협력하는 것을 내용으로 한 것이었다.[58] 드문 경우이긴 하지만 단체협약에 노동조합이 협력적 이사(노동이사)를 할 수 있도록 하는 경우도 있다. 그러나 이러한 노력들이 생산성 향상을 위해 노동조

58) ibid, p.66.

합 대표의 참여를 위한 새로운 협력 사례라고 하더라도 독일이나 스웨덴처럼 제도적으로 사회적 파트너로 인정하는 것은 아니다. 이것들은 강제적이라기보다는 아직 사적인 동기나 자발적 또는 임기응변적인 조치에 불과하기 때문이다.

80. 그렇다고 하더라도 미국에서 노동자의 목소리(worker's voice)가 주목받고 있는 것은 사실이다. 노동자 참여에 대한 관심뿐만 아니라 노동자의 기술과 자질에 대한 투자와 관심이 정책 입안자들에 의해 강제되고 있으며, 몇몇 자동차 회사들이 이에 대한 대규모 투자도 이루어지고 있다. 노동자의 생산에 대한 적극적 참여가 결국은 기업의 경쟁력으로 이어진다고 보기 시작한 것이다.

제2절 스웨덴의 사회적 대화

§1. 스웨덴 개요

Ⅰ. 지리와 사회

81. 스웨덴의 정식 명칭은 스웨덴왕국(Kingdom of Sweden, Konungariket Sverige)으로, 스칸디나비아반도 동남부에 위치하고 있다. 면적은 449,964㎢로서 한반도의 2.4배에 해당되고, 인구는 9,801,616명(2015년), 수도는 스톡홀름(Stockholm)이다. 종족구성은 게르만족인 스웨덴인이 95%를 차지하며, 핀란드인이 4% 정도이다. 스웨덴어가 공용어이며, 전 국민의 87%가 기독교의 한 분파인 복음루터교를 믿으며, 가톨릭교가 1.5%이다. 스웨덴의 국민총생산은 2014년 현재 5,697억 달러, 1인당 국민소득(GDP)은 55,000달러이다.

Ⅱ. 역 사

82. 스웨덴은 중세 초기 스베아족이 스칸디나비아 중부지방에 촌락을 형성하면서 시작되었다. 9~11세기의 바이킹시대를 거쳐 13세기 초에 신왕조를 창시한 비르에르 얄(Birger Jarl)이 통일국가의 기초를 닦았다. 14세기 말 인접한 덴마크·노르웨이와 함께 칼마르동맹을 결성하였고, 이 후 덴마크의 지배를 받아 오다 1523년 구스타브 에릭슨(Gustav Eriksson)의 지휘 아래 독립하였다. 1809년 6월 헌법을 제정하였고, 17세기 후반에는 한때 유럽의 강대국으로 국세를 떨치기도 하였으나, 나폴레옹 전쟁 이후 덴마크로부터 양도받은 영토인 노르웨이가 1905년에 독립함에 따라 오늘날의 스웨덴을 이루게 되었다.

Ⅲ. 정치제도

83. 정치제도는 입헌군주제의 의원내각제이며, 의회는 임기 4년의 단원제(349석)이다. 국왕은 국가원수의 지위를 갖지만 실권은 없다. 주요 정당은 좌파당(Vänsterpartiet, V), 사민당(sveriges socialdemokratiska arbetareparti, S), 중앙당(centerpartiet, C), 자유당(Folkpartiet liberalema, FP), 온건당(Moderata samlingspart iet), 민주당(Sverigedemokratema, SD), 기민당(Kristdemokratema, KD), 녹색당(Miljöpartiet de gröna, MP) 등이 있는데[59] 이 중에서 사민당이 대부분 집권하여 오늘날 복지국가의 토대를 이루었다. 현재 명목상의 국가원수는 국왕이지만 정치권력은 의회에서 선출되는 수상의 책임 하에 행사되는 내각책임제 정부형태이다.

84. 1973년 9월 즉위한 구스타프 16세(Carl Gustaf XVI) 국왕 아래 실권자인 총리가 내각을 이끌고 있다. 대외적으로는 중도우파 입장을 취하고 있으며, 1946년 유엔에 가입하였다. 스웨덴의 외교정책의 기조는 '전시의 중립을 목표로 한 평화시의 비동맹'이다. 따라서 완벽한 방위능력을 보유하고, 유사시에는 입체적으로 격퇴한다는 총력방위개념으로서 주요 물자비축, 생산대체 태세 및 전시 대비 병력동원 체제를 갖추고 있다.

Ⅳ. 지방자치

85. 스웨덴의 행정구역은 21개의 랜(주, län)과 290개의 코뮌(시·군, kommun)으로 구성되는데 랜은 중앙정부의 지역행정단위이다. 랜의 최고 책임자는 주지사로 정부가 6년 임기로 임명한다. 랜에는 별도의 의회가 있다. 랜은 중앙행정청의 업무를 집행하고 코뮌은 주민들의 교육과 사회복지서비스를 지원한다. 랜 의회와 코뮌의 장은 4년 임기로 국민이 직접 선출한다.

---

59) 2014~2018년 임기동안의 국회의석수를 보면 사민당(113명), 온건당(84석), 민주당(48석), 녹색당(25석), 중앙당(22석), 좌파당(21석), 자유당(19석), 기민당(16석).

Ⅴ. 복지정책

86. 스웨덴은 세금을 축으로 한 복지정책을 시행하고 있는데 부유층은 소득의 60%를 그리고 저소득층은 30% 정도의 세금을 부담한다. 국민의 복지혜택이 많으면서도 경제성장 이 높은 나라이다. 이러한 복지정책의 기원은 1928.1.18. 사민당 의장이던 Per Albin Hasson과 스웨덴 국민의 아버지라고 불리는 Tage Erlander 수상의 가정공동체를 상정한 소위 '국민의 집' 에서부터 출발했다.

87. 복지의 현실적인 토대는 1938.12.20. 노동자연맹(Landsorganisationen i Sverige, LO)과 경영자총연합회(SAF) 그리고 스웨덴 집권당인 사민당 사이의 "Saltsjöbaden 협약"이다. 협약체결 당시 대기업은 기업지배권을 인정받는 대가로 일자리 제공과 기술투자에 힘쓰며 최고 85%의 높은 소득세를 내는 등 '국민경제에 대한 공헌' 을 사민당과 약속했다. 그리고 LO의 수석 연구원이었던 렌과 마이어(the Rehn–Meidner model)에 의한 "연대임금정책이 있는데 이를 통해 소득격차를 줄이는 효과가 있었다. 그리고 이에 따라 노동조합은 근로자들에게 고용보험금을 지급함과 동시에 직업교육과 취업을 알선해 주었는데 이를 겐트시스템(Ghent system)이라고 한다.[60)]

§2. 역사적 배경

Ⅰ. 구 규제 시스템에서 비간섭까지

88. 19세기 중세 길드시스템과 중상주의 흐름에 뿌리를 둔 구 규제시스템이 서서히 사라져 갔다. 그것은 경제발전과 함께 새로운 자유주의 사상의 영향으로 더 이상 필요하지 않게 되었다. 거래나 상업에서의 규제 시스템의 마지막 유물은 1864년 자유무역의 확대에 관한 왕령에 의해 폐지되었다. 현재 일반적인 원칙이

---

60) Johan Bo Davidsson, 'The First Real Ghent System', For presentation at the ESPAnet Anniversary Conference, Edinburgh, 6-8 September 2012.

되어버린 1968년에 대체된 법령에 따라 모든 스웨덴 남자와 여자는 상업, 제조업과 수공업과 같은 사업에 종사할 권리를 부여받았다. 거래의 자유는 지도 원리로서 선포되었다. 근로계약과 관련한 몇몇 구시대 규정들은 이러한 법령에 규정되었으나 현실에서는 좀처럼 지켜지지 않았다. 1929년까지 남아있던 사용자와 종사자에 대한 구법은 전부는 아니지만 농업과 가내공업에서 그 해까지 고용을 위해서만 적용되었다. 언급한 이러한 법령에 따른 고용관계가 형성되지 않는 경우, 법원은 그 계약이 계약의 일반적 원리에 따라 판단하기 시작하였다. 그래서 자유로운 근로계약은 구시대적 고용형성에 선도하는 개별적인 자유계약으로 인식되었다.

89. 장인조합은 구 길드시스템 하에서 허용되었다. 그러나 그들은 장인길드에 종속되었고 근로조건을 위한 교섭단으로서의 행동이 허용되지 않았다. 파업뿐만 아니라 그와 유사한 행동들은 목적이나 절차상의 문제로 통상적으로 금지되었다. 이러한 금지내용들은 제조업에 적용되는 1770년 법에 규정되었다. 제조업 노동자들은 그들의 임금인상을 위한 행동이 금지되었다. 파업이 반란으로 간주되었음에도 불구하고 파업과 보이콧은 정부 통제의 일상으로 존재했다. 그러나 파업은 노동통제를 강화하는 효과적인 수단으로서 보다는 필사적인 시위였다. 근로조건 향상을 위해 노동자들에게 존재하는 유일한 법적 방법은 당국, 회사나 개별 사용자들에게 호소하는 것이었다. 이러한 구 규제시스템의 일반적 특징들은 스웨덴 밖의 많은 유럽 국가들에도 적용되었다.

90. 규제 중심의 구 시스템의 폐지는 근로자들이 그들의 이익을 촉진하기 위해 단결하는 마지막 법적 장애의 폐지를 의미한다. 계약자유의 개인적 자유는 강자가 약자에게 더한 조건을 부과할 가능성을 의미했고 자유 이념에 따라 국가는 이에 간섭하지 않는 것이었다. 거래나 상업에서와 같이 노동시장도 수요와 공급이라는 경제원칙에 따라 자유롭게 발전하는 것이었다. 그러나 비간섭이라는 새로운 자유와 태도는 또한 노동자들의 이해관계를 표출시키는 것을 촉진했다.

자유주의적 시대가 시작되었을 때, 그 변화는 뚜렷하게 보이지는 않았으나 그 변화는 서서히 그리고 명확해졌다. 그러나 실제에 있어서 많은 구 전통들이 살아있었다. 사업장에서의 생활은 이전처럼 지속되었다. 구 규제의 개선 후 남은 공간은 구 시스템의 관습과 원래 이용되던 것들로 채워졌다. 원칙적으로 모든 문제들은 개별 동의로 규제되어야 했다. 실제에 있어서 정당한 임금과 정당한 근로시간이 무엇인 지에 대하여는 관습적 의견이 결정적이었다. 따라서 사용자들의 우월적 지위는 지속되었다. 파업은 여전히 좋지 않은 것으로 심지어 범죄로 간주되었다. 그럼에도 불구하고 파업이 계약의 자유의 결과로서 법적인 것이라는 견해가 나오기 시작했다. 그러한 계약의 자유는 노동하지 않을 모든 사람의 권리를 의미하고 그에 의해 계약의 침해가 없다고 여겨졌다. 그러나 파업자들에 엄중한 위협이 되는 강제적 규정들이 남아 있었다. 즉 그의 생에 동안 노동할 수 있고 노동에 의존하는 모든 사람은 합법적인 지위로 고용되어야 하고 이의 위반(vagrancy)은 조사될 수 있었다. 이 규정은 1879년 썬즈발에 있는 제재소 파업에서 당국에 의해 적용되었다. 그러나 이는 이러한 파업의 결과로 1885년 폐지되었다. 사용자가 숙소를 제공했던 사건에서 파업 방해에 사용되었던 수단들이 퇴출되었으나 그와 같은 파업은 불법으로 여겨지지는 않았다.

91. 영국 상황과 비교할 때, 효과적인 단체교섭 시스템(단결의 자유와 노동을 거절할 자유)에 대한 기본적인 법적 조건들은 대부분 노동운동이 존재하기 전에 취해졌다. 이러한 기본권적 자유는 그 때부터 의문의 여지가 없었다. 법에 대한 정부와 법원의 태도는 노동시장에서 당사자들에 대하여 중립적이었다. 자유 경쟁과 계약의 개인적 자유의 원리를 적극적으로 강제하는 시도는 없었다. 그러므로 그들의 관계를 형성하는 것은 노동시장에서의 단체들 자체에 남았다. 경제적 갈등은 형법에 의해 규정된 제한 내에서 합법이었다. 법에 관한 한 단체교섭 시스템의 개혁을 방해할 만한 것은 없었다. 그러나 물론 그것을 촉진할 것도 없었다. 정부 중립성이나 비간섭주의에 대한 적극적 태도는 하나의 예외에 속하였다. 1980년 주로 시위와 관련하여 통과된 형법에 대한 몇 가지 수정안들은 많은 보수주의자들에 의해 지지되었는데 명백한 계급입법의 사례들이었다.

Ⅱ. 노동조합의 탄생

92. 현대 집단노동법의 발전에 가장 중요한 점은 노동조합 조직들의 존재로 탄생되었다는 것이다. 노동조합 운동은 경제적 자유주의의 독재로부터 나오는 불안

에 대한 반작용으로 시작되었다. 현실에서 이러한 불안정은 구 규제 시스템의 폐지보다는 더 강한 경제적 이권 때문이었다. 노동자들이 그들의 상황을 주로 새로운 경제 원리들의 결과로 바라보고 있다는 것을 보여주는 증거가 있다. 그것들은 그들 자신의 이해관계에 관한 한, 먼저 거래 규제 시기의 전통적 수단들에 대해 그들 나름의 방안을 추구했다는 것은 놀라운 일이 아니다. 그들의 목적은 무엇보다도 사용자의 결정권과는 독립된 안전과 적절하고 공정한 임금에 대한 보장을 받는 것이었다.

93. 첫 노동조합은 길드시스템 하에서 구 전통의 단체를 가진 수공업과 인쇄산업에서 나왔는데 이것은 범세계적인 현상으로 보인다. 1846년 설립된 인쇄기술자 공동체는 스웨덴에서 첫 노동조합으로 간주된다. 그러나 오랫동안, 그것은 단순히 친목공동체의 형태에 불과했다. 노사관계 문제에서의 첫 시도가 취해진 것은 1872년 이후부터였다. 처음에 그것은 오래된 출판자들의 전문직 회사들의 출판 공동체는 인쇄소를 위한 임금표에 대하여 이의를 제기하였다는 것이다. 비록 원하는 것을(요구보다는 완화된 표현) 구체화한 임금표가 인쇄기술자 공동체에 의해 추진되었다고 하더라도 그것은 어떤 계약적 의미에서의 합의를 구하는 것은 아니다. 사용자의 일방적 행동에 불과했다. 그것은 단체협약을 향한 하나의 단계일 뿐이었고 전적인 발전은 아니었다.

94. 1869년 임금삭감에 대한 저항으로 벽돌공들에 의한 스톡홀름에서의 파업 동안에 만들어진 최초의 노동조합이 있다. 이 조직은 단체협약이라고 여겨질 수 있는 최저임금과 생산단가에 대하여 몇몇의 문서에 서명한 영업 계약을 만들었다. 그러나 이 조직은 그의 존재를 질병수단에 대한 사회공동체로서만 지속시켰다. 1870년대에 노동시위와 노동조합 설립이 더 자주 발생했으나 중요한 입지로서 지속하지는 못했다. 본격적인 노동조합으로 여겨질 수 있는 사건이 폭발한 것은 1880년대 였다.

95. 초기 노동조합들은 대부분 하나의 기술계통 내에서의 지역 노동자 조직들로 구성되었다. 그리고 다양한 노동조합들의 활동은 그들 사업의 경계 내에 한정되었다. 다양한 사업은 길드시스템 하에서 강제되는 것이었다. 연대의식은 오래

된 장인길드에서 비롯되었고 몇 가지 사건에서 장인길드는 길드 시스템의 폐지 후 친목단체로 전환되었다. 그러나 서서히 노동조합들은 비숙련 노동자들 가운데서도 만들어졌다.

96. 지역노동조합들은 곧 전국노동조합들을 형성하기 위해 통합되었다. 지금까지 현존하는 가장 오래된 전국노동조합들은 1880년 중순 이후부터이다. 전국노동조합들은 곧 지역노동조합을 만들고 지역들을 선도하고 구축하면서 전국노동조합들에 예속시켰고 노동조합 구조의 기초를 형성했다. 1898년 그들은 '노동조합 스웨덴연맹' (LO)[61]을 만들었다. 그러나 처음에 이러한 중앙조직을 감당할 큰 권력이 없었다. 전국노동조합들은 각각 그들의 통치권의 대부분을 보유했다.

노동조합이 전국 수준으로 만들어졌다는 사실은 노사관계가 어떻게 발전했는지에 대한 충분한 근거를 제공해 준다. 스웨덴 노동시장의 적당한 규모가 쉽게 전국을 기초로 한 조직구조를 구축하도록 하였다.

97. 구 거래에서 기능에 의한 분할의 원리는 엄격히 고수되었다. 이것은 비숙련 노동자들이 배제되어 그들 자신의 노동조합을 설립하여야 했다는 것을 의미한다. 그러나 직업훈련과 같은 경우에, 점점 더 강력해진 개별 조직의 원칙에 불구하고 같은 산업에 있는 모든 노동자들을 하나의 노동조합으로 통합하는 노력들이 있었다. 그래서 전국 지부노동조합들은 처음에 주로 직능분야에서 구축되었으나 LO는 곧 산업조직들이 노동조합들을 강화시키고 1912년 초에는 서서히 산별노동조합들로 전환할 계획을 세웠다. 사업을 위해 하나의 생산직 노동자들의 노동조합만을 원했던 사용자들 또한 이것을 요구했다. 몇몇 노동조합들에서 완고한 저항이 있었지만 LO는 산별 노동조합주의를 수행해 갔다. 특기할 만한 경쟁 노동조합은 존재하지 않았다.

98. LO는 주로 생산직 노동자들을 위한 것이었다. 사무직 근로자들이 그들 자

61) 스웨덴 노동조합총연맹(Landsorganisation i Sverige, The Swedish Trade Union Conferation), 1898년 설립되었으며, 현재 사민당과 노총 간 조직적 연대는 사라졌으나 노총위원장은 사민당 집행위원회 위원이 된다. 노총은 건축, 식품, 호텔요식업, 금속, 음악가, 화가 등 14개의 독립적 노조로 이루어져 있으며, 조합원수는 150만명에 달한다. www.lo.se.

신의 노동조합을 가진 것은 나중의 일이었다. 그들의 첫 중앙 조직은 1930년대에 설립되었다. 그들은 주로 전문직 분야를 중심으로 했고 노동자들의 조직과 같은 정도로 통합을 달성하지는 못했다. 그들 또한 사용자들의 저항에 부딪혀 노동자들의 노동조합들 보다 훨씬 늦게 수용되었다. 그들의 조직은 두 개의 중앙조직인 '사무직노동자 중앙조직' (TCO)과 '전문협회들의 스웨덴연맹' (SACO)에 통합되었다. 두 단체들은 사적 그리고 공적 영역의 근로자들을 대상으로 한다.

Ⅲ. 사용자 조직

99. 파업과 조합주의를 통하여 교섭권한을 얻기 위한 노동자의 시도에 대한 반동으로 사용자들 역시 조직을 형성했다. 많은 사건에서 노동자들의 파업과 노동조합의 설립으로 많은 노동문제들이 일어나고 있을 때, 이미 존재하고 있던 조직들은 그들의 활동의 일부로 노동관계에 대한 문제들을 다루었다. 소규모로 조직된 몇 가지 공동 작업이 1980년대에 특히 빌딩산업에서 존재했으나 더 적극적인 조직운동이 시작된 것은 1980년대에 있었다. 다소 좀 느슨한 조직들이 나타나던 초기에, 사용자들은 LO와 비견할 만한 강력한 중앙조직인 '스웨덴 사용자연맹' (SAF)[62]을 구축했는데 그것은 1902년 설립되었다.

100. SAF는 만간부문에서만 사용자 측의 지배적 단체가 되었다. 그것은 대부분의 다른 사용자 단체들을 흡수했다. 2001년 SAF는 '스웨덴 산업연맹' 과 합병하여 '스웨덴 기업연맹' (SN)을 설립 하였다. 지방정부에서 모든 지역 공무원들과 주 의회들을 위한 연맹인 '지역공무원들의 스웨덴 단체' 가 있다, 그리고 주 영역의 단체들은 정부 사용자들을 위한 스웨덴 대리인이다. 조직에 의해 대표되어야 한다는 공공부문 사용자들의 요구는 민간부문에 비교하여 훨씬 늦게 나타났다.

62) 스웨덴 경영자총협회(Svenskt Näringsliv, The Confederation of Swedish Enterpise), 49개의 조직과 6만여 가입회사를 대표한다. 2001년 3월 스웨덴 고용자연합(Swedish Employer's Confederation)과 스웨덴 산업연합회(Federation of Swedish Industry)의 합병으로 만들어 졌다. 가입회사의 약 70%는 직원 수가 10명 이하이다. www.svensktnaringsliv.se.

Ⅳ. 단체교섭의 발전

101. 노동시장의 조직들이 서로 싸울 자유가 있다는 것을 의미하는 비간섭주의 원리는 그들이 법적 수단을 사용하지 않는다는 것을 전제로 한다. 이는 그들이 서로 동의할 수 있는 방법으로 그들의 갈등을 해결하도록 하여 단체교섭 체계의 성장을 위한 중요한 조건이었다.

처음에 수공업에서 형성된 노동조합은 그들의 주인들로부터 약간의 저항에 마주쳤다. 양측은 길드시스템의 전통 하에 존재하는 거래의 자유 속에서 낮은 단가를 제시하는 계약자로서의 노동을 제시하는 장인들이나 노동자들로부터 오는 파괴적인 경쟁의 어려움에 봉착하고 있다는 것을 알았다. 초기에 빌딩산업에서의 몇몇 단체협약은 그들 산업을 보호하기 위한 장인 기능공들과 숙련 노동자들이 그들 산업의 보호를 위한 요구에 대응하여 존재했다. 그러나 특히 대규모의 산업에서, 사용자들은 노동조합주의와 그에 따른 요구에 완고했다. 그리고 그 당시 노사관계는 직능과 관련하여 많은 논란을 가져왔다. 사용자들은 경제적 자유의 이념에 영향을 받은 반면에 노동조합 운동은 노동조건에 대한 영향력 확보를 위해 점점 더 과격해지고 다급해졌다.

1880년 이후부터 사민당은 노동조합 운동에 강력한 영향력을 갖기 시작하였다. 이것은 사용자들에 대한 대립적 관계를 더 명확하게 하고, 숙련 노동자들과 비숙련 노동자들을 타협시키는 계급적 연대를 만드는데 공헌하였다. 이에 반해 혁명적 사상들은 노동운동에 강한 입지를 갖지 못했고 오히려 개혁의 날개와 계획적 사고가 항상 우세하였다.

102. 오랫동안 투쟁은 단결권과 단체교섭의 원리와 관련되었다. 단결권에 대한 논쟁들은 전환 시기에 끝이 났다. 1899년 썬즈발 구역에서의 두 번째 대규모 제재소 분쟁은 이에 대한 좋은 사례라고 할 수 있다. 제재소 소유자들은 그들의 노동자들에게 조합원이 되는 것을 바라지 않는다는 것을 연설할 수 있음을 보여주었다. 직장을 잃지 않기를 바라는 사람들은 노동조합에 가입하지 않겠다는 약속에 서명하여야 했다. 치열한 분쟁 후에, 사용자들은 이에 성공하였다. 한편, 대다수 사용자들은 노동조합들이 특정한 기본정책 원칙들을 수용한다면 그러한 노동조합들에 반대하지 않았다. 그들은 덴마크 사용자들이 이러한 성향으로 구성하

고 있다는 사실을 지적하였다. '덴마크 사용자협회'와 '덴마크 노동자연맹' 사이에 1899년 체결된 소위 '9월 협약'이 스웨덴 사용자들에 대한 모델로 작용한 것으로 보인다. 단체협약은 노동자들이 작업을 지시하고 노동자들을 고용하고 해고할 사용자들의 특권을 침해하지 않는다는 조건으로 승인될 수 있었다. 스웨덴 사용자들은 이러한 선례에 따랐다.

103. 1905년 SAF의 규약은 수정되었다. 제23조에서 SAF의 조합원들은 모든 단체협약에 '사용자는 노동자를 자유로이 고용하고 해고할 수 있을 뿐 아니라 작업을 지시하고 배분할 수 있고, 어떤 조직에도 속하는 않는 노동자나 미가입 노동자들을 고용할 권리가 있다'(경영특권)는 규정에 구속된다고 규정하였다.

1905년 SAF에 의해 채택된 정책은 그의 조합원들이 단체협약에 들어갈 수 있는지를 결정할 수 있지만 언제나 조합원은 단체협약을 체결할 때마다 정해진 특정 원리들이 적용되어야 한다는 것은 그의 조합원들에 맡겨야 했다. 정부정책은 시장과 자유계약 관계에 간섭하지 않는 것이었다. 그러나 노동시장에서 평화로운 해결을 촉진할 임무를 맡은 조정자 단체를 구성한 조정법(1906, the Act on Mediation)은 집단 관계에서의 몇 가지 제한을 승인했다.

§3. 사회적 합의 (the Social Pacts)

Ⅰ. 12월 합의(December Compromise)와 노동조합의 발전

104. 1905년 5개월 동안의 노사갈등 후 금속산업 사용자들은 노동자들이 집단으로 조직하고 교섭할 권리를 인정했다. 이것은 1906년 말 즈음에 SAF와 LO에 의한 교섭에 의해 소위 '12월 합의'(December Compromise)로 귀결되었는데, 거기서 노동측은 SAF 규약 제23조가 단체협약에 포함되어야 한다는 사용자의 요구를 수용했다. 그 대신 그 규정은 단결의 권리가 침해되지 않아야 한다는 조항을 만들도록 하였다. '12월 협약'에서, 소위 제23조라고 불리는 단체협약의 표준조항은 다음과 같다.

> 협약 규정의 준수를 존중하면서, 사용자는 작업을 지시하고 분배하고, 그의 의지대로 노동자들을 고용하고 해고하고, 그들이 조직화되었는지에 불구하고 노동자를 고용할 권리가 있다. 단결의 권리는 양측을 침해하지 않아야 한다. 만약 노동자들이 해고가 단결의 권리를 공격하는 것으로 해석될 수 있는 상황에서 일어난다는 의견이 있다면, 즉시 그들의 단체를 통하여 그들의 권리를 변호하기 위한 조서를 요구할 수 있다.

단체협약 제23조에서와 같이 함축적으로 논의된 단일 조항은 없다. 노동 대변인들은 사용자에 비우호적 노동자들을 제거함으로써 사용자들이 노동조합에 대한 무기로 노동자를 해고할 자유재량의 권리를 사용할 수 있다고 생각했다. 한편 사용자들은 사용자의 특권의 원리는 노동자로부터 간섭 없이 사용할 것을 주장했다.

105. 초기 조합주의 시기 동안에, 노사분쟁은 대개 지역적이었다. 목표는 사업장을 위해 단체협약을 만드는 것이었다. 서서히 지역단체들이 전국노동조합으로 통합됨에 따라 분쟁들은 더 큰 규모로 진행되었다. 동시에 전국 규모의 협약 시스템이 발전하기 시작하였다. 초기에 전국 단체협약 중 하나는 1905년 체결된 기계산업의 단체협약이었다. 1910년 이전에 적어도 15개의 전국 단체협약들이 존재했다. 그것들은 고용조건뿐만 아니라 단체행동을 할 권리, 분쟁해결 등과 같은 단체들 사이의 관계와 같은 조항들을 포함하였다.

106. 점점 더, 노동분쟁이 한 측에 LO 그리고 다른 측에 SAF에 속하는 단체들 사이에 힘겨루기로 지속되었다. 총파업으로 결정적 승리를 얻을 수 있다는 생각이 서서히 노동 지도자들 가운데 힘을 얻기 시작하였다. 그에 반해 사용자들은 소모전으로서 그들을 굴복시키는 수단으로 직장폐쇄에 의존했다. 몇몇의 경우에 조직화된 사용자들은 분쟁을 강제로 끝내기 위해 지역분쟁에서 유래한 총 직장폐쇄의 협박을 가하였다. 1909년 대규모 충돌이 있었다. 일련의 직장폐쇄와 파업 그리고 동정파업들은 모두 총파업이나 대규모 파업이라고 할 수 있었는데 이는 조직화된 노동자와 많은 비조직 노동자들로 구성되었지만 노동자들의 패배로 끝났고 최종 합의도 실패했다. 좀 더 노동조합들을 무력화 시킬 수도 있었는데 이는 아마도 사용자들의 힘이 더 강했다는 것을 의미했다. 그러나 SAF는 그것을 시도하지 않았다. 노사관계의 발전은 지속되어 어느 정도 정착 단계에 있었고 단체교

섭에 의한 분쟁해결로 향해 갔다. LO는 서서히 그의 힘을 축적해 갔다. 총파업은 1906/1907 '12월 합의'를 했던 SAF와 LO 사이에 일어났던 교섭에 장애를 가져올 뿐이었다. 그러한 교섭이 재개될 수 있었던 것은 1930년대 말 이전이었다. 1909년 총파업은 이전에 일어났던 것에 비해 비록 짧은 기간이었고 그 규모도 크지 못했다.

Ⅱ. 단체협약의 발전

107. 초기 단체협약들은 대부분의 노동자들이 관심을 갖는 두 가지 문제인 가격(임금) 리스트와 노동시간에 대한 조항으로 구성되었다. 노동조건을 규제하는 수단이 가능한 것으로 판명되었고 사용자와 노동자 사이의 더 강한 긴장관계와 경제활동의 주기를 더 가속화시키는 환경으로 발전되었다. 노동조건을 규제하는 장치로서, 한정된 기간 동안 양측을 구속하는 유효한 합의를 활용한다는 생각은 주로 사용자들 가운데서 나왔다. 많은 사례에서 단체협약이 더 완전하게 만들어져야 하고 또한 노동교육을 하고 산업평화를 유지할 의무 그리고 교섭절차 등의 문제도 포함되어야 한다고 요구한 사람들도 사용자들이었다. 서서히 단체협약은 노동과 경영 사이의 평등을 기초로 한 산업평화를 보장하기 위한 가장 주요한 수단이 되었다. 단체교섭은 지속적 변화 속에서 점점 더 경제생산에서 노동자들의 몫을 평화롭게 조정하는 수단으로 간주되었다.

108. 그래서 단체협약은 노동시장 단체들의 실제에서 그리고 입법과 독립적으로 발전되었다. 계약 당사자로서 개인들을 강조함에 있어서, 사법 시스템은 이러한 부분에서 거의 채택되지 않았고 이러한 이유로 법적 보장이 단체협약에 부가되었다는 것은 오랫동안 의문으로 남았다. 최고법원이 이러한 문제를 직접 취급한 첫 시기는 NJA 1915, p.233 판결이었다.

신문사인 아폰블라데는 스웨덴 인쇄 노동조합에 대해 손해배상을 청구했다. 그 노동조합은 1909년 총파업 동안에 작업을 거부함으로써 조합원들의 근로계약의 파기를 주장하면서 설립되었다. 노동조합은 단체협약은 사실상 그리고 법적 효력이 없는 평화조약일 뿐이었다는 근거로 손해배상을 거부했다. 그러나 이러한 해석은 명백히 최고법원에 의해 거부되었는데, 단체협약은 법적으로 구속력 있는 계약으로 인정되어야 하고 따라서 원칙으로 이러한 계약의 파기는 손해를 발생시킨다고 판시하였다. 그러나 단체행동에 대해서는 법원은 계약이 동정파업을 금지한다는 규정은 없다고 함으로써 기각되었다.

109. 이 판결은 최고법원이 단체협약을 구속력 있는 계약으로 인정한다는 것을 78. 이 판결은 최고법원이 단체협약을 구속력 있는 계약으로 인정한다는 것을 보여주는 점에서 관심을 끌었다. 그러나 지적하여야 할 것은 영국법과 달리 스웨덴법은 계약의 유효성과 계약이 이행되어야 한다는 형식 조건이 없다는 것이다. 더구나 스웨덴법은 비인가된 단체들이라도 하더라도 실행이사회가 있고 최소한의 규약 등 특정한 조건을 갖추었다면 그들에게 전적인 법적능력 즉 노동시장에서의 계약 당사자 지위를 부여하였다. 이 판례는 어떤 새로운 발전을 한 것은 아니다. 계약 당사자의 단체협약 위반에 대해 일반법원에 소송을 제기할 가능성은 거의 없었다. 당사자들은 법원들이 단체협약 분쟁에 대해 올바로 판결할 수 있을 것인지에 대해 거의 신뢰를 갖지 못했다. 그래서 대부분의 사례에서 단체협약의 실제적 준수는 법 적용의 결과는 아니었다.

110. 여러 해 동안, 단체협약과 공격적 단체행동의 제한에 대한 입법 문제는 일상적 과제였다. 몇몇의 법안들이 입안되었으나 긍정적 결과는 얻을 수 없었다. 첫 수단은 1920년 법에 의한 것인데 특정한 노동분쟁들에 대하여 '중앙중재위원회' 를 설립하는 것이었다. 위원회는 단체협약의 올바른 의미와 적용에 관한 분쟁들을 청문하고 결정할 권한이 있었는데 단체협약으로 또는 당사자 합의로, 당사자들이 사건을 위원회에 제출한다는 동의하에서만 결정하는 것으로 할 수 있었다. 그럼에도 불구하고 분쟁을 위원회에 맡기는 일이 자주 있었다. 1920.7.1.부터 1929년 노동법원이 설립될 때까지 '중앙중재위원회' 는 약 190건을 처리했다.

111. 단체협약과 노동법원의 설립에 대한 1928년 입법은 결정적으로 중요했는데 노동법원은 중앙중재위원회를 대체했다. 그것은 사민당과 노동조합 운동의 결렬한 반대에도 불구하고 비사회주의 정부에 의해 수행되었다. 그들은 정부 입법이 노동자들을 노예화하고 노동조합들을 마비시킬 의도였다고 반대하였다. 법

안이 의회(Riksdag)에서 논의되는 동안 입법에 항의하는 총파업과 유사한 시위들이 전국에 걸쳐 일어났다. '단체협약법'과 1928년 노동법원법의 승인 후 그 법률들의 효력이 발생되자 노동 여론에 엄청난 변화가 있었다. 입법은 수용되었고, LO는 노동법원의 구성원으로서 명목상의 자리를 차지하였고 노동법원의 결정들은 때때로 비판을 받았지만 나오기 시작하였다.

112. 1928년 '단체협약법'은 단체협약을 법체계 내로 편입하고 그의 법적 효과를 부여하였다고 할 수 있다. 그의 기본 개념은 단체협약 해석에 대한 분쟁, 권리 분쟁은 법원이나 중재에 의해 해결되어야 하고 그러한 분쟁들에서는 쟁의행위가 허용되지 않는다는 것이다. 그러나 평화의무에 대하여는 당사자들이 그에 동의하지 않으면 효력이 없었다. 특히 동정파업은 상대방에 대한 직접 파업이 합법이라는 전제하에서 단체협약 기간 동안에 허용되었다. 1928년 법 이전부터 오랫동안 단체협약에서 발전된 원칙들이 통과되었다.[63] 단체협약에 의해 적용되지 않는 분쟁 즉 이익분쟁의 해결은 당사자들의 자유로운 결정에 맡겼다. 이러한 형태의 분쟁에서 경제적 힘을 사용하도록 하는데 특별한 제한은 없었다. 이에 대한 강제적 효과는 단체협약 조항에 둘 수 있었다. 단체협약을 벗어나는 개별 합의가 단체협약에서 허용될 수 없다면 자동으로 무효이고 단체협약 조항으로 대체되었다. 단체협약의 침해에 대하여 침해를 가한 당사자에게 침해를 입은 개인뿐만 아니라 단체협약 당사자들에게 손해를 배상할 책임을 질수 있도록 하였다. 개인과 단체는 노동법원이 결정한 일반적 손해에 대한 보상을 받을 수 있었다. 비록 일반적 손해가 발생하였다고 하더라도 (단체협약이나 법적 의무) 위반과 관련하여 그리고 경제적 손실과 관계없이 형벌과 같은 범죄는 적용되지 않았다. 손해배상 소송은 평화의무 위반(불법파업)에 대해 개별 노동자들에 대하여 가해질 수 있으나 개별 근로자는 어떤 경우이든 200 크로나(SEK, 약 20 유로, 이것은 법이 통과될 때인 1928년 기준이고 월급에 해당하는 금액임)를 초과할 수 없었다. 이러한 1928년 단체협약법의 주된 규정들은 1976년 공동결정법으로 변경되었다.

113. 1928년 단체협약법을 강화하고 이를 신속하게 적용할 필요성과 단체협

63) 참고, 위 72절에서 언급한 1915년 최고법원 결정.

약에서 발생하는 분쟁들은 법원에서 취급하도록 하고 이를 위해 공정한 판사들과 노동시장 당사자들의 대표들을 핵심으로 하는 특별 심판소인 노동법원법으로 하여금 담당하도록 하였다. 이후 이러한 노동법원의 결정들은 스웨덴의 노동법 발전에 매우 중요한 역할을 하였다.

114. 1936년 '단결과 교섭에 대한 권리에 관한 법' 이 단결과 집단적으로 교섭할 수 있는 권리를 보호하고 불법적 노동조합 활동을 구분하기 위해 통과되었다. 이 법은 월급 근로자 조직들과 같이 실제에서 단체교섭으로 이러한 권리를 이미 가진 노동자들에 그렇게 필요한 것은 아니었다. 그럼에도 불구하고 이 법은 모든 범주의 근로자들에게 중요했다. 비록 사용자들이 단체협약에 구속되지 않는다고 하더라도, 그것은 사용자들이 노동조합의 대표들과 교섭하고 손해를 배상할 책임(제재규정이 사용될 수 없다)을 부과하는 것을 금지하고 조합활동으로 근로자들을 해고하거나 다른 차별을 금지 할 법적 의무를 부과했다. 이 법의 실제 적용은 노동법원에 맡겨졌다. '단결과 교섭 권리에 대한 1936년 법' 은 1976년 공동결정법으로 대체되었는데 그것은 같은 원리로 만들어졌다. 앞서 언급한 3개 법은 현대 스웨덴 집단 노동법의 기초가 되었다. 이러한 법들의 주된 규정과 원칙들은 아직 유효하다. 많은 후속적인 발전이 법원 판례와 특히 단체교섭을 통하여 이루어졌다.

Ⅲ. 살트보덴 합의(Saltsj baden Agreement)

115. 1930년대까지, 스웨덴은 수많은 파업과 직장폐쇄를 기록하여 유럽에서 가장 혼란스러운 노동시장이었다. 산업평화는 대중에게 주된 이슈거리였고 가장 지속되는 정치적 논란거리였다. 그러나 지배적인 노선은 국가는 중립을 유지하여야 한다는 것이었다. 집단 자유방임주의가 지배적이었고 노사관계의 형성은 노사 당사자들의 손에 맡겨졌다. 1935년 사민당 정부는 사용자들과 노동조합들이 산업평화를 촉진하도록 정부 대표자들로 구성된 위원회를 임명하기를 원했다. SAF와 LO는 그 제안을 거부하고 대신에 그들은 많은 논란거리들을 교섭하기 시작하였는데 그것은 국회에서 여러 해 동안 논의되었다. 드디어 1938년 SAF와 LO 사이의 '기본합의서' 가 체결되었다. 그것은 살트보덴 합의(Saltsjöbaden Agreement)라고 불렀는

데 이는 협상하고 서명한 곳이 스톡홀름 근처의 배후 장소였기 때문이다. 노사관계에 관한 원칙들 특히 중요한 절차에 관한 문제들이 이 합의서에서 규정되었다. 주된 원칙은 입법에 의하지 않는 자율적인 노사관계 즉 집단 자유방임주의이었다. 당사자들의 관계는 국가 간섭 없이 운영되어야 하고 따라서 자기통제의 중요한 요소가 내포되어야 한다는 양측의 공통된 생각의 결과였다.

116. SAF와 LO는 모든 산업 수준에서 분쟁의 평화로운 해결을 위한 절차와 제도를 확립하고 장래에 더 정연한 갈등을 해결하도록 하는 규정들을 도입하였다. 사용자들은 파업 파괴자의 이용을 포기함으로써 단체행동권을 비공식적으로 수용하였다. 중립적 제3자를 보호하는 규정, 분쟁기간에 보호되어야 하는 필수유지 기능들에 관한 규정 그리고 특히 공공의 이익에 해롭다고 생각되는 갈등을 예방하기 위한 절차가 있었다. 노동자들을 해고할 사용자들의 권리는 제한되었다. 합의서 조항에 따라 당사자들은 공동위원회 즉 '노동시장위원회'를 설립하였는데 그것은 SAF와 LO 각각에서 온 3명으로 구성되어 중재기구로서도 기능하였고 나아가 교섭기구로서 활동하는 경우에는 중립적 의장으로서 7명의 의원들로 구성되었다. 노동법원은 합의서의 적용에서 배제되었다.

117. 기본합의서는 중앙 조직들 사이의 첫 공식 단체협약이었다. 이의 전적인 효력을 발생시키기 위해 이것은 전국 단체협약의 일부로서 각 측의 전국 지부조직에 의해 단체협약으로 채택되어야 했다. 그리고 그것은 거의 모든 지부들에 채택되었다(건축과 운송 부문은 제외되었다).

118. 기본합의서는 하나의 유형을 만들었고 많은 유사한 단체협약에 의해 모방되었고 통상 공동작업 합의서로 언급되었다. 그것들은 지역 안전서비스 조직(1942년), 직업훈련(1944년) 그리고 시간과 동적 연구, 스트레스의 지속적 원인(1949년)과 관련한 조직과 관련되었다. 이러한 취지에서, 입법이 아니라 사업장평의회가 도입되었다(1946년과 1966년 합의서들). 사업장평의회 합의서는 근로자참여에 대한 모델로서 매우 중요한 것이 되었다.

119. 유사한 합의서들이 SAF와 사무직 근로자들 조직 사이에 체결되었다. 비

록 정식 단체협약서가 새로운 입법이 1965년에 통과될 때까지 체결될 수 없다고 하더라도, 공공 영역에서 같은 패턴이 뒤따랐고 그것은 공무원들과 다른 공공 근로자들에게 사적 근로자에게 부여한 단결과 교섭할 권리 그리고 집단행동과 유사한 권리가 주어졌다.

120. 제2차 세계대전 동안에도 임금교섭들이 전국 수준에서 SAF와 LO 사이에 체결되었다. 이전에 임금은 이러한 수준에서의 교섭 이후에 전국 지부합의서에 의해 해결되었다. 전쟁 시기에 국가 경제는 총력 긴축상태였고 노동조합도 임금인상을 자제했다. 이것은 노동시장 당사자들이 국가 요구에 부응하는 방법이었다. 그 때 중앙 임금교섭은 하나의 패턴이 되었고 이는 1980년 후반까지 약 40년 동안 이루어졌고 임금은 한편으로 LO와 사적 영역에서의 사무직 근로자들의 교섭카르텔(PTK) 그리고 다른 한편으로 SAF에 의한 중앙교섭에서 결정되었다(임금과 근로조건에 관한 SAF와 LO 사이의 첫 전국합의서는 1956년에 체결되었고 마지막 것은 1989년이었다.). 그러나 1990년 이래 개별 노동조합과 사용자 단체들이 임금 합의서를 교섭하기 시작하였다. '스웨덴 기계산업 단체'와 '스웨덴 금속노동조합'은 처음으로 1983년에 이러한 모델을 도입하였다. 이것은 임금교섭으로 발전하였다. 원칙과 절차 문제들에 대한 합의서와 관련하여 중앙모델에 대한 의심은 없었다.

중앙모델은 지부뿐만 아니라 지역 수준도 포함하였다. 중앙합의서는 처음으로 전국 지부수준에서 수정되었다. 중앙 임금합의서는 임금인상에 대한 체계를 만들었다. 전국 지부조직들은 이러한 체계를 지켜야 하고 그들의 전국합의서의 임금체계에 대한 중앙 합의서의 조건들을 수용해야 했다. 마지막으로 제3의 수준 즉 공장, 전국 합의서의 지역적 적용과 이를 보완하기 위해 교섭되었다. 이러한 임금조정절차는 여러 달 지속되었는데 수준을 정하고 목록을 만드는데 많은 인내를 요구하였고 때때로 그 지연 동안에 승인되지 않은 지역적 파업이 일어나기도 한다. 그러한 지역교섭들은 전국 지부합의서들의 분권화 모델을 가져왔다.

121. 1938년 살트보덴 합의서로부터 귀결된 SAF와 LO 사이의 관계를 기초로 하여 높은 중앙집권적 노사관계 시스템이 구축되었다. 그것은 입법에 의한 정부간섭이 없는 단체교섭에 의한 자기통제에 기초되었다. 이러한 집단노동법 분야에서의 중립적 원칙을 중심으로 당사자들의 관계를 구축하는 것은 노동단체들에 맡

긴다는 단지 최소한의 간단한 법만이 존재한다. 단체교섭은 다음과 같은 3가지 수준에서 추구되었다.

(1) SAF와 LO 사이의 중앙수준에서, 일반적으로 '공동작업 협약서' 라고 부르는 양자협력과 임금교섭 및 중요한 원칙에 대한 문제들을 다룬다.

(2) 전국 지부수준에서, 단체협약을 위한 주요한 단계, 즉 중앙단체협약이 채택되어야 하는 것에 관한 것을 다룬다.

(3) 지역수준에서, 전국수준에 예속되는 것인데 여기서 전국적 합의서에 개방되어 남겨지거나 명백하게 지역수준에 위임된 문제들이 다루어질 수 있다.

122. 이러한 시스템은 30년 동안 유연하게 그리고 효과적으로 작용했다. 그것은 안정과 산업평화에 높이 기여했다. 단체교섭에 기반을 둔 스웨덴 시스템은 정돈된 노사관계를 위한 하나의 모델이 되었고 국제적 주의를 끌었다. 1938년 체결된 기본합의서가 있었던 이후에 이 시기를 살트보덴 시기라고 언급하기도 한다. 새로운 성격의 모습들 중 하나는 양측 단체들의 리더들 사이에 비공식 인적교류였다. 협력과 상호신뢰의 정신은 이해관계의 갈등이 들어설 여지없이 발전되었다.

이후의 상황에 비춰볼 때 그 시스템은 사회적으로 더 강한 당사자(노동조합)에게 유리하고, 국가 경제의 지속적 성장이 노사관계에 관한 이 시기(1930년대) 이전과 그 이후(1970년대) 보다 거의 덜 복잡하게 하였다. 그러나 이러한 시스템은 1960년대 후반에 그 배후에 대두되기 시작했던 참여에 대한 요구에 부응하는 것은 아니었다. 사업과 노동단체의 활동에서 근로자들을 포함하는 것을 내용으로 하는 사업장평의회 합의서와 이와 유사한 합의서들이 있었고, 많은 사업장에서 협력이 더 비공식적인 방법으로 발전하였다. 그러나 사용자들이 이러한 문제들에 대해 근로자들과 협력하도록 하는 실제적 압력은 없었다.

Ⅳ. 노동입법의 확대

123. 집단노동법 분야 외의 다른 노동입법들에 대해 논의하고자 한다. 먼저 실패한 시도가 있었는데, 1935년 근로계약에 대한 법안을 제안하는 위원회 보고서

가 제출되었다. 그것은 위원회가 생산직 노동자들, 사무직 근로자들과 감독자들에 대한 규정에서 구별 요소가 있었기 때문에 비판받았다. 이러한 구분들은 LO와 사민당에 수용되지 않았고 그 문제에 대한 정부 입법안이 국회(Riksdag)에 제출되지도 않았다. 그러한 입법은 사무직 근로자들에게 더 많이 중요했는데 그들의 조직은 약했었다. 그러나 사무직 근로자 조직들이 성장하면서 단체교섭은 사무직 근로자들에 대해서도 근로조건을 규율하는 수단으로 인식되었다.

124. 자유방임 시대 초기의 노동규제는 산업안전 분야였다. 공장, 작업실이나 다른 산업체에서의 소수자의 고용에 대하여 1881년 왕령이 시작되었고, 1889년 산업재해에 대한 보호법이 뒤따랐다. 매우 중요한 것으로 영국 모델에서와 같은 특정한 공장조사가 있었는데 그것은 법의 준수를 위한 것이다. '작업자의 보상과 작업자의 보호에 대한 법' 이 지난 세기 초에 새로이 통과되었고, 산업재해에 대한 강제보험이 1916년 도입되었다. 생산직 노동자들에 대한 근로시간을 일반적으로 제한하는 첫 법이 1919년 통과하였고, 연차휴가에 대한 첫 법은 1938년 통과하였다. 작업시간과 연차휴가는 일반적으로는 단체협약에 의해 규제되었다. 그러나 그러한 협약들은 노동시장 전체에 적용되지 않았다. 그러므로 입법은 단체협약을 적용받지 않는 곳에서 특히 필요했다.

125. 단체교섭과 입법 사이의 선택은 정책적 문제였다. 몇몇 분야에서 노동시장 당사자들은 반대의견들을 가졌다. SAF는 대개 단체교섭에 우호적이었는데, 좀 더 유연한 시스템으로 운영할 수 있기 때문이었다. 사회당과 밀접하게 연관된 LO는 독립적으로 또는 1932년과 1976년 사이 다른 당사자들과 연합하여 힘을 가졌는데, 때때로 입법이란 정치적 수단들을 이용하기도 했다. 1950년대와 1960년대에 사회보험 입법은 특히 수입보장 문제를 해결하기 위해 사용되었다. 이것은 기초적인 사회보장 시스템에 보충적인 것으로 단체협약으로 정하기도 하였다. 일반적 질병보험 시스템은 모든 근로자들과 자가 고용인들을 위해 추가적 연금보험도 도입하였다. 연금계획은 모든 시민들에게 보장하는 일반적 노령연금을 보충하는 것이었다. 실업보험만이 아직 사회보험 시스템 밖에 존재하고 있었는데 그것은 아직 노동조합이 주관하고 있다(현재 상황에 대해서는 다음에서 설명한다).

126. 특히 노사관계를 재형성하기 위한 입법에 관한 새로운 경향은 1970년대에 시작되었다. 그 이전 노사관계의 정당성과 관련하여 LKAB[64] 분쟁으로 언급되는 북부 스웨덴의 철강석 분야에서의 광범위한 비공인 파업이 그 전환점으로 간주될 수 있다. 1969년 12월부터 1970년 2월까지 계속된 이 파업은 사용자와 SAF(정부 소유의 기업인 LKAB는 그 당시 SAF의 회원이었다)뿐만 아니라 LO와 전국 광산노동조합에게도 엄청난 도전을 내포했다. 그 당시 모든 파업자들은 전국 광산노동조합원들이었다. 파업은 중앙집권시스템에 대한 반감이었는데 파업자들의 의견에 의하면 중앙집권시스템은 노동에 있어서 노동자들에게 많은 언로를 주지 않았다는 것이다. 새로운 경향도 1960년대 좌파 급진주의의 국제적 물결과도 관련되어 있다. 노동조합들은 새로운 요구들 특히 이전에 많이 주목을 끌지 못했던 것 즉 기업 경영사항에 노동자 참여에 대한 요구를 내세우기 시작했다. 이러한 요구들은 이전 제32조(67-68절 참조, 이후 제23조로 변경)에 규정된 바와 같이, 경영적 문제들을 사용자가 단독으로 결정하도록 하는 SAF의 원칙에 반하는 것이었다. 그러므로 노동조합들은 제32조와 기업에서의 공동결정 사항에 대한 경영자 단독결정의 폐지나 최소한의 제한을 요구하였다. LO는 입법에서 노사관계에서의 그러한 변화를 이행할 필요가 있었을 것이다. 입법 또는 사민당 정부가 이를 이행하도록 한 것은 노동조합 특히 LO이었는데 이것은 당연히 여러 해 동안 하나의 안건으로 채택되었다. 1970년 동안 노동시장에서의 '대단위 입법' 이면의 사유는 스웨덴 노동시장을 더 통제하기를 원하는 정치세력이 있었던 것이다.

127. 그래서 1971년 초기 단순했던 노동법들은 더 큰 규모로 다른 성격의 입법으로 대체되었는데, 그것은 이전 입법보다는 많은 변화를 가져오고 노사관계를 재형성하려는 것이었다. 주된 주제는 고용안정과 직무만족을 증대시키고 근로자들이 그들 자신의 상황, 그들 자신의 직무와 사업장에 대해 영향력을 얻을 가능성을 얻는 많은 주제들이 성장하는 노동조합의 영향력과 공동결정의 가능성을 보장하는 것이다. 근로자들의 이해관계는 아마도 다른 나라보다는 노동조합을 창구로 하는 것이다. 이러한 모습들의 특징은 입법이 새로운 노사관계를 만드는데 있어

64) LKAB (Luossavaara-Kiirunavaara Aktiebolag)는 1890년 설립된 스웨덴 광산회사이다. 이 회사는 스웨덴 북부 키루나와 말름베르겟에서 철광석을 생산한다. 이 회사는 1950년대부터 100% 국가 소유로 되어 있다.

서, 노동조합들의 요구에 일치되도록 하는데 우선적 수단이 되었다는 것이다.

단체교섭은 입법을 대체하는 것으로 이용되었는데 여기서 교섭요소들이 입법화되었다(그것은 어느 정도 큰 영역이다). 비록 입법에 부차적이긴 하지만, 단체교섭이 새로운 설정에서도 가장 중요한 요소로 남아있고 3가지 수준의 교섭모델은 얼마동안 남아 있었다. SAF의 새로운 정책(또한 SN이 이에 따름)은 특히 임금과 관련하여 중앙교섭에서의 교섭당사자로서 역할을 중단하는 것이었다. 그리고 최근 SN에 속한 민간 사용자들이 다시 한 번 특별한 문제를 다루고 있다는 몇 가지 징조가 있다(다음에서 설명).

128. 중요한 새로운 입법들에 대하여 두 가지 언급할 만한 것이 고용보호법과 공동결정법이다. 1974년의 고용보호법은 1982년 몇 가지 변화를 갖는 새로운 고용보호법으로 대체되었는데, 그것은 32조의 일부 즉 사용자 단독의 결정으로 근로자를 해고할 권리를 제거하는 것이었다. 사실 이러한 권리는 이미 특히 SAF와 LO 사이의 기본합의서에 대한 1964년 수정안을 통하여 이미 제한되었다. 그러나 고용보호법은 이를 더 강화했다. 노동조합들에게는 해고 또는 정리해고와 관련한 문제들과 관련한 절차에서 주요한 역할이 주어졌다. 그러나 근로자들을 고용하고 선발할 권리는 이 법에서 주된 자유로 남아 있다.

129. 1976년 공동결정법은 더 큰 목적이 있었는데 그것은 제32조의 다른 부분으로서 작업을 지시하고 배치할 사용자의 권리를 제한하는 것이다. 그밖에 공동결정법은 집단노동법의 근본적인 원칙을 규정하였는데, 이 전 법률을 대체되었다기보다는 변경되지 않은 이전 입법을 강화하는 방법이었다. 그것은 근로자들에게 경영에 영향을 미칠 영향력을 증대시키는 것을 보장하는 것이다. 이 법은 근로자들에게 그들의 노동조합을 통해 기업과 공공 단체에서의 업무 진행에 있어서 공동결정권을 부여하는 것을 목적으로 하였다. 즉 노동생활을 민주화하는데 목적으로 하였다. 그러나 이 법은 그 자체로 어떤 공동결정 규정을 포함하지는 않는다(그러므로 그의 제목은 노동생활에서의 공동규제에 대한 법으로 해석되기도 하지만 문어적 의미의 제목은 노동생활에 있어서의 공동결정에 관한 법이다). 그 취지는 공동결정 합의서에 의해 완성되어야 한다는 것이다. 공동결정은 당사자들에 부과되어서는 안 된다. 오히려 그들은 그들 스스로 영향력/공동결정이나 심지어 자기결정의 범위와 형태를

결정하여야 한다. 그러나 더 이러한 일반적인 공동결정 합의서는 1982년까지 민간부문에서 체결되지 않았다. 공공부문에서 그러한 합의서는 1978년경 나왔다.

130. 공동결정법은 이전 왕령의 광범위한 준비 작업을 기초로 했다. 그 령은 모든 위원들이 근로자의 경영참여를 권고했다고 하더라도 그의 제안에 만장일치가 된 것은 아니었다. 그 당시 권력을 잡은 사민당 정부는 법안을 준비했는데 그것은 이를 요구하는 '임금소득자' 대표들의 더 급진적인 의견에 기초했다. Riksdag(국회)에서는 정당들(공산당은 제외) 사이에서 주요한 점에 대하여는 넓은 공감대가 있었다. 또한 특정한 수정안이 국회 절차 중에 특히 손해에 대한 개별 근로자 책임에 대해 200 SEK의 이하의 제한을 폐지하는 결정을 하였다. 그러나 이것은 1982년 회복되었다가 1992년 다시 폐지되었다.

131. 공동결정법은 공공부문에도 적용되지만 몇 가지 특별 규정들은 수정할 필요가 있는 것처럼 보였다. 이에 대한 연구 안은 주된 부분에서 공공부문과 관련이 없지만 우리가 지적하여야 할 것은 공공과 민간 고용 사이의 차이를 발전시켰다는 것이다. 그래서 집단노동법의 기초에 대해 공공부문에 대하여 비록 몇 가지 부정적 안이 만들어졌음에도 불구하고, 부분적으로 정치적 그리고 산업민주주의에 혼란을 주지는 않았다.

132. 1991년 비사회주의 정부는 공동결정법과 고용보호법에서 특히 정리해고의 경우에 우선적 규정들과 관련하여 제한된 수정을 하였다. 그러난 1994년 정권을 잡은 사민당정부는 모든 변경을 폐지했고 따라서 수정안에 대해서는 교섭을 노동시장 조직들에게 맡길 의도로 이전 법 내용으로 회복시켰다. 그러나 단체들은 조정인들의 노력에도 불구하고 어떤 변화에 대해서도 합의에 실패하였다. 그래서 높은 실업률에 대한 압박을 받고 고용을 증가시키도록 하여야 하는 정부는 LO의 격렬한 저항 속에서도 몇 가지 부정적 수정을 했다. 그러나 정리해고의 경우에 우선적 규정에 관련한 가장 논란이 된 규정은 변경되지 않았다.

133. 1995년 스웨덴은 유럽 회원국이 되었다. 이것은 스웨덴 노동법의 많은 변화와 완전히 새로운 입법을 가져왔다. 평등처우와 반차별과 관련하여 전체 패

러다임의 변경을 가져왔다. 이후 특히 스웨덴 노동입법에서의 모든 변화들은 EU 법의 영향을 받았다. 대부분 부정적 변경들이 포함되었으나 대부분의 실제에서는 특별한 문제들이 발생하지는 않았다. 그럼에도 불구하고 문제로 보이는 몇 가지 사항들이 존재한다.

이전의 자유에 관한 유럽 입법은 보완되었다. EU/EEA 영역 내에 있는 다른 국가들의 서비스 공급자들은 그들 자신의 근로자들과 때때로 그들의 모국에서의 단체협약을 가지고 스웨덴에서 사업체를 설립하였다. 스웨덴 노사관계와 노동법상의 전통들은 소위 2007 Laval 사건[65]에서의 EU 사법재판소(CJEU, the Court of

---

65) Case C-341/05 Laval un Partneri Ltd v Svenska Byggnadsarbetareförbundet, Svenska Byggnadsarbetareförbundets avdelning 1, Byggettan and Svenska Elektrikerförbundet, 2007.12.18. 판결. 내부시장과 이전의 자유 – 서비스를 공급할 자유와 노동조합에 의한 단체행동. 법원은 기본권과 내부시장 내에서 이전의 자유의 원칙 사이의 관계에 대하여 다음과 같이 판결했다.
1. 많은 건설 프로젝트 분야를 운영하기 위해 스웨덴에 있는 라트비아 건설회사인 Laval un Patneri는 자회사인 L&P Baltic Bygg AB를 설립하고 노동을 수행할 라트비아 노동자들을 그 자회사에 배치하였다. Laval은 스웨덴 빌딩노동조합인 Svenska Byggnadsarbetareförbundet와도 교섭을 시작했다. 이 노동조합은 재 스웨덴 노동자들에 대한 임금율을 정하고 빌딩분야에 대한 단체협약을 체결하는 것을 목표로 하였다. 그러나 교섭은 결론을 내지 못했고 그 사이 Laval은 라트비아 빌딩노동조합과 단체협약에 서명했는데 재 스웨덴 노동자들의 65%가 그의 조합원이었다. 이에 대해 스웨덴 노동조합은 스웨덴에 있는 Laval의 건축분야 전체에서 봉쇄(blackade) 형태로 단체행동을 시작했다. 상당한 기간 동안 업무 방해를 받은 L&P Baltic Bygg는 파산을 선언했고 재 스웨덴 노동자들은 라트비아로 돌아갔다.
2. Laval이 단체행동의 적법성과 그로 인한 손실에 대한 보상과 관련한 소송을 제기하기 전에, The Arbetsdomstolen는 기소장에서 재 스웨덴 노동자들이 스웨덴 단체협약을 외국 사업에 적용시키는 것과 관련하여 유럽공동체법 규정이 노동조합의 단체행동을 금지하는지에 대하여 유럽사법재판소에 제소하였다.
3. 먼저, 서비스 규정 체계상 다른 회원국에 근무하는 노동자들과 관련하여, 법원은 다음과 같이 판결하였는데 즉 Directive 9 6/71/EC는 주재국이 고용의 조건 더 구체적으로는 지침 제3조(1)(a) to (g)에 규정된 최저임금 보호를 위한 강제 규정의 준수를 위해 외국 노동자들의 조건에 대해 그 영역 내에서 관련 서비스 규정을 만드는 것을 허용한다고 판결하였다. 이것은 외국 노동자들을 위한 최저한의 보호 그리고 국내 사업과 국제적으로 상품을 제공하는 사업 사이의 공정한 경쟁의 기후를 가능하게 한다. 더 나아가 법원은 다음과 같이 지적하였는데 즉 Directive 96/71/EC를 조약과 공동체법의 일반적 원리에 일치시키기 위해, 최저 보호를 위한 의무적 규정들의 실체내용이 주재국의 선포된 법이나 단체협약의 내용이 범용 적이어야 한다거나 특정한 사건에서 관련 영역에 있는 모든 유사한

Justice of European Union)의 판결 내용으로 도전을 받았다. Laval 사건과 그의 결과는 아직 스웨덴에서 진행되고 있다.

사업에 일반적으로 적용되는 것으로 하는 내용을 정할 자유가 있다고 결론지었다.
4. 이러한 내용에 있어서, 법원은 스웨덴에서 외국 노동자들에 적용할 고용의 조건이 법에 의해 설정되고, 건설영역에서 통상 관련 근로자들의 자질과 직무와 관련되는 것은 각 사례별로 작업장에서의 단체교섭 수단에 의해 설정된다고 판결했다. 법원은 이러한 방법으로 정한 임금 율이 Directive 96/71 EC 하에서 서비스의 국제적 공급 체계에 있는 다른 회원국들에 설립된 사업에 부과될 수 없다는 판결을 유지했다.
5. 그 당시 법원은, 다른 회원국에 설립된 서비스 공급자가 지침에 의해 요구되는 최저 조건보다 더 유리한 조건을 설정할 목적으로 교섭에 들어가도록 하는 한, 단체행동을 제49조 EC의 측면으로 여겼다. 법원은 Directive 96/71/EC에 의해 적용되는 문제들에 대해 지침은 명백히 보호 정도를 설정했는데 그 보호는 주재국이 다른 회원국에 설립된 사업들이 주재국 영역 내에 있는 사업들의 노동자들의 이익을 준수할 것을 요구할 권리가 있다는 것이다. 그것은 주재국에 있는 단체협약에 따라 그들 자신의 것에 서명하거나 본국의 단체협약 하에서 더 우호적이 조건을 적용하는 사업들의 권리에 대한 판결 없이 가능하다.
6. 이러한 내용에 있어서, 법원은 일주일 전에 있었던 바이킹 사건의 재판에서와 같이, 단체행동을 취할 권리는 공동체법의 일반적 원리의 전체를 형성하는 기본권을 구성하지만 그 권리는 그럼에도 불구하고 조약에 의해 보장되는 자유권적 기본권과 조화되어야 한다고 하고, 그 권리의 남용은 특정한 제한에 예속될 수 있는 결과를 가질 수 있고 그것은 즉 비례의 원칙에 따라야 한다는 입장으로 나아갔다.
7. 더 나아가 다른 회원국에 설립된 사업들이 특정 조건에 서명하도록 강제하는 단체협약을 가질 권리는 그러한 사업들이 스웨덴에서의 건설 노동을 수행하는데 덜 매력적이고 더 어렵게 만들고 그러므로 제공하는 서비스에 대한 자유에 제한이 된다.
8. 법원은 다음으로 적절하고 비례적인 공공의 이익에 합법적인 목적에 근거한 어떤 정당성이 있는지를 살폈다. 바이킹사건에서와 같이, 법원은 노동자들의 보호는 공공의 이익을 침해할 근거가 될 수도 있음을 인정했다. 그러나 문제가 되는 단체행동의 직접적 목적이 Laval이 Directive 96/71/EC에서 규정된 최저 보호를 넘는 근로조건을 수용하도록 강제하기 위해 빌딩영역을 위한 단체협약에 서명하도록 요구하였다는 취지에서, 법원은 노동자를 보호하는 합법적인 목적은 충분히 Directive 96/71/EC에 있는 최저 보호를 위한 강제 규정들의 핵심에 일치함으로써 보호된다는 관점을 유지했다. 추가로, 그러한 단체행동은 다른 회원국의 사업이 최저임금에 따를 의무를 결정하는 것이 불가능하거나 과도한 어려움이 되지 않는 한, 임금에 대한 교섭이 충분히 세밀하고 접근 가능한 조항이 없는 내용을 형성하는 곳에서는 정당화될 수 없다.
9. 법원은 다음과 같이 결론을 지었는데 다른 회원국에서 노동자를 주재시키는 사업이 그들이 설립한 회원국에서 이미 구속받고 있는 단체협약을 고려하지 않은 회원국(본국)의 규정들은 서비스 공급의 자유에 대한 조항들을 위반한 것이고 더 나아가 먼저 체결한 회원국의 단체협약도 고려된다고 하였다. 이 사건은 정당화되지 않는 애국심에 기초한 직접적 차별의 경우이다.

집단 정리해고와 영업의 이전과 관련한 지침에서의 정보와 협력과 관련한 규정들은 오늘날 사용자가 정보와 협력의 의무를 갖는 '확립된 노동조합'(established unions, 스웨덴에서 단체협약을 가진 노동조합, 48절 참조)만 적용하는 것이 아니라고 규정하고 있다. 즉 다른 노동조합들도 이러한 권리를 갖는 상황에 있다.

영업 이전에 대한 EU 이사회지침 2001/23/EC(초기 지침 77/187/, 98/50)은 근로자들과 그들의 근로계약들은 양수된 사업에 따른다는 것을 의미했다. 이전 시 일반적으로 영업이 이전되기 전에 양도인에게 해고의 '정당한 사유'를 인정하는 것과 대비하여 이것은 스웨덴에서 초기 입장과 비교되는 변화이다(401절 참조).

노동시간에 대한 EU 이사회지침 2003/88/EC에 의한 보완(법률개정)을 언급하는 것은 가치 있다고 할 수 있는데, 이것은 스웨덴 노동시장 당사자들은 전통적으로 거의 전적인 계약자유를 가졌고 노동시간은 거의 항상 단체협약에서 규제되는 영역에 있었기 때문이다(210ff 절 참조).

마지막으로, 전통적인 '스웨덴 모델'에 따라, EU 노동법을 단체협약으로 보완할 가능성은 광범위하게 논의되었으나 실제적인 변화는 없었다. 노동시장 당사자들은 실제로 단체협약 수단으로 EU 노동법을 보완하거나 이에 대해 열정적인 노력을 하지 않았다. 전체적으로 스웨덴법 전통은 다른 보완에 의해 더 영향을 받기 시작하였다. 즉 EU 법을 보완하기 위해 입법안을 사용하는 것으로 충분하지 않았다. 스웨덴 법 전통에 따라 법률은 매우 개방적이라고 할 수 있고 이를 위한 준비도 잘 발전되어 있었다. 그러한 EU 공통법은 스웨덴에서 매우 중요한 법 원천이다.

EU법의 채택은 반의무적 또는 '반 자유재량'적인 규정으로서 단체교섭 당사자들과 관련하여 입법에 있어서의 스웨덴 시스템에 영향을 주었다. 그러한 법률 규정들은 단체협약으로부터 시작될 것이다. EU법은 당사자들의 자유를 제한했다. EU법에 의한 반 자유재량적 조항들이 비록 단체협약으로 제한된다고 하더라도 오늘날 단체협약은 개별 지침에서보다 근로자들에 더 불리한 조건을 만들 수는 없다고 규정한다.

134. '1950년 유럽인권조약과 기본적 자유권은 1950년 스웨덴에 의해 비준되었다. 그것은 1994년 스웨덴 인권법(SFS 1994:1219)의 형태로 스웨덴법으로 채택되었다. 그것은 서서히 스웨덴 법원에 의해 인정되기 시작하였다.

135. 요약하면, 유럽 노동법이 스웨덴 노동법에 영향을 주었는데, 1995년 이래 스웨덴 노동법에서의 주요한 변화가 EU 노동법으로 보완되었다는 것과 EU의 유럽사법재판소와 유럽인권법원의 재판들이 스웨덴과 친하지 않은 중요한 판결을 해왔다는 것을 보여주었다는 것이 과장이 아닌지에 대하여 많은 논란이 있다. 이것은 다음과 같은 사실로 확인되는데, 전통적으로 스웨덴 법해석에 중요성을 갖는 정치적으로 영향을 받는 입법 작업안(travaux préparatoires)은 EU법을 보완하는데 사용될 수 없다는 것이다. 마지막으로, EU법의 영향으로 기본권에 더 방점을 두고 있다는 경향이 있는 것으로 보인다.

136. 많은 다른 나라들과 같이, 스웨덴 또한 '유연안정성' (flexicurity)[66]에 관한 논의가 있다. 스웨덴은 1970년대 초부터 전체 고용안정에 관한 입법을 했는데 그것은 적어도 노동조합 측으로부터 나왔는데 노동시장에 가장 중요한 입법 중 하나로 보여진다. 비록 스웨덴에서 복지국가에 대한 우호적인 광범위한 공감대가 있다고 하더라도 안전성과 유연성 사이의 균형이 어디인지에 관한 매우 다양한 의견들이 존재한다. 지난 기간 동안 비용절감 즉 복지남용에 대한 대책을 목표로 한 복지시스템에서의 변화가 있었다(특히 실업수당과 질병 수당/무효한 연금과 관련하여). 한시적 근로계약에 관한 입법은 유연성을 향한 것이다. 그러나 한시적 근로계약을 체결할 가능성은 아직 제한되고 있다.

Ⅴ. 산업 합의 (the Industry Agreement)

137. 1998년 살트보텐 협약 이후 가장 중요한 것이라고 불리는 중요한 공동작업 협약 즉 산업협약이 노동조합과 산업영역에서의 사용자 지부조직들 사이에서 체결되었다. 합의서는 실제로 '산업발전과 임금형성에 대한 합의서' (the agreement on industrial development and wage formation)라고 명명되었다. 노동조합 측에서 LO와 TCO뿐만 아니라 SACO에 속하는 노동조합을 대표하는 조직들이 참여하였다. 특별한 '산업을 위한 교섭 합의서' (Negotiating Agreement for Industry)가 그 합의서에

---

66) 유연안전성(flexicurity), 기업에는 해고의 자유를 주고 해고된 노동자에게는 정부지원과 재취업 기회 등 직업 안전성을 제공하는 제도 [flexibility + security]

첨부되었다. 산업합의서의 목적은 산업발전, 기업의 이윤과 경쟁력을 촉진시키는 것이다. 합의서는 특정한 공동의 평가와 스웨덴에서의 산업기업들에 대한 조건들과 국제 경쟁에 관련된 관점을 기초로 하였다. 당사자들은 또한 산업에 대한 특정한 핵심 문제들에 관련된 그들의 공동의 가치를 표현했다.

여기서 당사자들은 산업수준의 단체협약을 위한 교섭에 관하여 '산업을 위한 교섭 합의서'를 확보하기 위해 작업하였다. 합의서의 목적은 산업 당사자들에게 쟁의행위 없이 균형 잡힌 결과를 갖기 위한 교섭에 필요한 조건을 정하기 위한 것이다. 합의서는 노동시장에서 임금형성을 위한 당사자들의 공동의 책임에 대한 것이다. 합의서에 따라 단체협약 당사자가 되는 리더 조직들의 대표들로 구성된 산업평의회를 만들었다. 또한 '산업을 위한 경제평의회'가 만들어져 사용자나 노동조합에 속하지 않은 4명의 경제학자를 구성되었다.

당사자들은 조정에 관한 통상의 법률규정을 적용받지 않는 그들 자신의 조정철차에 합의하였고, 이는 2000년에 세워진 새로운 더 강력한 '국가조정사무소'에 의해 수행되었다.

1977년 이 합의서를 대체하는 새로운 '산업 합의서'가 2011년 체결되었다. 새로운 합의서는 스웨덴 노동시장에서의 임금형성을 위한 산업의 선도적 역할을 위한 것이다. 다른 영역들에서도 교섭과 자체적인 조정절차에 관한 유사한 내용을 갖는 몇 개의 합의서들이 체결되었다.

138. 비록 단체교섭에서의 분권화 절차가 최근 진행 중에 있다고 하더라도, 스웨덴에서의 단체교섭은 여전히 중앙집권적이다. 이전에, 사적 영역에서 교섭은 3가지 수준에서 일어났다. 즉 전국수준에서 SAF와 교섭하는 LO, 산업 수준에서 교섭하는 산업수준의 조직들 그리고 기업과 노동조합 사이의 지역교섭이 있다. 오늘날 전국노동조합은 직접 전국사용자협회와 교섭한다. 그러나 그들의 교섭이 아직 어느 정도 LO 체계 내에서 협력이 이루어지고 있지만 SN(초기에 SAF)은 더 이상 임금교섭에는 참여하지 않는다. 단체교섭과 임금교섭에서의 분권화가 진행되고 있음에도 불구하고 같은 역역이나 같은 지도 조직에 속하는 당사자들은 비공식적으로 또는 때때로 공식적으로 교섭 카르텔 속에서 다양한 분야에서 협력한다.

제2장

개별적 노동관계

NORWAY
SWEDEN
DENMARK
Hamar
Oslo
Drammen
Falun
Gavle
Vasteras
Karlstad
Sandefjord
Orebro
Norrkoping
Kristiansand
Vanersborg
Skagerrak
Goteborg
Jonkoping
Varberg
Kattegat
Kalmar
Halmstad
Angelholm
Malmo
Odense
Kiel
Stralsund
Rostock
Hamburg
Szczecin
Bremen
Hannover
Berlin
Poznan

제1절 개요

§1. 노동법

139. 단체협약과 사회적 당사자들뿐만 아니라 그들의 관계를 규정하는 노동법은 스웨덴에서 우월적 효력을 갖는 사법적 특성을 가진다. 당사자들 사이의 공동규제와 관련한 법 즉 정보, 협력과 기업경영의 측면에서 근로자 통제와 관련한 규칙과 규정들도 스웨덴에서 노동법의 일부로 여겨진다. 통상적으로 노동자들의 권리의 주체로 행동하는 것은 단체협약에 의한 노동조합이다. 개별 고용계약서와 마찬가지로 당사자들 사이의 단체협약들은 특정 한도에서만 법에 의해 규제된다. 구체적인 노동과 관련한 명시적 입법이 없어 노동법원이 판례를 통하여 노동문제를 해결한다.

140. 사법적 규정은 공공당국과 달리 계약 당사자들이 권리를 주장하고 법이나 계약을 위반할 경우 소송을 제기할 수 있다는 것이다. 위법에 대한 금지명령은 일반적으로 손해 그리고 계약의 무효 또는 법적처분의 형태로 부과된다. 스웨덴 노동과 고용법의 주된 해결책은 예시적 손해배상(exemplary damages)인데 그것은 보상과 처벌의 두 성격을 갖는다고 할 수 있다. 예시적 손해배상은 법원이 그 액수를 0까지 조정할 수 있다고 하더라도 그것이 손해를 입은 당사자에게 주어지고 특히 경제적 손실의 한도까지 그 액수가 결정된다는 의미에서 손해보상과 유사하다. 한편 예시적 손해배상은 비록 경제적 손실이 발생하지 않거나 발생한 손실보다 더 많이 보상될 수 있다는 의미에서 징벌적 손해배상(punitive damages)과 유사하다. 예시적 손해배상은 다양한 종류의 손실이나 손해에 적용하는데 신체적 손상이나 정신적 손해뿐만 아니라 노동시자에서의 다른 형태의 침해도 해당된다. 그러나 이러한 예시적 손해배상들은 징벌적 손해배상과 다른데 그 보상이 낮고 노동법원이 자주 특정 형태의 청구에 대한 보상액을 기초로 그 범위를 정한다는 점

에서 징벌적 손해배상과 다르다.

141. 스웨덴 노동법의 특징은 단체협약과 법령의 적용에 있어서 노동시장 조직들 즉 사회적 당사자들의 역할을 강조한다는 것이다. 이러한 조직들은 일반적으로 노동분쟁에서 그들의 조합원들을 대리할 권한이 있다. 실제로 이러한 노동조합들은 단체협약뿐만 아니라 일반적 법령과 규정들의 적용에 대해 감독하고 감시한다.

142. 근로자들의 보호와 관련된 법 규정들 대부분은 의무적이다. 그래서 근로자들에게 법에 의해 규정된 것보다 낮은 급여를 제공하는 개별 고용계약들은 무효이다. 이러한 내용에 있어서 스웨덴 노동과 고용법의 한 가지 구별되는 특징은 특정한 법 규정들이 사용자들과 개별 근로자들 사이의 개별합의에 의해서가 아니라 단체협약의 수단으로부터 무시될 수 있다는 것이다. 단체협약에 의해 무시될 수 있는 법 규정(여기서 유사 의무적 규정이라고 함, quasi-mandatory)들은 모든 주요 스웨덴 노동법령에서 볼 수 있다. 이러한 접근법의 목적은 단체협약 당사자들이 특정한 영역이나 작업장 내에서 더 적절한 조건들을 갖추는 규정들을 도입할 수 있도록 하는 것이다. 유사 의무적 규정은 문제되는 법률 조항들이 대개 근로자들의 권리를 부당하게 침해할 수 있는 합의를 충분히 견제할 수 있다고 추정될 수 있는 조직 즉 노동조합이 단체협약으로 규정할 수 있다. 그러나 위에서 언급한 바와 같이 유사 의무적 규정에 특별한 제한이 가해질 수도 있는데 이것은 주로 EC 공동체의 지침에 의해서이다.

143. 반의무적 법령은 입법체계의 한 종류인데, 그것은 사회적 당사자들이 법에 의해 설정된 가이드라인에 따라 단체협약에 의해 더 상세한 방법으로 문제들을 다루도록 하고 있다. 다양한 법제정 체계는 예를 들어 노동환경법 분야에서도 발견될 수 있는데, 여기서 의회에 의해 채택된 법령들은 전형적으로 지침 원칙들만을 설정하는 반면에, 더 상세한 규정과 통제들에 대하여는 정부 여기서는 스웨덴 노동환경 당국이 의회를 대신하여 이를 실행한다. 그것이 이행될 때에도, 많은 제한이 있을 수 있는데 성, 사상, 종교, 장애와 성적 취향에 대한 차별에 대한 금지와 관련한 것들이다. 여기서 옴브즈만에 의해 지도받는 공무원들은 이러한 조

항을 위반하는 사용자에 대하여 개인들을 대신하여 이러한 권리들을 보호하고 강제할 수 있도록 하였다. 그러나 고용차별 청구와 관련하여서는 노동조합들이 먼저 그들의 조합원들을 대신하여 청구를 할 권한이 있다. 조합원들은 노동조합이 이를 거부하거나 개별 근로자들의 동의로 옴브즈만에 의해 이에 관한 절차를 진행할 수 있다.

144. 1976년 공동규제법은 스웨덴 노동법령의 중심이다. 원래 1970년에 재정되었는데, 그것은 단체협약에 대한 1928년 법과 단결과 교섭권에 대한 1936년 법을 대체했다. 공동규제법은 근로자의 단결권을 보장하고 무엇보다도 단체협약들과 그의 법적 효과들을 다루고 있다. 스웨덴 모델은 다음과 같은 측면에서 법에 의해 보장된다고 할 수 있는데 즉 양측의 사회적 당사자들은 사업장에서 일어나는 문제들의 공동규제에 관한 법률에 의해 단체협약과 단체행동의 수단에 의해 강력한 영향력을 행사할 수 있다는 것이다. 또한 단체협약에서의 평화의무에 대해서도 법에 상세하게 규정되어 있다. 스웨덴 국가조정사무소[1]는 현재 이러한 법에 따라 조정을 통하여 노사분쟁을 해결하고 있다.

§2. 고용법

145. 사용자와 개별근로자 사이의 관계에 관하여 스웨덴에서 고용법에 관한 일반법령은 없다. 1982년 고용보호법은 근로자들을 위한 특정한 권리와 보호 특히 객관적인 근거 없이 해고되지 않을 권리를 규정하였다. (유럽)공동체법의 영향으로, 그에 대한 보완 안들이 이러한 법으로 만들어졌다, 예를 들어 근로자에게 계약이나 고용관계에 적용할 조건들을 알릴 사용자의 의무에 관한 1991.10.14 EU 이사회지침 91/533/EEC는 현재 Section 6c-6e에서 규정된 바와 같이, 근로자에게 고용계약 조건들을 알릴 사용자의 의무는 1994년과 2006년 확립되었고, 사업의 전환의 경우에 근로자의 고용의 보호에 관한 새로운 조항들은 1995년 영업, 사업이나 사업의 일부의 전환의 경우에 근로자 권리의 보장에 관련한 회원국들의

1) 유연안전성(flexicurity), 기업에는 해고의 자유를 주고 해고된 노동자에게는 정부지원과 재취업 기회 등 직업 안전성을 제공하는 제도 [flexibility + security]

법(통합된 2001/23)과 유사한 1997.2.14 EU 이사회지침 77/187/EEC을 보완하기 위해 법 Section 6b와 7에서 도입되었다. 고용보호법과 더불어, 고용 예를 들어 휴가권과 관련한 특별한 법적 문제들을 규율하는 전체 노동시장에 적용하는 몇 개의 다른 법령들이 있다.[2] 비록 이러한 개별 법령에 의해 적용되는 주제들이 매우 넓다고 하더라도, 실제적으로 스웨덴 노동시장을 규율하는 가장 중요한 수단이 되는 것은 아직은 단체협약이다.

146. 근로조건과 관련한 스웨덴 법령들은 국제적 관점에서 볼 때 원칙적으로는 정규근로자 개념에 기초하고 있다. 그러나 이러한 개념에 대하여 법원은 어느 하나의 기준에 의존하지 않고 모든 상황을 고려하는데 합의내용뿐만 아니라 작업이 실제로 수행되고 있는 상황까지도 고려한다. 당사자들의 경제적·사회적 지위들과 근로계약 관계가 어떻게 분류되어야 하는지에 대해서도 고려한다. 재택 근로자들은 비록 그들이 기업의 직접적 관리 하에 있지 않다고 하더라도 그 기업의 근로자들로 취급된다. 같은 규정들은 "무감독" 노동력(에를 들어 여행업 대표들)과 같은 형태의 근로에 대하여도 원칙으로 회사의 감독 하에 작업을 수행하는 노동자들과 같이 취급한다.

147. 근로계약 조건들과 관련한 법은 주로 의무적이고 근로자를 보호한다는 것을 의미한다. 따라서 근로자에게 법에 규정된 것보다 낮은 급여를 제공하는 개별 근로계약은 무효이다. 그러나 위에서 말한 바와 같이 많은 법 내용들은 반의무적(quasi-mandatory) 규정이다. 즉 근로조건은 사용자와 개별 근로자 간의 개별계약이 아니라 단체협약에 의해 저하될 수 있다. 근로자 보호규정들을 확립하려는 EU 공동체 지침의 보완과 관련하여 스웨덴 입법자는 유사의무 조항들이 법 제정수단으로 적합하지 않는 방향으로 행동했다. 예를 들어, 1995년 영업, 사업 또는 사업 일부의 전환의 경우 사용자의 권리보장과 관련하여 회원국들의 유사한 법들을 보완하는 1977.2.14. EU 이사회지침 77/187/EEC를 보충할 때, 입법은 유사의무적인 것으로 만들어졌으나 고용보호법 Section 2는 법에 의해 보장받는 것들이 단체협

2) 2000년에 설립된 스웨덴 국가조정사무소에 대한 정보는 영문으로 된 www.mi.se 참조. 조정과 중재에 대한 스웨덴 규정에 관한 영문 요약은 국가조정사무소의 웹사이트 www.mi.se/index_eng.htm에서 찾을 수 있다.

약에 의해 더 열악한 조건들을 만들지 못하도록 하였다. 이러한 법이 도입되었다는 사실은 근로생활 규율에 대한 스웨덴 전통을 따르지 않는다는 것을 의미한다. 역사적으로 그리고 스웨덴 국회로부터 부여받은 노동시장 조직들의 영향력이 스웨덴이 EU회원국이 됨으로써 제한되고 있는 것이다.

제2절 근로시간, 휴일, 연차휴가

§1. 근로시간의 규제

148. 본래 근로시간에 대한 규제 특히 여성과 어린이와 관련하여서는 전적으로 노동자들의 보호에 대한 문제였다. 제한은 근로자에 대한 과도한 부담을 방지하고 초등교육, 충분한 휴식과 여가를 위한 편의를 제공하기 위해 요구되었다. 이것은 아직도 근로시간의 규제를 위한 최고의 이유가 되고 있다. 그러나 다른 사유들도 서서히 나오기 시작했다. 근로시간의 제한은 근로자의 기본적 생활의 중요한 부분으로서 여가시간을 보장하는 수단이 되기도 한다.

149. 스웨덴 노동법의 전형적인 방법은 근로시간이 입법과 단체교섭의 조합을 통하여 규제된다는 것이다. 법은 노동의 이용을 위한 기준과 최대한을 규정한다. 더구나 제한이나 확대 그리고 허용되는 근로시간을 어떻게 배치할 것인가의 문제는 단체교섭 대상이거나 궁극적으로는 사용자가 결정할 경영특권의 문제이다.

법령은 최대치를 규정하는 것으로서 원칙으로 일방적인 의무적 규정이지만 전국 수준에서의 단체협약 또는 일부 사건에서 지역 수준의 단체협약을 통하여 변경이 허용된다. 연장근로시간, 파트타임 근로자의 특별시간 그리고 야간 휴식과 관련되는 지역 단체협약은 1달 이상을 적용할 수 없다. 그래서 법령은 대부분 반의무적(semi-compulsory)이다. 그러한 전국 또는 지역 단체협약은 동시에 단체협약에 구속되지 않는 노동자들에게도 적용된다. 더구나 스웨덴 노동환경당국은 특정한 경우에 예외를 허용할 수 있다. 결과적으로 다양한 노동조합과 기업들에서 근로시간에 대한 다양한 조건들이 가능하다.

단체협약이나 스웨덴 노동환경당국에 의한 결정은 EU 법에 규정된 것보다 근로자에게 더 불리한 조건을 정할 수 없다.

현재 하나의 일반 법 즉 1982년 노동시간법(the Working Time Act)이 있는 데, 이것은 거의 전체 노동자에게 적용된다. 이에 관한 특별한 법은 거의 없는데 예외적으로 국내 해양에서의 노동시간과 관련된 것과 육상운송과 항공과 관련한 특별 조항에 대한 것이 있다. 전통적으로 단체협약에서 규제되는 이러한 분야를 EU 법에 따라 적용하는 것이 어렵기 때문이다.[3)]

§2. 소수자에 대한 특별 제한

150. 소수자들에 대한 몇 가지 특별 제한들이 노동환경법 제5장에 규정되어 있다. 이에 대하여 먼저 언급하여야 하는데 어린이들은 16세에 도달할 때까지와 의무교육을 완료하기 전까지 노동에 종사할 수 없다. 이에 대한 예외는 방학 중 낮 근무이다. 노동시간과 관련한 특별 제한들이 정부나 스웨덴 노동환경당국에 의해 제기될 수도 있다.

§3. 노동시간법 (the Working Time Act)

151. 1982년 노동시간법은 매우 넓은 적용범위를 갖는다. 그것은 공공부문 뿐만 아니라 민간부문, 그리고 사무직 근로자들과 육체노동자들에게도 적용된다. 그러나 사용자 통제 밖의 근로자들, 사용자의 가족들과 경영자적 입장이나 그 과업을 수행하는 신뢰를 기초로 한 특별한 입장에 있는 근로자들은 예외이다. 더 이상의 예외도 전국 수준의 단체협약에 의해 만들어질 수 있다. 대체로 노동시간법에서 벗어나 단체협약에 의해서만 노동시간을 규제하는 것도 가능하다. 부분 또는 전체적으로 노동시간이 단체협약에 의해 규제되는 것은 일상적이다. 그럼에도 불구하고 단체협약은 노동시간과 관련한 이사회지침 2003/88/EC(초기 지침 93/104/EEC)에서 규정된 것보다 불리하지 않을 것이 요구된다.

---

3) 공공의 특정 근로자들은 계약조건들에 관련한 특별한 제정법에 의해 적용된다. 이에는 주로 근로자들에게 적용하는 공공 고용에 관한 1994년 법과는 별도로, 1973년 Seamen 법, SFS 1973:282와 국내 근로자들을 위한 근로시간에 관한 1970년 법, SFS 1970:943이 있다.

152. 노동시간에 대한 법은 노동시간을 4개의 범주로 구분하고 있다.

(1) 통상 근로시간 (normal working time)

(2) 대기시간 (time on-call for duty)

(3) 연장시간

(4) 파트타임 고용에서의 추가시간 (extra hours in the case of part-time employment)

153. 통상 근로시간은 주 40시간 이내이고 휴게시간은 포함되지 않는다.[4] 실제에 있어서 주 5일 근무와 결합되는 주 40시간은 근무시간 단축 이후 1973년부터 이루어졌다. 노동시간은 적어도 4주간 평균 40시간으로 계산된다. 그러한 계산은 노동의 본질과 관련하여 예를 들어 교대제 노동이나 일반 노동시간을 벗어나야 하는 서비스 등에서도 적용된다.

154. 대기시간(time on-call for duty)은 노동을 수행하지 않는 근로자가 사업장에서 사용자의 지시 하에 있을 때의 시간을 의미한다. 그러한 시간은 적어도 4주간 동안 48시간 또는 1개월 동안 50시간으로 계산될 수 있다. 대기시간은 노동시간으로 간주되는데 근로자가 집에서 사용자의 처분을 위해 집에서 있는 시간 즉 소위 응급호출 의무(emergency service duty)와는 다르다.

155. 앞에서 언급한 제한들은 전국 수준의 단체협약에 의해 변경될 수 있다. 더 나아가 스웨덴 노동환경당국[5]은 그 문제에 대해 체결된 단체협약이 없고 특별한 이유가 있는 경우 예외를 허용할 수 있다. 계절적 변화가 있는 노동의 경우 4주 이상의 기간 동안의 최대 시간을 변경할 수 있다. 그럼에도 불구하고 단체협약이나 스웨덴 노동환경당국의 결정은 이사회지침 2003/88/EC에서 규정한 것보다 근로자에게 더 불리하게 할 수 없다.

156. 연장시간은 부수적인 노동시간, 휴가, 연차휴가, 단체협약의 규정이나 감

4) CJEU, C-287/04 유럽이사회 v. 스웨덴 사건.

5) SFS 1982:673. 스웨덴에서의 노동시간의 조직의 특정한 모습들과 관련한 1993.11.23 EU 이사회지침 93/104/EC의 보완은 원래 2005년 사법재판소에 의해 만들어지지 않았어도 충분했다. 사건 C-287/04(ECR에서 보고되지 않음)에서의 재판 이후, 이 법은 공동체법에 부응하기 위해 수정되었다. 정부 법안 2003/4:180 참조.

독기관에 의해 허용된 예외 등을 포함하여 통상의 노동시간과 대기시간을 초과한 노동시간을 의미한다. 연장시간은 특정한 제한 내에서 허용되는데 그것은 소위 일반 연장시간으로서 적어도 4주간 48시간이나 1년에 200시간 범위 내에서 월간 50시간을 말한다. 이는 연장 노동시간이 특별히 필요한 곳에 한하여 허용된다. 그러나 이러한 제한은 단체협약에 의해 변경될 수 있고 스웨덴 노동환경국으로부터 허용될 수 있다. 연장시간은 노동시간의 영구적 연장으로 이용될 수 없다.

157. 위급한 상황에서의 연장시간(emergency situation overtime)은 예를 들어 응급 작업 상황이 필요한 경우 적용될 수 있다. 그러한 연장시간은 항상 즉시 지역 노동단체에 보고되어야하고 스웨덴 노동환경국의 허가 없이 2일을 초과하여 적용할 수 없다.

158. 파트타임 고용에서의 추가시간(extra hours)은 파트타임 근로계약 하에서의 통상 근로시간(대기시간을 포함)을 초과하는 시간이다. 일반 연장시간에 적용하는 것과 같은 유사한 제한이 그러한 추가시간에도 적용된다. 이러한 취지는 초과 근로시간으로부터 파트타임 근로자를 보호하기 위한 것이다.

159. 연장시간과 대기시간은 스웨덴 노동환경국에 의해 제공되는 형식에 따라야 한다. 노동시간 스케줄에 근로자에 대한 정보를 기록하여야 한다. 이것은 매일의 노동이 적용되는 다른 교대를 위한 시작과 종료시간이 언제인지 그리고 가능하다면 작업 중 휴식시간과 장소 그리고 특별한 금지 등도 표시하여야 한다.

160. 법은 필요한 휴게와 휴식 시간에 관하여 규정한다. 야간 휴식과 관련하여 근로자는 자정과 5시 사이의 시간을 포함한 필요한 근무면제가 주어져야 한다. 그러나 업무의 본질, 공공의 이익 또는 다른 특별한 이유가 야간에 발생한다면 예외가 허용된다. 야간 노동은 특별한 허가 없이 그리고 단체협약 규정 없이도 허용될 수 있다. 야간 노동은 22시부터 6시 사이 최소한 3시간 이상의 노동을 말한다. 야간 노동시간은 4개월 간 내에서 평균 24시간 동안 8시간을 초과하지 않아야 한다. 근로자에게 위험하거나 육체적·심리적 긴장이 될 수 있는 야간 노동에는 더 많은 제한들이 있다.

161. 매일의 여가시간(the daily leisure)[6]은 매 24시간 동안 적어도 11시간 이상 되어야 한다. 이에 대한 임의적 예외들은 사용자에 의해 예견될 수 없는 상황인 경우에는 가능하다. 주간 여가시간은 매 7일간 동안 적어도 연속하여 36시간 이상 지속되어야 한다. 예견할 수 없었던 긴급 상황의 경우에는 예외가 있다. 더 나아가 전국 수준의 단체협약이나 관련 감독기관에 의해 다른 예외가 허용될 수 있다.

162. 스웨덴 노동환경국은 법 준수에 대한 감독책임이 있다. 그 목적을 위해 필요한 명령이나 금지를 발할 수 있다. 법은 이를 위반한 것에 부과되는 벌칙에 관한 조항도 포함하고 있다. 사용자가 법에서 인정한 단체협약을 위반한다면 단체협약 침해에 관한 일반적 원칙이 적용된다. 특별 연장시간 위반에 대해 부담금이 부과될 수 있는데, 특별 검사가 적용하는 것으로 불법한 연장시간 각각에 대해 그리고 노동에 종사하는 근로자 각각에 대해 사용자에게 부과된다. 이러한 사건들은 일반법원에서 이루어진다.

163. 노동시간에 대한 법은 많은 문제를 남겨놓고 있다. 노동시간의 할당 그리고 교대제 근무와 같은 상세한 것들은 일반적으로 각각의 사업장의 단체협약에서 또는 개별 사안을 위해 만들어진 전국 단체협약에 있는 일반적 조항에 따라 규제될 수 있는데 이는 지역당사자들이 다른 규정을 두지 않아야 한다. 이 문제에 대해 집단적 규제가 없는 경우 궁극적으로 법률체계 내에서 사용자가 결정하게 되지만 확립된 노조가 있는 경우에 그 노조와 먼저 교섭할 의무가 있다. 그러나 사용자는 지속적인 교대근무 도입과 같은 것에서 일방적으로 노동시간을 변경할 수 없다(AD 1979 no.66).

§4. 연장시간에 관한 다른 규정들

164. '연장시간에 관한 법' (the Act on Working Time)은 허용되는 연장시간의 한계를 정하지만 근로자가 연장근로를 수행할 의무가 있는지에 대한 문제는 정하지

6) http//www.arbetsmijoverket.se.

않고 있다. 단체협약은 대개 이러한 문제를 규정하고 그러한 의무에 대한 조건을 정하기도 한다. 이와는 별도로 특히 응급상황에서, 근로자들은 일반적으로 합리적인 범위 내에서 연장근로를 수행할 의무 하에 있다고 생각된다. 이의 거절은 계약위반으로 간주될 수 있다. 그러나 이것은 각각의 사건에서의 상황에 따라 변한다. 연장 근로에 대한 집단적 거절은 쟁의행위의 형태로서 자주 이용되고 있다.

165. 임금 단체협약은 일반적으로 연장근로에 대한 특별한 추가 임금에 대한 규정을 포함하는데 그것은 노동시간법에 규정된 것 외에 대해서 규정한다. 가령 노동력이나 통상 일 근로시간 이후와 같은 것을 정할 수 있다. 통상 사용되는 정의에 따라 노동은 노동자가 정해진 시간계획에 따라 수행해야 하는 노동시간을 초과할 때 연장시간이 된다고 여겨진다. 이것은 전체 근로시간의 증가 없는 근로시간의 변화는 연장시간에 대한 보상이 주어지지 않지만 불필요한 노동시간에 대한 보상은 가능하다는 것을 의미한다.

166. 연장시간에 대한 보상은 연장시간이 주간 그리고 야간 또는 주말에 있었는지에 따라 추가적 비율 또는 정해진 총량의 증감으로 결정될 수 있다. 그 취지는 한편으로 근로자에게 추가 노동시간에 대한 보상을 해 주는 것이고 다른 한편으로 그에 대한 특별한 이유가 없으면 연장시간의 사용을 제한하는 것이다. 교대제 근로 적어도 야간 교대제에 대해서는 특별보상에 대하여도 규정하였는데 이것은 연장시간이나 추가 근로시간에 대한 보상으로 대체했다.

§5. 파트타임 노동; 노동 공유 (Job Sharing)

167. 스웨덴은 비교적 많은 수의 파트타임 근로자가 있는데 약 25% 정도이고 주로 여성이다. 스웨덴 노동조합은 원칙으로 파트타임 노동을 반대한다. 누구나 정규 노동에 대한 권리를 가져야 한다는 것에는 다툼이 있다. 파트타임 계약을 체결할 가능성은 법보다는 당사자들에게 달려 있다. 고용보호법에 따라 파트타임 근로자가 더 나은 직무를 사용자에게 고지한 파트타임 근로자는 그러한 고용에 대해 우선적 권리를 갖는다. 이러한 특권은 노동이 파트타임 근로자의 자질이 그

직무에 충족되는 한 이는 근로자의 요구에 달려 있다는 것을 의미한다.

168. 많은 여성들은 파트타임 노동을 선호하는데 그것이 어린이와 가사의 문제를 해결하는 데 도움이 되기 때문이다. 이것은 물론 전통적인 입장이다. 어린 아이의 양육기간에 파트타임으로 일하는 남성들이 적지만 서서히 증가하고 있다고 하더라도 아직은 전자가 실제에 있어서 대부분이다. 이것이 양육휴가법(the Parental Leave Act)에 따른 일반적인 파트타임 노동이다.

169. 2006년 사민당 정부는 한시적 고용계약을 갖는 파트타임 근로자가 풀타임 노동을 요구하는 것을 목표로 하는 고용법에서의 개정안을 만들기 위한 조사자를 임명하였다. 그러나 조사자의 제안은 심각하게 비판받아 그 제안은 어떤 입법도 가져오지 못했다. 최근 풀타임 노동을 요구할 권리에 대한 문제가 다시 사회적 안건으로 대두되었다.

170. 남성과 여성 모두에게 가사와 양육을 위한 시간을 허용하고 남성과 여성에 대한 평등을 촉진할 의도로 주 30시간 노동(6일제 근무)에 대해 그 해 동안에 논의되었다. 그 요구는 아직 실현되지 못했고, 바로 지난해 동안 논점은 현실의 스웨덴 노동력이 더 많이 일해야 한다는 방향으로 이동하였다. 질병과 고령으로 인해 노동으로부터의 더 많은 이탈은 거의 노동시간 감축요구를 무색하게 만들었다. 대신에 퇴직 연령을 늘리라는 요구가 있었다.

일반적인 주 30시간에 대한 요구는 가끔 노동공유와 관련되고 있다. 노동공유에 대한 노동조합의 태도는 원칙으로 부정적이다. 6일 근무제는 양 부모에게 가사와 가정을 위한 더 많은 시간을 할애하고 새로운 기술로 인해 직업이 부족해 질 때 고용공유를 적용할 수단을 보장해 주는 것이 최선의 대안이 된다고 믿어진다.

§6. 휴가

171. 근로자들이 일요일과 기타의 휴가일에 자유라는 것은 당연한 주제이고 만약 다른 결정된 것이 없다면 같은 원칙이 지난 1960년대부터 토요일에도 적용

되었다. 이 문제에 대한 입법은 없다. 통상 근무시간의 배치에 대한 단체협약에서의 규제는 주말에 대한 것이 있을 뿐 그러한 논의가 사라졌다. 근로시간법(the Working Time Act)은 주휴일(the weekly rest)은 가급적 주말에 있어야 한다고만 규정하고 있다.

172. 일요일이나 토요일에 있지 않는 휴일, 크리스마스 일, 새해 일 등과 같은 휴일은 시간급 또는 일당제로 임금을 받는 사람들의 수입의 손실을 야기할 수 있다. 그러한 경우를 위해 특별 보상, 휴일 급여에 대해 일반적으로 단체협약에서 규정하고 있다.

§7. 연차휴가(Annual Vacation)

173. 연차휴가에 대한 근로자의 권리는 사용자가 근로자들이 스스로 이러한 이익 즉 휴식과 여가의 목적을 이용하게 할 의무와 대응된다. 원칙으로 이러한 권리는 돈과 교환될 수 없으나 다른 수단이 없는 경우에 적용될 수 있다. 사실 이러한 권리는 근로자들을 위한 경제적 정의와 사용자들에 대한 노동비용의 질의 문제로서 그 목적이 달성되었는지에 관계없이 고용관계에 있는 모두에 해당하는 지배적인 경제적 이익으로까지 발전되었다. 이러한 생각은 휴가로 인한 이익이 고용 과정에서 벌어들인 것이라는 생각이 지배적이 되었다. 고용이 임시직일 때에만 휴가수당 오히려 휴가보상이 때때로 급여 속에 포함되었다고 하더라도 많은 경우에 본래의 급여에 대한 부가급여로 변했다. 대조적으로 1938년 첫 휴가법에 따라 근로자는 적어도 180일 동안 고용에 있는 경우 휴가수당에 대한 자격을 가졌다. 다른 한편 현재의 1977년 연차휴가법은 제일 먼저 휴가를 가질 권리와 휴가수당에 대한 권리 사이의 고리를 끊었다. 휴가는 임금에 대한 권리 없이 사용되어야 한다. 그러나 그러한 휴가는 근로자에 의해 필연적으로 수용될 가능성이 낮다고 할 수 있다.

174. 1977:480 연차휴가법은 매우 상세하고 복잡한데 몇 가지 구체적인 것에 대하여는 여기서 생략한다. 그의 가장 중요한 혁신은 5주간의 휴가와 장래의 장기

휴가를 위해 휴가의 일부를 축적할 수 있는 것들에 대한 것이었다. 이 법은 2010년 주로 조항을 단순화하고 명료화하기 위해 개정되었다.

175. 이 법은 최저 수당을 규정하고 있다. 이것은 원칙으로 의무규범이지만 많은 점에서 변경이 허용되는데, 전국 수준에서의 단체협약에 의한 경우와 개별 합의에 의한 경우이다. 몇몇의 경우 합의가 개별 근로자와도 체결될 수 있다.

176. 단체협약은 때때로 연차휴가에 관한 조항을 갖는데, 좀 더 상세한 내용을 만들기도 하고 근로자들이 법에 정해진 휴가권을 규정하기도 한다. 이러한 규정들은 노동법원의 해석에 따르지만 단체협약이 그러한 내용에 대해 달리 규정하지 않는 경우이다. 따라서 법에 정해진 내용은 단체협약에 구속되는 사람들에게는 적용되지 않는다.

177. 법은 휴가에 대해 근무년도와 휴가년도를 구분한다. 휴가년도는 당해 년 4월 1일부터 다음 해 3월 31까지이다. 전년도 12개월은 소득년도이다. 이것은 특히 휴가수당에 대해 결정적인 역할을 한다. 전국수준의 단체협약에 의한 소득년도와 휴가년도 사이의 상호관계에 대한 변경은 허용된다. 그러나 소득년도와 휴가년도 둘 다 현재 년도로 하는 것은 어렵다.

178. 몇 가지 예외를 갖지만 근로자들은 각 휴가년도에 25일의 휴가에 대한 권리가 있다. 이는 오로지 근무일만 계산된다.[7] 그래서 주당 5일 근무제에 있어서, 통상 5주간의 휴가에 대한 권리가 있게 된다. 만약 고용관계가 8월 31일 이후에 시작된다면 근로자는 5일간의 휴가에 대한 권리만 있게 된다.

179. 한 가지 중요한 특징이 각각 유급과 무급인 휴가 사이에 만들어 졌다. 근로자는 소득년도 동안에 취득한 경우에만 휴가수당을 청구할 수 있다(휴가년도 동안에). 그러나 근로자는 무급 휴가를 거절할 수도 있다. 만약 기업이 휴가기간 동안 문을 닫아야 한다면, 근로자는 정리해고 될 수도 있다. 이것은 근로자가 사무직 근로자가 아닌 경우이다. 정리해고 될 경우 근로자는 고용보호법 제21조에 따

7) 근무로부터 완전히 이탈된 시간.

라 전체 임금에 대한 권리가 있다.

180. 근로자가 소득년도 전체 기간 동안 근무했다면 25일의 휴가에 대한 권리가 있다. 이러한 수치는 고용이 년도 중에 시작된 경우나 특별한 이유 없이 결근한 경우 근로자가 일하지 않은 시간에 비례하여 줄어든다. 그러나 어떤 경우에 결근은 근로시간으로 취급된다. 이러한 결근은 '특권' 인 것이거나 연차휴가의 목적으로 인정된 것인데 그 경우는 질병(개인적 상해를 제외하고 최대 180일), 양육수당을 받을 때의 양육을 위한 휴가(최대 120일), 특정한 연구휴가(최대 180일) 그리고 특정한 병역의무를 위한 휴가(최대 60일)이다.

181. 휴가일의 배분에 관한 두 가지 원칙이 있는데 (1) 휴가는 그의 목적(여가)을 위해 효과가 있어야 하고, 사실상 언급한 목적을 달성할 수단을 구성하여야 한다는 것과 (2) 당사자들은 이러한 문제에 대하여 협력하여야 한다는 것이다.

이 문제에 대해 공동결정 합의서 제출이 가장 먼저 권고되었으나 그러한 합의에 실패하였다. 사용자는 노동조합 또는 근로자가 노동조합에 의해 대리되지 않을 때에는 관련 근로자와 우선적으로 협의할 의무를 갖는다(제10조). 이것은 주된 휴가기간에 적용된다. 만약 합의된 것이 없으면, 이 기간은 적어도 6월에서 8월 사이 적어도 4주간으로 되어야 한다. 사용자는 특별한 이유로 다른 기간으로 결정할 수 있다. 남은 휴가일의 할당을 위해(통상 5일, 다섯 번째 주, 때때로 겨울 휴가에서 사용된 휴가), 사용자는 근로자와 협의하여야 한다. 합의에 도달하지 못하면, 사용자는 이를 결정하여 관련 근로자에게 향후 적어도 2개월이나 특별한 상황에서 1개월의 고지를 하여야 한다. 휴가의 고지 의무를 준수하지 않으면 사용자는 손해배상을 질 수 있으나 근로자는 이러한 휴가를 거절할 수 없다.

182. 휴가의 효과를 고양하기 위한 다른 규정들도 있다. 근로자의 동의 없이는 휴가시간은 고용 단절의 고지기간에 적용될 수 없다. 더구나 근로자가 질병이 있거나 계산상의 휴가수당을 위한 '특권적' 결근일과 같은 동일한 사유로 휴가를 이용할 수 없을 때 이를 휴가일에서 공제할 수 있다. 필요한 경우 근로자는 지체 없이 그러한 공제휴가에 대해 청구를 하여야 하고 사후에 이에 상응하는 휴가일을 가질 수 있다.

183. 2010년부터 주된 원칙은 부가된 휴가 보너스(월 급여의 0.43%)와 함께 휴가수당이 주 또는 월 급여로 계산된다는 것이다. 급여가 주 또는 월 단위로 계산되지 않거나 당해 연도 근로시간의 변화가 있는 사람들에게는, 휴가수당은 소득년도 동안 근로자 임금의 12%로 계산된다. 그 취지는 수입 수준이 노동이 수행되었을 때 이루어지는 수준 이하가 되어서는 안 된다는 것이다. 12%는 휴가 기간 동안 약간의 수입증가를 의미한다. 이 법은 휴가 수당이 어떻게 계산되어야 하는지에 관한 상세한 규정을 포함하고 있다. 단체협약은 이 문제에 대한 특별 규정을 두기도 한다.

184. 집이나 사용자의 통제가 되지 않는 외부에서 근무하는 근로자들은 오늘날 다른 근로자들과 같이 휴가와 휴가수당과 관련한 같은 권리를 갖는다.

185. 장래의 장기휴가와 그의 휴가수당을 위해 휴가일을 축적할 권리에 관한 규정들은 복잡하다. 여기서는 20일의 휴가 이상에 대한 권리를 취득한 근로자는 이러한 날 중 하루나 그 이상을 축적할 수 있다. 그러한 날들은 5년 동안 축적될 수 있다.

186. 만약 근로자가 취득한 휴가수당을 지급받기 전에 퇴직하였다면, 근로자는 대신에 현금으로 휴가보상에 대한 권리를 갖는다. 이것은 휴가수당과 같은 방법으로 계산되고 축적한 휴가일도 포함하여야 한다. 근로자가 고용관계가 종료될 때 아직 취득하지 않았지만 장래의 휴가수당을 받았다면, 상응한 공제를 받을 수 있는데 이는 보통의 휴가보상으로 계산된다. 하나의 중요한 예외는 정리해고나 근로자의 잘못이 아닌 다른 사유로 인하여 고용이 종료되었을 때이다.

187. 3개월 이하의 기간과 고용이 사실상 더 이상 종사하지 않는 노동자들은 휴가에 대한 권리 없이 오로지 돈에 대한 권리에 대해서만 동의할 가능성을 갖는다.

188. 새로운 소유주로의 기업 전환은 휴가 이익에 대한 근로자의 권리에 영향을 주지 않는다. 새로운 소유주는 전환 이전의 고용 상 이익에 대한 책임이 있다.

189. 근로자가 다른 사용자에게 옮겨간다면, 휴가보상은 통상 휴가 청구의 한

정적 해결을 의미한다.[8] 그러나 새로운 사용자가 같은 기업 그룹에 속한다면 근로자는 그의 권리가 새로운 고용관계로 이전할 수 있다.

190. 일상적 업무를 위한 기금에 대한 몇 가지 지엽적인 문제에서, 사용자는 단체협약에 의해 근로자들에 의해 수행되는 모든 근로시간에 대한 특정한 액수를 지불하는 특별 휴가기금이 설립되었다. 근로자는 지속되는 휴가기간에 사용하기 위해 축적된 기금으로부터 휴가기간에 사용하기 위해 이를 받을 권리가 있다. 이러한 기금 중 몇 가지는 현재 운영이 중단되었거나 그들의 활동을 종료할 단계에 있다. 이는 노동조건의 변화에 기인한다. 예를 들어 건설과 같은 산업에서 무기의 고용계약이 일상적 현상이 되고 있다.

191. 특정한 제한 내에서, 휴가수당과 휴가보상에 대한 청구권은 사용자의 파산의 경우 정부의 임금보장을 통해 우선적 부담이 되기도 한다.

192. 법적으로 휴가법이나 단체협약의 침해는 단체협약이 침해되었을 때 노동조합과 마찬가지로 사용자가 관련 근로자에게 손해를 배상할 책임을 지게 될 수 있다.

§8. 근무면제(Time Off)에 대한 근로자의 권리

193. 특히 지난 40년 동안의 법령 그리고 단체협약에서 근로자들이 다양한 목적으로 결근 휴가(근무면제)를 청구할 가능성이 많이 확대되어 왔다. 이러한 주제는 다음 장에서 다룰 것이다.

8) 예를 들어 휴가일에 일요일 등이 포함된 경우 이는 제외.

제3절 임금과 보상

§1. 다양한 종류의 급여

194. 사용자의 주된 의무는 현금으로 노동에 대한 급여를 지급하는 것이다. 그러나 다른 많은 수당들도 급여 부분으로 여겨지고 있다. 얼마를 지급해야 할 지 그리고 최저임금이나 단체협약의 효력확장에 대한 조항과 관련한 법령은 없다. 임금은 전형적인 교섭사항이다. 임금 문제는 단체교섭에서 최고로 중요한 것이 되어 왔다. 첫 단체협약도 다양한 종류의 순수 노동 가격표였다.

195. 급여에 대한 합의 없이 노동이 수행되었다면, 수행된 부분은 법적 청구권이 존재한다. 단순히 선의로 한 행동이나 자신의 이상을 실현할 목적으로 일한 경우와 같이, 일을 수행한 사람이 급여를 기대할 이유가 없다면 그러한 노동의 급여액은 관습이나 합리성을 고려하여 결정될 것이다(참고. NJA 1969, p.409). 관습적 임금이나 기타의 관습적 고용조건으로 여겨지는 것은 관련 사업이나 유사한 업종의 단체협약으로부터 정해진다(참고. NJA 1948, p.799, NJA 1954, p.230, NJA 1968, p.570).

196. 급여는 현금이나 이와 유사한 방법으로 지불되어야 한다. 예전에 현금 외의 방법이 일상이었는데 예를 들어 무료 편의제공과 무료 의료혜택 등과 같은 것은 아직도 존재하지만 노동조합은 일반적으로 그러한 지급에 반대했고 따라서 그러한 것들은 대부분 현금지급으로 대체되었다.

197. 다른 급여나 부가급여 등이 더 일상화 되고 있다. 예를 들어 단체협약에서 사용자들은 근로자들을 위한 사회보험 기급을 부담할 법적 의무와 더불어 다양한 종류의 급여에 대한 재정적 부담을 진다. 2012년 모든 근로자들의 총 임금

의 31.42%가 부가적인 '사회적 비용'으로 지급되었다. 국가적으로는 2012년 상위 31.42%에 있는 사용자가 20%의 연금 등에 대하여 지불했다. 이에는 약 15%에 달하는 휴가와 연휴에 지불되는 비용은 포함되지 않았다. 합의된 부가급여에는 추가 질병급여와 연금, 근로자 집단 생명보험, 정리해고와 관련한 정리해고 급여외 기타의 비용을 포함한다. 또한 이와 다른 종류의 부가급여가 있는데 사용자가 근로자의 차량, 청소나 회사 별장을 사용할 때의 비용부담과 같은 것인데 이것은 날로 증가하고 있다.

198. 유급의 연휴에 대한 권리는 서서히 고용관계 중에 생기는 급여의 가장 중요한 요소로 간주된다. 직장을 그만 둘 권리는 특정한 사건에서는 비용으로 변한다. 이에 대하여는 이미 설명했다.

§2. 급여체계 (Pay Systems)

199. 급여체계는 다양하다. 한 가지 예를 들면 시간당, 주당, 월간, 연간이나 기타의 기간에 따라 지급되는 것이 있고 실적이나 커미션과 같이 결과에 따라 지급하는 것이 있다. 이를 조합하는 것도 자주 있는데 예를 들어 실적급이나 특별수당과 결합한 시간급 보장 또는 수당과 결합한 고정 시간급 등이 있다.

200. 산업에 있는 육체노동자들에 대하여는 주당 임금이나 실적급이 통상의 급여체계였다. 그러한 시간당 급여는 모두 최저 한도였는데 그것은 실제 임금이 대부분의 노동자들보다 더 높다는 것을 의미한다. 또한 여기에는 비록 특별히 정해진 조건을 변경하는 보충규정이 있다고 하더라도 원칙으로 양측에 변경을 허용하지 않는 통상적 급여율[9]도 마찬가지이다. 월급의 형태는 점점 더 육체노동자들에게 일상이 되고 있다. 노동조합은 노동 보호규정을 회피할 가능성을 방지하기 위해 이러한 시스템을 요구한다.

201. 임금단가(Piece rates)는 단체협약의 지위를 갖는 목록에 의해 정해지는데,

9) 기 취득한 휴가를 새로운 사용자에게 청구할 수 없다는 의미이다.

만약 관련 노동이 이에 등록되지 않았다면 사용자와 이러한 개인적 합의는 대개는 감독에 의해 대표되는 사람과 또는 관련 노동자들과 합의로 이루어진다. 특정한 산업의 임금단가에 대한 합의서는 때때로 노동자 집단을 대상으로 만들어지기도 한다. 임금단가의 결정은 오랜 동안 논란거리였는데 그것은 자주 분쟁을 야기했다. 그 방법들은 점차 공동작업으로 이루어져 왔다.

시간연구에 대한 특별한 단체협약이 1948년 SAF와 LO 사이에서 체결되었는데, 이것은 1972년 큰 뉴스거리였던 산업 합리성에 대한 합의로 대체되었다. 이 합의서는 주로 노동조직을 계획하고 산업기술을 연구하고 기타 분석과 도구화의 새로운 방법을 도입하는데 있어서 노동조합의 참여를 다루었다. 그러한 합의서들은 오늘날 다양한 공동참여 합의서를 가져왔다.

202. 임금단가에 대한 고려는 임금단가가 기간 당 임금보다 노동자들에게 다소 더 적합하다는 것이고 이것이 효율적이라는 것이다. 단체협약은 때때로 임금단가를 결정하기 위한 지침을 제공하기 위해 수입 수준의 목표, 가격 조정조항을 포함한다. 대부분은 항상 가격조정 조항을 엄격하게 고수하기보다는 약간 더 높은 가격단가를 정하는 경향이 있다, 이것은 예를 들어 단체협약에 합의된 수준보다 상회한 임금의 지급으로 임금상승(wage drift)의 요인 중 하나가 되었다. 1990년대 중반부터 노동시장 당사자들은 임금상승을 억제하려고 노력하였고 이는 다소 성공적이었다.

203. 사무직 근로자들에 대해 월급제는 오랜 동안의 규칙이었다. 급여표 체계(호봉제)의 이용은 서서히 실패하여 왔다. 오늘날 대부분의 영역에서 초급은 개인을 기초로 결정된다. 인상의 평균 수준은 대부분의 경우에 중앙교섭으로 체결되지만 그 때의 구체적 인상은 기업 수준에서의 교섭에서 개별적으로 분배된다.

204. 임금 설정은 지난 해 동안에 급격하게 변했다. 지난 15년부터 20년 전까지 스웨덴에서의 임금형성은 노동시장의 광범위한 분야에서 점증적으로 분권화되고 개별화 되어왔다. SAF는 1990년대 동안에 기업 수준에서 결정되는 임금의 분권화를 요구하였고, 이것은 어느 정도 충족되었다. 오늘날 전국 영역의 교섭과 단체협약들은 임금설정에 있어서 가장 중요하다. 임금형성에 대한 지역 당사자들

의 영향력은 증대하고 있다. 분권화 절차는 특정한 영역에서 영역별 단체협약만이 임금체계와 함께 예를 들어 중요한 임금설정 과정을 완전히 지역 당사자들에게 유보한다는 것을 규정하는 상황으로까지 만들었다. 이러한 소위 '실체 없는 합의'(agreements without figures)로 불리는 것이 1990년대 중반부터 SACO에 소속된 여러 개의 노동조합들 가운데에서 나타나기 시작하였다. 거의 모든 영역에서 임금교섭은 분권화되었고 심지어 LO에 소속된 전통적인 노동조합 중 하나는 오늘날 최소한 액수의 총액보장을 갖는 영역별 단체협약의 구축을 바라는데, 그것은 그 영역의 모든 근로자들이 보장받지만 여기서의 임금인상은 지역 교섭으로 해결하고 개별적으로 분배하는 것이다. 분권화 과정은 민간부문에서 보다는 공공부문에서 더 빨리 진행되고 있다는 것을 주목하여야 한다. 2013년 체결된 전국 수준에서의 단체협약에 따르면, 전체 노동시장 근로자들의 58%가 개별적인 보장 없는 (실체 없는) 단체협약을 적용받았다.

205. 비록 민간부문과 공공부문에서의 많은 단체협약들이 지역 당사자들에게 임금 인상분의 크기와 지역수준에서의 분배에 대해 교섭할 전적인 자유를 주고 있고, 많은 경우에 단체협약들은 다양한 종류의 공제(cut-off) 조항과 관련되어 있다. 이러한 조항들은 지역 당사자들이 합의에 실패하는 경우 사업장 수준에서의 임금이 인상되어야 할 그리고 모든 개별 근로자들을 위한 최저임금 인상에 대한 액수를 정한다. 민간부문에서의 합의서 대부분은 개별적 보장의 몇 가지만 정하고 모두를 위한 총 인상액을 정한다. 이러한 인상액의 크기는 지역마다 다양하다. 근로자에 대한 개별적 보장은 계약기간 종료 시에 제시되어 합의의 형태를 갖는 경우도 있다. 민간부문 중 일부 그리고 공공부문의 대부분의 단체협약에서, 공제조항(cut-off mechanism)에는 사회적 당사자들에 의해 선정된 의장에 의해 운용되는 임금위원회/중재기구를 규정하고 있다.

206. 스웨덴은 최저임금에 대한 법령이 없다. 이것은 스웨덴 임금시스템에 부합되지 않는다고 생각되는데 스웨덴 시스템은 노동시장 당사자들이 임금교섭을 하도록 하는 것이다. 그러나 특별히 LO에 소속된 노동조합들이 참여하는 몇몇 단체협약들은 최저임금을 규정하고 있다. 스웨덴에서의 최저임금에 관한 논의는 Lava 사건에서의 CJEU의 판결에 의해 쟁점이 되었었다. 단체협약에 규정된 최저

임금은 Laval 판결에 따라 수용되었다. 2007년 금속산업의 단체협약들은 성인 근로자들에 대해 대략 월 1,550 유로의 최저임금을, 나머지 근로자들과 블루칼라 노동자들에 대해 1,700 유로의 최저임금을 규정하였다. 연소자 근로자들을 위한 최저임금도 단체협약에서 정하였다.[10)]

207. 이러한 내용과 관련하여 소위 "산업협약"으로 불리는 '산업발전과 임금형성에 관한 1997년 합의'가 있다. 이 합의는 12개의 SAF 사용자단체들과 LO, TCO 그리고 SACO 산하의 8개의 노동조합들 사이에 체결되었다. 임금형성과 관련하여 최근 수세기 동안 어려운 환경에 대응할 필요가 있었다. 합의의 목표는 갈등 없이 건설분야 임금협상을 조성하기 위한 조건들을 형성하는 것이다, 합의는 당사자들에 의해 합동으로 지명된 공정한 의장들에 의해 이루어졌다. 이 산업협약은 다른 분야에서의 합의를 위한 모델로 작용하였다. 임금형성과 관련하여 스웨덴 국가조정사무소는 효율적인 임금 개발을 촉진하는 역할을 맡고 있다.[11)]

§3. 임금 보장 수단

Ⅰ. 소 개

208. 임금보장의 수단은 오랫동안 스웨덴에 있었는데, 최근에 상당히 확대되었다. 현재 이의 주된 동기는 사회주의적 본질이었으나 항상 그렇지는 않다. 사용자 파산의 경우에도 근로자들이 그들 수입을 보장하는 효력을 갖는 법령이 오랫동안 존재해 왔다. 이것은 주로 사용자의 관심사로 이루어졌다. 이 외의 문제에 있어서, 기업에 경제적 문제가 발생했을 때 근로자가 고용을 계속하도록 설득하는 것도 불가능하다. 이 경우 또 다른 문제는 임금을 얼마까지 삭감되어야 하는 지이다. 만약 너무 많은 수입을 삭감한다면 그 근로자는 일할 동기를 잃게 될 것이다. 세 번째 문제는 사용자가 근로자의 임금을 삭감할 권리가 있는 지이다.

10) 예를 들어 연공급.

11) Ronnie Eklund, Tore Sigeman and Laura Carlson, 'Swedish Labour and Employment Law Cases and Materials', IUSTUS FŐRLAG, 2008, p.44.

Ⅱ. 사용자 파산의 경우의 우선특권

209. 사용자가 파산한다면 근로자는 많은 다른 채권자들 보다 우선특권을 갖는다. '우선적 청구에 대한 법' (Act on Preferential Claims, 1970:979) 제12조에 규정된 우선권은 합의된 보험 혜택을 위한 보험금, 부당해고에 대한 보상 등도 포함하여 고용관계에서의 임금과 다른 보상에 대한 모든 청구권을 구성하고 있다. 이것은 이에 대한 급여는 향후 1개월까지 파산소송이 제기되기 전 최종 3개월 동안의 급여에 대하여 규정하고 있다. 이러한 우선적 지위는 종종 파산 이후에도 가능한데 고용보호법 제11조에 규정된 대부분의 기간에서 고지기간에 대한 급여 청구도 해당된다. 이러한 급여에 대한 감액은 이전 근로자가 고지기간 동안에 벌었거나 합리적으로 벌 수 있었던 것에 대해서는 가능하다.

Ⅲ. 국가 임금보장

210. 이러한 우선권에도 불구하고 많은 임금 등에 대한 청구권이 법으로 정해져 있다. 이를 충족하기 위해, '파산의 경우 정부 임금보장에 관한 법' (Act on Governmental Wage Guarantees in Case of Bankrutcy)이 1970년에 통과되었다. 옛 것과 같은 원리를 설정하고 있는 새 법은 이 전 법의 특정한 남용을 방지하는 취지가 담겨 있다. 이 법은 근로자들의 체불된 임금청구권을 보호하고 근로자들에게 보장된 채권자들의 지위를 준다.[12] 그것은 사용자 파산의 경우 근로자의 보호에 대한 유럽 이사회지침 80/98/EEC(지침 2008/94/EC를 구체화한 버전)에 대한 스웨덴법의 반영이다.

국가의 임금보장 제도로 인해, 모든 근로자들은 그들의 임금 청구에 대한 보호를 위해 기여금을 납부할 의무가 있는데, 그것은 앞에서 언급한 근로자의 임금 우선특권을 보장하기 위해 이러한 기금이 오랜 동안 축적되어야 한다. 그 당시 기금 자체가 근로자 임금에 대해 우선적 채무가 되었다. 조합원의 임금 우선특권을 먼저 지급할 노동조합만이 (기금으로부터) 보장된 권리에 대한 청구권을 넘겨받는다. 그 법의 남용을 제한할 목적으로 몇몇 조항들이 그 법에 추가되었다. 이러한 제한

12) 전게서, p.44.

들은 사용자 파산의 경우의 임금보장에 대한 지침 80/987/EEC(현재 2002/74/EC)와 일치하지 않아서 더 많은 개정이 있어야 했다.[13] 오늘날 임금보장 기금을 통해 임금을 전체 또는 부분적으로 지급한다는 점에서 만약 근로자의 직무의 조정에 합리성이 인정된다면 보상이 지급되지 않는다는 일반적 제한이 있다.

국가 임금보장은 약 16,000 유로로 계산되는 최대 금액까지 우선적 권리에 대한 청구에 대해 지불된다.

Ⅳ. 임금 압류 (The Attachment of Wages)

211. 근로자의 부채를 위한 임금 압류에 의한 공제가 1981년 '부채 강제법'(Debt Enforcement Code) 제7장에 따라 이루어질 수 있다. 압류는 어느 정도 근로자 수입에 비례하여 정해져야 한다는 것을 목적으로 모든 종류의 청구에 대해 사용될 수 있지만 너무 많지는 않지만 다양한 방법으로 제한되고 있다. 가령 채무자와 그의 가족의 유지를 위해 필요한 것과 같이 채무자의 생활필수 자산으로 여겨지는 것은 보호되어야 한다. 이러한 내용에 있어서 소득-세금 체계(the pay-as-you-earn tax system)에 부합하는 근로자의 임금부분을 보호할 사용자의 의무도 있다.

V. 공제 (Setting-off)

212. 임금을 공제할 사용자의 권리는 그 문제에 대한 '사용자의 공제권 법'(1970:215, Employers' Set-off Rights Act)에 따라 많이 제한된다. 원칙으로 임의공제는 고용관계에서 금지된다. 법은 허용되는 사례를 정하고 있다. 그러나 만약 임금이 지급되어야 할 것이고 근로자 개별적인 동의로 특정한 액수가 공제될 수 있다. 만약 근로자의 수입이 이미 이루어진 것이고 근로자가 이를 처분할 수 있고 장래 수입에 대한 처분이 제한될 수 있다면 공제는 자연스러운 것으로 보인다.

---

13) Ronnie Eklund, Tore Sigeman and Laura Carlson, 'Swedish Labour and Employment Law Cases and Materials', IUSTUS FŐRLAG, 2008, p.44. SFS 1992:497 최근인 2005년에 수정되었다.

213. 사용자의 반대청구권이 명백하고 이것이 지불이 되어야 한다면, 임금을 원인으로 한 청구를 위한 임금공제는 다음과 같이 3가지 경우에 일어날 수 있다.

(1) 하나는 근로자에 대한 사용자의 반대청구가 근로자의 임금으로부터 공제될 수 있다는 계약이 있을 때이다. 그것은 기계나 주택 구입을 위해 또는 사용자 주택을 임차하기 위해 사용자로부터의 금전대차와 관련된다. 따라서 이러한 비용을 공제할 수 있는 권리는 사용자의 청구에 대한 계약 규정이 있어야 한다.

(2) 또 하나는 근로자에 의한 손해배상에 대한 사용자의 청구와 관련되다. 그러나 위에서 설명한 근로자의 동의 없이는 이것은 손해가 고의적으로 발생한 경우에만 가능하다. 그래서 매우 드문 경우이다.

(3) 공제가 가능한 세 번째 사례는 그러한 권리가 전국 수준의 단체협약에서 사용자에 대해 인정될 때이다. 그래서 청구에 대한 공제는 단체교섭 대상이다. 사용자에게 특정한 한도 내에서 근로자가 고지 없이 그만 두는 것을 원인으로 임금을 보류할 권리가 부여된다는 효력을 갖는 조항은 단체협약에서 일상적이다.

214. 이러한 모든 경우에, 임금을 공제할 권리를 위해서는 사용자는 담당 공무원으로부터 공제가 근로자의 이익을 침해하지 않는다는 확인을 얻어야 한다.

§4. 동일임금

215. 동일임금의 원리는 관련 입법이 통과되기 전부터 스웨덴에서 인정받았다. 여성에 대한 특별한 임금단가의 폐지가 단체협약을 통해 이루어졌다. 여성과 남성 사이의 동등한 기회에 대한 입법은 사용자가 동일노동이라면 반대의 성을 갖는 근로자에게 적용하는 것보다 더 불리한 고용조건을 적용하는 것을 불법으로 하였다. 이러한 주제는 고용에 대한 차별을 다룰 때 더 논의할 것이다.

제4절 작업 중단, 업무 불능, 근무 면제권

216. 노동이 많은 다양한 이유로 중단될 수 있다. 이러한 중단은 기술적 이유든 또는 개인적 사유든 사업장 전체나 부분적으로 영향을 미칠 수 있다. 개별 근로자에 대해서는 이것은 질병이나 사고 등에 의해 일어날 수 있는데, 그것은 근로자가 노동을 할 수 없게 만들 수 있다. 1970년대부터 사고의 증가로, 근로자는 여러 가지 목적으로 휴가를 얻을 권리가 있으나 이 문제에 대해 사용자들이 이를 싫어할 정도로 발전되었는데 그것은 조직 생산성의 비효율의 원인이 되기도 한다. 이 절에서 그러한 상황에 대한 규정들을 다루게 될 것이다. 노동 없이 임금을 받을 근로자의 권리는 특히 주의를 끌 것이다. 파업의 경우는 다음 장에서 다루어지게 될 것이고, 몇 가지 문제들은 직업안정에 대한 다음 장의 주제와 밀접한 관련을 갖고 있어서 거기서 그러한 측면에서 설명할 것이다. 따라서 이에 대한 것들이 반복 설명될 수 있다.

§1. 기술적인 사유로 인한 단기 중단

217. 작업이 기술적 이유로 중단되었을 때의 이해관계에 대한 유일한 문제는 근로자의 수입손실에 대한 임금이나 보상에 대한 권리이다. 예전에 시간급 임금이 시간당 업무수행으로 인한 수입으로 계산될 때, 그러한 업무 중단 동안에는 임금이 없었다. 주급 또는 월급을 기초로 고용된 사람들에 대해서는 단기 중단은 임금에 대한 권리에 영향을 주지 않았다. 현재는 단체협약에서 그러한 예견치 못한 중단의 경우에 시간급 임금에 대한 권리가 있다는 것이 일반적이다.

218. 안전대표에 의해 작업이 중단되는 특별한 상황이 일어날 수 있다. 그러한 안전대표는 노동환경법 6:7에 따라 작업이 노동자의 생명과 건강에 즉각적이고 중대한 위험을 야기하고 사용자에 의해 조치를 얻을 수 없을 때에는 작업 중단을 명할 수 있다. 안전대표의 명령은 스웨덴 노동환경국(Swedish Work Environment

Authority)이 작업이 지속할 지에 대한 결정을 할 때까지 효력이 있다. AD 1979 no.164 사건에서 안전대표가 선의 없이 작업 중단을 명령하였을 때 노동자가 임금에 대한 권리가 있는지에 대한 문제가 제기되었다. 노동법원은 그러한 경우에 사용자는 임금을 지불할 의무가 없고 따라서 중단이 정당화될 때에만 가능하다고 판결하였다.

§2. 장기 사업운용의 중단; 정리해고 (Lay-Off)

219. 작업이 단기 작업 중단, 운송수단의 결여 또는 기타의 원인으로 장기간 지속할 수 없을 때, 임시적인 정리해고(lay-off)가 허용되는지에 대한 문제가 일어난다. 그러나 이것은 오늘날은 거의 이용되지 않고 있다.

앞에서 언급한 바와 같이, 임금 제도는 임시적인 중단에 의한 임금문제가 관련될 때 몇 가지 장치를 갖고 있다. 앞에서 정리해고(lay-off)는 양측에 주된 의무의 보류 즉 노동 없으면 임금도 없음을 의미했는데 작업 중단 중에도 고용관계는 지속되고 노동자는 사용자의 지시에 따를 소정의 의무가 있었다. 그러나 정리해고는 애초 사무직 근로자에게는 허용되지 않았고 월단위로 임금을 받는 육체노동자들에게도 사용자의 정리해고에 대항할 권리가 있다는 것이 추정되었다.

220. 정리해고는 법에서 금지되지는 않지만 그의 결과는 급격하게 변했다. 1982년 고용보호법은 사용자가 정리해고 하는 것을 금지하지 않지만 근로자들은 업무가 지속되었다면 받을 수 있었던 급여와 여타의 고용혜택에 대한 권리가 있음을 규정한다. 그러나 정리해고가 계절적이거나 한시적인 경우에는 예외이다.

§3. 결근 (Late Arrival)

221. 결근은 그로 인한 작업 중단이 근로자의 부주의에 기인하지 않았다고 하더라도 임금축소를 의미한다. 이것은 사무직 근로자들에게도 적용되는데 육체노동자들에게는 직접 훨씬 더 오랜 동안 관련되었다. AD 1977 no.202 사건에서 노동

법원은 눈사태로 지연된 산업 사무직들의 결근에 대해 임금삭감을 인정한다고 판결했다. 이러한 효과에 대한 명시적 규정은 단체협약에서 발견될 수 없지만 법원은 대체로 건설 단체협약으로부터 그러한 경우 임금보장이 없다는 의미가 내포된 것으로 해석되어야 한다고 결론을 지었다.

반복되는 결근은 해고에 대한 정당한 사유로 여겨질 만한 사건이 될 수 있다.

§4. 업무 불능 (Incapacity To Work)

Ⅰ. 질 병

222. 역사적으로, 주인은 종사자가 병에 걸렸을 경우에도 그의 종사자들을 돌보아야 했다. 오늘날 핵심 주제는 임금이 질병 기간에도 지급되어야 하는 지이다. 이것은 항상 육체노동자들이 아니라 사무직 근로자에 대해서였다. 육체노동자들은 수입손실에 대한 보전은 질병 보호에 대한 사회여건의 선호에 달려 있다고 생각되었다.

223. 1950년대 중반 의무적 질병보험이 도입되었다. 그것은 현재 국가 사회보험의 일부이다. 이것은 의료서비스를 위한 보상뿐만 아니라 수입손실에 대한 기본적 보호를 제공한다. 국가 사회보험 서비스로부터 받는 질병혜택에 더하여 근로자들은 단체협약에 따라 항상 질병급여에 대한 추가적 권리를 갖는다.

224. 모든 근로자들에게 적용하는 질병급여에 대한 법 1991:1047에 따라, 사회보험체계를 대신하여 사용자는 첫 2주간에 대한 질병급여에 대한 책임이 있다. 2주간 이후에는 사회보험체계가 책임을 진다. 사용자로부터 독립된 질병급여는 노동환경에서의 사용자의 이해관계를 증대할 목적과 관리체계를 더 효율적으로 하기 위해 도입되었다.

질병급여는 첫날에는 발생하지 않는다. 다음날부터 질병급여는 특정한 한도까지 근로자 임금의 80%가 지급된다. 사용자가 지급하는 2주간 질병급여 이후에는 사회보험체계가 책임을 진다. 여기서 보수는 특정한 한도가 있으며 연봉에 의존한다.

사용자는 단체협약에 따라 질병급여 최고한도 이상에 대하여도 지급할 수 있다.

225. 질병으로 인한 결근의 매우 높은 수준 특히 장기간의 결근은 많이 논쟁되었고 대체로 스웨덴 노동시장과 사회에 대한 문제로 여겨졌다. 이에 대한 규정은 2008년부터 서서히 엄격해졌고 질병결근의 수도 증가했다.

지난 여러 해 동안 많은 제도들이 질병이나 상해를 입은 근로자들의 재활에 대한 노력에 집중되었다. 사용자는 지난 해 동안 다양하게 확대된 이러한 것에 대하여 특정한 책임이 주어졌다.

질병급여를 가진 지 90일 이후 스웨덴 사회보험청은 근로자가 원래의 작업장에서 수행할 수 있는 다른 직무가 있는지를 확인하고 이것이 가능한 상황이 아닌 경우에만 근로자는 질병급여를 지속해서 받을 수 있도록 하였다. 180일 이후에는 근로자의 일할 능력이 대체로 그의 사업장뿐만 아니라 그 노동시장에서도 평가되어야 한다. 사회보험청이 근로자가 스웨덴 노동시장 어디에서든 직업을 가질 수 있다는 의견이 있으면, 근로자는 더 이상 질병급여를 받을 수 없고 대신에 공공고용청(Public Employment Service)으로 이관한다. 질병급여가 종료될 때의 일반적 규정과 같이 365일 이후 일할 근로자의 능력은 항상 전체 노동시장에서 평가되도록 하였는데 이러한 규정들은 논란거리이다.

영구적으로 어떤 노동도 할 수 없는 사람들에 대하여는 특별 사회안전급여가 있다.

226. 모든 종류의 사회보장 급여는 지난 여러 해 동안 논란이 있어 왔고 2010년 국회의 관련 위원회에서 승인되었다. 위원회는 질병과 실업과 연관된 다양한 종류의 사회보장 급여에 대하여 노력하면서 서로 협력하였고 적절한 수준 등에 대하여 논의하였다. 위원회의 보고서는 2014년 가을 총선거 후 마무리되었다.

Ⅱ. 산업재해와 상해 (Industrial Accidents and Injury)

227. 노동자가 업무로 인한 사고로 장애를 입어 노동능력을 상실하였을 때 사용자는 특별한 책임이 있다는 것은 일찍부터 인정되었다. 이 분야의 첫 법은

1916년부터 있었는데, 오늘날 업무로 인한 산업재해나 상해(직업성 질병)로 인한 업무 무능력에 대한 보상에 대하여 사회보험법(Social Insurance Code 2010:110, Socialfōrsōkringsbalken)에 규정되어 있다. 거의 예외 없이 그러한 무능력은 일반적으로 질병과 같은 방법으로 취급된다. 그러므로 대부분의 사건에서 특별 상해가 산업재해(고용으로 인한)인지를 결정할 필요는 없다. 그러나 그러한 판단이 매우 어려울 때가 있다. 산업장애로 인해 영구적으로 업무를 할 수 없는 사람들은 그들의 장애 정도에 비례하여 특별 생활연금을 받을 수 있다. 특별 부가수당도 사용자에 의해 지출된 보험정산으로부터 추가 지급될 수 있다.

Ⅲ. 임신과 출산 (Pregnancy and Childbirth)

228. 여성 근로자는 항상 분만 시간 이전 적어도 7주간과 출산 이후 7주간의 연속 기간 동안 출산 전체에 대한 휴가권이 있다(양육휴가법 1995:584, §4, Parental Leave Act). 만약 임산부 근로자가 다른 이유로 휴가를 사용하지 못한다면, 이러한 2주간의 산모휴가는 산 전후 동안에 의무적이다. 당사자는 국가 사회보험체계로부터 수입손실에 대한 보상에 대한 권리도 있다. 휴가 기간과 보상권이 확대될 수 있는데 다음에서 더 상세하게 설명할 것이다. 아이가 있는 여성 근로자에게 최근 아이에 대한 생일에 휴가가 주어졌고, 모유수유를 하고 있는 여성 근로자가 노동환경법(1977:1160, Work Environment Act)의 규정에서 정규 노동의 지속을 금지하지 않는다면 그 여성근로자에게는 그의 고용혜택이 지속되는 동안 다른 직무로 전환될 수 있는 권리가 주어졌다. 산모임을 이유로 고용의무를 물리적으로 수행할 수 없는 여성 근로자는 예상되는 분만 기간 이전 60일부터 다른 직무로 전환될 권리가 있다.

Ⅳ. 병역의무 (Total Defence Service)

229. 14세에서 70세 사이의 모든 스웨덴 시민들은 병역의무와 관련된 법 1994:1809에 따라 국가 방어에 있어서 군대나 민간으로서 병역의무에 대한 책임이 있다. 이에 따라 사용자들은 근로자가 그러한 의무에 소환되었을 때 휴가를 거절할 수 없다. 그 법은 사용자가 그들의 의무를 위해 결근 시 근로자를 해고하는

것을 금지한다. 그러나 사용자는 그 기간 동안 임금을 지급할 의무는 없다.

V. 공공의무 (Public Duties)

230. 사용자는 지역 의회나 정부 기구의 위원과 같이 공공의 선거를 위해 필요한 근무면제를 허용할 의무가 있다. 이것은 다양한 공공법령에 규정되어 있다. 이러한 휴가에 대하여는 사용자가 임금을 지급할 의무가 없다.

§5. 근무면제에 대한 근로자의 권리

231. 여기서는 다소 의무적인 결근의 상황에 대하여 다루고자 한다. 다음 설명들은 근로자가 다양한 목적으로 근무면제에 대한 법적 권리를 갖는 상황에 대하여 설명할 것이다. 또한 휴가권에 관한 단체협약 규정도 언급하고자 한다.

Ⅰ. 일반적인 개인적 이유로 인한 휴가

232. 개인적 이유로 근로자들은 사무직 근로자와 육체노동자들과 관련한 단체협약의 표준 조항에 따라 1일의 유급 휴가를 가질 수 있다. 그러한 이유들은 노동자들에 대한 단체협약에 상세히 규정되어 있는데 이에는 근로자 자신의 결혼이나 50주년 생일, 병원방문, 특정 가족의 사망이나 장례와 가족 내에서의 갑작스러운 장례 등이 있다. 이러한 사유로 인한 휴가를 사용자가 허용하는 것에 대하여는 의무적인 것은 아니나 이를 금지할 특별한 이유가 없다면 이를 허용할 의무가 있다.

233. 1988년 법(SFS 1988:1465)에 따라 근로자는 비교적 중대한 질병을 치료하는 동안에 휴가에 대한 권리를 갖는다. 수입 손실에 대한 보상은 국가 보험체계로부터 받는다.

1998년 법에 따라 근로자는 그의 가족 중 누군가가 갑자기 아프거나 사고를 당해서 근로자가 즉시 가족과 함께 있어야 할 필요성이 있다면 그로 인한 휴가가 허용되어야 한다. 이 법은 이러한 이유로 휴가를 간 근로자를 해고하는 것을 금지한다.

2008년부터 다른 직업을 찾기 위해 적어도 12개월간 휴가를 갖는 것도 가능하다. 여기에는 이행되어야 하는 특정한 조건이 있는데 그것은 근로자가 질병 때문에 직무를 수행할 수 없어야 하거나 질병을 이유로 원래의 사업장에서 직무를 수행하는 데 문제가 있어야 한다. 더 나아가 근로자는 그가 일할 수 있는 다른 사용자를 만나야 한다. 근로자는 언제든지 본래의 직업으로 돌아갈 권리가 있고 사용자는 근로자가 이러한 법령에 따른 권리를 행사하는 것을 이유로 근로자를 해고하거나 더 열악한 근로조건을 제시하는 것이 금지된다.

234. 물론, 사용자의 동의가 있다면, 근로자는 유급 여부에 불구하고 어떤 이유든 휴가를 얻을 수 있다. 사무직 근로자를 위한 단체협약만이 그러한 경우에 임금축소를 감안한 근로자의 청구에 의한 휴가에 관한 조항들을 두고 있다.

Ⅱ. 어린이와 친척을 이유로 한 휴가

235. 양육휴가법(Parental Leave Act) 1995:584에 따라 여성은 항상 모유수유에 대한 근무면제를 받아야 한다. 그러나 이에 대한 보상에 관한 규정은 없다.

236. 임신과 출산에 관련된 여성의 휴가권은 이미 언급한 바와 같다. 지난 수십 세기동안 이러한 법령은 자주 개정되었고 이러한 권리들과 함께 양 부모에게 어린이를 돌보기 위한 휴가권까지 확장하는 것을 목적으로 하였다. 그러한 생각은 부모들이 어린이들에게 더 많은 시간을 헌신하도록 하는 것이고, 특히 초기 유아기에 있을 때 이러한 편의는 모든 부모에게 허용되어야 하고 그들 사이에 분할하여 사용될 수 있어야 하며 따라서 전통적인 성의 역할은 무시되어야 하고 성 사이의 평등이 촉진되어야 한다는 것이다. 이러한 휴가는 무급이다.

양육휴가법(Parental Leave Act)에 따라 근로자는 사회보험법(Social Insurance Code)에 따른 양육수당을 받을 때 항상 휴가에 대한 권리가 있다. 한편 양육수당이 없다고 하더라도 어린이 보호를 위한 휴가와 관련된 법에 따라 휴가를 가질 수 있다. 수당은 급여의 전체 일수, 과반, 1/4일, 1/8일로 계산될 수 있고, 휴가는 풀타임과 파트타임에 따라 그리고 양육수당과 휴가를 갖는 날의 비율에 따라 주어질 수 있다.

237. 휴가와 양육수당을 가질 수 있는 다양한 상황과 관련한 더 상세한 설명은 아래와 같고, 이보다 더 복잡하고 자주 개정되는 규정에 대하여는 생략한다.

(1) 어린이 출산과 모유수유(산모휴가)와 관련한 여성 근로자를 위한 총 휴가
(2) 총 양육수당의 지급에 부수하여, 어린이가 18개월 되기까지 그리고 그 이후부터의 시간을 위한 부모에 대한 총 휴가
(3) 부모가 월급에 대하여 각각 3/4, 1/2, 1/4 또는 1/8에 따른 양육수당을 받는 동안에 3/4, 1/2, 1/4 또는 1/8의 정규 근로시간의 축소에 의한 양육휴가(양육수당을 갖는 양육휴가)
(4) 대부분의 사안에서 어린이가 8세가 될 때까지 정규 근로시간의 1/4까지 축소로 이한 양육휴가(양육수당 없는 양육휴가)
(5) 근로자의 어린이 보호를 위한 임시 휴가(양육수당을 갖는 임시 휴가)
(6) 보호수당을 갖는 휴가

양육수당은 사회보험법 2010 제11-13장에 따르고 필수 요건은 다음과 같다.

(a) 출산과 관련하여 부모들은 총 480일 동안의 수당에 대한 권리를 갖는다. 모든 예상되는 출생일 전 60일부터 이러한 권리를 갖는다. 어린이가 태어난 후부터 우선적으로 어린이를 보호하는 부모는 양육수당에 대한 권리를 갖는다(휴가와 함께). (비록 어린이가 1년이 되는 동안, 양 부모는 수당을 받는 동시에 며칠 동안의 휴가를 갖는 것이 가능하다).
(b) 12세 미만의 질병이 있는 어린이를 돌보기 위해 양 부모는 어린이당 그리고 1년에 60일까지 일시적인 양육수당에 대한 권리가 있다.

238. 480일의 양육 휴가일이 부모들 사이에서 분할되어야 하는 지에 대한 논의가 진행 중이다. 지금도 480일은 부모들 사이에 분할하는 일반적 규칙 같은 것이 있다. 그럼에도 불구하고 한쪽의 부모가 60일을 제외하고 상대방 부모의 선택으로 이러한 권리를 할당 해 주는 것이 가능하다. 아직까지 아버지가 그의 양육 휴가권보다 더 많이 사용하는 것은 비일상적이다. 1980년 여성은 양육휴가일의 95%를 사용했고, 1990년 그것은 93%였고, 2007년은 2006년과 마찬가지로 양육휴가 일의 71%를 사용했다. 그래서 2007년에 남성은 29%만 양육휴가를 사용했다. 2012년 여성은 약 75% 남성은 25%의 양육휴가를 사용했다. 임시 양육휴가를 갖는 휴가가 생긴 뒤 그 수치는 다소 개선되었다. 1980년 여성은 63%를 사용했고, 1999

년과 2000년에는 66%를 사용했고, 2006년에는 63%를 사용했고 2007년에는 64%를 사용했다. 여기서 그 수치는 안정적으로 보인다. 부모들이 양육휴가를 거의 동등하게 사용하는 사업장의 비율은 매우 낮지만 서서히 개선되고 있다.

대부분의 아버지들이 어머니 대신에 양육 휴가권을 포기하는 한 가지 이유는 사회보험법에 따른 보상권에 한도가 있어서이다. 대부분의 가족들에 있어서 더 높은 급여를 갖는 것은 아버지라는 사실이다. 그래서 아버지가 양육휴가를 사용하면 그 가족은 더 적은 수입을 갖게 될 것이다. 양육 휴가권의 행사에 대하여, 부모가 집에 있어야 한다는 것과 그들의 경제를 어떻게 꾸릴 것인가를 결정하는 것은 개별 가족에게 맡겨야 한다고 주장하는 사람들 그리고 휴가권이 부모들 사이에서 동등하게 분할된다면 동등한 권리와 기회가 가능하다고 주장하는 사람들 사이에서의 타협으로 60일의 양육 휴가권은 포기할 수 없도록 하였다.

2008년부터 양육휴가에 있어서 평등을 촉진하는 것을 목적으로 하는 새 입법이 만들어졌다. 이 법으로 인해 휴가의 첫 60일 이후부터 1일 당 10 유로의 특별 평등보너스를 얻을 기회가 있다.

239. 출산과 관련한 몇 가지 예외에 있어서 양부모(adoptive parents)는 부모로 취급된다. 양육휴가법(Parental Leave Act)은 사용자와 근로자가 휴가 사용에 대하여 의견이 일치하지 않고 휴가 사용에 대해 변경할 여지가 있을 때 휴가시기에 대해 규정한다. 2006년 불공정한 취급을 금지하였다. 따라서 사용자는 양육휴가와 관련된 이유로 신청자나 근로자에게 불공정한 처우를 하지 못한다.

Ⅲ. 학습 휴가

240. 두 가지 법이 학습휴가에 대해 규정한다. 1974년의 일반법(SFS 1974:981)은 성인교육을 지원하고 노동조합 활동과 리더십 과정을 위한 휴가에 대한 특권을 제공한다. 이 휴가는 무급이다. 최고 한도에 대한 규정은 없다. 그러나 사용자는 휴가를 연기할 특정한 권리가 있다. 사용자가 6개월 이상 휴가 연기를 제기할 수 있는데 그 경우 근로자가 조합원인지에 불구하고 '확립된' 노동조합으로부터 동의가 있어야 한다. 특정한 사건에서의 휴가의 할당에 대한 분쟁은 최종 결정을 위해 법적 절차가 진행될 수 있다. 휴가에 필요한 학습에 대한 내용이나 질에 관

한 요건은 없다(AD 1978 no.73 참조).

241. 기타 1986년 법(SFS 1986:163)은 이민자 등이 기초 스웨덴어 과정에 참여하기 위한 휴가와 관련된다. 이민 근로자가 그러한 과정에 입학했을 때, 그는 사건에 따라 풀타임 또는 파트타임의 휴가에 대한 권리가 주어진다. 그는 사용자로부터 급여를 받을 권리는 없고 보상은 세금에 의해 정산된다.

Ⅳ. 다른 직업을 위한 휴가

242. 퇴직의 고지기간 동안에 근로자는 합리적으로 새로운 직업을 찾는데 요구되는 기간 동안 유급의 근무면제에 대한 권리가 있다(고용보호법 제14조).

Ⅴ. 노동조합 목적을 위한 휴가

243. 교섭을 위해 노동조합 대표로 선출된 근로자는 그러한 교섭에 참여하는데 합리적으로 요구되는 휴가가 거절될 수 없다(공동결정법 제17조). 그러한 권리 외에 임금에 대한 권리에 대한 규정은 없는데 이는 아래에서 설명한다. 이것은 사용자로부터 정보를 받는데 선출된 근로자에게도 적용된다(공동결정법 제19b조).

244. 사업장 감독법(Shop Stewards Act)에서 규정된 바와 같이, 사업장에서의 노동조합 대표의 지위에 대한 1974년 법에 따라, 그러한 대표들은 노동조합 대표로서 그들의 의무에 요구되는 정도까지 근무면제에 대한 권리를 갖는다. 그들의 활동이 사업장에 관련되는 한, 그들은 본래의 급여와 다른 고용 혜택들에 대한 권리가 있지만 그 외에도 무급의 휴가에 대한 권리가 있다. 이에 대하여는 다음에서 더 논의될 것이다.

총 임금과 기타의 고용혜택들을 갖는 휴가에 대한 권리가 안전 대표들에게도 부여된다(노동환경법 6:5).

245. '산업발전 협약'에 따라 근무기간 중 노동조합 회의에 참여하는 조합원들의 권리에 대해서도 마찬가지이다.

제5절 근로계약의 종료와 고용안정

246. 근로계약이 통상적이든 통상적이지 않은 경우에도 비공식적인 방법으로 진행될 수 있는 반면에, 그의 종료에 대하여는 제한과 형식들이 가중되고 있다.

247. 현재 근로계약의 종료와 관련한 규정들은 특히 1982년 고용보호법(the Employment Protection Act)에 규정되어 있는데 그것은 1974년 법을 대체하였다. 1974법 이전에, 이러한 문제는 주로 살트보덴 시기에 있었던 것처럼 단체협약으로 규율되었다.

§1. 근로계약의 종료나 중단 방법: 해고(LAY-OFF)

248. 한시적으로 체결된 근로계약은 그 기간이 종료되거나 과업이 완료되었거나 더 이상의 일이 없다는 것에 서로 동의되었을 때 종료된다. 한시적 근로계약의 연장은 법적으로 문제가 되는데 오늘날은 사용자가 2년 이상 고용하여 5년을 초과하면 영구적 고용으로 대체된다. 일반적인 한시적 고용계약은 만약 근로자가 5년의 기간 동안 2년 이상 같은 사용자를 위해 일했다면 자동으로 무기의 계약으로 전환된다.

249. 무기한 근로계약이 가장 통상적이다. 그것은 해고의 고지나 사용자에 의한 즉시해고로 종료될 수 있다.

즉시해고 또는 징계는 근로자가 중대하게 그의 의무를 소홀히 할 때 허용된다. 이에 대응하여 근로자는 고지를 하거나 사용자가 중대하게 그의 의무를 소홀히 했을 때 고지 없이 근로계약을 종료할 수 있다.

250. 직무를 지속적으로 게을리 했을 경우 근로자를 정리할 가능성은 오랜 동안 있어왔다. 이것은 원래 고용계약이 노동을 수행할 그리고 임금을 지불할 양자의 대

한 주된 의무의 불이행으로 근로계약이 중단되었다는 것을 의미했다. 근로자는 간단한 지시로 언제든 작업을 재개할 수 있는 위치에 있어야 할 의무를 갖는 것으로 생각되었다. 해고(Lay-off)는 노동력을 줄이는 수단이었는데 그것은 법령이나 단체협약 규정 없이 있어왔고 사무직 근로자들이 아닌 육체노동자들만 허용된 것이었다. 오늘날 해고는 보상이 될 뿐만 아니라 제한적으로 사용되고 있다.

§2. 역사적 배경

251. 구 법령 시기에 근로계약은 근로자들에게 어느 정도의 직업안정을 보장하는 것으로 보호되었다. 근로계약은 특히 농촌뿐만 아니라 어느 정도 1차 산업에서 서비스 계약으로 더 자주 불리었는데, 통상 10월 26일부터 다음해 같은 날까지 한시적 기간으로 체결되었다. 이것은 '종사자' 인 근로자는 수행할 일이 없을 때도 해고될 수 없다는 것을 의미했다. '주인' 은 일이 없고 질병의 경우에도 그들을 돌보아야 하고 먹여 살려야 한다. 그러나 이러한 시스템은 서서히 사라졌다. 만약 사용자와 근로자의 서비스 계약에 있어서 일정한 형식들이 지켜지지 않는다면, 그 계약은 자유주의 영향 하에서 법원에 의해 무기계약으로 되고 다만 해고의 제한이 없는 계약의 일반적 원리만이 적용되는 것으로 여겨졌다.

초기 노동조합은 이러한 시스템을 선호했는데 그것은 파업에 용이했기 때문이었다. 1년 단위의 구 고용체계는 농업과 국내 서비스산업에 매우 오랜 동안 남았다. 그러나 이러한 제도는 1926년 '최종 노동자법령' (the last Statute of Labourers)으로 대체되었다.

252. 사용자들은 그들 자신의 결정으로 고용하고 해고할 권리를 보장받으려고 노력하고 따라서 자유주의적인 원리를 지지했다. 1905년 스웨덴 사용자연맹(The Swedish Employers' Confederation)은 그들의 규약 중 한 조항인 제23조를 만들었는데 이 규정이 명백하게 단체협약에 명기되지 않는 한 누구도 단체협약에 들어가지 않았다. LO는 1906/1907년 12월 합의서에서 이러한 사용자의 특권을 수용하게 되었다. 이 당시 SAF는 단결권과 그와 관련된 권리에 대한 침해의 경우 조사권을 발동할 권리를 인정하고 LO는 "23조의 원칙" 즉 노동자를 고용하고 해고할

사용자의 권리와 노동자들이 조직되었는지 불구하고 고용할 권리를 인정했다. 이러한 원칙은 SAF의 규약의 변경으로 제32조로 바뀌었다.

253. 고용안정에 대한 일반적 법령은 존재하지 않았다. 1932년 AD 1932 no.100의 유명한 판결에서 사용자는 해고가 법이나 도덕적으로 위배되지 않는다면 사실에 기초된 것에 불구하고 어떤 고지나 이유를 주었는지에 불구하고 자유로이 해고할 권리가 있다는 기본원칙을 설정했다. 법이나 도덕적 원칙뿐만 아니라 고용안정, 연장자순이나 그와 유사한 것들에 대한 어떤 예외도 없었다. 법원은 다만 해고할 권리에 대한 제한은 명백히 법령이나 단체협약에 규정되어야 한다는 의견이었다.

254. SAF에 속하지 않는 단체협약은 해고의 원인을 요구하는 조항들을 포함하기도 하였다. 그러한 경우에 노동법원은 부당하게 해고된 근로자들의 복직을 결정할 권한을 가졌다. 복직은 또한 협회의 권리를 침해한 해고의 경우에도 가능성이 있었다.

255. 고용안정에 대한 첫 시도는 1938년 SAF와 LO 사이의 기본합의서(소위 살트보덴 합의서, Saltsjöbaden Agreement)였다. 이 합의는 실제로 사용자의 자유로운 해고권의 원칙에서부터 출발한 것이 아니었고 이러한 권리가 실행되었을 때 이를 조사할 협상절차를 갖는 것이었다. 그래서 사용자는 근로자를 해고하고 그 문제에 대해 교섭에 들어갈 이유를 진술할 수밖에 없었다. 이러한 절차는 비록 궁극적 결정권이 사용자에게 남아 있다고 하더라도 사실 사용자의 결정이 제한되는 것을 의미했다. 절차는 양자 기구의 설립으로 귀결되었는데 즉 노동시장위원회(Labour Market Board)는 SAF에 의해 임명되는 3명의 위원과 LO에 의해 임명되는 3명의 위원으로 구성되었다. 위원회는 다수결로 갈등해결에 대한 결정권은 아니지만 권고할 권한이 주어졌다. 이것은 당시 전국노동조합이 그의 회원들이 그 권고에 따르도록 압력을 가하도록 하였다.

1946년 '노동자평의회 합의서' (the Works Council Agreement)는 유사한 절차를 포함하고 있는데 그것은 노동자평의회가 존재하는 곳에 적용되었다. 유사한 종류의 합의서는 다른 조직에 의해서도 체결되었는데 그러한 단체협약 범위 외에서는 사용자의 결정에 어떠한 제한을 설정하는 절차는 없었다.

256. 두 번째 진일보한 단계는 1964년 기본합의서가 수정되었을 때인데, 명백하게 해고에 대한 정당한 사유의 원칙을 선언하고 그러한 분쟁을 해결할 수단으로 중재를 도입한 것이었다. 중요한 특징은 잉여인력을 원인으로 하는 해고와 근로자 개인적 사정과 관련한 이유로 인한 해고 사이의 구분이었다. 중재는 개인적 사정으로 인한 해고 사건에서만 궁극적 해결방안으로서 설정되었고 반면에 사용자는 정리해고 사건에서 궁극적 결정권을 가졌다.

노동시장위원회는 중립적 의장이 그의 구성원으로 추가되었는데 그러한 분쟁을 위한 중재위원회로 기능했다. 그것은 부당해고의 경우 복직지시를 하지 않는 사용자에게 손해를 부과할 권한을 가졌다. 합의서는 해고나 강제해고가 효력이 발생되기 전에 지역노동조합의 대표에게 사전 통지할 의무도 규정했다. 그 목적은 만약 당사자들이 요구한다면 그들에게 이에 관하여 협의를 위한 기회와 시간을 주는 것이다. 협의는 만약 노동자평의회가 기업에 존재한다면 노동자평의회에서 수행될 수 있다. 유사한 형태가 사무직 근로자를 위해 기본합의서에 도입되었는데 다른 단체협약이 이에 뒤따랐다.

257. 1주일의 고지기간은 점차 대부분의 단체협약에 도입되었으나 1964년까지 건설이나 엔지니어링 그리고 조선 산업과 같은 중요한 산업을 제외하고 2주간의 상호 고지기간이 SAF-LO 간의 단체협약에 도입되었다. 사무직 근로자를 위한 단체협약에서는 더 긴 기간이 규정되었는데, 고지기간은 고지가 사용자에 의해 주어졌을 때가 근로자에 의해 주어졌을 때보다 더 길었다.

258. 고용보장을 강화하기 위해(노동이 없으면 임금도 없다는 고용관행은 가치가 없다고 생각하면서도) SAF와 LO 사이의 합의는 해고의 정당한 사유와 2주간의 고지의 원칙이 도입함과 동시에 1년간 적어도 10일 간의 해고수당에 대한 합의도 포함하였다.

§3. 1970년과 그 후의 입법

259. 지금까지의 노동관계 발전은 어디까지나 살트보덴 시기의 전형이었

다. 일반적 입법은 없었고 중요한 고용보호를 단체협약에서 형식적으로 규율하는 정도였다. 1960년대 말까지 좀 더 새로운 경향이 이러한 문제에 대하여 입법적 규제를 도입하기 시작했다. 1971년 초기 입법 이후 종합적인 고용보호법(Employment Protection Act)이 1974년 효력을 발생했다. 그것은 거의 대부분 단체협약에 의해 발전된 형태로 만들어졌으나 좀 더 사용자의 해고의 자유에 제한을 많이 했다. 1982년 법은 몇 번에 걸쳐 개정되었다.

260. 1974년과 1982년 법의 목적은 다음과 같다.

(1) 근로자를 해고하고 징계할 사용자의 권리에 대한 제한.
(2) 이전에 해고사건에 적용되었던 더 엄격한 제한들을 강화시키고 특히 해고된 근로자가 분쟁이 최종적으로 해결될 때까지 고용이 지속된다는 의미를 갖는 것을 포함한 해고사건에 대한 절차를 규정.
(3) 임금 지급을 포함하는 더 긴 고지기간을 설정.
(4) 임금 없는 정리해고(laying-off)의 제한.
(5) 노동력의 축소와 재고용의 경우 적용할 근로자의 특권에 관한 규정을 설정.

1982년 법의 새로운 특징 가운데 언급되어야 할 것은 수습목적을 위한 한시적 고용이 허용될 뿐만 아니라 그의 사용을 확대하는 반면에 이에 관한 절차적 규정들이 공동결정법(Co-determination Act)으로 조정되었다는 것이다.

1997년 2006년 그리고 2007년 한시적 계약의 사용을 더 확대하는 법 개정이 있었다.

그 법은 매우 상세한데 그의 모든 내용을 여기서 설명할 수는 없다. 몇 가지 취지는 특히 해고에 대한 정당한 사유와 관련하여 법을 적용하는데 있어서 노동법원의 결정이 중요한 역할을 한다는 것이다.

261. 다른 법이 1974년 통과되었는데 '수단을 촉진하는 고용에 관한 법' (Act on Employment Promoting Measures)이다. 이 법은 특히 연장자와 장애 근로자에 대한 문제와 관련된다. '연장자 고용촉진법' (Earlier the Employment Protection Act) 역시 연장자 근로자를 위한 특별한 보호를 한다. 그러나 연장자 근로자에 더 유리한 연장자 규정은 연령차별에 관한 규정과 일치하지 않는다고 생각되기 때문에 2007년 폐지되었다. 고용보호법(Employment Protection Act)은 일반적으로 사용자가 새로

운 근로자를 선택하는데 대해서는 제한을 하지 않는다. 사용자가 원하는 사람을 고용할 권리는 아직 관행상의 원칙으로 남아있다. 정리해고로 해고된 근로자를 재고용할 의무는 이후에 다루어질 것이지만 여기에 하나의 제한이 된다. 최근 반차별 입법이 자유롭게 고용할 사용자의 권리에 대한 제한으로 여겨지고 있다.

265. 고용보호법(Employment Protection Act)은 매우 폭넓은 적용범위를 갖는다. 이것은 민간부문과 공공부문 양측에 적용된다. 이에 대해 단지 몇 가지 예외가 있는데(§1) 주로 사용자의 가족이나 최고 경영자 위치에 있는 근로자들이다. 그러나 특정한 경영지원 부서에 종사하는 노동자들, 요보호 고용 그리고 이와 유사한 부류는 예외이다.

263. 고용보호법(Employment Protection Act)은 근로자 이익을 위한 주된 강행적 규정이다(§2). 그러나 넓게 보면 이것은 전국 수준에서의 단체교섭 규정으로 달리 정할 수 있는 반의무적(semi compulsory) 규정이다. 그래서 많은 중요한 규정들은 교섭에 열려있다. 그래서 다양한 사업에서 다양한 조건을 선택할 수 있고 따라서 이 법은 노동조합에게 강한 교섭입지를 제공한다. 그것들은 어떤 것은 유리하게 하고 다른 것은 변화를 줄 수 있다. 만약 단체협약이 체결되면 사용자는 그것을 비조합원들에게도 적용할 권리가 있다.

264. 이 법에서 중요한 원칙은 고용안정은 고용의 기간에 따라 강화되어야 한다는 것이다. 기업 소유주의 교체와 지속적인 사용자의 변경이 고용에 영향을 주어서는 안 된다. 그래서 그러한 변화는 고용기간을 단절하지 않는데 그것은 이 법에서의 특정한 규정 때문에 중요하다. 고용은 사용자에 대해서보다는 사업장이나 기업에 더 밀접하다고 말할 수 있다.

§4. 고용종료의 수단

265. 사용자가 근로계약을 종료할 수 있는 방법과 조건은 고용보호법의 주된 내용 중 하나이다. 해고의 고지에는 두 가지 형식이 있는데 통상해고와 즉시해고

또는 징계(고지가 필요 없는)가 있다. 이에 따라 근로자는 고지 이후에 또는 즉시 떠나는 형식으로 고용이 종료될 수 있다(§4). 근로자 측에 적용되는 고용종료에 대한 규정이 더 간단하므로 이들부터 먼저 취급한다.

Ⅰ. 근로자의 고용은 지속된다

266. 고용을 그만 두기를 바라는 근로자는 특별히 합의된 바가 없으면 향후 적어도 1달 내에 고용을 종료한다는 취지를 고지하여야 한다(§11). 지켜야 할 형식은 없고 그 사유가 있어야 하는 것도 아니며 협의절차도 없다. 사무직 근로자를 위한 집단 또는 개인적 합의는 가끔 더 긴 고지기간을 규정하지만 통상 그 기산은 사용자가 지켜야 할 기간보다 짧다.

267. 사용자가 중대하게 그의 의무를 위반한 경우, 근로자는 지체 없이 고용을 그만 둘 수 있다. 폭행이나 모욕적 취급은 그러한 즉각적 행동에 대한 정당한 이유가 된다. 이것은 근로자에게 고용을 단절함이 없이 그의 직무만 중단할 권한을 주는 것과 혼동해서는 안 된다. 노동환경법(Working Environment Act(3:4))은 근로자들에게 위험한 상황에서 안전대표의 지시를 요구하거나 기다리는 동안 그들의 직무를 중단하는 것을 허용한다. 임금이 제때에 지급되지 않는 경우에도 근로자는 작업을 중단할 수 있다. 파업도 유사한 행동인데 역시 고용의 종료를 의미하지 않는다.

268. 근로자가 정당한 이유 없이 그리고 고지기간을 지키지 않고 그만 둔다면 임금손실에 대한 책임이 있다(§38). 많은 단체협약은 사용자에게 근로자가 지키지 못한 고지기간 중 절반에 해당하는 시간당 임금에 상응하는 액수까지 임금을 지급하지 않을 권리를 준다. 그래서 1개월의 법적 고지기간이 적용되는 것으로 규정하는 경우, 근로자가 향후 2주간의 고지를 하지 않고 떠난다면 1주간의 임금까지 박탈당한다.

269. 근로자가 그의 사용자가 고지를 하도록 하는 경우가 발생한다. 이러한 경우 그 행동은 사용자에 의해 주어지는 고지나 즉시해고와 같은 것으로 취급되는

데 이의 법적 결과로 사용자는 고지기간 동안 임금 보상과 부당해고에 대한 보상에 대한 책임을 질 수 있다.

270. 자주 있는 경우는 아니지만 근로자가 그 이유나 복귀할 의도를 밝힘이 없이 그의 직무를 떠날 때와 같은 일이 발생한다. 이러한 경우 사용자가 고용계약을 중단해야 할 권리는 언제 부여되는가? 어떤 사건에 관한 노동법원의 판결에 의하면 사용자가 고용이 중단되어야 한다고 생각하기 전에 통상적으로 2, 3주간 기다려야 한다는 것이다. 그러나 만약 근로자가 일을 다시 시작할 의도가 없다는 것을 알 수 있다면 고용은 즉시 중단되는 것으로 여겨질 수 있다(AD 1980 no.140).

Ⅱ. 사용자는 고용을 지속하여야 한다

271. 근로자에 의한 고용 중단보다 더 많은 의무, 제한 그리고 형식들이 사용자에 의한 고용계약의 종료에 부가된다. 고용보호의 문제는 특히 고용이 무기계약으로 들어가는 것과 관련이 많다.

A. 고용형식에 대한 제한

272. 사용자는 고용계약이 유기계약이라면 무기의 고용계약과 관련된 의무를 쉽게 피할 수 있다. 법은 고용보호를 목적으로 유기 근로계약을 제한한다. 이에 관하여 단체협약으로 더 많은 제한이 가해질 수 있다.

B. 고지가 있는 해고

273. 고용계약을 종료하려는 사용자의 통상적 방법은 고지기간을 포함하는 해고이다. 이러한 기간은 근로자에게 새로운 직업과 새로운 상황을 수용할 충분한 시간을 제공하는 것을 의미한다. 그 기간은 실질적으로 1974년 이전에는 노동자를 위한 단체협약에 일상적으로 이용되던 것과 비례하여 연장되었다. 이것은 이미 고용조건으로 사무직 근로자에게 적용되던 보호를 다른 노동자들에게 주는 것이었다.

C. 고지기간과 경제적 보상

274. 고지의 일반적 기간은 1달인데 그것은 근로자에게 주어지는 고지에도 적용된다. 2년 이상 고용에 있었던 근로자는 아래에 따라 고지기간이 연장될 권한이 있다.

고용기간에 대한 고지기간

(a) 2~4년 고용, 2개월

(b) 4~6년 고용, 3개월

(c) 6~8년 고용, 4개월

(d) 8~10년 고용, 5개월

(e) 10년 이상 고용, 6개월

양육휴가 중에 있는 근로자가 정리해고로 해고된다면, 해고의 고지기간은 근로자가 업무를 개시할 때 시작된다.

275. 근로자는 직업을 소개받지 않거나 통상 더 적은 수입이 있는 직업을 소개 받는다고 하더라도 고지기간 동안의 임금을 받을 권리가 있다. 근로자는 합리적인 수준 내에서 새로운 직업을 찾는 동안 유급의 근로면제를 받을 권리가 있다. 근로자는 사용자의 제안을 받을 의무가 있으나 사용자의 동의로 근로자는 다른 직무를 가질 자유가 있고 고지기간 동안 수입보장에 대한 보호를 받는다. 사용자는 새로운 고용에서의 근로자 수입이 줄어든다면 그 차액을 지불해야 한다. 근로자가 새로운 고용에 대한 제한을 거절한다면 사용자는 그에 상당한 감액을 할 수 있다.

276. 정리해고 시 임금에 대한 규정은 없다. 즉 스웨덴에서 이러한 문제에 대한 법령은 없다. 그러한 보상(severance allowance, 퇴직금)은 일반적으로 단체협약에 규정된다. 원래 퇴직금은 다소 사용자의 결정으로 보상되었다. 현재 그것들은 노동시장의 중앙조직과 그와 관련된 임금대장과 연관된 사용자의 기여에 의한 재정기구 사이의 합의에 따라 보험계획의 일부가 되었다. SAF(현재 SN)와 LO는 공동으로 이것과 다른 보험계획을 위한 특별한 회사를 설립하였다.

277. 1970년대 초 고용보장에 대한 단체협약의 독특한 시스템이 마련되었다. 이와 관련하여 퇴직금과 정리해고 프로그램과 관련하여 노동시장의 모든 영역에 적용되는 중앙 단체협약이 있다.[14)]

278. 가장 영향이 큰 것은 SN-PTK 합의이다. 그 수혜자는 인원삭감(cutbacks), 폐업과 구조조정 때문에 해고될 위기에 있는 근로자들과 정리해고에 직면한 기업들이다. 사용되는 수단들은 새로운 고용에의 이전을 용이하게 하는 수단들과 조언 및 상담뿐만 아니라 사업발전의 촉진과 함께하는 퇴직보상이다.

279. 만약 사용자가 고용이 중단된 이후 9개월 내에 더 많은 노동이 필요하다면, 정리해고로 해고되는 근로자가 그가 회사에 마지막 3년 동안 12개월 이상 (계절적 근로자는 마지막 2년 동안 6개월) 고용되고 새로운 직무에 충분한 자질을 갖고 있다면, 고용안정법(Security of Employment Act)에 따라 재고용될 특권을 갖는다(§25). 이러한 특권을 위해서 근로자는 재고용을 바란다는 것을 고지하여야 한다. 한편 근로자는 그러한 특권과 이를 이용하는 방법을 고지 받을 권리가 있다.

D. 해고의 정당한 사유(Just Cause)

280. '사용자 입장에서의 해고는 정당한 사유가 있어야 한다.' 고용보호법 제7조에 규정된 이 원리는 합의에 실패한 것으로 이전에 사용자가 단독으로 결정하는 문제였던 것을 판결로 확립하였다. 정당한(유효하고 객관적인) 사유를 지속시키는 것은 어떤 방법으로든 법에 세부화될 수 없으나 1974년 첨부된 법안 기록물은 이에 대한 특정한 지침을 갖고 있다. 그것은 정당한 사유에 대하여 이전에 일상적이었던 것보다 더 엄격한 요건들이 지켜져야 한다고 권고하였다. 정당한 사유가 된다고 생각되는 것은 사건 당시 사회에서 지배적인 평가를 기초로 하여야 하고 따라서 이에 대한 변경이 필수적이어야 한다는 것이다.

법에 흐르는 취지는 사용자가 근로자들에 대한 사회적 책임을 갖는다는 것인데 그것은 인구의 비생산 인력에 대한 사회적 비용이 국가에 의해서만 부담될 수 없고 산업과 공동부담이 되어야 한다는 것이다. 근로자들은 일단 채용되면 계속 고

---

14) CJEU Case C-441/99, C-321/97.

용되어야 할 특정한 권리를 갖는 것으로 여겨진다. 사용자들은 근로자들이 능력에 있어서나 행동에 있어서나 최상의 근로자가 아니라고 하더라도 근로자를 수용하는 것에 익숙해야 한다. 그러나 각각의 사건들은 그의 특별한 환경과 관련하여 고려되어야 한다. 더 많은 책임이 작은 기업보다는 큰 기업에서 기대된다. 그것은 작은 기업들은 그의 직무에 맞지 않는 근로자들이 기업 내에서 대체할 직무를 제공하는데 더 적은 가능성을 갖기 때문이다. 고용이 오래 지속될수록 고용은 더 많이 보장될 것이다. 이것은 인간 본성에 깊게 연원할 뿐 아니라 고용이 지속해 왔다는 합리적 기초를 갖는 것이고, 근로자가 새로운 직무를 맡는 것이 더 어렵다는 것이다.

281. 1974년 고용보호법이 개정될 때 노동법원의 많은 판결은 그것이 너무 경직되었다고 사용자들에 의해 심각하게 비판받았다. 사용자들은 바람직하지 않은 근로자들을 제거하는 것이 거의 불가능하다고 여겼다. 1982년 새 법은 과거의 것과 같은 원리를 기초로 만들어졌으나 특정한 면에서 사용자의 관점에 대한 더 많은 배려가 입법 자료에서 권고되었다. 이러한 권고들은 작업장에서의 음주, 만성적 음주, 근로자에 의한 형사범죄 그리고 사용자나 다른 근로자와의 협력의 어려움과 관련이 있다.

282. 유효한 사유(정당한 사유)는 일반적으로 두 그룹으로 나뉘는데, (1) 정리해고로서 기업과 관련된 상황에 대한 것이고 (2) 소위 개인적 이유로서 근로자에 관련된 상황이다. 이러한 구분은 이미 1964년 개정된 기본합의서(Basic Agreement)에서 만들어졌다. 그러나 무엇보다도 법 제7조는 일반적 보호를 하고 있는데 사용자가 근로자를 다른 직무에 전환하는 것이 합리적으로 요구될 수 있다면 정당한 사유가 없다는 것이다. 언급한 바와 같이 이것은 작은 기업보다는 큰 기업에서 더 실현 가능성이 높다.

1. 잉여인력(Redundancy)

283. 직무의 부족은 해고에 대한 유효한 근거가 된다. 이를 해야 할 지, 누구를 선택할 지, 노동력을 줄일지를 결정하는 것은 궁극적으로 사용자에게 달려 있다. 그러나 근로자들과 노동조합은 실제로 직무축소가 있는지에 대하여 다툴 수

있고 실제 결정적인 다른 이유가 있는지를 노동법원 소송을 통해서 다툴 수 있다. 이러한 해고 사유의 남용은 적어도 어느 정도는 재고용할 우선적 권리에 의해 제한되는데 그것은 정리해고로 해고된 사람들에게 인정된다. 노동법원은 일반적으로 사업의 경제적 관점에서 사건을 검토하지 않는다. 사용자는 해고를 할 상황이 실제적이고 의심의 여지가 없다는 것을 충분히 증명해야 된다(AD 1976 no.26, 1985 no.79, 1996 no.20). 사용자가 직무부족이 원인이라는 것이 의심되는 경우, 근로자는 개인적 이유가 실제로 결정적이라는 것을 주장할 수 있는데 사용자는 그의 주장이 사실이라는 가능성을 증명해야 한다. 근로자가 이를 충분히 증명할 수 있다면, 그 때 입증책임은 사용자에게 전환되고, 노동법원은 다른 통상의 것보다 더 철저하게 경제적 이유를 고려하게 된다.

2. 근로자에 관련된 상황

284. 이 분야는 근로자에게 책임이 될 수 있는 상황(질병이나 나이로 인한 노동력 상실과 같은)과 같은 사유뿐만 아니라 잘못된 행동, 부주의 등을 포함한다.

285. 입법 자료, 특히 Riksdag(의회)에 의해 승인된 1973년 정부 법안은 나이나 질병으로 인한 노동력 상실은 예외적인 사례로서만 유효한 원인으로 고려되어야 한다고 하였다. 만약 조기 퇴직이나 장애연금을 위한 충분한 요건이 보여 진다면 그러한 경우도 대개 선택될 수 있다. 이러한 관점에서의 해고분쟁 사례는 오랜 동안 나타나지는 않았고 재활에 대한 사용자의 책임이 확대되었을 때 그러한 사건들이 나타나기 시작하였다. 재활 수요가 필요할 때 사용자가 재활 가능성을 조사하고 사회보험청(Social Insurance Agency)과 협의할 일이 생긴다. 재활은 수많은 다양한 수단으로 구성될 수 있다. 그러한 상황에서 해고가 정당화되기 위해서는 사용자의 책임은 단순히 현재의 고용계약의 내용에 재활수단을 정하는 것이 아니고 조사를 통하여 근로자가 대체 직무형태에 전환되는 것이 실현될 수 있는지도 고려되어야 한다. 20세기 전환기 그리고 2000년대 초 즈음에 질병휴가에 대한 엄격한 규정과 결합하여, 근로자들이 일할 능력을 가졌기 때문에 질병수당에 대한 권리를 갖는 것이 아니라 사용자와 일할 수 없는 재활 중인 근로자에 대한 딜레마가 나타나기 시작하였다. 노동법원은 사용자가 그의 재활의무를 수행하더라도 회사에 근로자를 종사시킬 수 없다면 해고할 수 있다는 판결하기 시작하였다(AD 1993

no.42, 1997 no.39, 2005 no.105, 2010 no.41).[15)]

286. 능력과 효율성의 부족은 특정한 상황에서 유효한 사유가 될 수 있다. 1978년 사건(no.13)에서 한 여행 업무자에 대한 해고는 정당하다고 했는데, 이것은 사용자가 그를 고용함으로써 얻는 이득보다 비용이 더 많았고 장래 개선에 대한 기대도 없었기 때문이었다. 불충분한 능력은 해고에 대한 근거로 승인되었는데 근로자는 한, 두 달 후 그 직무에 정상적인 자질이 있음을 고지할 수 있다(AD 1975 no.68). 이것은 AD 1986 no.13 사건에서도 있었는데 물리치료사의 불충분한 전문기술과 함께 감독자 밑에서 훈련 신청을 거부한 사례이다. 참고로 소기업에서 무능력한 안경사와 관련된 AD 1980 no.122 사건도 참고할 만한 사례이다.

287. 사용자나 다른 근로자들과의 협업의 어려움은 대개 작은 기업에서만 유효한 사유로 승인될 수 있다. 1983년 사건(no.159)에서 사용자가 지속적인 협력 부족을 이유로 한 해고에 대하여는 어떤 고지도 하지 않았기 때문에 해고가 무효로 판결이 났다.

288. 유효한 사유가 무엇인가에 대한 분쟁은 자주 집단적인 불법적 행동이나 근로자의 의무의 소홀의 경우에서 자주 일어난다. 다음 설명은 주로 판례를 기초로 하였다.

직접적으로 사용자를 향한 형법적 공격은 유효한 사유가 필요하지 않는다. 그러한 공격과 같이 생각되는 것은 직무에 대한 근로자의 일반적 부적응을 드러내야 한다. 1982년 정부 법안에서 그러한 사례에서의 엄격한 지침이 권고되었다. 사업장에서의 폭력적 행동은 대개 고용계약의 중대한 위반이 될 수 있고 따라서 해고에 대한 유효한 사유가 되며 즉시해고를 위한 중대한 사례가 될 수 있다.

일반적으로 위법한 행동에 대한 해고는 근로자의 행동이 직무에 적합하지 않다는 것을 보여줄 때 법적으로 수용된다. 명령 불복종, 지각, 무단결근(absence from work without due reason)과 같은 사건은 충분한 근거로 생각될 수 있는 중대성이 된다.

명령에 복종할 의무는 공동결정법 규정을 통해 다소 줄어들었다. 그 법은 근로

15) Gabriella Sebardt, 구조조정과 스웨덴 모델, 국내와 국제적인 내용에 있어서 고용보장에 대한 스웨덴 단체협약(diss), Iustus Förlag, Uppsala 2005.

자의 노동을 수행할 의무에 대해 일어나는 분쟁에서 노동조합에게 해석의 우선적 권리를 주었다. 업무수행 거절이 관련 노동조합에 의해 이루어지거나 지지를 받고 있을 때는 이를 거절한 근로자에게 불이익을 줄 수 없다(참고. 공동결정법 §59, para.2).

업무 중 음주는 단지 예외적인 사례에서 유효한 사유로 인정받는 데 그것은 안전이 위태롭거나 회사의 질서가 위태로워질 때이다. 그러나 1982년 정부 입법안은 사업장에서의 안전과 질서와 관련하여 그리고 작업수행과 관련하여 사업장에서의 잘못된 음주에 있어서는 중대한 위험이 있음을 강조하였다. 근로자가 너무 자주 업무 중 음주에 노출되면 그는 알콜중독자로 분류될 수 있는데 이전에는 그러한 이유로 해고될 가능성은 거의 없었다. 알콜중독은 일반적으로 유효한 사유로 승인되지 않았기 때문이다. 그러나 1982년 정부 법안은 그와 관련해서는 사용자와 직장동료의 관점에서 해고될 만한 것으로 평가되어야 한다고 권고하였다. 다른 질병의 경우 재활과 전환배치 노력이 있어야 하고 그 후에 사용자가 해고하기 전에 근로자를 사용할 수 없다는 것이 확인되어야 한다.

289. 노동조합 활동을 이유로 한 해고는 명백하게 부당하고 불법으로 분류되었다. 이것은 노동법원에 의한 판결인데 이는 사용자가 노동조합이 교섭 파트너로 인식하는 결과가 되게 하였다. 그러나 외부 단체협약에는 이를 보호하는 규정이 없었다. 1936년 '단결과 교섭권에 관한 법' (The Right of Association and Negotiation Act)은 조합원 등의 문제로 야기된 사용자의 행동은 불법이라는 명시적 조항을 도입하였다. 현행 공동결정법 제8조에 따라 단결권을 침해하는 해고는 효력이 없다. 안전대표와 사업장 감독자를 위한 특별한 보호가 1977년 '환경법' (Working Environment Act)과 1974년 '사업장에서의 노동조합 대표의 지위에 대한 법' (Act on the Position of Trade Union Representatives at the Work-Place)에 규정되었다.

290. 불법파업에의 참여는 특정한 사건에서 해고에 대한 유효한 이유가 될 수 있다. 중대한 사건에서 특히 근로자들이 업무를 재개하라는 노동법원의 명령에 따를 것을 거부하는 경우에는 심지어 즉시해고가 정당화될 수 있다. 불법파업이 전국노동조합이나 단체협약에 구속받고 있는 노동조합에 의해 이루어졌다면, 개별 근로자들은 그에 참여했다는 이유로 해고될 수는 없다(참고. 공동결정법 제59조,

그 근로자들은 그러한 경우에 손해도 면책된다). 합법과 불법 파업은 정리해고로 인한 해고에 대해서 정당한 사유가 될 수 있는 중복되는 상황이 될 수 있다.

291. 사용자가 해고절차를 진행하는 동안의 제한된 짧은 기간 동안의 잘못된 행동이나 (업무)소홀의 경우에 특히 주의해야 한다. 이에 대한 해고는 단순히 사용자가 그러한 행동 이전 2개월 이상 알았다는 상황만을 기초될 수 없고 이전 사건들이 최근 상황과 관련이 있다는 것이 언급되어야 한다.

292. 1970년 이래 성을 기초로 한 해고는 무효이다. 오늘날 2008년 차별법(Discrimination Act)은 성, 성전환이나 그 표현, 민족, 종교나 다른 신념, 장애, 성적 취향이나 나이를 기초로 한 해고를 금지한다.

293. 이 책에서 근로자는 다양한 목적으로 결근할 권리를 규정한 다양한 법령들을 언급하였다. 그러한 규정들은 근로자가 근무면제의 권리로부터 해고될 수 없다는 것이고 일반적으로 근로자는 업무 복귀 시 그가 휴가기간 내내 일했을 경우보다 불이익한 조건을 가질 수 없다는 것을 의미한다.

294. 여기서는 단지 하나의 특별한 법을 언급하는데 1995년 양육휴가법(Parental Leave Act)에 따라 그 법에 따른 휴가를 이유로 근로자를 해고하는 것은 불법이다. 해고는 근로자가 부당하다고 하면 무효이다.

E. 즉시해고

295. 매우 중대한 사건에서 사용자는 즉시(고지기간을 준수함이 없이) 근로자를 해고할 수 있는데 이를 퇴출(discharge) 행위라고도 부른다. 이것은 법률규정으로 근로자가 사용자에 대하여 그의 의무를 중대하게 소홀히 하였을 경우에만 해당된다(고용보호법 제18조). 판례는 업무소홀이 얼마나 중대해야 하는지에 대한 몇 가지 지침을 보여 주고 있다. 이 법 이전에 퇴출에 대한 충분한 근거가 되었던 것이 현재는 해고를 위한 유효한 사유가 되지 않을 수도 있다.

296. 사업장에서의 폭행이나 중대한 협박은 퇴출을 위한 충분한 근거로 여겨

진다. 사용자의 재산 예를 들어 경리의 단순히 충동적이 아닌 고의적이고도 계획적인 횡령에 대한 중대한 범죄도 그렇다. 이러한 경우 기업에서의 근로자의 입지와 책임은 매우 중요하다. 퇴출은 학교에서의 학생들에 대한 성추행의 경우(AD 1996 no.85)와 근로자의 충성의무 위반의 경우에 승인된다. 노동법원이 파업자들에게 업무복귀를 명령한 이후에도 지속적으로 계속되는 불법파업에의 참여는 퇴출에 대한 충분한 이유로 여겨졌으나 불법파업의 초기단계에 있는 파업지도자로서의 활동은 그렇게 관심을 갖지 않았다. 한 가지 유사한 사례에서 노동자들이 노동법원의 명령을 거절한다는 이유로 퇴출에 대한 사전 경고를 받은 후에 업무에 복귀한 사안에서 그 당시 노동법원은 퇴출에 대해 더 이상 충분한 근거가 없다고 판결하였다(AD 1987 no.5). 노동법원의 판결에서 퇴출은 그 분쟁이 해결될 다른 수용할 만한 해결책이 없을 때 마지막 수단으로서 사용되어야 한다고 하였다.

297. 사용자가 사고(incident, 근로자의 잘못된 행동)에 이용할 수 있는 2개월의 제한된 기간은 퇴출 사건에도 적용된다.

F. 형식과 절차

298. 사용자는 고지여부에 불구하고 해고가 진행될 때는 특정한 형식을 준수하여야 한다. 형식 위반은 대개 절차 자체는 무효가 아니지만 손해배상이 부과된다. 사용자는 복잡한 해고절차를 준수해야 하는데 그것은 부당해고에 대한 규제와 함께 이후에 다루어질 것이다.

G. 한시적 고용의 갱신 거부

299. 수습 중에 있는 고용의 경우에 양 당사자가 고용이 수급기간 종료 이후에 지속하기를 원하지 않는다면, 그 효과에 대한 고지가 수습기간 종료 이전에 상대방에게 주어져야 한다(고용보호법 제6조). 그러한 고지의 실패는 수습중의 고용이 자동적으로 무기의 고용으로 전환된다. 수습 고용은 당사자들이 달리 동의한 것이 없다면 그 기간의 종료 전에 종료될 수도 있다.

300. 고용계약이 한시적 기간으로 체결된 경우에 그 계약은 그 기간 만료로 종

료된다. 고용보호법은 사용자가 고용이 지속되지 않을 것이라는 것을 문서로 근로자에게 고지하여야 한다고 규정한다. 그러한 고지는 고용이 중단되거나 새로이 갱신이 되기 전 적어도 1달 전에 전달되어야 한다. 고용기간이 너무 짧아서 고지가 향후 한 달 내에 주어질 수 없는 경우 고지는 고용이 시작될 때 주어져야 한다(제15조). 이러한 의무는 고용이 3년 이상 고용기간이 있고 12개월 이상 지속된 경우와 계절적 업무로서 고용이 2년 이상 있고 6개월 지속되는 경우에만 적용된다. 그 고지는 근로자가 무기의 기간으로 고용되기를 바란다면 그러한 절차가 포함된 정보도 포함하여야 한다(제16조).

301. 사용자가 이러한 규정을 준수하지 않는 경우, 사용자는 그로 인한 손해를 배상할 책임이 있을 수 있다. 그러나 고용계약은 위에서 언급한 한시적 계약이라는 내용이 없는 한 근로자의 신청으로 무기의 기간으로 전환될 수도 있다.

§5. 정리해고 (LAY-OFF)

302. 노동력의 축소는 해고 외에 다른 방안 즉 정리해고(lay-off)로 해결될 수 있다. 이것은 근로자에게 제공할 직무가 없으면 그 근로자는 비록 고용이 지속된다고 하더라도 사업장에 남아 있을 의무가 없음을 의미한다. 1985년까지 정리해고도 근로자가 사용자로부터 급여에 대한 권리가 없다는 것을 의미했다. 그러나 급여에 대한 보상이 주어짐으로써 정리해고는 현재 자주 이용되지 않고 있다.

303. 정리해고는 사무직 근로자가 아니라 육체노동자들에 대해서만 허용되었다. 더구나 임금체계도 달랐다. 노동자가 수행 결과나 시간으로 임금이 지불되고 달리 합의된 것이 없다면 정리해고는 대개 허용되었고 반면에 월급을 받는 노동자들에 대해서는 정리해고가 추정되었다.

304. 궁극적으로 사용자에 의해 결정되는 정리해고는 노동법원에 따라 정당한 사유가 있어야 한다. 그러나 노동력의 축소로 인한 경우 법원은 정리해고가 환경에 가장 적합한 수단인지에 대하여는 판단하지 않는다(AD 1978 no.65, no.76). 정리

해고는 사용자가 합리적인 기간 내에 노동자들을 재고용할 수 있을 때는 사용될 수 없고 무엇보다도 고지기간 동안 전체 임금과 수당을 지불할 의무를 피할 수 없다. 만약 정리해고 기간 동안에 사용자가 다른 형태의 해고를 하는 경우 사용자는 고지와 함께 고지기간 동안의 임금도 지불하여야 한다.

305. 정리해고는 전체 또는 부분적이 될 수 있는데 예를 들어 단순히 일일 또는 주당 근로의 축소를 의미할 수도 있다. 만약 그 문제에 대한 합의가 관련 노동조합과 이루어진다면 특별한 제한이 없다. 합의가 없다면 사용자는 모두 똑같이 노동조합과 교섭 후에 제한된 기간 동안만 주당 근로시간 단축의 도입을 결정할 수 있다. AD 1978 no.76 사건에서 노동법원은 8주 동안 총 5주에 대하여 근로시간 단축(lay-off)을 인정했다. 한편 AD 1976 no.2 사건에서 법원은 3개월 그리고 그 이상의 기간에 대하여 3일에 대한 근로시간 단축을 허용하지 않았다. 그 판결은 정리해고는 지속되는 조업단축의 경우에는 사용될 수 없다는 것이다.

306. 정리해고는 노동자가 다른 직업을 가질 수 없는 경우 실업을 의미한다. 초기에 보상은 실업보험으로부터 받았으나 1985년부터 사용자가 정리해고 당한 노동자들에게 전체 임금을 지불할 의무가 있게 되었는데 노동이 계절적이거나 기타의 원인인 경우에는 예외이다(고용보호법 제21조). 그래서 정리해고는 만약 개관적인 이유가 존재한다면 아직까지 노동력을 줄이는 수단으로 사용될 수 있다. 그러나 그럼에도 불구하고 노동자들은 전체 임금과 기타의 고용상의 보상을 보장받는다. 이로 인해 정리해고의 이용이 감소하였다. 사용자가 정리해고를 이용하는 이유는 유능한 근로자들을 고용하는 것이고 간단한 고지로 업무에 복귀시킬 수 있다는 것이다.

307. SAF와 LO 사이의 합의에 따라 하나의 제도가 1985년 만들어졌는데 그것은 정리해고 되는 노동자들에 대한 사용자의 직접적인 비용을 줄이는 것이다. 대신에 사용자들은 그들의 임금대장과 연관된 기금을 지불하여야 한다. 그로부터 사용자들은 정리해고 임금에 대한 그들의 비용에 대하여 보상을 받을 권리를 가졌다. 이러한 합의는 원래 국가의 참여를 포함하였는데 국가는 실업수당 보상과 관련하여 기금을 부담한다. 그러나 국가는 1995년 여기서 탈퇴하였으나 이 제도

는 재구축되어 여전히 운용되고 있고 현재는 사용자 단독의 부담에 의존하고 있다. SN 외에 있는 사용자들이 기금에 참여하는 것도 가능하다.

308. 2008~2009년 스웨덴 산업에 경제적 위기가 닥친 이후 '스웨덴 기술산업 '(Swedish Engineering Industries)과 'IF 금속' (LO에 합병)은 합의를 하였는데 그것은 기업 수준에 있는 사회적 당사자들이 특정한 임금축소에 대하여 주당 단축근로에 대해 합의서를 체결하도록 하였다. 이와 관련하여 더 작은 지역 합의서들이 체결되었다.

309. 2012년 스웨덴 산업 내의 사회적 당사자들은 장래의 심각한 경제위기를 어떻게 대처할 지와 관련하여 정부에 합동으로 제안하였다. 소위 '근로시간 단축' 으로 불리는 이 제안은 2014년 새로운 입법으로 귀결되었다. 이 법에 따라 국가는 특정한 환경 하에서 민간부문에서의 근로시간 단축에 보조금을 지급할 수 있다. 그 목적은 국가, 근로자들과 사용자들이 심각한 경제위기 시에 근로시간 단축에 대한 비용을 분담하는 것이다. 그 당시 근로계약이 우선적 효력을 가졌지만 근로자들은 근로시간 단축과 임금축소를 선택하였다. 이 제도는 전체 사회에 영향을 미치는 매우 중대한 경제 상황에서만 이용될 수 있다.

근로시간 단축은 단체협약으로 도입될 수 있다. 사용자가 단체협약에 구속되지 않는다면 사용자와 근로자가 서면으로 근로시간 단축에 동의하는 것도 가능하다.

§6. 해고와 재고용에서의 특권에 관한 규정

310. 정리해고는 사업장이 한 사람 이상의 근로자를 집단으로 해고하는 것을 의미한다. 초기에 사용자의 특권은 그러한 상황에서 자유로운 선택권을 포함하여 사용자는 단독으로 남겨둘 사람과 퇴출시킬 사람을 결정하였다. 1938년 기본합의서는 주로 사용자의 관점과 요구에 부응하는 원리를 포함하였지만 적어도 이를 적용할 때는 적어도 몇 가지 원칙과 노동조합에 설명할 것을 규정하였다. 먼저 노동자들의 능력과 적합성에 관한 것이고 두 번째로는 근속과 연령에 관한 것이다. 노동조합 관점에서는 근속연수가 먼저 고려되어야 한다는 것이었는데 이 원칙은

고용보호법에 규정되었다.

311. 그래서 노동보호법 제22조는 근로시간 단축으로 인한 해고의 경우 근로자의 특권은 사용자와의 전체 복무기간을 기초로 결정된다고 규정하였다. 두 번째 근로자의 연령은 결정적이다. 사용자와의 기존 업무가 다른 직무로의 전환의 요건이 된다면, 근로자는 그의 특권을 위해서는 제시된 직무에 대한 충분한 자질을 가져야 한다. 원칙으로 대상자 순위목록은 운영단위마다 결정되어야 하고 더 나아가 그 단위 내에서 근로자들의 각 목록에 대해 결정된다. 노동력 축소와 관련하여 사용자와 특정한 근로자는 특별한 권리를 갖는다.

312. 근로자들과 지역노동조합이 다른 원칙이나 다소 엄격한 규정을 적용하는데 합의하는 것은 가능하다. 일반적으로 순위목록을 결정하는 것은 지역수준에서 할 수 있는데 그와 관련하여 그 당시 기업이 노동력이 줄어든 이후 효율적인 기업운용이 사용자와 근로자들 모두의 이해관계와 관련이 있어야 한다. 그러나 임금보상은 전환 이후에 새로운 직무에 적응하는 기간 동안 지급될 수 있다.

313. 노동조합은 순위목록에 있어서 강력한 교섭지위를 갖는다. 1996년부터 확립된 지역노동조합(그래서 전국 노동조합에 의해 권한이 부여됨이 없이)이 그와 다른 것에 합의하는 것이 가능하였다.

314. 정리해고 상황에서의 우선순위와 장기근속을 기초로 하는 주된 규정은 소위 장기근로자 우대에 관한 것으로 스웨덴 노동법에서 가장 논란이 있는 규정 중 하나이다. 2001년 고용보호법 개정안에 따라 정리해고를 위한 선정 우선순위가 정해지기 전에 사용자의 의견에 따라 10명의 근로자 이하를 고용하는 사용자들과 장래 경영운영을 위해 특히 중요한 최대 2명의 근로자들은 이러한 절차에서 제외되었다. 이러한 근로자들은 정리해고에서 제외될 우선권을 갖는다.

최근 논란이 많은 장기근속자 우선의 원리는 민간 노동시장의 다양한 부문에서의 사회적 당사자들 사이의 교섭에서 논의되었다. 그러나 이러한 논의에도 불구하고 어떤 결과도 없었다.

315. 새로운 근로자가 필요하거나 재고용이 요구될 때 같은 규정이 적용된다(§§25, 26). 정리해고로 해고된 근로자는 그가 전에 고용되었던 같은 사업장의 직무에서 재고용될 우선적 권리를 갖고 만약 2명 이상의 이전 근로자들이 우선권을 주장하는 경우에는 같은 원리가 적용된다. 고용이 중단된 이후 9개월 이내에 사용되어야 하는 그러한 우선권은 한 번이나 여러 번 한시적 기간 동안 채용되었던 사람들에게도 적용된다. 일반적 조건은 근로자가 지난 3년간 재직 동안 총 12개월 이상 또는 계절적 업무로서 지난 2년 이상 재직 동안 6개월간 사용자의 업무에 종사하였고 새로운 직무에 대하여 충분한 자질을 가져야 한다는 것이다. 이러한 특권을 사용하려는 근로자는 이에 대하여 고지를 하여야 한다(§27). 사용자는 이를 먼저 할 의무는 없으나 해고 또는 한시적 고용이 경신되지 않는다는 고지를 할 경우 그러한 특권을 알릴 의무가 있다. 고지는 특권을 주장하는 근로자에 의해 준수되어야 할 절차와 관련 정보도 제공하여야 한다(§§8, 16). 이에 대하여 확립된 지역노조와 합의를 통해 다른 절차를 적용할 수도 있다.

316. 노동시간을 연장하기를 바라는 파트타임 근로자는 다음 조건에 따라 이에 대한 특권이 있다(§§25a). 이러한 근로자는 사용자에게 그의 의도를 알려야 하고 사용자는 그에 대한 인력의 수요가 있어야 하고 근로자는 그에게 할당된 새로운 직무에 대해 충분한 자질을 가져야 한다. 이러한 특권은 재고용될 근로자보다 더 강하다.

§7. 고용보호법과 관련한 단체협약 규제

317. 고용보호법은 '반의무적 성질' (the semi-compulsory nature)을 갖는 조항들을 다수 포함하고 있다. 그래서 건설 산업에서 이 법은 폭넓게 단체협약으로 대체되었는데 그것은 가령 법 규정보다 더 짧은 고지기간을 가질 수 있다. 이 법 이전에는 이 산업에 고지기간이 적용되지 않았다. 대부분의 산업에서 특정한 사항에 대한 약간의 수정안이 단체협약에서 만들어졌다. 그래서 가령 최대 3개월의 최초 고지기간은 많은 전국 단체협약에 규정되었다. 1982년 새 법에 따라 그러한 단체협약이 허용되었기 때문에 그러한 단체협약은 허용된 기간의 제한을 의미했다. 특

별한 규제도 합의되었는데 그것은 산업체에 지배적인 임금체계에 대한 규정을 조정하기 위해 노동이 없는 경우 고지기간 동안 보상에 대한 권리를 보장하는 것이다. 해고나 정리해고의 경우 순위목록을 결정하는 것은 지역 당사자들이 훨씬 더 많이 결정하였다.

§8. 절차와 벌칙

318. 고용보호법은 인력의 축소 및 재고용과 관련하여 노동조합에게 조사권과 영향력을 보장하도록 한 많은 규정들을 담고 있다. 이미 언급한 바와 같이, 사용자는 고지 유무에 불구하고 해고가 취해져야 할 때는 형식을 갖추고 절차를 시작하여야 한다. 여기에는 두 가지 절차가 규정되어 있다.

319. (1) 정리해고(redundancy), 구조조정(lay-off) 또는 구조조정 이후의 재고용을 이유로 한 해고에 관한 결정하기 전에 교섭할 사용자의 의무와 관련한 법 제29조는 공동결정법 제11조부터 제14까지를 지칭한다. 같은 규정은 사용자가 아래와 같은 상황에서 근로자를 종사하게 할 의도가 있을 때 적용하는데, 그 상황은 몇몇의 다른 사람이 재고용될 특권을 가졌거나 2명 이상이 그들의 특권을 통해 재고용을 요구할 때이다.

320. 여기서는 1974년 '고용촉진수단에 관한 법' (Act on Employment Promoting Measures)에 따른 사용자의 의무에 대하여 언급하고자 한다. 이 법은 사용자가 향후 2개월에서 6개월 사이에 정리해고 할 경우에 지역공공 고용사무소에 알릴 의무를 갖는다는 것을 규정하는데 그것은 해고될 근로자 수에 의존한다. 정리해고 시 고지기간은 한 달이다. 5명 이상이 관련될 때만 당국에 고지할 의무가 적용된다. 그 목적은 노동시장 당국이 새로운 직업을 창출한 기간을 갖도록 하는 것이다. 규정된 사전 고지기간을 준수할 의무로부터의 예외는 정리해고가 예기치 못한 사정에 의할 때 가능하다. 이의 미 준수에 대한 벌칙은 정리해고 근로자 수와 의무를 소홀히 한 기간에 따라 책임이 주어진다.

이러한 의무는 다른 방법으로 이행될 수 있는데 사용자가 공동결정법에 따라 그 문제에 대해 교섭을 요구한 것과 관련하여 당국에 고지를 하는 방안이다. 그것은 앞서 언급한 규정에 따른 고지의무를 법 규정 보다 늦게 하였을 때이다.

321. (2) 개인적 사정으로 인한 해고와 같은 사건에서는 퇴출 또는 한시적 고용을 지속하지 않는다는 고지, 고용보험법상의 절차적 규정은 배타적으로 적용된다. 퇴출 절차를 포함하여 해고절차는 3가지 단계로 나눌 수 있다.

(1) 고지와 상담의 준비 단계.

(2) 해고 그 자체 행위.

(3) 근로자가 정당한 사유의 부족과 같이 해고가 무효임을 주장할 때 일어나는 분쟁해결 절차.

(1)에서 언급된 유형의 사례는 분쟁해결절차(3단계)가 종료될 때까지 적용될 수 있다. 가령 구조조정은 정당한 사유를 요구하는데 분쟁절차도 적용될 수 있다.

Ⅰ. 준비단계: 고지와 상담

322. 개인적 사정에 기인한 해고는 정보제공이나 사전 경고가 항상 선행되어야 한다. 사용자는 향후 적어도 2주 내에 또는 퇴출의 경우에는 적어도 1주 내에 근로자에게 그의 의도를 고지하여야 한다(고용보호법 제30조). 근로자가 조합원인 경우에도 같은 기간으로 고지되어야 한다. 같은 규정이 한시적 고용이 지속될 수 없는 고지에도 적용된다. 그러나 이 때 그 기간은 고용이 너무 짧은 기간이어서 위의 규정을 준수할 수 없다면 더 단축될 수 있다.

323. 법은 이미 언급한 수습 고용계약에 대하여도 유사한 절차적 규정을 포함하고 있다. 사용자가 그러한 고용을 사전에 또는 고용이 무기고용으로 전환됨이 없이 종료하려면, 사용자는 근로자에게 향후 적어도 2주 내에 그에 관한 것을 고지하여야 한다. 근로자가 조합원인 경우에도 같은 기간으로 고지되어야 한다. 이 때 근로자와 지역노동조합은 그 고지에 관하여 논의(상담)를 요청할 수 있다(§31). 사용자의 결정은 수습기간이 종료될 때까지 논의될 필요는 없다(§6).

324. 근로자에 대한 고지를 하고 노동조합에 대한 고지를 하는 목적은 사용자

가 절차를 구상하기 전에 그 문제를 논의할 기회를 주는 것이다. 고지가 주어진 노동조합과 관련 정보를 받은 근로자는 1주 내에 그 문제에 대한 상담을 요청할 권리를 갖고 사용자는 상담 기회가 제공되기 전에는 어떤 결정도 수행하는 것이 금지된다(§30). 그러나 상담이 실제로 일어났다는 것이 필수적인 것은 아니고 합리적 가능성이면 충분하다. 퇴출의 경우 고지기간은 매우 짧다.

325. 상담은 교섭과 같다고 할 수는 없고 그 차이점은 상담이 주로 형식적이라는 것이다. 그 목적은 사용자에게 영향을 미칠 기회를 주는 것이나 그럼에도 불구하고 그 결정은 사용자에게 달려 있다. 근로자 측의 시도로 향후 그 결정은 재판으로 갈 수 있어 무효로 될 수도 있고, 불법 해고나 퇴출 등을 했다는 이유로 사용자에게 손해배상이 부과될 수도 있다.

326. 근로자는 67세까지 고용될 권리가 있다. 그 때에도 근로자의 퇴직을 바라는 사용자는 근로자에게 문서로 적어도 향후 1달 이내에 이에 대해 알려야 한다. 만약 사용자가 이를 지키지 않는다면, 그 때는 일반적 해고규정이 적용된다. 그러나 이 경우 근로자는 한 달 이상의 고지기간을 주장할 수 없고 재고용될 특권도 없다(§33).

Ⅱ. 해고, 퇴출 등과 관련된 형식

327. 고용보호법은 해고, 퇴출 그리고 한시적 고용이 지속되지 않을 것이라는 고지에 대한 형식과 내용에 관하여 규정하고 있다. 그러한 행위들은 문서로 행해져야 한다. 해고 또는 퇴출과 관련하여 사용자는 근로자의 요구로 그의 행동을 정당화하는데 사용된 이유를 문서로 주어야 한다. 더구나 사용자는 근로자가 해고나 퇴출이 무효라고 주장한다면 근로자가 준수해야 할 절차를 알려야 한다(§§8, 19). 해고가 정리해고를 이유로 한다면, 사용자는 근로자에게 재고용될 특권과 근로자가 이를 이용할 수 있다는 것을 고지해야 한다. 또한 한시적 고용이 지속되지 않을 것이라는 고지는 근로자에 의해 취해지는 절차에 대한 정보를 포함하여야 하는데 그 경우는 근로자가 근로자의 권리로 그리고 가능하다면 재고용 등 고용계약이 무기로 하여야 한다는 소송을 할 의도가 있는 경우이다.

328. 해고나 퇴출에 대한 고지는 개인적으로 근로자와 협의해야 하거나 등기로 보내져야 한다. 이러한 행위는 고지에 해당한다. 근로자와 협의를 진행할 수 없는 경우 주소지로 보내진 등기우편이 우체국에서 배달된 후 1주일간 협의가 있었다고 여겨진다. 한시적 고용이 지속되지 않을 것이라는 고지는 다소 엄격한 규정이 적용된다.

329. 근로자가 해고나 퇴출이 무효라고 주장하기를 원한다면, 사용자에게 해고나 퇴출이 발생한 이 후 2주 내에 이에 대하여 고지하여야 한다(고용보호법 제40조). 사용자가 근로자에게 퇴출과 관련한 사항들을 알리지 않는다면 그 기간은 고용이 해고나 퇴출의 고지에 따라 고용이 중단된 이후 4주까지 연장된다. 고지는 이보다 선행해야하기 때문에, 고려할 시간은 실제로 더 길다.

330. 근로자가 소송을 제기한 이 후에 분쟁해결 절차는 통상 노동조합을 통해 이루어진다. 일반적으로 고충처리절차와 같은 형식으로 진행되는데 이러한 절차는 다음에서 다룰 것이다. 해결되지 않은 분쟁이라고 하더라도 교섭절차가 수행된 이 후 2주 내에 노동법원이나 중재에 맡겨지게 된다. 근로자가 조합원이지만 노동조합이 지원을 거부하면 교섭이 이루어지지 않는다. 그 때 사용자가 근로자의 소송을 고지 받는 기간 종료 후 2주 내에 그 분쟁은 1심 절차 없이 지역법원에 제기될 수 있다. 이를 도과하면 이러한 절차를 진행할 권리를 잃게 된다.

331. 해고가 보류 중에 있다면 근로자는 원칙으로 복무 중에 있는 것으로 간주되고 모든 고용상의 급여를 받을 권리를 갖게 된다. 이것은 고지가 있는 해고의 경우에 자동으로 적용된다. 사용자는 그러한 절차에 대한 특별한 이유가 없다면 근로자의 업무수행을 중단시키는 것이 허용되지 않는다(§34). 만약 사용자가 고용을 중단하려면 고지기간 종료일에 또는 분쟁의 지속과 관계없이 법원이 결정할 수 있는 날 이후에 고용이 중단되는 효력에 대한 법원 명령을 얻기 위한 약식절차를 진행할 수 있다. 근로자 측의 요구로 법원은 만약 고용 중단에 대한 충분한 이유가 없다면 고용 중단을 금지하는 명령을 발할 수도 있다.

332. 평균적으로 노동법원으로부터의 판결이 있기까지는 1년 반이 소요된다.

사용자가 단체협약에 구속되지 않으면 노동법원에 제소하기 전에 지방법원에 분쟁을 제기하여야 하는데 그것은 많은 시간이 걸릴 수 있다. 한마디로 분쟁 중에는 고용관계가 지속된다는 규정에 따라 분쟁 중에 임금을 지급해야 하는 사용자에게 매우 많은 비용이 들 수 있다. 2012년 정부안은 특히 소규모 기업들에 대하여 비용을 제한하는 것을 목표로 하는 몇 가지 제한을 제시하였지만 이것은 고용보호법에 반영되지는 못했다.

333. 퇴출의 경우 법원은 분쟁이 최종적으로 해결될 때까지 고용이 지속되어야 한다는 명령을 발할 수 있다(§35). 여기서 이 원칙은 본래의 해고절차와는 반대이다. 법원이 다른 결정을 하지 않으면 중단되는 것으로 여긴다는 것이다.

334. 분쟁중인 해고에 대한 유효한 이유가 있는지를 증명할 책임은 사용자에게 있다. 사용자는 유효한 원인이 되는 잘못된 행동이나 그와 관련된 상황을 밝혀야 하는 사실뿐만 아니라 근로자를 기업 내 더 적절한 직무에 전환하는 것이 불가능하다는 것을 포함하여 근로자를 종료할 수밖에 없다는 사실을 증명해야 한다. 사용자가 해고가 근거하고 있는 복합적인 상황을 증명하는 것이 어렵기 때문에 많은 해고 사건이 무효로 판결되고 있다.

335. 해고를 위한 정당한 사유가 증명되지 않을 때 그래서 해고가 무효인 경우 그 효과는 소급임금(back pay)과 손해배상(damages)이다(§38). 그리고 매우 작은 기업에 있는 사용자와의 협력이 어려운 바와 같은 매우 특별한 상황을 제외하고 근로자가 원한다면 복직할 권리가 있다. 근로자는 해고와 복직(reinstatement) 사이의 기간 동안 전체 임금과 기타 고용수당과 불법한 행동에 대한 손해배상(총 손해)에 대한 권리도 갖는다. 불법한 행동에 대해 개별 근로자에 대한 통상의 총 손해액은 정당한 사유 없는 해고의 경우에 5,000-6,000 유로이고, 부당한 퇴출의 경우에는 7,000 유로이다. 그러나 이러한 액수는 다양한 상황을 고려하여 이들 모두가 조정될 수 있다. 노동조합에 대한 총 손해배상은 해고가 법령 규정을 대체하는 단체협약 규정을 위반한 경우에만 부과된다.

336. 해고가 유일하게 특권과 관련한 규정에 반하는 것을 이유로 한 경우에 그

해고는 무효가 아니다. 손해배상만이 사용자에게 부과될 수 있다(§34).

337. 만약 퇴출이 부당하다고 여겨지지만 해고에 대한 충분한 이유가 있다면 퇴출은 무효가 되지 않는다(§35). 그러한 경우에 손해배상이 유일한 해법이다. 해고에 대해 충분한 근거가 없다고 하더라도 퇴출이 무효라고 선언되는 경우도 있다.

338. 사용자가 법원의 결정에 따라 근로자를 복직시키는 것을 거부한다면, 고용은 이러한 거절을 통하여 중단되는 것으로 간주된다. 이것은 노동법에서 노동관계를 재확립하거나 노동이 수행되어야 한다는 구제를 강제하는데 사용될 수 없다는 원칙에 기인한다. 대신에 사용자는 실질적인 손해를 근로자에게 지불해야 하는데 그것은 6개월에서 32개월에 해당하는 임금이다(§39).

§9. 기업 내에서의 전환배치

339. 기업 내에서의 전환배치는 고용관계를 해치지 않는다. 반대로 이것은 해고를 피하기 위한 방안으로(그리고 전환배치는 더 적절한 직무로 조정된다는 것을 의미한다) 고용보호법에서 권고되고 있다(§7, para.2). 일반적으로 사용자가 전환배치 할 근로자의 범위를 정한다. 전환배치는 어떤 경우에는 근로자의 입장과 조건에 중대한 침해와 불리한 변경을 내포할 수도 있다. 이것은 전환배치가 곧 고용보호의 부분으로 취급된다는 사실을 정당화한다. 사용자의 전환배치를 근로자가 거부하면서 퇴사까지 고려한다는 상황에서는, 전환배치는 사실의 문제로서 감춰진 해고나 퇴출의 의도가 있음을 짐작하게 한다. 이것이 사건화 되지 않는다고 하더라도 전환배치는 근로자에게 마치 고용이 종료되는 것과 거의 같은 방법으로서 사용될 수도 있다(전환배치가 새로운 과업의 부담, 임금축소와 새로운 작업조건의 부과, 기타 작업전환의 수단 등).

340. 전환배치를 촉진시키거나 또는 이를 제한할 목적으로, 많은 단체협약은 새로운 직무가 한편으로 임금축소를 의미할 때는 장기 또는 단기적으로 임금보장을 해 준다.

341. 전환배치가 일어날 때 공동결정법은 사용자에게 그러한 단계가 결정되고 수행되기 전에 우선적인 교섭의무를 부과한다(§11). 만약 노동조합 활동을 이유로 전환배치가 취해진다면 그것은 단결권의 침해로 간주될 수 있다. 그것이 근로자가 그의 의무를 소홀히 한 결과로 진행되었다면 그것은 징계로 취급될 수도 있는데 징계는 단체협약에서 이를 규정한 경우에만 허용된다(공동결정법 제62조). 그러나 실제에서 이를 허용하는 단체협약은 거의 없다. 차별로 근로자에 대한 전환배치는 차별법(Act on Discrimination) 위반이 될 수 있다.

342. 법의 발전과 고용안정의 관점에서 노동법원은 근로자 개인적 사정을 기초로 그리고 어떤 특별한 사정이 있는 전환배치는 심지어 고용관계의 변경이 현존하는 계약이 있다고 하더라도 정당한 사유가 필요하다고 하였다. 그러나 노동법원은 그 이유는 해고를 정당화하는 것들과 같은 정도로 취급되어서는 안 된다고 하였다(AD 1978 no.89).

§10. 사업의 전환

343. 사업(근로자가 종사하고 있는 곳의 일부분도 포함)이 다른 사용자에게 전환되었을 때 근로자의 입장은 무엇인가? 스웨덴은 사업의 전환에 대한 유럽 이사회 지침 2001/23/EC를 보완했다(초기에는 77/187/EEC). '고용보호법' (the Protection of Employment Act) 제6조 b에 따르면, 근로자의 고용계약에 따른 권리와 의무는 새로운 사용자에게 전환되고 고용관계는 이전과 같이 지속된다. 이전 사용자 역시 전환 이전의 기간에 할당된 근로자에 대한 재정적 의무에 대한 책임도 지속된다(몇 가지 예외가 있음). 근로자 자신은 지속되는 고용을 거절할 자유가 있다. 마찬가지로 전환은 해고에 대한 유효한 근거가 될 수 없으나(고용보호법 §7), 이것은 새로운 사용자가 사업을 재조직하는 경우에 인력을 줄이는 것을 금지하지는 않는다.

제6절 고용 차별에 대한 보호

§1. 고용 차별

344. 스웨덴 헌법 제1장 제2조는 아래와 같이 국가는 차별로부터 시민을 보호한다.

> 공공기구들은 모든 사람들의 참여를 보장하고 사회에서 평등을 촉진하여야 한다. 공공기구들은 성별, 피부, 국적이나 민족적 기원, 언어나 믿음, 기능적 장애, 성적취향, 개인에 영향을 주는 다른 환경을 기초로 사람들에 대한 차별을 극복하여야 한다.

성을 기초로 한 불평등 대우에 대한 금지는 헌법 제2장 제16조에서 찾을 수 있다. "어떤 법이나 기타 규정들도 그 조항들이 남자와 여자 또는 병력의무나 다른 유사한 공식적 의무들의 관계에서 평등을 촉진하는 내용이 없는 한 성을 기초로 국민에 대한 불이익한 처우를 의미할 수 있다." 헌법 제2장 제23조는 더 나아가 "법 적용이나 기타 조치들은 유럽인권조약[16] 하에서 스웨덴의 제도에 반하지 않도록 하여야 한다."는 것을 규정하고 있다.

345. 헌법 제1장 제2조에서와 같은 차별에 대한 불법적 기초들은 현재 연령을 기초로 한 차별과 같은 예외적인 법령에 의해 적용되고 있다.[17] 이러한 법령에는 성을 기초로 한 불법적 차별과 관련한 1991년 평등처우법,[18] 직장생활에 있어 민

16) 또한 질병보험체계에서의 변화가 고용안정에 양향을 미쳤다. 참고 Annamaria Westregård, '스웨덴 질병보험체계와 유연화의 영향에 대한 노동법의 변화', EuZA, Vol.7 (2012) pp.30-50.

17) European Convention for the Protection of Human Rights and Fundamental Freedoms

18) 고용과 직업에서의 평등처우를 위한 통일적 체계를 확립하는 2000.11.27. EU 이사회지침 2000/78/EC에 따라 요구되는 바와 같은 연령을 기초로 한 근로자들에 대한 차별에 대하여 명백한 금지에 관하여 스웨덴에서 발효되는 입법은 없다. 그러한 금지에 대한 입법을

족, 종교나 다른 신념을 기초로 한 반차별에 대한 1999년의 조치들, 1999년 장애자들의 직장생활에서의 차별금지,[19] 1999년 성적취향 차별(고용)법[20] 등이 있다. 이러한 법령들은 사용자들에 의한 불법적 차별에 대해 근로자들을 보호한다. 그러나 이러한 것들은 근로자들 사이의 관계에는 적용되지 않는다. 4가지 법 모두는 동료 근로자들에 의한 근로자들의 희롱과 관련한 고충제기에 대하여 사용자에게 이를 조사하고 조치를 할 의무를 부과한다. 더 나아가 근로자들은 양육휴가에 대한 권리와 파트타임과 유기고용[21]의 운영에 있어 불법적 차별에 대하여는 이와 관련된 개별법들의 보호를 받는다.

346. 위와 같이 차별을 금지하기 위한 많은 보호수단들이 있다. 이와 동시에 특정 근로자들을 위한 보호수단들은 차별적 효과를 가져 올 수 있다. 차별금지 보호입법의 대상이 되는 사람들은 보호법령 내에 있지 않은 사람보다 더 비용이 들거나 기타 더 유용하지 않는 바와 같이, 근로자 입장에서 덜 매력적일 수 있다. 이러한 이유로 여성에 관한 이전의 특별 보호입법이 폐지되었다. 그래서 1977년 노동환경법(Work Environment Act)은 여성과 관련한 특별규정을 두고 있지 않다. 예를 들어 광산에서의 지하 노동을 위해 여성을 종사시키는 것을 더 이상 금지하지 않는다. 소수자를 위한 보호 입법은 앞에서 설명하였다. 조합원이나 노동조합 활동에서 벌어지는 차별은 다음에서 논의될 것이다.

§2. 차별의 개념

347. 평등과 반차별 영역에서 EU 노동법이 스웨덴 법에 영향을 준 정도는 매우 크다. 이 분야에서의 스웨덴 법은 기본적으로 EU법을 모델로 삼았다. 반차별 입법은 주로 사법이고 노동시장에서의 권리를 다룬다. 그러나 이것은 감독체계와 헌법상의 권리들을 다루는 공공법에도 있는데 그것은 최근 사회의 다른 영역에도

위해, 2006년 법안(SOU 2006:22)이 제출되었었다.

19) SFS 1991:433.

20) SFS 1999:132.

21) SFS 1997:133.

확장되었다.

스웨덴의 반차별 영역에서의 입법은 좀 늦게 시작하였다. 그러나 특정한 문제와 관련해서는 오랜 동안 평등에 관한 규정들이 있어왔다. 스웨덴 헌법은 인종, 사상, 조직 조합원과 성을 조건으로 한 차별을 금지한다. 1976년 공동결정법(1936년의 단결의 자유에 관한 초기 입법과 마찬가지로)은 조합원임을 이유로 한 차별을 금지한다. 1982년 고용보호법은 조합원, 성, 인종 등을 근거로 한 고용차별에 대해 규정하고 그로 인한 차별은 '정당한 사유'를 구성할 수 없다. 더 나아가 공공부문에서 모든 공공의 결정은 공정한 사실에 기초되어야 한다고 규정하는 일반적 규정이 있다. 스웨덴은 1995년 EU 회원국이 되었기 때문에 EU 시민들은 국적을 이유로 한 차별에서 보호를 받는다. 반차별 영역에서 제일 먼저 발전한 입법은 1979년의 평등기회법(Equal Opportunites Act)이다. 2000년대 초 차별에 대한 많은 법들이 있었다. 그것들은 서로 다른 시기에 나타났고 어느 정도 중첩되는 경우도 있었다.

2002년 정부 차원에서 차별조사위원회가 만들어졌다. 2006년 첫 조사보고서는 다음과 같이 시작했다.[22] '우리는 차별이 기본권의 침해를 구성한다고 결론을 지었습니다. 입법은 차별과의 투쟁의 수단이고 그에 의해 기본권을 보장한다고 할 수 있습니다.' 차별조사위원회의 작업은 거의 모든 차별 법령들을 2009년 법으로 통합하는 결과를 낳았다.

§3. 스웨덴에서의 일반 반차별 법령

348. 사상 또는 종교와 관련하여 다른 나라와 같이 스웨덴은 다양한 인종의 시민들이나 다양한 종교 집단들 사이에서의 갈등의 역사를 갖지 않았다. 그 결과 사상과 종교 차별과 관련한 입법은 좀 늦게 나타났다.

새 헌법의 기본적 자유와 권리에 관한 장에는 두 가지 조항이 있는데(2:12-13)

---

22) SFS 2002:293, UNICE, CEEP와 ETUC에 의해 체결된 파트타임 노동에 대한 체계 합의와 관련한 1997.12.15. EU 이사회지침 97/81/EC를 보완하였다. - 부록: 파트타임 노동에 대한 체계 합의와 ETUC, UNICE와 CEEP에 의해 체결된 유기계약 노동 체계 합의와 관련한 1999.6.28. EU 이사회지침 1999/70/EC.

그것은 인종, 사상, 나이, 성과 관련한 법령이나 기타의 시행에서의 차별을 금지한다. 그러나 병역의무 같은 것은 예외이다.

불법적 차별과 관련한 몇몇 조항들은 일반 형법에 규정되어 있다. 그것들의 기원은 1948년까지 거슬러 올라가는데, 반 유대에 관한 것을 불법화하기 위해 재정되었을 때였다. 이러한 형법의 조항들에는 고용관계에서의 특별한 보호는 규정하지 않고 있다.

349. 노동시장의 격변기에 특히 그 모습은 다소 다양했다. 여기서 우리는 차별에 대한 입법과 단체협약의 적용을 보았다. 해고, 정리해고와 근로자의 전직에 대한 정당한 사유를 요건으로 하는 고용보호법은 의심의 여지없이 반차별 정책을 갖는다. 가령, 정리해고 상황에 있는 노동조합과 사용자가 장기근속자 목록에 대해 교섭할 때, 차별적인 장기근속자 원칙을 적용할 수 없다. 더 구체적인 반차별 입법이 사업장에서 여성과 남성에 대한 동등한 기회와 관련하여 도입되었다. 사상, 성적 취향 그리고 장애를 근거로 한 노동시장에서의 차별을 방지하기 위한 입법이 1990년대에 통과되었다. 파트타임 노동과 임시고용을 기초로 한 차별을 방지하기 위한 입법도 있다. 2009년부터 나이도 차별의 원인이 되었다.

§4. 성 (Gender)

350. 스웨덴 노동시장에 고용된 사람들 중 약 절반이 여성인데 이는 여성 고용율이 매우 높다는 것을 보여준다. 2011년 그것은 58%인데 유럽연합 내에서 가장 높다. 1970년에는 고용된 40%가 여성이었다. 2007년에는 여성의 34%가 파트타임으로 일했고, 고용된 남성 중 10% 미만이 파트타임으로 일했다. 또한 대부분의 한시적 고용인은 여성이다. 여성 가운데 숨겨진 실업률이 아직은 현실이 반영되도록 고려되고 있다. 다른 많은 나라와 같이 스웨덴 노동시장은 한 명의 남성과 한 명의 여성으로 구성되고 있다고 말할 수 있고, 남성은 제조 산업과 기술적인 직업에 종사하고 여성은 사무직, 가게와 예를 들어 초등학교, 일일 건강센터 등 건강보호 같은 사회 서비스 분야에 많이 종사하고 있다. 여성의 직업은 항상 낮은 지위를 가지며 남성보다 급여가 적다. 노동시장은 성에 의해 분할되고 있는데 공

공부문에서의 노동력 중 절반의 여성이 그리고 나머지 절반은 민간부문에서 일한다. 노동시장에 있는 남성에 대한 수치는 공공부문에 18% 그리고 83%가 민간부문에서 일한다.

여성과 남성 각각의 임금 수준은 공식적으로 볼 때, 여성의 임금이 15% 더 낮다고 주장하는데 따라서 여성의 임금은 남성의 85%라고 한다. 이러한 차이는 지위, 연령, 교육과 노동이 수행되는 사업이나 조직과 같은 광범위한 요소에 기인한다. 이러한 요소들은 기준 가중치에 의해 고려될 수 있다. 모든 그러한 요소들에 수당을 감안하였을 때, 임금 격차는 2013년 대략 5%였다.[23)]

351. 여성에 대한 이러한 차별을 극복하기 위해 '노동에서의 여성과 남성의 평등에 대한 법' (Act on Equality between Women and Men at Work)이 1979년 통과되었다. 그것은 1991년 평등기회법(Equal Opportunities Act, 1991:433)으로 대체되었는데 EU 내에서의 규정에 따른 입법을 채택하기 위해서였다. 그 당시 1991년 법은 EU 내의 발전성과를 받아들이고 성장하는 반차별 입법과 조화하기 위해 여러 번 개정되었다. 평등기회법은 2009.1.1 발표되었는데 차별에 관한 다른 법률들이 하나의 차별법으로 통합되었으나 이것은 성 차별 입법에 상당한 변화를 할 의도는 없었다. 다른 차별법들은 상당한 정도로 평등기회법에 모범이 되었고 이에 따른 것이 2008년 차별법이다.

1979년과 1991년 평등법은 2개의 행정청에 대해 규정하였는데 그것은 '평등기회 옴부즈만' (Equal Opportunities Ombudsman)과 '평등기회 위원회' (Equal Opportunities Commission)인데 이에 관한 법령들을 집행할 목적이다. 2009년부터 '평등기회 옴부즈만' 은 '일반 평등기회 옴부즈만' 으로 대체되었고 '평등기회 위원회' 는 '모든 형태의 차별에 대한 차별국' (Board of Discrimination for all type of discrimination)으로 대체되었다.

352. 초기 1979년과 1991년 평등기회법 하에서는 노동법원에서 차별을 증명하는 것이 어려웠다. 그 기간 동안 64개의 사건에서 법은 법원으로 하여금 16건만 차별을 인정하도록 했는데 39개의 사건은 고용할 것을 결정했고, 9개의 사건

23) SOU 2006:22, p.46.

은 임금차별 그리고 6개의 사건은 성희롱으로 판결했다. 1997년 증거책임에 대한 유럽 이사회지침 97/80/EC가 반영되었음에도 그 수치에 변화를 준 것 같지는 않다. 노동법원은 차별 사건에서의 결정권자로서 비판을 받았고 2009년부터 노동시장 당사자들의 대표 조직들은 차별과 관련한 사건이 오히려 줄어들었다.

§5. 인종, 사상과 외국인

353. 다른 나라들로부터의 이민자 수가 증가함으로써 인종과 사상에 대한 차별이 점점 더 관심을 끌게 되었다. 헌법(2:12)상 관련 조항에 대하여는 이미 설명하였다. 헌법(2:12)에 따른 국가 행정의 운영은 '서비스 내용과 경쟁력과 같은 객관적인 요소들' 에 기초되어야만 한다.

사상 차별에 대한 법에 관한 입법안이 1983년 거부되어 입법은 최종적으로 1986년 제기되었다. 그러나 1986년 법은 자발적인 수단과 옴부즈만을 도입하였는데, 옴부즈만은 협의를 통하여 그리고 충고를 하는 등 대체로 노동생활과 사회에서의 사상 차별을 제거하기 위해 일해야 하는 사람들이다. 1994년 사상차별에 대한 새 법은 이 전의 것을 대체했다. 이 법은 부분적으로 평등기회법의 모델이 되었다. 마지막으로 평등기회법과 유사한 새 법은 1999년 제기되었는데, 그것은 사상적 바탕, 종교나 다른 종교적 신념 때문에 노동생활에서의 차별에 대한 제도적 장치 등에 대한 법이다. 이 법은 2009.1.1부터 발효되었는데 차별에 대한 다른 법들이 2008년 차별법으로 통합되었다.

354. 법원에서 사상차별을 증명하는 것은 어려웠다. 사상차별을 다룬 몇 개의 사건만이 스웨덴 노동법원에 제기되었고 차별은 단지 두 개의 사건에서만 이루어졌을 뿐이었다. 몇몇의 경우에 원고는 그가 차별을 당했다고 추정되는 사유를 주는 상황을 증명할 수 없었다. 몇 가지 사례가 더 있는데 여기서 법원은 사용자의 행동에 차별적 요소가 없다고 판결하였다.[24]

355. '사상차별 옴부즈만' (the Ethnic Discrimination Ohmbusman, DO)은 독립된 정

24) 2013년 국가조정청 연중 보고서, 영문 보고서, http://www.mi.se.

부기관으로서 초기에 법에 적합한지를 보장하는 역할을 했는데 이것은 2009년 '평등 옴부즈만' (the Equality Ombusman)으로 대체되었다.

356. 대부분의 다른 나라와 마찬가지로 스웨덴에서는 외국인이 직업을 구하는데 노동허가가 필요하고 그에 따라 외국인에 대한 특별한 제한이 있다. 스웨덴 이민국(the Swedish Migration Board)은 그러한 허가 신청자를 판단하는데 많은 변화가 있었다. 1995년 스웨덴의 EU 편입으로(오히려 1994년 스웨덴이 EEA에 합류하였을 때) 그러한 제한들은 EEA 내의 국민들을 위해 폐지되었다.[25)]

그러나 이미 1954년 '자유 노르딕 노동시장'이 스웨덴, 덴마크, 노르웨이 그리고 핀란드와 후에 아이슬란드에 의해 서명된 협약으로 만들어졌다.

그러나 스웨덴으로 유입되는 다른 이민자들은 자유가 없다. 외국인은 직업을 위해 역내로 들어오는 것을 허락받기 전에 노동허가를 신청하여 이를 받아야 하는데 1회 성에 그치지 않는다. 인권을 기초로 한 정치적 망명자들과 그와 유사한 사람들은 더 우호적으로 취급된다.

357. 2009년부터 이미 스웨덴의 사용자로부터 고용될 예정에 있었다면, EU/EEA 영역 밖의 사람들이 노동허가를 받는 것이 더 쉽다.

§5. 나이, 장애, 성적 취향, 파트타임과 한시적 고용

358. 어떤 종류의 장애도 고용보호법 하에서 해고에 대한 정당한 사유를 구성하지 않는다. 이것은 사용자가 장애를 근거로 근로자를 해고할 권리가 있다는 것을 전제로 근로자가 그의 직무를 수행할 수 없게 하는 경우에 한한다. 그리고 정리해고의 경우 근로자가 '고용촉진수단에 대한 법' (the Act on Employment Promotion

25) AD 2002 no.128 사건에서 노동법원은 사용자가 간접적인 차별이 있었다고 판결하였다. 사용자는 전화 상담원으로 새로운 사람들을 채용하려고 노력하였다. 채용절차가 시작된 이 후 지원자 중 한 사람이 외국 억양으로 설명하는 사용자와 전화 계약을 했다. 이 계약 후에 이러한 근로자에 관한 채용절차는 방해를 받았다. 노동법원은 언어 기술은 이러한 종류의 작업에서 객관적인 요건이 될 수 있다고 하였으나 여기서 원고는 약간의 발음만이 있어서 사용자의 요구는 정당하지 못했다고 판결했다.

Measures)상 노동시장 당국의 행정조치에 따라 고용을 얻게 되는 경우, 사용자는 그러한 근로자들에게 특권을 줄 의무가 있다(고용촉진법 제23조).

359. '고용촉진수단에 대한 법' (the Act on Employment Promotion Measures)은 배치가 어려운 근로자의 고용을 촉진할 목적으로 1974년 도입되었다. 그러나 ' 고용촉진수단에 대한 법 '의 많은 조항들은 다소 쓸모가 없게 되었고 다른 수단들의 유효성에 대해서도 점검을 받고 있다. 1994년 장애 옴부즈만의 특별 사무소가 설립되었다(법 1994:749). 옴부즈만의 과업은 장애를 가진 사람들이 사회생활에 전적인 참여와 평등한 취급을 받을 것을 확실히 하기 위해 일하는 것이다.

'노동생활에서 장애로 인한 차별을 금지하는 법' (the Prohibition of Discrimination in Working Life of People because of Disability Act)이 1999년 재정되었다. 이것은 2008년 차별법(Discrimination Act)으로 대체되었고 동시에 법의 감독을 관리하는 '장애 옴부즈만' (HO)도 '평등 옴부즈만' 으로 대체되었다.

360. '노동생활에 있어서 성적 취향으로 인한 차별 금지에 대한 199년 법' (the 1999 Act on a Ban against Discrimination in Working Life because of Sexual Orientation)은 스웨덴에서 이러한 종류의 첫 번째 법이었다. 성, 사상 그리고 장애와 관련한 3가지 반차별 법령에 대한 선례였다. 성적취향(Homo)을 이유로 한 차별에 대한 옴부즈만은 평등 옴부즈만으로 대체되었다.

2009년 차별법이 확대되면서 보호되는 집단을 명백히 하였다. 성적 취향은 동성애, 양성, 이성 취향 그리고 성전환을 말하거나, 누군가 남성인지 여성인지를 모를 때 암묵적 표현이 있거나 다른 성에 속한다고 포장하는 태도나 유사한 방법에 의한 표현 등이다.

361. 이사회지침 2000/43/EC는 스웨덴에서 2003년 '반차별에 대한 법' 에 의해 반영되었는데 그것은 성, 사상, 종교나 다른 신념, 장애 그리고 성적 취향을 근거로 한 차별을 금지한다. 다른 독립된 반차별법들과 같이 이것은 사용자-근로자 관계에 초점을 맞추고 있어서 노동시장과 연결되어 있다. 그것은 예를 들어 노동시장 정책수단, 조합원, 서비스 공급, 주택, 의료 등에 적용될 수 있었다. 이 법도 2008년 '차별에 관한 법' 으로 통합되었다.

362. 스웨덴은 이사회지침 2000/78/EC에 있는 조항을 반영하지 않았는데 그것은 차별법이 효력이 발생할 때인 2009년까지 연령차별을 취급하였기 때문이다. 이러한 규정들은 이미 2006년에 반영되어야 했다.[26)]

363. 이사회지침 97/81/EC와 1999/70/EC는 2001년 '파트타임 노동자들이나 한시적 고용 근로자들의 차별금지에 대한 법' 으로 반영되었다. 이 법은 파트타임이나 한시적 근로자들의 직접, 간접의 차별을 금지한다.

1995년 양육휴가법은 2006년 양육휴가에 대한 권리를 이행하고 있는 근로자들에 대한 차별을 금지하는 규정에 의해 반영되었다.

364. 대학생의 평등취급에 관한 2001년 입법이 제기되었고, 어린이와 학생에 관한 유사한 입법이 2006년 뒤따랐다. 이러한 법들은 2008년 차별법으로 통합되었다. 여기에는 '어린이 옴부즈만' (BO)에 대한 사무소가 규정되어 있다.

§7. 2008년 차별법

365. 2009.1.1 차별법의 효력이 발생됨에 따라[27)] 1991년 평등기회법, 1999년 '사상, 종교나 다른 신념에 따른 노동생활에서의 차별에 대한 수단에 대한 법', 1999년 '장애를 기초로 한 노동생활에서의 차별 금지법', 1999년 '성적 취향으로 인한 노동생활에서의 차별금지법', 2001년 '대학생의 평등취급법', 2003년 차별금지법, 2006년 '차별 금지와 어린이와 학생의 취급에 대한 법' 이 폐기되었다.

---

26) 2008-2009년 스웨덴에서의 노동자들의 자유이동에 대한 보고서(2009년 10월), 이 보고서는 2010년 12월 브뤼셀에 있는 EU 이사회에 의해 공식적으로 발간되었다. (이사회의 자료를 활용하기 위해서는 다음 사이트를 참조: http://ec.europa.eu/social/keyDocuments.jsp?pager.offset=20&langld=em&mode=advanceSumit&policyArea=24&subCategory=475).

27) B. Nysrtöm, 'Active Ageing and Labour Law in Sweden', in F. Hendrickz (ed.), Active Ageing and Labour Law, Intersentia 2012, pp.233-262; A. Numhauser-Henning and M. Rönnmar, '강제퇴출과 연령차별-the Swedish Hörnfeldt Case Put in Perspective', in Essays in Honour of Michael Bogdan, Juristförlager, 2012, pp.401-415.

동시에 평등 기회 옴부즈만, 사상 차별 옴부즈만, 장애 옴부즈만과 성적취향으로 인한 차별에 대한 옴부즈만은 평등 옴부즈만으로 통합되었다.

2008년 차별법의 목적은 차별을 금지하기 위한 것이고 이 외에도 성, 성전환이나 표현, 사상, 종교나 다른 신념, 장애, 성적 취향과 나이와 관계없이 평등권과 기회를 촉진하는 것이다. 이 법은 이 법이 법적 효력이 없는 기간 중 누군가의 권리나 의무를 제한하는 계약이나 합의를 구속하는 것이다.

366. 직접차별은 법에서 언급한 차별의 기준과 비교하여 취급받거나 취급받을 것보다 더 불리하게 취급받음으로써 불이익이 있는 경우를 법에서 상세하게 규정한다.

간접차별은 다음과 같이 정의할 수 있는데, 그 조항 등이 정당한 목적을 갖고 이용되는 수단들이 그 목적을 달성하는데 적절하고 필요한 것이 아니라면, 어떤 조항 즉 중립적으로 보이지만 특정한 성, 성전환 또는 표현, 사상, 종교나 다른 신념, 장애, 성적 취향이나 연령을 가진 사람에게 적용될 수 있는 기준이나 절차에 의해 누군가 불이익이 있을 때는 간접차별이 있다고 할 수 있다.

367. 여기서는 노동생활에 대해서만 다루게 될 것이다. 그러나 이 법(차별법)은 교육, 노동시장 활동과 공공계약이 아닌 고용서비스, 사업의 시작 및 운영과 전문가 인식, 특정 조직(예를 들어 노동조합과 사용자 조직)의 자격, 상품 공급, 일반 공중에 대한 서비스나 주택, 건강과 의료 혜택과 사회 서비스, 사회보험 체계, 실업보험과 교육, 병역의무에 대한 재정적 도움 등에도 적용된다.

368. 노동생활에서의 차별금지는 근로자들에게 적용되는데 그러한 사람들은 노동을 구하거나 이를 진행하고, 수습훈련을 신청하거나 수행하고 또는 일시적 또는 임차 노동자들(borrowed laborers)[28]이다.

차별에 대한 금지는 (금지)수단들을 합리적으로 지원하고 적용하는 사용자가 장애를 가진 고용 신청자나 수습자인 근로자가 장애를 갖지 않은 사람들과의 상대적 상황에 있다는 것을 확실히 인지하도록 하고 있다.

---

28) 이 법에 대한 영문 버전은 http://www.goverment.se.에서 볼 수 있다.

이러한 상황에 있는 사용자와 동등시 되는 사람들은 사용자를 대신하여 결정을 할 권리를 가진 사람들이다.

차별이 확인된 신청자나 근로자는 이들을 대표하기 위해 선출된 사람의 자격에 대한 계정을 문서로 제공받을 권리가 있다.

369. 차별에 대한 금지도 차별을 근거로 한 것과 그와 관련된 사유를 기초로 다르게 취급하는 것은 금지할 수 없는데, 이것은 노동의 본성이나 수행되는 노동의 내용에 따라, 만약 그러한 특성이 실제적이고 직업적 조건을 결정하는 것으로 되어야 하는데 그러한 직업적 조건은 합법적 목적을 갖고 그 요건이 적절함과 동시에 필요하고 남성과 여성 사이의 평등을 촉진하는 노력에 이바지하는 수단들이고 차별이 급여나 고용조건보다 다른 문제들과 관련되어야 한다.

그래서 다른 취급은 남성과 여성 사이의 평등을 촉진하고 급여나 다른 고용조건 외의 문제들과 관련된다면 노동시장에서 허용된다. 이러한 원칙의 적용도 EU 노동법이 규정하는 한계 내에서 이루어져야 한다. 두 사람이 (고용의 조건 등이) 같거나 유사한 요소를 가질 때 이것은 허용된다. 만약 그러한 요소에서 명백한 차이점이 있다면, 다른 취급은 허용되지 않는다. 더구나 성은 자동적으로 다른 취급의 결과로 인정되지 않는다. 개별적 특성은 항상 고려되어야 한다. C-407/98 Abrahmssom 사건에서 CJEU는 대학 교수를 채용할 때 적절한 자격을 갖지만 부정확한 성의 지원자(성적 정체성)에 대해 차별 취급을 허용하는 스웨덴 법은 비록 더 나은 자격을 가진 다른 성의 지원자가 있다고 하더라도 EU법에 일치하지 않는다고 판결했다.

연령과 관련하여 법에서 몇 가지 허용하는 예외가 있다. 연령을 이유로 연금에 대한 권리에 관한 제한이 있을 수 있고, 개별 계약이나 단체협약에서 감독자 입장에서 적용하지 않는 혜택이 있을 수 있다. 연령을 기초로 한 차별적 처우는 적법한 목적과 사용되는 수단들이 그 목적을 달성하는데 적절하고 필요로 하는 한에서 허용된다. 이것은 젊은 근로자의 노동환경이나 고연령의 근로자에게 더 많은 휴식과 여가에 대한 수요를 보호할 목표로 하는 수단들이 될 수 있다. 채용에 있어서 견습생이나 훈련생과 같은 특정한 조건들은 젊은 비숙련 근로자들을 위해 더 많이 고려될 수 있다. 때때로 사용자가 채용에 있어서 나이를 고려하는 것이 허용될 수도 있다. 예를 들어 소규모 사업장에서 같은 자질을 갖는 모든 근로자들이 동시에 퇴직한다면 장래의 문제들이 있을 수 있는 경우가 있다. 따라서 연령을 고려하여 채용자를 결정할 수 있다.

370. 사용자는 제기된 고충을 조사하고 적절한 수단(인격의 침해가 차별 사유 중 하나와 관련되는 행동에 대하여)과 성희롱(누군가의 인격을 침해하는 성적 본성의 행동)에 대하여 조치를 취할 의무가 있다.

사용자는 근로자가 이 법 조항의 위반에 이의를 제기했다는 이유로 근로자에게 보복을 해서는 안 된다.

371. 차별금지 외에 2008년 차별법은 적극적 수단에 관한 조항들을 구체화했다. 이러한 것들은 사용자들과 근로자들 사이의 협력에 관한 것인데 평등권과 성, 사상, 종교나 다른 신념과 무관한 노동생활에 있어서의 기회를 적극적으로 촉진하는 목표 지향적 조치들이다. 사용자들의 이러한 의무들은 아래에서 더 상세히 설명할 것이다. 이러한 한 적극적 수단들은 몇 가지 차별적인 사유와 관련되어야 한다. 임금과 평등 계획의 문제들과 관련한 적극적 조치들은 차별에 대한 근거로서 성(sex)과 관계된다.

사용자들은 그러한 조치들을 반영해야 하는데 그러한 조치들은 그들의 자원과 기타의 상황을 고려하여 요구될 수 있다. 기타의 상황들은 노동조건들이 성, 사상, 종교와 다른 신념과 무관하게 모든 근로자들에 적절하다는 것을 확실히 하여야 한다. 여성과 남성 근로자들은 고용과 부양의무가 서로 관련되도록 하는데 도움이 되어야 한다. 사용자들은 고충을 예방하고 고충을 주지 못하게 할 수단들을 갖추어야 한다.

372. 채용에 있어서 사람들이 성, 사상, 종교나 다른 신념과 무관하게 빈 일자리에 대한 고용을 신청하는데 기회를 갖도록 보장하여야 한다. 사용자들은 다양한 종류의 노동과 관련분야에서 남성과 여성의 동등한 분배를 촉진하여야 한다. 동등한 분배는 최소 양성의 40%가 다양한 종류의 업무와 다양한 종류의 노동자들 가운데서 있어야 한다는 것을 의미한다.

분배가 평등하지 않을 때, 사용자는 부정확하게 성을 표시한 지원자(성정체성)에게 유리한 채용이 되도록 특별한 노력을 하여야 한다. 성을 부정확하게 표시한 근로자에게 선택된 취급을 위해 계획된 노동 예를 들어 성에 동등한 직무에 대한 계획에 대한 정보를 알리는 것은 가능하다.

373. 매 3년 마다 25명 이상의 근로자를 갖는 사용자들은 그들의 성에 대한 동등한 직무에 대한 실행계획을 설계하여야 한다. 초기에 평등기회법(the Equal Opportunities Act)에 따라 이것은 매년 이루어져야 했고 또한 10-24명의 근로자를 갖는 사용자들도 이러한 의무를 가졌다. 그 계획은 노동조건과 채용과 관련된 수단들에 대한 개요를 포함하여야 한다. 고용조건과 채용은 일할 장소와 사용자가 다음 해에 반영할 수단들을 고려하여 필요한 것이어야 한다. 그 계획은 동일임금에 대한 실행계획을 고려한 개요도 포함하여야 한다.

동일임금과 관련하여 근로자들의 수와 관계없이 모든 사용자들은 동등하거나 동등한 가치로 여겨지는 일을 수행하는 여성과 남성 사이의 임금격차를 조사하고 분석하여야 한다. 사용자는 현존하는 임금격차가 직접 또는 간접적으로 성과 연관되는지를 알아보아야 한다. 사용자들은 이에 대한 조사와 분석의 결과를 보고함에 있어서 동일임금에 대한 실행계획을 만들어야 한다. 그 계획은 비용 상황과 가능한 그리고 적어도 최근 3년 내에 필요한 임금조정을 반영하는 목표에 기초한 시간계획을 포함하여야 한다. 계획된 수단들이 어떻게 반영되었는지에 대한 보고와 평가는 다음 실행계획에 포함되어야 한다. 임금격차에 대한 분석은 매 3년마다 이루어져야 한다(평등기회법에 따라 초기에는 매년). 임금격차 분석에 관한 규정들은 1994년부터 존재했고 지난해 동안 몇 가지 효과를 갖도록 했다.

374. 증거부담에 대한 EU 지침(97/80/EC)은 스웨덴법에 반영되었다. 어떤 사람이 차별을 받았다고 생각하고 차별 문제로 보복을 받았다고 추정되는 사유가 주어지는 상황을 증명한다면, 피고는 차별이나 보복이 일어나지 않았다는 것을 증명할 것이 요구된다.

375. 평등 옴부즈만은 차별과 관련되는 것들이 법에 일치하는지를 감독해야 한다. 옴부즈만은 먼저 법을 준수하도록 해야 할 사람들이 자발적으로 하도록 노력하여야 한다. 평등 옴부즈만은 동의한 개인들을 대신하여 법적 소송을 할 수 있다. 근로자 조직이 '노동분쟁 재판 절차법' (the Labour Disputes Judicial Procedures

Act) 하에서 개인들을 대신하여 소송을 제기할 권리를 가질 때 옴부즈만은 근로자 조직이 그렇게 하지 않는 경우에만 소송을 제기할 수 있다. 그러나 노동분쟁재판 절차법 하에서의 차별사건은 본래의 노동법원에서보다 그와 관련한 사건 수가 더 적다.

실행 수단과 관련하여 사용자의 의무를 이행하지 않는 사용자는 벌금을 이행하도록 하는 명령에 처해질 수 있다. 차별금지를 침해하거나 차별과 관련한 조사할 의무의 수행과 고충에 대한 수단을 이행하지 않거나 이를 못한 사용자들은 침해 받은 사람에 대하여 보상을 하여야 한다. 보상이 결정되면, 법 침해를 경고할 목적으로 특별한 조치도 이루어질 수 있다. 대개 손해배상은 스웨덴 노동법에서 통상적인 명령이다. 그러나 2008년 차별법이 제정되었을 때 이러한 새로운 제재인 '보상' 이 도입되었다. 보상은 통상 이루어진 손해보다 더 큰 액수로 계산된다. 그래서 반차별 법령의 중요성은 이러한 이면의 조치에 있다. 잘못 취급받거나 냉대받은 근로자나 신청자는 일어난 손실에 대한 보상에 대한 권리는 갖지만 적절한 직무의 임명이나 복직을 청구할 수 없다. 차별 행동이 단체협약을 위반하는 것이라면 사용자는 노동조합에게 그 손해를 배상해야 할 수도 있다.

누군가 법에서 금지하는 내용으로 한 개별계약이나 단체협약에 있는 조항에 의해 차별을 받았다면 그 조항은 개정되어야 하거나 무효로 선언될 수 있다.

§8. 노동시장 조직들의 역할

376. 전통적으로 노동조합들은 그들 조합원들 대다수의 이익을 보호하는 데 있어서 스웨덴의 경우 오랜 동안 그것은 남성 스웨덴 노동자들의 이익을 의미했다. 역사적으로 노동조합들은 대부분의 다른 나라들과 같이 스웨덴에서 그들 자신의 서열 내에서 차별을 하거나 받아 왔다. 노동조합 운동 내에서의 차별은 여성들과 외국인 노동자들뿐만 아니라 정치적 반대파에게도 있어왔다. 그 결과 반차별 법령을 도입하는 입법에 대한 시도들이 항상 노동조합 운동으로부터 직접적인 지원을 받지는 않았다. 이러한 이유로 노동시장에서의 성 평등을 촉진하는 것을 목적으로 하는 입법 노력들은 스웨덴에서는 하나의 논쟁거리가 되었고, 노동조합들은 단체교섭을 통해 이 문제를 해결하는 것을 선호했다.

377. 1977년 LO와 PTK는 고용에서의 성 평등에 관하여 SAF와 함께 첫 단체협약에 들어갔다. 평등기회에 대한 합의서는 독립된 합의서 각각의 형태를 갖거나 경영참여권에 대한 합의서의 일부가 되기도 하였다. 그러나 평등기회에 관하여 단체협약의 중요성이 감소했는데 그것은 평등기회법이 1994년 개정되어 평등을 촉진할 실행 수단에 대한 규정들이 의무적으로 만들어진 후이다. 그러나 이러한 규정들이 통용되는 단체협약의 규정들과 동 떨어져서 생각하는 것은 불가능하다.

오늘날 임금과 노동조건에 대한 대부분의 단체협약에는 성 평등에 속하는 조항들이 있다.[29)]

378. 또한 사상에 근거한 차별금지를 위해 노동시장 당사자들은 스스로 노력하기 시작했다. 1998년 '노동생활에 있어서 통합 위원회' (the Council for Integration in Working Life)는 스웨덴 노동생활에 있어서 통합을 지원하고 발전시키기 위해 노동시장 조직들에 의해 설립되었다. 이주자를 위한 직업훈련에 대한 단체협약이 논의되었고 2007년 산업 영역에 있는 당사자들은 노동생활에서의 통합을 취급하는 단체협약을 만들기 위해 특별 노동 그룹을 지정했다. 몇몇 단체협약들은 노동시간과 휴가를 규제할 때 스웨덴에서 통용되고 있는 기독교의 휴가 외에도 다른 종교 기념일도 고려하기 시작하였다.[30)]

§9. EU 법의 영향에 관한 특징

379. 위에서 말한 바와 같이 스웨덴은 반차별 입법에 있어서는 좀 늦었다. 그러나 반차별 입법은 스웨덴 노동법 시스템에서 이상한 것으로 여겨졌는데 그것은 스웨덴은 노동조합의 자유, 단체교섭과 단체협약이 핵심을 이루는 것이었다. 그러한 생각은 노동시장 시스템에 대해 책임을 지는 것은 사회적 당사자들이라는 것이다. 현재 시스템의 근원은 노동시장의 사적영역에서의 역사적으로 지배적인 주인공들인 LO와 SAF(현재 SN) 사이의 단체협약에 두고 있다. 이러한 시스템은 개인들 서로 간에는 거의 입지를 주지 않는다. 이것과는 반대로 유럽연합 법과 반

---

29) 예를 들어 파견근로자.

30) 스웨덴 조성사무소 연차보고서 참조, http://www.mi.se.

차별 입법은 노사관계에 대한 강조를 집단으로부터 개인들의 권리로 전환하고 개인들의 입지를 강화시킨다.[31] 그렇다고 하더라도 이것이 스웨덴 노동법의 경향을 의미할 것이라고 말하는 것은 시기상조라고 생각한다.

31) B. Nystrōm, '다양성, 평등과 통합. Law and Practice: Swedish Country Report', in R. Blanpain (ed.), Diversity, Equality and Intergation, Beyond the Law: a Comparative Study, Vande Broelle, Bruges 2008.

제7절 특정한 부류의 근로자, 비정형적 고용(Atypical Employment)의 보호

380. 많은 다른 국가들과 마찬가지로 노동시장의 유연성에 대한 사회적 요구로 소위 비정형적인 고용관계(atypical labour relations)의 증가를 낳고 있다. 더 유연한 노동시장이 더 많은 고용을 만드는지 또는 유연성은 단지 고용안정성을 해칠 것인지에 대하여 논란이 벌어지고 있다.

유럽 수준에서, EU는 이러한 분야를 안정성과 유연성을 결합하는 방향으로 규제하고 있다. 한시적 고용관계나 임시적 고용관계를 갖는 노동자들의 안전과 건강을 개선시킬 수단들을 제시하는 이사회지침 No.91/383/EEC는 스웨덴 노동환경법(Work Environment Act)에 반영되었다. 파트타임 노동에 대한 합의와 관련한 이사회지침 No.1997/81/EC와 한시적 노동에 대한 제도의 합의와 관련한 No.1999/70/EC는 2001년 새 법을 통해 반영되었다. 임시 대리노동에 대한 유럽의회와 이사회의 지침 No.2008/104/EC는 새 법인 2012년 대리노동법(Agency Work Act)을 통해 반영되었다.

§1. 한시적 계약 (Fixed-Term Contracts)

381. 스웨덴에서 증가하는 근로자들(다른 유럽 국가들과 마찬가지로)은 한시적 근로계약이다. 지난 10년 동안 그 수치는 약 10%이다. 특히 일상적으로 젊은 노동자들과 남성보다는 더 많은 여성이 한시적 근로계약으로 고용되었다. 그러한 계약을 체결할 가능성은 고용보호법과 단체협약에 따라 제한되기는 하지만 2007년부터 한시적 계약을 체결하기가 훨씬 용이해 졌다.

'파트타임 노동자들이나 한시적 고용 근로자의 차별금지에 대한 법' (2002:293, Act on Prohibition of Discrimination of Part-time Workers or Employees with Fixed-term Employees)은 파트타임과 한시적 근로자들의 차별을 금지한다.

2007년부터 장기간 한시적 계약의 다양한 형태를 이용할 가능성은 지침 1999/70/EC의 기준에 비추어 EU 집행위원회에 의해 의문이 제기되었다. 그 때 스웨덴이 그 지침의 요건을 이행하는지에 대해 점검을 받았다.

§2. 파트타임 계약 (Part-Time Contracts)

382. 약 25%의 근로자는 파트타임 노동자들이다. 특히 여성들은 파트타임을 기초로 종사하고 있다. 2007년 모든 여성근로자의 34%가 파트타임으로 일하는 반면에 남성은 10%만이 파트타임으로 일한다(대부분의 남성들은 통상의 퇴직연령대 이전과 학생 신분의 고용 시에 부분적인 연금을 갖는다). 스웨덴은 EU 국가들 중 하나이고 EU 국가들 중 고용율이 가장 높은데, 이는 주로 여성의 노동시장에 대한 높은 참여에 기인한다. 그러나 그들의 노동시간은 그들이 양육하는 자녀들에 의존한다. 반대로 남자들의 노동시간은 이들 자녀들과는 관계가 없다. 노동조합은 원칙으로 파트타임 노동에 반대한다. 주장에 의하면 모든 사람은 통상적 근로에 대한 권리가 있어야 한다는 것이다. 근로자들의 통상적 근로권에 관하여는 스웨덴에서 논의 중에 있다.

고용보호법에 따르면 파트타임 근로자가 더 높은 수준의 직무를 가질 것을 사용자에게 고지한 사람은 그러한 고용에 우선권이 있다. 이러한 우선권은 파트타임 근로자와 그의 직무에 대한 자질에 대해 사용자의 만족여부에 달려있다.

파트타임 노동자와 한시적 근로자의 차별 금지법(2002:293, Act on Prohibition of Discrimination of Part-time Workers or Employees with Fixed-term Employees)은 파트타임과 한시적 근로자들의 차별을 금지한다.

§3. 파견노동 (Agency Work)[32)]

383. 파견노동은 원칙으로 1990년대 초기부터 스웨덴에서 금지되었으나 그

32) 우리나라의 파견근로 독일의 hiring out of employees, dispatched work, zeitarbeit와 같은 개념. hirer, user company: 사용사업주, hirer out, agency firms: 파견사업주.

당시 탈규제 정책이 시작되었고 그로 인해 파견업이 현재 다른 영업과 같은 수준으로 취급되는 상황에까지 이르게 하였다. 이에는 어떤 종류의 허가요건, 면허증, 등록 등도 필요 없다. 정규 노동법령, 사회법 그리고 세법은 여타의 노동자들과 마찬가지로 임시 파견노동자들(temporary agency workers)에도 적용된다. 공동결정법에 따르면 사용자가 임시 파견노동자를 고용하려면 이에 대한 단체협약을 갖도록 노동조합과 교섭을 할 의무를 부과하고 있다.

이미 1980년대에(임시 파견이 원칙으로 금지되었을 때), 단체협약들이 임시 파견노동에 관하여 체결되었다. 오늘날 임시 파견노동을 채택한 단체협약이 파견노동자들의 90%에 적용되는 것으로 예상된다(단체협약 적용이 대체로 90%에 약간 못 미치는 노동시장과 비교된다). 단체협약은 배당과 관련하여 파견근로자에 대하여 약간의 임금보장을 하고 있다. 1990년대부터 파견업 영역은 빠르게 확대되었으나 아직 스웨덴 노동력의 약 1.5%에 해당하는 비교적 적은 근로자들이 이에 해당된다.

파견노동자들이 이용자의 영업장(the user undertaking)[33]에서 일하는 다른 노동자들과 같은 정도의 건강과 안정에 대한 보호를 줄 것을 요구하는 지침 91/383/EEC는 노동환경법(Work Environment Act)의 수정으로 반영되었다. 이용자의 영업에 있는 사용자[34]는 그 자신의 근로자들에게 하는 것과 같이 파견노동자들에게 같은 안전 예방조치를 취할 의무가 있다. 그러나 복직(rehabilitation)과 같이 장기적인 책임이 임시 파견노동에 대한 유일한 책임이다.

임시 파견노동에 관한 지침 2008/1014/EC는 제 때에 스웨덴에 반영되지 않아다. 그러나 2012년 파견노동법(Agency Work Act, 근로자파견에 대한 법 2012:854)이 2013.1.1 시행되었다. 임시 파견노동자들은 첫날부터 그들이 마치 직접 이용자의 사업에 고용된 것과 같이 기본적인 노동과 근로조건에 대한 권리를 갖는다. 이러한 동등 취급의 원칙은 배당으로 지급되는 영구적 파견노동으로 고용된 노동자들에게는 적용되지 않는다. 이것은 파견노동 지침에 따라 모든 보호를 제공하는 단체협약에 위반될 가능성도 있다(그리고 위에서 말한 바와 같이 파견노동자들의 90%가 단체협약 적용을 받는다). 파견회사가 노동에 배치한 근로자들로부터 급여를 요구하거나 받는 것 또는 노동자들이 이용자 회사에 고용되는 것을 금지하는 것은 금지

33) 사용사업주의 영업장
34) 사용사업주, hierer.

된다. 파견근로자들은 이용 사업에서의 특정한 편의에 접근하고 이용 사업에서 빈자리(정규 직무에 대한 수요)에 대한 정보를 가질 권리를 갖는다.

2013년 파견노동법(Agency Work Act)의 몇몇 조항들은 외국인 파견노동자들에게도 적용된다. 노동조합은 노동자들의 해외근무 지침에 언급된 '핵심 요소' (hard core) 내에 있는 고용조건과 관련하여 다른 외국인 노동자들보다 외국인 파견노동자들에게 더 유리한 조건을 요구할 수 있다. 여기서 동등처우의 원칙은 외국인 파견노동자는 최저임금이 아니라 동등한 임금에 대하여 권리가 있다고 의미한다고 할 수 있다. 쟁의행위는 '핵심 요소' 내에 있는 노동조건과 관련하여 외국인 파견노동자들의 동등처우를 보장하기 위해 취해질 수 있다.

384. 일반적으로, 스웨덴 노동조합들은 파견노동을 다소 싫어하고 적어도 LO 내의 노동조합들은 예를 들어 입법이나 감독청이 제한하기를 바란다. 또한 이들은 임시 파견노동자들이 더 영구적으로 사용되는 것도 반대한다. 특히 LO 노동조합에 있는 많은 단체협약들은 가능한 많은 임시 파견노동자들을 제한하고 파견근로자를 사용할 가능성이 있는 기간을 제한하는 규정 그리고 해고되었지만 아직 재고용될 특권을 갖고 있는 이전 근로자가 있을 때 임시 파견노동자를 사용할 가능성에 대하여 규정하고 있다.[35)]

35) B. Nyström, '스웨덴에서의 파견노동 규제', R. Blanpain, F. Hendrickx (eds.), 유럽연합과 미국에서의 임시 파견노동, 노동관계 비교 논고 No.82, Wolters Kluwer 2013, pp.159-177.

제8절 노동환경의 규제

385. 스웨덴에는 사용자들이 안전과 소음에 대응한 노동조건을 만들도록 하는 광범위한 법령들이 있다. 이러한 법령들은 공법의 성질을 갖는데 그것은 벌칙을 부과할 수도 있고 이의 이행에 대하여 국가의 감시를 받는다. 중앙기구와 많은 지역 조사국으로 구성된 스웨덴 노동환경 당국은 현재 10개 분야에서 활동한다.[36)] 이 분야에서 가장 중요한 활동에 대한 법은 1977년 노동환경법이다.[37)] 이는 모든 사업장에 적용되는 입법체계로서 일반적 형태로 제정되었다. 사용자들이 다양한 형태의 노동에 대응하는 작업조건들을 조직하는 방법에 대한 규제에 대한 더 상세한 규정들은 정부와 노동환경 당국에 의해 제시되기도 한다.[38)]

386. 노동환경법은 안전과 소음 작업에 관한 사항들(이의 적용은 당국에 의해 관리된다)에 적용되지만, 지역 노동환경의 안전에 관하여는 먼저 사용자와 근로자들 사이의 협력을 통하여 이루어져야 한다는 개념에 기초하고 있다. 그러한 협력에 대한 규정들은 노동환경법 제6장에 규정되어 있고, 그것은 특히 과업의 할당과 안전대표들의 책임의 범위 그리고 사업장에서의 안전위원회에 대하여 규정한다. 안전대표는 당해 사업장에 있는 근로자들 가운데서 임명되는데 만약 문제가 있는

---

36) 스웨덴 노동환경 당국에 대한 정보는 영문으로 된 www.av.se 참조.

37) SFS 1977:1160.

38) 스웨덴 의회는 정부 기구에 관한 제8장의 규정에 따라 정부에 법령을 제안할 권한을 대리한다. 이와 유사한 chapter는 입법권에 대한 더 많은 대리를 허용하는데, 이는 의회가 정부가 노동환경국과 같은 행정당국에 규제를 제기할 권력을 위임할 권한을 갖는데 따른 것이다. 정부에 이해 제기된 노동관경과 관련한 규제들은 주로 1977년 노동환경 조례에서 발견될 수 있다. 노동환경당국은 공공에 적용할 규정의 주요한 것과 권고들을 특별 발간이나 그의 웹사이트에서 제기한다. 노동환경 분야에서의 공동체 입법에 대한 보완 예를 들어 노동에서의 노동자들의 안전과 건강에서의 개선을 촉진할 수단들의 도입에 관한 1989.6.12. EU 이사회지침 89/391/EEC와 사업장을 위한 최소한의 안전과 건강 요건들과 관련한 1989.11.30. EU 이사회지침 89/654/EEC는 일반적으로 노동환경당국에 의해 제기된 규정들을 통해서 달성되었다.

직무가 근로자의 생명과 건강에 즉각적이고 중대한 위험을 포함하는 경우 작업의 중지를 명령할 권리를 포함하는 많은 특권을 갖는다. 50명 이상의 근로자가 있는 사업장에서 안전위원회가 구성되는데 사용자와 근로자 대표로 구성된다. 이들은 작업환경 안전과 관련한 활동들을 계획하고 감독하는 일을 한다. 법에서 정한 사업장에서의 안전조직을 실행하기 위한 절차는 단체협약으로 정한다.[39)]

39) Ronnie Eklund, Tore Sigeman and Laura Carlson, 'Swedish Labour and Employment Law Cases and Materials', IUSTUS FŐRLAG, 2008, p.48. Eklund, BOLAGISERING – ETT MODE ELLER MĂSTER ARBETSRĂTTSLIGA LŌSNINGSMODELLER I 2I KONCERNER Juristfőrlager 1992) at 297-305.

제9절 노동시장 규제와 사회보장[40)]

387. 노동자들의 자유운동의 원칙은 EEA[41)] 합의와 EU조약에 서명한 모든 국가들에 적용된다. 스웨덴은 2004년 15개국에서 25개 회원국들과 2007년 25개국에서 27개 회원국으로의 EU의 확장을 예정하여 이러한 자유에 관하여 어떠한 제한도 입법화하지 않았다. 결과적으로 12개의 새 회원국 국민들은 노동자들의 자유운동을 보장하는 EC 제39조에 따라 스웨덴에서 직장을 구하고 노동을 수행할 수 있다.

388. 스웨덴에는 무료인 공공 고용사무소가 있다. 스웨덴은 사적 고용서비스뿐만 아니라 임시적 고용서비스를 오랜 동안 금지시켰다. 1993년 '사적 고용전환과 인력임대에 관한 법' 제정 이후,[42)] 두 가지 활동들이 현재 합법화되었고 이와 관련된 모든 규제가 철폐되었다. 그러나 취업지원자에게 이러한 서비스에 대하여 비용을 부담시키는 것을 아직 금지하고 있다.

§31. 고용촉진 수단

389. 헌법 제1장의 정부 목적 관련 조항에 따라, 국가는 헌법적으로 시민들의

---

40) Ronnie Eklund, Tore Sigeman and Laura Carlson, 'Swedish Labour and Employment Law Cases and Materials', IUSTUS FŐRLAG, 2008, p.50.

41) 유럽경제지역 (European Economic Area)은 1994.1.1 EFTA와 EU 사이의 협정에 따라 만들어진 유럽의 양대 무역블록인 유럽 연합(EU)과 유럽 자유 무역연합(EFTA)이 합쳐서 구성된 거대한 유럽 단일 통합시장이다.

42) SFS 1993:440. 참조, Eklund, Temporary Employment Agencies in the Nordic Countries in STABILITY AND CHANGE IN NORDIC LABOUR LAW, Sc.ST.L., Vol.43 (Stockholm 2002) at 311. 이것은 또한 스웨덴에서 유일한 주요 규제철폐인데 1990 동안에 일어났다. 참조, Eklund, Deregulation of Labour Law – The Swedish Case, in JT 1998-99 at 531-534. 많은 논문들이 JURIDISK TIDSKRIFT에서 발간되었고, "JT",는 그의 웹사이아이트 www.jt.se에서 확인이 가능하다.

일할 권리를 보장할 책임이 있다. 따라서 국가는 고용을 촉진하기 위해 적극적 노동시장 정책을 추구하여야 한다. 실제로 고용을 촉진하기 위한 특별한 수단들을 강구하는 사용자는 많은 다양한 형태의 정부 지원을 받는다. 실업자가 무기한 직업을 얻을 기회를 확대하기 위한 정부 보조금이나 훈련 프로그램들은 이러한 내용에서 중심적 역할을 한다.

390. '고용촉진에 대한 특정수단들에 대한 1974년 법' (The 1974 Act on Certain Measures to Promote Employment)[43]은 사용자가 간단한 운영방안을 계획하고 이를 책임 있는 정부당국인 고용서비스청에 알릴 의무에 관한 규정을 담고 있다. 여기서 그 목적은 당국에게 그곳에서의 고용촉진 수단들을 강구할 시간을 주기 위한 것이다. 근로자들의 해고를 불러오는 감축운영의 경우 관련 근로자 수에 따라 향후 2개월에서 6개월까지 그에 관하여 통보를 하여야 한다.

§2. 실업수당

391. 1977년 말까지 스웨덴에서의 실업보험은 "Ghent"시스템을 기초로 하였다. "Ghent"시스템은 기본적으로 노동조합이나 이들에 소속된 보험협회에 의해 관리되고 근로자들이 실업 보험료를 납부하는 자발적 보험이다. 이러한 강제적 시스템은 1977년 개혁으로 도입되었다. 그러나 보험협회가 각처에 존재하는 바와 같이 그 시스템은 노동운동과 밀접하게 연결되어 지속되어 왔다. 이 시스템의 재정은 국가기금의 약 80%와 근로자들을 위한 사용자들에 의해 지불되는 재정으로 최고의 사회보장 시스템이 되었다.

392. 1997년 실업보험법[44]에 의해 현재 운영되는 보험시스템은 2007년 개정

43) SFS 1974:13. 이러한 규제는 집단정리해고와 관련한 회원국들의 유사한 법에 관한 1998.7.20. EU 이사회지침 98/59/EC의 규정과 상응한 것이다(이전 집단정리해고와 관련한 회원국들의 유사법률에 관한 19752.17 EU 이사회지침 75/129/EEC). 입법안 Bill 2006/07:89에 따라, 새 정부 당국인 고용서비스청은 2008년부터 1974년 법을 적용할 것이다.

44) SFS 1997:238.

되었고[45] 2개의 요소로 구성된다. 즉 노동시장에서의 실업기간 동안 모든 사람의 활동에 대한 기본적인 강제적 부분과 자발적 부분 즉 "수입손실 보험(loss-of-earnings insurance)"으로서 그것은 실업급여 공동체의 구성원들에게만 수입과 연관된 급여를 제공한다. 적합성 요건들은 두 요소에 공통적이다.

393. 강제적 기본보험은 2007년에 320 크로나(SEK) 대략 35 유로의 기본급여를 제공하는데 그것은 직전 정규 근로자들의 급여를 기준으로 한다. 실업급여 공동체의 회원이 아닌 사람들이나 그에 속하지만 수입관련 수당자격이 없는 사람들은 이러한 급여에 해당된다. 자발적 수입 손실보험(loss-of-earning insurance)은 적어도 12개월 동안 실업급여 공동체에 속하고 특정한 고용자격을 충족하는 사람들에게 지급한다. 수입 상당 급여는 실업 직전 담보된 정상 수입의 80%(주당 5일 동안 일 680 크로나 대략 75 유로의 한도로)를 첫 200일 동안 지급된다. 200일 이후 일 지급액은 수입의 70%이고 300일 이후는 65%이다. 급여 지급기간은 통상 300일까지이나 실업자에게 18세 이하의 어린이가 있는 경우에는 450일 동안 지급될 수 있다.

§3. 기타의 사회보장

394. 광범위한 사회보험체계는 1950년대 중·후반과 1960년대 초에 발전되었다. 가장 중요한 부분은 1962년 국가보험법에서 이루어졌다.[46] 사회보험체계는 원칙으로 전체 국민에게 적용된다. 그러나 근로자들에게만 적용되는 특별한 규정도 있다. 이 시스템은 국가 당국에 의해 관리되고 주로 사용자의 기여와 자가 고용인, 근로자들 그리고 국가로부터의 사회보장 기여에 의해 재정을 지원받는다. 2007년 사용자의 기여는 대략 사용자들에 의해 지불된 임금의 33%였다. 보험은 특히 질병, 산재, 양육휴가와 노령으로 인한 수입의 손실과 관련이 많다. 이 시스템은 모든 시민들에게 기초적인 안정을 제공한다. 수입이 특정한 수준을 초과하는 사람의 급여는 최대 수입한도 이내의 수입 상당액이다. 사회보험 급여 수준의 하나의 사례는 질병급여가 될 수 있는데 (사용자가 지급하여야 하는 2주간의 질병임

45) 입법안 Bill 2006/07:15, SFS 2007:413과 417.

46) SFS 1962:381.

금 기간의 종료 이후부터 지급), 그것은 통상수입의 80%이다. 양육휴가 급여도 같은 기준으로 지급한다. 보조적인 보험이 단체협약을 기초로 지급되는데 그것은 주로 노령연금에 관한 것이다.

395. 노령연금의 국가 보험체계는 1999년 이래 개혁이 있었고, 현재 나란히 운영되는 두 가지 다른 체계로 세분화되는데 그것은 장래에 장기간을 위한 시스템이다. 1937년 이전에 태어난 사람들은 1962년 국가보험법을 적용받는데 이전 시스템에 의해 지속적으로 혜택을 받는다. 1954년 이후 태어난 사람들은 1998년 재정된 두 법령 즉 '수입관련 연급법'[47]과 '연금보장법'[48]에 의한 완전히 새로운 시스템에 의해 혜택을 받는다. 1938년에서 1953년 사이에 태어난 사람들은 두 가지 보험체계에 의해 혜택을 받는다. 이들 보험체계의 개혁 필요성은 부분적으로 인구통계학적 변화뿐만 아니라 이전 시스템의 결함으로 인한 것이고, 그 중 하나는 연금수당이 국가 경제성장을 고려하지 않고 일반적 가격변동과 연동된 인플레이션을 근거로 하였다는 것이다.

396. 국가든 개인이든 수입이 없고 어떤 보험체계들로부터도 재정적 지원을 받을 자격이 없는 개인은 그가 거주하는 지자체에 있는 지방당국에 의해 재정적 지원을 받을 수 있다. 지자체는 법령에 따라 사회보장을 제공할 의무가 있다. 법원들은 개인들이 합리적인 기본적 생활을 보장을 보장하기 위해 재정적 지원을 청구할 권리가 있음을 판결하였다. 정부는 매년 사회보장 급여를 위한 기본적인 생활수준을 권고하고 행정법원은 이러한 권고에 따르는 것으로 나타났다. 혼자인 사람에게는 2007년 사회보장 급여로 대략 월 375 유로를 지급했고 이는 통상 생활비에 해당되고 집세와 의료비는 제외된다.

---

47) SFS 1998:676.

48) SFS 1998:702.

제10절 분쟁해결: 조정과 소송[49)]

§1. 권리분쟁과 이익분쟁 (rights disputes and interests disputes)

397. 스웨덴 노동법에서는 권리분쟁과 이익분쟁을 구분한다. 이러한 구분은 몇몇의 다른 국가들에서는 없다. 권리분쟁은 법률내용이나 그에 따른 권리 주장에 의한 것이라고 할 수 있다. 그의 법적 내용은 법령상의 규정, 단체협약이나 다른 계약의 조항이나 판례가 될 수 있다. 해결에 실패한 권리분쟁은 궁극적으로 법원이나 다른 결정기구 예를 들어 중재위원회에 제기된다. 한편 이익분쟁은 법률과 상관없이 상대방에게 요구를 하는 것인데 예를 들어 새로운 합의를 요구하거나 합의 내용에 대하여 장래 적용될 내용을 수정할 때 발생된다. 가장 중요한 이익분쟁은 당사자들이 단체협약에 들어갈 것에 대한 요구와 관련된다. 이러한 구분은 노동법원의 판례에서 볼 수 있다,

398. 이러한 두 종류의 분쟁에 대한 구분은 중요한 법적 효과가 다르다는 것이다. 1974년 노동분쟁(법절차)법에 따라 법원에 가져올 수 있는 것은 권리분쟁이지 이익분쟁이 아니다. 특히 중요한 것 중 하나가 단체협약과 관련되는 것은 공동규제법 Section 41에 따라 평화의무에 구속된다는 사실이다. 당사자들이 단체협약의 내용에 구속되지 않는 경우 즉 이익분쟁에 대하여는 쟁의행위에 돌입할 수 있다.

399. 쟁의행위라는 용어는 한 당사자가 이익분쟁을 위해 쟁의행위를 하거나 이를 행할 수 있다고 협박하는 상황을 예정하는 것으로 사용된다. 이 경우 두 당사자들 사이의 의견 차이는 권리분쟁과 이익분쟁을 포함할 수 있다. 노동조합이 사용자에게 교섭을 요구할 때 사용자는 예를 들어 조합원이 없기 때문에 공동규

49) Ronnie Eklund, Tore Sigeman and Laura Carlson, 'Swedish Labour and Employment Law Cases and Materials', IUSTUS FŐRLAG, 2008, p.53.

제법 Section 10에 따라 협상의무가 없다고 거절할 수 있다. 이것은 권리분쟁이다. 한편 단체협약이 체결되어야 하는 지에 관한 분쟁은 교섭할 법적의무가 있는지에 불구하고 이익분쟁이다.

400. 스웨덴 노동법 모델은 단체협약을 통한 사회적 당사자들에 의한 공감대에 기초하여 왔다. 쟁의행위는 당사자들이 이익분쟁에서 단체협약을 강제하기 위해 이용된다. 그러나 교섭이나 조정과 관련된 법 규정을 통해 입법자는 쟁의행위를 피할 수 있는 필요한 조건들을 만들어 왔다. 이익분쟁은 당사자들의 동의하에 중재(예를 들어 공동규제법 Section 51)에 제기될 수 있다. 그러나 이 경우는 매우 드물다. 권리분쟁은 1974년 노동분쟁(법적절차)법에 따라 궁극적으로는 통상 노동법원에 의해 해결되어 왔다.

§2. 조정

401. 공동규제법 Section 46-53 하에서, 국가조정사무소는 당사자들 사이의 노사분쟁 특히 효율적인 임금형성을 내용으로 하는 것을 조정할 목적으로 설립되었다.[50] 노동분쟁에 있어서 조정체계는 교섭할 권리와 의무에 대한 일반적 규정과 밀접하게 연결되어 있다. 국가조정사무소는 관련 당사자들의 요구로 조정인들을 임명할 수 있다. 또한 쟁의행위에 대한 고지가 있는 곳에서는 당사자들의 동의 없이도 조정인들을 임명할 수 있다. 국가조정사무소는 조정인들이 만족할 만하게 분쟁을 해결할 수 있는 지를 파악하여야 한다. 또한 국가조정사무소는 교섭할 의무를 위반한 당사자에게 벌금을 부과할 것을 요구할 수도 있다. 국가조정사무소는 쟁의행위를 고지한 당사자가 쟁의행위를 하기 전 14일간의 냉각기간도 명령할 수도 있다.

402. 국가조정사무소에는 임시 조정인과 지역 조정인이 있다. 임시 조정인들은 분쟁이 있는 경우에 임명된다. 그들의 임무는 당사자들이 협약에 도달하고 그에 의해 산업평화를 유지하게 하는 것이다. 이들은 또한 효율적인 임금형성을 위

50) 이 사무소에 대한 추가 정보를 위해 영문으로 된 www.mi.se 참조.

해 노력하여야 한다. 국가조정사무소는 6개의 지역 조정인들을 보유하는데 이들은 기업 수준에서 일어나는 지역분쟁을 다룬다. 대개 어떤 회사가 노동조합과의 단체협약을 거부하는 경우에 발생된다.

§3. 소송

403. 단체협약뿐만 아니라 다른 사적인 고용문제와 관련한 권리분쟁에 있어서 재판과 법절차와 관련한 조항들은 1974년 노동분쟁(법절차)법에 규정되어 있다. 이러한 법상의 분쟁에 있어서의 재판권을 갖는 법원들은 노동법원[51]과 일반지방법원[52]들이다. 노동법원 관할 사건들과 지방법원 관할 사건들에 대한 구분은 1974년 법 제2장에 규정되어 있다. 일반적으로 당사자들이 단체협약과 관련한 분쟁 당사자들일 때, 노동법원은 1심과 최종심으로서 재판권을 갖는다. 다른 종류의 노동분쟁들 예를 들어 비조직 근로자들로부터의 요구나 그들 조직의 지원 없이 소송을 제기하는 조직 구성원들(사용자들이나 근로자들)의 소송들은 지방법원에 재판권이 있다. 당사자들은 노동과 고용법 문제는 노동법원에 종국적으로 항소할 수 있다. 스웨덴 최고법원은 노동법원의 판결에 대해 단지 매우 특별한 사정, 예를 들어 만약 명백한 잘못이 있었고 그러한 제청을 극히 제한적으로 허용하는 경우에만 처음부터 재판에 대해 재심을 할 수 있다.[53]

404. 비록 대부분의 노동분쟁들을 중재에 맡기는 것이 가능하다고 하더라도 당사자들 사이에서의 중재절차의 이용은 비교적 드물다. 그러나 중재는 조직과 그들의 조합원들과 관련하여 꽤 광범위하게 이용된다. 조합원과 조직 사이의 법적 분쟁은 1974년 노동분쟁(법절차)법의 범위 내에 있지는 않다.

405. 정부와 공무원과 관련되거나 이들의 제재와 같은 규정들(예를 들어 그것들은 노동환경법에서 많이 발견된다)과 관련한 법적 절차는 1974년 법상 노동분쟁을 구

51) 스웨덴 노동법원에 대한 영문정보는 www.arbetsdomstolen.se 참조.
52) 스웨덴 법원시스템에 대한 일반적인 영문정보는 www.dom.se 참조.
53) NJA 1969 p.195와 NJA 1990 p.463 참조.

성하지 않고 일반 재판권의 법원들이 그러한 사건들을 관장한다. 일심법원으로 지방법원이, 2심으로서 항소법원인 일반법원이, 최고법원에 대한 최종 항소의 가능성도 있다. 같은 맥락에서 사회보험이나 기타의 사회보장과 관련된 법적 분쟁들은 노동법원의 관할에 있지 않고 스웨덴 행정법원에 의해 취급된다.

406. 노동법원에서의 사건을 청문하는 판사들의 회의(panel)는 통상 두 부류의 법지식을 갖는 법관으로 구성되는데, 한 사람은 노동문제들에 전문적인 사람이고 4 사람은 사용자와 근로자 측의 노동단체에서 온 4명의 대표자들이다. 노동시장 대표들은 가장 대표적인 단체들의 추천으로 임명된다. 노동시장 조직들이 재판절차에 영향을 미친다는 사실은 노동법원이 유럽인권보호조약(european convention)[54] 제6조상의 의미에서 "독립적이고 중립적인" 법원으로 간주될 수 있는지에 대한 논란을 가져왔고 이러한 논란은 유럽인권법원("유럽법원") 이전에도 있어왔다.[55]

407. 노동단체는 조직원들의 명시한 위임 없이도 조합원들을 대신하여 사건을 노동법원에 제기할 권리가 있다. 예를 들어 차별 사건과 같은 특정한 사건에서 옴부즈맨은 개인들을 대신하여 사건들을 진행할 권한이 부여되어 있지만 개인들의 동의가 있어야 한다. 사후에 노동조합은 그 사건의 소송을 취하할 수도 있다.

408. 지역과 중앙 교섭은 모두 통상 소송을 제기하기 이전에 당사자들 사이에 일어난다. 절차적 문제가 1974년 법에 의해 규정되어 있지 않은 경우에, 법원들은 '재판절차법' 조항으로 돌릴 수 있다.[56] 법해석과 관련하여 스웨덴 노동법원에 의해 취해지는 특정한 접근법이 있다. 법령, 단체협약 그리고 개별 합의 사이의 상호작용은 스웨덴 노동법 모델을 정의하는 모멘트이다. 그리고 그의 복잡한 적용은 판례와 사회적 당사자들의 합의로부터 도출된다. 이에 관한 특정한 대략

---

54) EUROPEAN CONVENTION(유럽인권조약) '로마조약' 이라고도 하는데 1953.9.3. 발효되었다. 서유럽 여러 나라 간에 체결된 지역적 인권보호를 위한 조약으로 세계인권에 규정된 인권 중 특히 자유권의 보장을 목표로 한다, 이를 위해 유럽인권재판소(The European court)가 설립되었다.

55) 인권에 관한 유럽법원은 유럽인권조약을 침해한 사건을 청문할 의무가 있다. 법원의 재판뿐만 아니라 다른 정보는 영문과 불문으로 된 www.echr.coe.int/echr을 참조.

56) SFS 1942:740.

의 지침은 사건들을 이해하는데 크게 도움을 줄 수 있다.

409. 법령과 계약의 문구가 명백한 경우 법원들은 그 문구에 기초하여 판결을 한다. 그러나 그러한 명백한 문구가 존재하지 않는 곳에서는 전통적으로 법률 내용의 이미를 파악하는데 비중을 둔다. 이것은 법 내용에 대하여 법원이 하게 된다. 노동법원에 의한 그러한 해석은 역사적 관점에서 정부와 다른 법률기구들에 의해 제기된 엄격하고 정해진 진술에 의해 규명된다. 어떤 문제가 법이나 단체협약에 의해서 해석되지 않는 경우 법원은 다른 경우보다 더 많은 재량을 갖고 일정한 원칙과 같은 내용을 만들 수 있다. 그러한 상황이라고 하더라도, 법원들은 "체계적" 해결책 예를 들어 법령, 판례나 합의서들에 이미 존재하는 취지로부터 단서가 될 수 있는 자료들과 조화가 되는 해결책을 추구하는 경향이 있다. 이러한 사례는 SAS Pilots 사건, Svea Corona 또는 SCA에서 볼 수 있지만 이들 조차 해석기준에 불과하다.

410. 국제법과 관련하여 일반적으로 스웨덴은 일원론보다는 이원론을 택하여 원칙으로 국제협약들은 국내법으로서 효력을 갖기 위해 스웨덴 식으로 재정되어야 한다. 이러한 이원론적 접근법은 관련법 제정 이후의 Kellerman 사건과 비교하여 스웨덴법으로 제정되기 이전 유럽인권조약 하에서 설명하는 것들이 전개될 때 노동판례법에서 찾아볼 수 있다. 스웨덴이 국내법으로서 협약을 재정하는 것을 제외하고 노동법 내용을 갖는 국제협약을 인준할 때, 인준행위는 현행 국내법이 협약의 취지에 부합한다고 간주하게 된다. 만약 법원이 적용할 법이 오래되고 모호한 경우 다양한 해석이 가능하고 이 때 비준된 협약의 원칙에 따른다는 해석이 선택되는 것이다. 다른 말로 법률 적용 시 관련된 협약의 취지를 반영할 뿐이다.

411. 유럽 공동체법이 관련되는 한, 스웨덴은 EC와 EU 협약들의 요구에 따라 특정한 입법권을 1994년 법[57)]에 따라 유럽공동체에 양도하였다. 더구나 이러한 조약들에 따라, 스웨덴 법원들은 유럽사법재판소의 결정에서 적용되는 해석에 구속된다. 법원이 공동체법의 요건을 무시하는 경우 회원국으로서 스웨덴은 그에

57) SFS 1994:1500.

따른 손해에 대한 책임을 질 수 있다.

412. 사적인 국제법의 문제들은 고용관계가 많이 있는 나라와 계약이 이루질 때 발생할 수 있다. 그러한 법 선택에 대한 규정들은 '계약적 의무들의 적용에 관한 법' 에 관한 1980년 로마협약에 존재하고 이는 1998년 법에 의해 스웨덴법으로 정해졌다.[58] 조약의 기초 원리와 그에 따른 1998년 법은 계약 당사자들은 관련된 국가들의 법을 선택할 자유가 있다는 것과 그러한 선택이 없는 경우 계약은 가장 밀접하게 연관된 국가의 법에 한다고 규정한다. 고용계약에 적용할 법에 대해서는 이것은 보통 근로자가 관습적으로 계약의 업무를 수행하는 국가의 법을 의미하는 것이다. 특히 몇 가지 추가적인 규정들이 있는데 Solna Leisure 사건에서 보는 바와 같이, 당사자들에 의한 법의 선택과 관계없이 또는 근로자들의 선택 없이 적용되는 강제적 규정들이 있다.

§4. 노동조합이 관련되는 또는 관련되지 않는 개인적 분쟁 절차

413. 다음 장에서 설명되는 집단분쟁과 구분되는 것으로서, 이 장에서는 고용조건과 관련되는 분쟁만이 다룰 것이다. 여기서 다루는 분쟁들은 개별 근로자들의 권리와 관련되는 개별분쟁들이다. 많은 사건에서 관련 근로자가 조합원인 노동조합은 분쟁과 관련되는데, 단체협약 당사자로서 그 자신의 권리의 분쟁, 분쟁이 되는 단체협약의 적용 또는 법령에서 그러한 권리가 주어질 때 또는 근로자의 대리나 근로자의 법률 도우미로서 분쟁과 관련된다. 근로자가 어떤 노동조합의 조합원도 아니거나 노동조합의 지원도 받지 않는다면, 분쟁 절차는 다르게 진행된다. 이러한 사례는 다음에서 다룰 것이다.

414. 노동조합이 관련되는 분쟁의 특징은 분쟁 이슈에서 언급되는 개별과 집

58) SFS 1998:167. 1999년 노동자 이주법은 로마협약과 1998년 법을 벗어나는 특정 규정을 포함한다. 국제 계약에 대해 다투려는 스웨덴 법원들의 판결은 현재 우선적으로 시민과 상업적 문제들에 있어서 재판권과 판결의 승인과 강제에 대한 규정 44/2001/EC("브뤼셀 I-규정")에 의해 규율된다.

단 분쟁 사이의 특징보다 스웨덴 법에서 더 중요하다. 많은 개별 분쟁들은 그것들이 단체협약의 적용으로 변한다는 점에서 그리고 양측의 조직들이 그들 자신의 이해관계를 갖고 고용보호법에서와 같은 특정한 법령에서 주어지는 같은 권리를 갖는다는 해석으로 '집단적' 이다. 우리가 보는 바와 같이 조직들은 먼저 개인적 이해관계가 걸려 있는 분쟁에서 강력한 역할도 한다. 조직들이나 단체행동 사이의 관계와 우선적으로 관련되는 분쟁들은 다음에서 다룰 것이다.

415. 이 장에서 다루게 될 분쟁들은 이해관계 분쟁과 구분되는 것으로 소위 권리분쟁인데 오로지 법적 수단에 의해 해결되는 것들이다. 법적 분쟁들은 단체행동과 같은 것들 없이 해결되어야 한다는 것이 스웨덴 노동법의 최고 원칙이다. 이와 달리 당사자들은 주로 교섭을 통한 해결, 중재 또는 지방법원이나 노동법원에서의 소송 사이에서 자유로운 선택권을 갖는다. 그러나 노동법원에의 접근은 제한된다. 전국에서 활동하는 노동법원은 주요한 중요성이 있는 사건에서만 이용되는데 즉 집단적 이해관계가 관련되는 사건에서이다. 단체협약에 구속받고 있는 '집단적 당사자들' 인 사용자들과 노동조합들만이 이에 직접 접근할 수 있다.

416. 노동분쟁 소송에 대한 1974:371 법은 이 분야에서 중요하고 여기서 노동분쟁법으로 언급될 것이다. 노동법령들이 일반적으로 분쟁해결과 관련될 때 이 법을 언급한다.

417. 분쟁이 법원 소송으로 해결되기 전에 분쟁 교섭의 단계가 있어야 한다. 이것은 노동조합이 관련되는 분쟁에 적용된다. 이러한 고충절차는 협약에 규정되는데 이의 가장 오래된 사례는 1938년의 기본 협약서(샬트보덴 협약)이다.

§5. 노동조합이 관련되는 분쟁

Ⅰ. 조직들의 역할

418. 교섭석상과 법원절차 둘 다 노동조합은 우월적 지위를 갖는다. '노동분

쟁법' (Labour Disputes Acr, 4:5)에 따라 조직은 관련 개인들이 소송을 원치 않는다고 하더라도 그의 조합원들(또는 이전 조합원들)을 대신하여 소송을 제기할 법적 권리를 갖는다. 마찬가지로 조합원들이 소를 제기할 때 조직 역시 소환되어야 한다. 당사자들이 단체협약에 구속되거나 분쟁이 사용자가 단체협약에 구속되는 직무에 고용된 근로자와 관련된다면, 이러한 원칙은 단체협약을 근거로 하고 조직의 이해관계가 관련된 소송뿐만 아니라 소송이 법률 규정이나 법의 일반 원칙을 근거로 할 때 적용된다. 이것은 ' 노동분쟁법 '뿐만 아니라 대부분의 노동법령에서의 지배적인 원칙이다.

419. 법적 소송에 선행하는 고충절차에서 노동조합의 역할은 더 우월적인데 이 때의 교섭들은 노동조합 없이는 수행될 수 없다.

Ⅱ. 분쟁 교섭

420. 교섭절차의 목적은 물론 소송 없이 해결하는 것이다. 두 번째 목적은 해결될 수 없는 경우 법원 소송을 준비하는 것이다. 당사자들은 노동법원이 사건을 심리하기 전에 먼저 교섭할 의무를 이행해야 한다는 것이 노동분쟁법에서 규정한 것이라고 설명했다. 당사자들이 고충절차를 수행하지 않을 경우 노동법원은 그 원인이 원고에게 책임이 있다면 분쟁 취급을 거절할 것이다(4:7).

421. 교섭절차는 1938년 기본합의서(샬트보덴) 제2장에서 규정된 형태에 따르고 1977년부터는 공동결정법 제64조에 따르는데 그것은 그 사건에 적용될 단체협약 규정에 의한다고 규정하고 있다.

422. 이러한 규정들은 교섭 요구가 제기되어야 하는 시간적 한계를 정한다. 만약 이 기한을 초과하면 상대방이 기한의 종료에 관하여 반대나 보류 없이 이를 청문하거나 교섭에 들어가는데 동의하지 않는다면 그 요구는 효력을 잃는다.

423. 교섭은 교섭이 존재하는 곳의 지역 조직의 참여로 그 분쟁에 관련된 당사자들 사이에 지역수준에서 먼저 진행된다. 지역 당사자들이 해결하지 못하고 당사

자들 중 한 명이 문제를 제기한다면, 그 당사자는 전국 지부 수준에서 교섭을 요청하여야 한다. 대부분의 분쟁들은 이러한 방법으로 해결된다. 특정한 산업의 지역 수준에서 본다면 1년에 수천 건의 분쟁이 있고 여기서 약 100 건이 중앙교섭으로 해결되고 이들 중 몇 건만이 법원에 제기되는 데 이것은 최종적인 단계이다.

424. 특히 중앙교섭에서 당사자들은 노동법원의 판례에서 가이드라인을 마련하기도 한다. 이 경우 그들은 소송이 소용없을 것이라고 생각할 수도 있다. 물론 당사자들은 선례를 구성함이 없이 더 많은 타협이 되는 해결책도 선택할 수 있고 그것은 판결보다 장래에 더 적합한 해결책에 도달하는 또는 그렇지 않은 해결책을 가질 수도 있다.

425. 분쟁이 중앙교섭으로 해결되지 않는다면 당사자는 노동법원에 소를 제기할 수도 있다. 이것은 중앙교섭의 완료 후에 특정한 제한 시간 내에 이루어져야 한다. 그러나 당사자들은 중재를 선택할 자유도 있는데 그들은 적절한 지방법원을 선택할 수도 있지만 조직이 관련될 때는 이를 선택하지 않는 경향이 있다.

Ⅲ. 중 재

426. 때때로 단체협약은 분쟁의 최종해결을 위해 중재를 규정한다. 그러한 사례들은 이미 언급하였다. 자주는 아니지만 때때로 특별한 항구적 중재위원회가 설립되기도 한다. 이와 달리 건설산업에는 조직들이 노무단가의 적용과 종종 전문적 지식이 요구되는 분쟁을 해결하기 위해 특별 중재위원회를 만들었다.

위에서 설명하지 않은 것들은 1999년 일반중재법이 적용된다.

427. 중재는 몇 가지 이유로 소송보다 선호되는 절차이다. 적어도 표준 중재위원회는 전문적 지식이 요구될 수 있는데 그것은 더 신속하고 더 신뢰할 수 있는 절차를 만들 수 있다. 중재는 또한 덜 공식적이 될 수 있고 덜 공공적 요소를 포함할 수 있다. 당사자들은 선례가 되는 판결을 피하기를 바랄 수도 있다. 중재에 대한 주된 이유는 법원절차보다 더 빠르다는 것이고 그 결과가 당사자들 사이에서 비밀로 하기로 동의할 수도 있다는 것이다.

Ⅳ. 노동법원, 설립과 구성

428. 노동법원[59]은 1928년 단체협약법과 동시에 통과된 노동법원법에 의해 설립되었는데, 그것은 실제로 단체협약이 법적 시스템으로 옮겨간 것이라고 할 수 있다. 그 목적은 노동법과 노사관계에 대한 전문적 지식을 갖는 법원을 설립하는 것인데 단체협약 당사자들이 분쟁해결을 위해 이용할 수 있고, 법적 노동분쟁의 평화로운 해결이 노동법원의 첫 목적이었다. 1977년 공동결정법으로 대체된 1928년 단체협약법이 그러한 분쟁(평화의무)에서의 쟁의행위를 금지하는 동시에 노동시장 조직들이 신뢰할 수 있는 평화로운 해결의 수단을 법으로 정하게 되었다.

429. 스웨덴의 노동법원은 수도인 스톡홀름에 위치해 있지만 재판은 편리한 곳으로 보이는 곳 어디에서든 열릴 수 있다. 그의 구성은 법원의 목적을 반영한다. 심문을 위해 법원은 통상 7명으로 구성하는데 의장과 부의장, 직업판사인 두 명, 노동문제에 전문가인 세 번째 중립적 구성원 그리고 4명의 노동조합과 사용자 조직의 대표(각 측에서 2명)로 구성된다. 이 취지는 중립적 법적요소와 기타 전문적 지식을 제공하고 노동시장 당사자들을 대표하는 회원들에게 다음과 같은 2중적 목적을 제공하는 것이다.

(1) 문제가 노동시장에 어떻게 관련되는지 또는 더 나아가 노동시장 조직들 내의 문제인지에 대한 전문적 식견을 갖는 재판절차를 제공하고,

(2) 법원이 분쟁의 재판에서의 역할 그리고 이 분야의 법의 발전에 있어서 노동시장 당사자에게 더 잘 수용될 수 있는 법원절차를 만들기 위해서이다.

대표 구성원들은 각 측에 있는 노동시장 조직들의 추천에 의해 임명된다. 한 사람의 경영 대표는 사용자로서 국가에 의해 임명된다.

법원이 4개의 패널을 갖기 위한 별도의 구성원들이 있다. 모든 구성원들은 정부에 의해 임명되고 선서 법관으로 행동한다. 의장만이 정규직으로서 근무하고 다른 구성원들은 노동법원 조직에서의 그들 직업에 부수적으로 근무하고, 나머지는 법원관리 또는 행정 공무원들이다.

---

59) http://www.arbetsdomstolen.se.

430. 평등취급 분야에서 많은 분량의 입법이 스웨덴에서 제기되었던 1990년 이래 노동법원은 그의 대표 구성원들 때문에 비판받았다. 이것은 반차별 입법과 관련한 사건이 있은2009년 1월부터 변화가 있었는데 특히 대표 구성원들 수가 줄어들어 단지 한 명의 경영대표와 한 명의 노동대표가 참여하였다. 그래서 반차별 입법과 관련한 사건들은 7명 대신 5명의 법관에 의해 결정된다.

431. 노동시장 조직이 재판 절차에 영향을 준다는 사실이 노동법원이 항상 유럽인권조약(European Convention for the Protection of Human Rights and Fundamental Freedoms) 제6조의 의미상 독립적이고 중립적인 법원으로 간주될 수 있는지에 대한 논란을 불러왔다. 유럽인권법원은 2004년 Kellerman 사건에서 조약 제6(1)조를 위반하지 않았다고 판결했다. 스웨덴 법원의 배석판사들은 원고의 이해관계에 반대되는 통상의 이해관계를 갖지 않았다는 것이다.[60)]

432. 노동법원은 다수 투표로 결정하는데 각 구성원들은 각각 1표를 행사한다. 불일치 의견들이 일상적인데 법적 문제에 있어서 정확한 해결에 관한 의견들이 다른데, 이것은 모든 판사들이 마찬가지로 환경에 영향을 받지 않고 그들 자신의 소신으로 법적 문제에 대한 해결책을 제시하는 경향이 있기 때문이다. 모든 의견을 달리하는 판사들은 법적 논쟁에 있어서 그들의 결정을 지지하려고 노력한다. 그러나 아직까지 대부분의 판결은 만장일치로 한다.

433. 노동법원은 간단한 사건들에 있어서는 위에서 설명한 것보다 더 적은 수의 판사들로 구성할 수 있다. 예비청문에 있어서 의장은 홀로 당사자의 요구로 사건을 결정할 수 있고 또한 의장은 당사자들이 동의한 해결책을 승인할 수도 있다. 또한 의장과 각 측 한 사람의 대표들이 소송을 진행할 수도 있다.

Ⅴ. 노동법원의 업무

434. 노동분쟁법 (2:1)에 따라 단제협약 당사자들인 조직들이나 개별 사용자들만이 노동법원에 소송을 제기할 수 있다. 이러한 분쟁은 다음 중 하나여야 한다.

60) ECHR AB Kurt Kellerman v. Sweden, Application no.41579/98, 2004.10.26.

(1) 단체협약 관련 분쟁이나 공동결정법 하에서의 분쟁.

(2) 당사자들이 같은 단체협약에 구속받거나 관련 개별 근로자들이 사용자가 구속받는 단체협약의 범위 내에 있는 작업에 종사하고 있다는 전제 하의 기타의 분쟁들.

(개별 조합원들은 단체협약 당사자가 되지 않는다고 하더라도 단체협약에 구속된다는 점을 알아야 한다). 다른 분쟁에 있어서 소송은 지역 법원에 제기된다. 그 때 노동법원은 항소 법원으로 기능한다.

435. 비록 노동법원에의 접근을 위해 당사자들은 단체협약에 구속되어야 하거나 일상으로 구속되어 있어야 하지만 분쟁은 단체협약과 관련되지 않을 수 있다는 것을 알아야 한다. 예를 들어 고용보호법에서의 법률 규정과 관련될 수도 있다. 그러나 법 (1:1)에서 규정된 노동분쟁이어야 하는데 가령, 그것은 사용자와 근로자나 그들의 조직들 사이의 관계와 관련되어야 한다. 두 근로자들 또는 노동조합들 사이의 분쟁이나 두 사용자들 사이의 분쟁은 이 법에서 말하는 노동분쟁이 아니다.

436. 노동법원의 결정에 대한 항소제도는 없다. 매우 특별한 환경에서 예를 들어 만약 노동법원이 명백한 잘못을 한 경우, 패소한 당사자는 그 결정의 번복과 새로운 소송 명령을 위해 최고법원에 상고할 수 있다. 그러한 상고가 한 번 승인된 적이 있다(NJA 1969, p.195).

Ⅵ. 노동법원: 절차와 벌칙

437. 사건이 법원에 제기된 후, 분쟁 이슈를 명확히 할 목적으로 한 사람의 의장 앞에서 첫 번째 예비 청문이 있게 된다. 당사자들은 그들 사건을 지지하기 위해 제시할 증거를 제시하여야 한다. 의장은 또한 당사자들에게 화해를 위해 노력할 수도 있다. 상당한 수의 사건들이 여기서 해결된다. 노동법원은 일반법원보다 사건을 조사하는데 더 철저하다. 당사자들의 법적 도움이 없다면 당사자들이 법을 이해할 수 있도록 도울 수도 있다. 소송을 위해 변호사를 이용하는 것은 의무적인 것은 아니나 통상 당사자들이 법적 교육과 소송 경험을 가진 관리자를 이용

하거나, 노동법에 특별한 경험을 가진 실무 변호사를 운영하는 것이 일상적이다. LO와 TCO는 회원 노동조합의 제안으로 특별 법률구조단체를 설립하였다. 소송은 구두로 하나의 주된 청문회에서 집중된다. 그 때 목격자들이 청문될 수 있고 기타의 증거가 법원에 제시될 수 있다. 일반법원과 같이 노동법원은 증거채택에서는 자유롭다. 인용과 평가에 있어서 특별한 규정은 없다.

438. 노동법원은 그의 처분으로 민사적 제재권만을 갖는다. 손해는 개인뿐만 아니라 조직들에게도 부여될 수 있다. 손해를 산출할 때, 법원은 손실을 입은 당사자 또는 당사자들이 입은 금전적 손실뿐만 아니라 단체협약 또는 고용보호법(§38)과 같은 특별한 법령 그리고 다른 유사한 환경에 따른 비금전적 이익을 고려하여야 한다. 단체협약 또는 총 손해로 여겨지는 특별한 조항을 갖는 특정 법령의 위반으로 인한 후자와 같은 손해는 사실상 벌금이나 처벌과 약간 유사하다. 그러나 법적으로는 이것은 민사적 개념이다. 노동법원은 행정적 징벌적 제제를 하지 않는다는 것은 중요한 원칙이다.

노동법원은 손해를 계산하는데 자유재량적이지만 공정하다. 총액은 감액될 수 있고 심지어 상황을 완화한다는 점에서 0까지 감액될 수 있다(공동결정법 §60).

439. 청구가 단순히 선언적 판결 예를 들어, 단체협약이 특별한 사건에서 어떻게 해석되어야 하는 지에 대하여 일반법원에서 더 자주 일어난다. 그러나 때때로 조직이 단체협약 위반에 대해 손해를 요구할 필요가 없는 경우가 있다.

440. 법원의 결정은 소제기 후 통상 몇 주 내에 문서로 주어진다. 그것은 통상 사실과 주장에 대해 매우 상세한 이유를 포함한다. 반대 의견들도 기록되고 결정서에 함께 기록된다.

441. 노동법원은 독자적인 법률 법원이고 임금 율이나 이해관계에 대한 다른 분쟁들을 결정하기 위해 진행될 수 없다. 법원은 다른 법원들이 하는 바와 같이 절차, 증거, 근거에 대한 이유나 선언에 대해 같은 규칙을 폭넓게 적용한다. 그러나 절차진행은 아마도 다소 일반법원보다는 덜 공식적이다.

Ⅶ. 노동법원의 역할

442. 노동법원은 노동법의 발전 특히 입법이 매우 빈약했을 초기에 우월적 지위를 갖고 많은 영향을 끼쳤다. 노동법원은 그 갭을 채우는데 충분한 기회를 가졌다. 그것은 이미 언급한 원칙과 관련된 많은 문제들을 결정했고, 그의 결정들은 고충처리의 예비적 단계에서 많은 분쟁들의 해결을 위한 모델로 작용하였다. 입법형성 기능은 파업과 다른 쟁의행위와 같은 집단관계와 관련한 분쟁에서 더 명백했는데 이것은 다음에서 다루어지게 될 것이다.

443. 노동법원에 의해 결정된 총 사건 수는 1946년까지 연간 100건에서 200건 사이였다. 그 당시부터 그 숫자는 줄어들었고, 1957년부터 1972년 사이 그 수는 40건을 넘지 못했다. 1970년 새로운 노동입법의 도입 때문에 사건 수는 급속하게 증가하였고, 1993년 228건까지 최고로 도달했으나 오늘날 사건 수는 통상 200건 미만이다.

§6. 노동조합과 관련 없는 분쟁

444. 노동법원에 의해 취급되는 것 외의 다른 노동분쟁들은 일반 지방법원에서 진행된다. 이 경우는 다음과 같다.

(1) 소송이 개별 근로자에 의해 제기될 때 – 비조직 또는 노동조합의 지원이 없는 경우 – 또는 단체협약에 구속되지 않거나 일반적으로 구속되지 않는 사용자에 의해 제기된 경우(새로운 단체협약이 체결되기 전 매우 단기의 경우는 예외이다).

(2) 집단 당사자가 노동법원 대신 일반지방법원에서 소송을 제기하는 것을 선택할 때.

그래서 집단 당사자들이 일반지방법원을 이용하는 것은 선택인데, 그것은 소수자에게 중요한 경우 유리할 수 있다. 그러나 피고가 조직 또는 노동분쟁법 4:5에 따라 피고와 함께 소환되어야 하는 조직의 구성원이라면, 지방법원은 당사자들이 합의서나 그 효과를 보류하는 결정을 한 경우에만 재판권을 갖는다(노동분쟁법 2:2). 더구나 조직의 회원이나 이전 회원이 지방법원에서의 절차로 진행하였다고 하더라도 당해 조직은 소송을 넘겨받을 권리가 있고 분쟁이 노동법원의 재판권 내에 있다면 이를 노동법원으로 전환할 수 있다. 지방법원은 관련 조직에게 사건을 알려야 하고 조직이 그 자신의 권리를 소송할 수 있는 기회가 있음을 제시하여야 한다.

445. 지방법원 재판권에 관한 일반적 규정이 적용된다. 일반적으로 피고의 주소가 결정적이지만 근로자는 그가 주소지로 되어 있는 지방의 법원에 사용자에 대한 소를 제기할 선택권을 갖는다. 이것은 비용을 줄일 수 있게 한다. 이 규정은 대기업이 그의 본부가 상당한 거리에 있는 경우에 특별한 의미가 있다.

446. 민사절차의 일반적 원칙들이 적용된다. 이것은 일반적으로 3명의 판사들이 사건을 주재한다는 것을 의미한다. 그러나 청구가 측정액수 즉 2014년도에 2,500유로를 초과하지 않는 경우 간편한 절차를 이용하는 것이 가능하다. 그 경우 한 사람의 판사가 사건을 주재하고 법원은 실무 변호사의 이용이 불필요한 당사자를 위해 법적 도움을 제공한다. 이러한 간편한 절차는 특히 노동분쟁에 대해서는 적용되지 않는데 이것은 법률 소비자들에게 그들의 권리를 주장하는 특별한 수단을 제공하기 위해 도입되었다.

447. 지방법원에 의해 결정되는 노동분쟁에 있어서, 노동법원은 항소법원으로서 기능하지만 노동법원의 승인이 있어야만 한다. 다른 한편 소송이 지방법원에 제기되기 전에 진행되는 협상절차는 없다. 이 때 지방과 중앙 교섭이 2단계인 것처럼 노동법원이 3심제임과 비교하여 지방법원은 2심제이다. 이러한 절차는 사건들이 노동법원에 오기 전에 면밀히 조사되고 준비된다는 것을 의미한다. 3명의 판사인 한 사람의 의장과 양측에서 온 대표로 진행되는 노동법원은 지방법원의 항소사건을 결정한다.

§7. 분쟁에 있어서 해석의 우선권에 대한 규정

448. 사용자와 그의 근로자들이 법률 규정이나 단체협약의 해석이 다를 때 일어나는 중요한 문제는 분쟁해결이 진행되는 동안 누구의 의견이 우선하느냐이다. 이 문제는 종종 해석의 우선권의 문제로 언급된다. 이것은 앞에서 이미 다루었고 다음에서도 더 다루게 될 것이다. 여기서 우리는 이와 관련한 문제의 중요성을 지적할 뿐이다.

449. 앞에서 언급한 바와 같이 1970년대의 입법은 이전의 원칙을 변경했다. 이전의 원칙은 경영특권에 기초한 것인데 사용자의 명령은 특정한 예외를 갖지만 분쟁이 최종적으로 해결될 때까지 우선적이라는 것이다. 그리고 근로자는 사용자의 해석이 법원에 의해 채택되지 않는 경우 손해에 대해 소송을 통해 회복할 결과를 추구하는데 머물러야 했다. 그래서 공동결정법은 개별 근로자가 아니라 '확립된 노동조합'에게 특정한 상황에서 해석의 우선권을 부여했다. 이러한 규정들은 분쟁에서 합의서에 대한 해석에 대해 결정할 권리에 관한 규정으로서 언급된다. 다른 사건에서 그 분쟁은 법률 규정에 관련되기도 한다. 한 가지 중요한 사례는 당사자들이 합의서 하에서 특정한 작업을 수행할 의무가 있는지 없는지에 대해 분쟁할 때이다(공동결정법 §34).

단지 특정한 상황에서 사용자는 작업을 수행할 의무에 관한 노동조합의 해석의 우선권을 배척할 수 있고 명령이 실행되어야 한다고 요구할 수 있다. 사용자는 그 해석이 잘못이 증명되거나 그가 노동조합의 해석의 우선권을 배척할 권한을 사용할 충분한 이유가 없다면 손해에 대한 책임을 질 위험을 갖는다.

450. 만약 노동법원이 사용자의 해석을 승인하는 경우 법원이 최종적으로 분쟁을 해결할 때까지 그 문제를 결정할 것이라는 임시명령을 노동법원에 적용하는 것이다. 이러한 대안은 물론 우선권이 사용자 측에 할당된 경우와 반대로 근로자 측에도 열려 있다.

451. 임금 요구나 보수와 관련하여 해석의 우선권은 아직 사용자에게 남아 있지만 그의 의견이 노동조합에 의해 다투어지고 있을 때 그는 한 번 노동조합과 교

섭을 가져야 한다. 그렇지 않으면 그러한 의견을 유지할 권리를 잃을 위험이 있다. 그래서 만약 사용자가 즉시 교섭을 시작하지 않으면 주장되는 것이 비합리적인 것이 아닌 한 노동조합의 관점이 우선될 것이다(공동결정법 §35).

제3장

집단적 노동관계

NORWAY
SWEDEN
DENMARK
Geilo
Hamar
Oslo
Drammen
Rygge
Sandefjord
Kristiansand
Skagerrak
Falun
Gavle
Vasteras
Karlstad
Orebro
Norrkoping
Vanersborg
Goteborg
Jonkoping
Varberg
Kattegat
Kalmar
Halmstad
Angelholm
Malmo
Odense
Kiel
Stralsund
Rostock
Hamburg
Szczecin
Bremen
Hannover
Berlin
Poznan

제1절 노동조합 자유와 단결권

§1. 두 가지 모습

452. 노동조합의 자유와 단결권에 대한 문제는 두 가지 다른 모습을 갖는다. 첫 번째 모습은 국가와의 관계이다. 즉 이것은 사람들이 경제적 이유로 조직을 만들고 가입하기 위한 노동조합주의에 대한 법령이나 기타의 법률적 장애에 대한 문제를 다룬다. 두 번째 모습은 사용자와 근로자 관계와 관련되는데 그것은 근로자들이 노동조합 활동에 종사한다는 사실에 의해 사용자가 어느 정도까지 그의 활동을 합법적으로 할 수 있는지를 취급한다. 실제에 있어서 이러한 모습은 조합원이나 노동조합 활동을 이유로 고용에서의 차별에 대한 근로자들의 보호와 관련된 규정을 다룬다.

근로자 측면에서 강구하는 이해관계는 클로우즈 샵과 같이 노동조합의 집중과 효과성 보장에 대한 열망이었다. 그리고 사용자 측면에서는 그들 자신의 결정에 따라 노동자들을 고용하고 해고할 권리를 포함하여 경영에서 자유로운 처분권을 갖는 것이고 무엇보다도 사업행위 보다는 작업방법과 배치전환에 대한 노동조합의 간섭을 배제하는 것이다.

두 가지 모습에 있어서, 단결권은 단체교섭 체계의 발전을 위한 전제 조건으로서 노동조합주의를 위한 기본적인 것으로서 중요한 것이다. 다른 기본권들은 교섭 특히 집단으로 교섭할 권리인데 그것은 사용자가 노동조합을 교섭 당사자로서 그리고 근로자들의 대표자로서 인정하고 파업할 권리 즉 쟁의행위에 돌입할 권리를 인정할 의무를 의미한다. 이러한 것들은 후에 다루어질 것이다(제3장과 제5장).

§2. 노동조합 자유

453. 노동조합 자유(이 용어는 국가와 관련된 표현에 사용된다)가 어떻게 얻어졌는지는 이미 소개 부분에서 기술하였다. 과거 규제시스템 하에서의 노동조합 자유에 대한 지배적인 장애는 동시에 그러한 입법으로 무효화되었다(53-56절 참조). 스웨덴에서 이러한 자유를 보장하는 특별한 입법은 도입되지 않았다. 즉 이것은 불필요하다고 여겨졌다. 스웨덴은 1949년 ILO 협약 제87조를 어떤 새로운 입법절차 없이 비준할 수 있었다.

454. 그러나 1970년 새로운 헌법이 제정되었을 때, 기본권적 자유와 권리에 대한 조항을 도입하는 것이 적절하다고 보였다. 그래서 헌법에서 공적 또는 사적 목적을 위해 모든 사람들이 조직할 자유에 대하여 규정하였다.

§3. 단결권 또는 조직할 권리: 이러한 권리의 승인

455. 사용자와 관련하여 단결권의 성취는 도전의 결과였고 국가는 그의 정책에서 불간섭의 원칙에 있었다. 1906년 12월 SAF는 LO와의 합의서에서 단결권을 인정하였다(68절 참조). 이러한 합의서는 기본 조항이 되었는데 그것은 후에 SAF-LO 영역에서의 모든 단체협약에 인용되었다. 이것은 전적인 것은 아니지만 단체교섭에 의해 LO 노동조합들이 사용자들의 차별적 행동에 대항하여 승인과 특정한 보호를 얻는 방법이었다. 그러나 단체교섭 외에서는 보호받지 못한다.

456. 노동법원은 '단체협약의 본질과 관련되는 것으로서' 단결권을 인정하였고(AD 1933 no.94) 그의 법적 효력을 부여하였다. 단체협약이 이루어지지 않는 곳에서는 그러한 권리는 존재하지 않는 것으로 여겨졌고 어떠한 보호도 노동법원으로부터 얻어질 수 없었다.

457. 사무직 근로자들은 그들 노동조합을 사용자로부터 인정받는 것이 더 어려웠다. 사용자들은 이러한 분야를 신뢰의 입장에서 그들의 대표로 간주하기를

원했다. 사용자들은 사무직 근로자들이 사용자 자신을 위한 노동조합을 만들고 노동자들의 노동조합에 합류하거나 남아있지 않고 더 나아가 중앙조직인 LO에 있지 않는 한 이러한 노동조합을 수용하는 것이 더 쉬웠을 것이다. 보통 생산직 노동자들 중에서 채용되는 감독자들은 단체협약의 특별조항에 의해 생산직 노동자들의 노동조합에 속하는 것이 금지되어 독자적인 노동조합 SALF를 만들었는데 그것은 '사무직 근로자 중앙조직(TCO)에 가입했다(63절과 516절 참조). SALF는 후에 TCO에서 탈퇴했고 그의 명칭을 관리자(Leaders)로 변경했다. Leaders는 오늘날 3개의 중앙조직과 독립해 있고 경영적 입장에 있는 모든 근로자들을 조직하려고 노력한다.

458. '단결권과 교섭에 관한 법' 이 1936년 통과되었다. 비록 이 법이 1965년 새로운 입법이 있을 때까지 공무원들과 다른 공공의 사무직 근로자를 제외한 모든 근로자들에게 적용되었다고 하더라도, 이 법이 사무직 근로자들에게 단결권을 보장하는 것이 목적이라는 것은 명백하다. 이것은 생산직 노동자들의 오래된 노동조합들에게 단결권에 대해 더 완전한 보호를 하였다. 이전의 단순한 계약적 권리는 법적 권리로 전환되어 단체협약을 적용받지 않는 근로자들에게도 적용하였다.

초기에 국회(Riksdag)에서의 정치적 약속의 결과로 이 법은 매우 모호했다. 그것은 단순히 12월 합의서에 있는 기본 조항의 낡은 문구로 되어 있는데 '단결권은 침해될 수 없어야 한다' 고 되어 있었다. 그러나 이 법은 단결권의 내용을 더 명확하게 하기 위해 1939년 수정되었다. 이 개정법은 주된 부분에서 1976년 공동결정법 §§7-9로 바뀌었다. 그동안 1965년 법이 공공부문에도 적용되었다. 비록 많은 중요한 이론들이 초기에 발전되었다는 사실과 여기서의 설명이 1936년 폐지된 법을 적용한 판례를 중심으로 하였다고 하더라도, 다음 설명은 공동결정법의 내용을 기초로 하고 있다.

§4. 단결권의 내용

459. 공동결정법 §7에서 단결권은 사용자와 근로자가 사용자 단체나 노동조합에 가입하고, 그러한 가입을 활용하고, 조직을 위해 일하고 조직을 만들 수 있는

권리로 정의된다. §8에서 '12월 합의서' 에서 유래한 오래된 문구는 다시 다음과 같이 표현된다. 즉 '단결권은 침해되지 않아야 한다' 는 것이다. 이것이 의미하는 것은 '단결권의 침해' 의 개념에서 정해진다.

460. 지적해야 할 것은 단결권은 근로자뿐만 아니라 사용자에 대하여도 보장된다는 것이다.[1] 이것은 이미 '12월 합의서' 에 있었다. 즉 '단결권은 양측에 침해되지 않아야 한다.' 그러한 호혜성은 당연히 공식적인 개념의 주된 부분이다. 그러나 이러한 '균형' 은 실제상 부적절한데 상호적 권리에 대한 철학적 표현일 뿐이라고 하더라도 그것은 1928년 단체협약법에서부터 1970년의 새로운 입법 때까지 스웨덴 노동입법에 자유주의적 사업적 성격을 부여하였고 아직 중요한 특징으로 남아있다. 그러나 실제적인 이유로 사용자의 단결권에 부여되어야 할 특별한 관심은 없다.

461. 더구나, 단결권은 제3자와 관련하여 사용자들과 근로자들에게 부여된다. 이 법은 사용자에 대한 사용자 또는 노동자들에 대한 노동자들에 대한 보호를 보장하지 않는다. 그 목적은 오로지 노동시장에서 교섭단위를 강화하기 위한 것이다. 비조직에 대한 권리에 대한 것은 제공되지 않는다. 이것은 이 법이 1936년 통과되었을 때 논란거리였다. 즉 그것은 왜 단결권이 그 법의 첫 제정 시 불명확하게 남아 있었는지에 대한 주된 이유였다. 노동법원은 이 법을 적용하는데 있어서 이 법은 단체교섭권을 보장할 목적에서 요구되는 것 이상으로 단결권을 보장하지 않고 따라서 조직되지 않을 권리 즉 소극적 권리는 이 법에 포함된다고 판결하였다. 이것은 또한 법원의 단결의 계약적 권리에 대한 이전부터 적용된 것에 따른 것이었고 그것은 자연스럽게 개인들 보다는 조직들의 이해관계를 위한 것이다.

1939년 단결권이 법에서 정의되었을 때, 단지 '적극적' 권리 즉 조직할 권리의 보호만이 그 정의에 포함되었다.

단결의 소극적 권리는 아직 논의 중인 이슈이다. 주로 노동조합 측으로부터 나온 소극적 단결권에 대한 규제는 예상치 못한 문제들을 가져올 수 있다는 두려움이

1) 판례 AD 1946 no.68에서 사용자의 단결권이 이슈가 되었고, 노동조합은 주인 대장장이의 단결권을 침해했다고 여겨졌다. 노동조합의 부당행위는 특별한 주인 기업을 위해 교섭했던 단체협약 당사자로서 주인 대장장이의 조직을 수용하기를 거절한 것이었다.

있다. '유럽인권조약' 은 1994년 스웨덴법으로 통합되었고(98절 참조), 그 조약에 따라 단결의 소극적 권리는 특정한 경우 보호되고 있다. 조약과 스웨덴법의 결과로 단결의 소극적 권리에 대한 보호의 확장은 논의되고 있으나 아직 명확하지 않다.[2)]

462. 법은 더 나아가 단결권을 조직이 아니라 개별 사용자들과 근로자들에게만 부여했다. 만약 개인이 손해를 입거나 이와 관련하여 영향을 받았다면 침해가 된다. 전체는 그 자신의 '단결권' 을 갖지 않는다. 그러나 법은 다음과 같이 규정하고 있다. 즉 조직은 '그의 활동에 대한 간섭에 있어 단결권의 침해를 용인하지 않아야 한다' . 이것은 조직이 가령 노동조합 반대를 위한 캠페인이나 조직과 체결한 협약의 거절과 같이 유일하게 조직에 직접 관련되는 행동이 아니라 개별 근로자의 단결권의 침해를 구성하는 행동에 대하여 소송을 제기할 권리가 부여된다는 것을 의미한다.

관련된 개인은 반드시 그의 활동에 대한 간섭을 받은 조직의 구성원일 필요는 없다. 즉 그는 사용자가 조직에의 가입을 금지했거나 사용자가 조직에 가입하지 않은데 대해 특별한 혜택을 제공한 근로자일 수도 있다. 그러한 행동들은 '간섭' 으로 취급될 수 있다. 개인의 단결권이 침해되었을 때 노동법원은 '간섭' 이 있다고 판결할 것으로 보인다. 노동조합은 개인의 동의가 없이도 소송을 제기할 권리가 있고 간섭에 대해 그 자신을 대신하여 손해배상을 제기할 수 있다. 그러므로 노동조합의 입지는 사실 법이 규정하는 것보다 더 강력하다. 그 규정은 먼저 개인들을 보호하는 것이 아니라 노동조합의 입지를 강력하게 할 취지가 있는 것이다. 개인들은 노동조합을 보호하는데 필요한 한도에서만 보호된다.

463. 한편, 근로자는 취업희망자가 아닌 근로자만 보호되기 때문에, 특정한 조합원을 고용하는 것에 대한 사용자의 거절은 그 자체로 단결권을 침해하는 것은 아니다. 이것은 사법적 체계와 함께 단결권의 해석상 '계약' 의 본질과 잘 어울리는 개념이나 더 완전한 보호에 부족해 보인다. 언급한 바와 같이(424절 참조), 차별에 관한 입법에서는 그러한 차별은 없다. 즉 취업희망자는 근로자들과 같은 보호를 향유한다.

---

2) AD 1982 no.33(Kellerman); ECHR AB Kurt Kellerman v. Sweden. Application no.41579/98, 그리고 ECHR Gustafsson v. Swenden, Application no.15573/89, 1996.4.25.

§5. 단결권의 침해

464. 근본적으로 중요한 것 중 단결권(조직할 권리) 침해에 대한 개념이 있다. 보호는 그러한 침해를 구성하는 행위를 금지함으로써 이행된다. 그 취지는 특정한 행위를 법률로 명백하게 하는 것이고 단순히 노동조합에 대한 약간 모호한 악의적 태도를 의미하는 것이 아니다. 또한 이 법의 궁극적 목적이 노동조합을 강화시키는 것이라고 하더라도 규정들은 조직 자체가 아니라 개인의 보호와 관련된다. 침해는 다음 두 가지 경우에 상대방에 대하여 사용자나 근로자에 의해 취해지는 수단으로서 발생하는 것으로 법 §8에 다음과 같이 정의되어 있다.

(1) 단결권의 이용의 결과로서,

(2) 단결권의 실행을 포기하게 한다는 관점에서.

앞의 경우, 보복을 목적으로 한 수단은 영향을 받는 사람에 손실이 있는 것으로 보여야 한다. 후자의 경우, 근로자에 영향을 줄 목적으로 하는 수단은 근로자가 노동조합에 가입하지 않도록 할 목적으로 근로자에게 이득을 주는 것 등이다.[3)]

465. 첫째, 침해는 수단이다. 이것은 대개 행위인데 공표와 구별되는 것으로 해고의 고지, 책임부담, 다른 사업장에서의 퇴거와 같은 특정한 일반적 행동과 같은 것을 의미한다(AD 2004 nos. 49, 89, 2005 no 68). 그러나 수단을 갖고 하는 협박도 충분한 것으로 여겨진다(AD 1948 no 68). 가령 배척과 같이 일상적 승진이나 일상적 임금인상에서 특정 근로자를 배제하는 것은 이 법에서의 '수단'을 구성할 수 있다(cf. AD 1981 no.17, 2004 no.72).

466. '수단'은 침해와 관련된 '객관적인' 사실 즉 객관적인 요건(objective requisite)이 되어야 한다. 둘째로, 제501항에서 규정된 바와 같이, 이러한 객관적 사실은 동기 즉 보복이나 영향을 줄 의도 등 허용될 수 없는 주장에 대한 주관적 조건에 의해 결정되어야 한다. 동기는 결정적인 요소이다. 수단은 그 자체로 중립적인 것이 될 수 있고 행위는 그것은 일상적이고 법적으로 고용관계에서 행해질

3) AD 1980 no.160 사건에서 근로자는 노동조합을 그만 두는 조건으로 임금인상을 제안 받았다.

수 있는데 금지되는 동기가 있어서는 안 된다.

§6. 증거의 법칙

467. 필연적으로 허용될 수 없는 동기 즉 수단이 노동조합 조합원 자격이나 활동과 관련되는 동기에 의해 결정되었다는 것을 증명하는 것은 불가능한 경우가 있다. 동기를 증명하는 것이 어렵다고 하더라도 단지 정황증거로 충분하다. 노동조합은 해고나 배치전환이 근로자의 노동조합 활동, 가령 노동조합의 주장에 대한 결과가 원인이 되었다고 주장할 것이다. 반면에 사용자는 근로자가 전환된 직무에 부적합하다거나 또는 그가 승진될 직무에 적합하지 않다고 주장하면서 노동조합과의 모든 관련성을 부정할 것이다.

468. 노동법원은 근로자 측 당사자의 증거에 대한 요구를 더 쉽게 하도록 그의 거증책임을 분할하는 것이 공정하다고 여겼다. 노동조합이 수단에 대한 동기가 허용될 수 없는 것이었고 그것은 특히 사용자의 노동조합에 대한 일반적인 (부정적) 태도로부터 유래할 것이라는 개연성을 증명하는 것으로 충분하다. 만약 증거가 그러한 개연성을 확립하는데 충분하다면 그에 대한 거증책임은 사용자측에 넘어간다. 그 때 사용자는 수단이 근로자 측에 의한 개연성으로 확립된 것보다 다른 이유로 행해졌다는 것을 증명하여야 한다. 사용자는 해고에 대한 정당한 사유나 근로자를 다른 사업장에서 배제하거나 또는 그를 승진시키지 않을 만한 이유가 있었다는 증거를 제시하여야 한다. 증거나 개연성을 언급하는 매우 일상적 사실은 예를 들어 근로자들이 도움을 요청하기 위해 노동조합에 의지하겠다는 협박에 대해 해고나 기타의 수단에 대한 사용자의 고지 사이에 매우 짧은 시간의 경과가 있어야 한다는 것이다. 만약 이것이 전적으로 연관된 사건임이 증명되지 못하더라도, 그것은 거의 그것을 암시하고 연관되었다는 개연성을 인정한다.

469. 많은 사건들은 전형적인 '수단'인 해고나 퇴출과 관련된다. 정당한 사유에 대한 '고용보호법'에서의 요건은 해고나 퇴출이 충분한 이유가 있다는 것을 사용자가 증명해야 한다는 일반적 요건에 대하여 약간의 변화를 가져왔다(338-

340, 347절 참조). 해고가 '고용보호법'과 '공동결정법'에서의 단결권에 대한 규정에 위반된다는 것은 그 개연성이 매우 높다. 이것은 근로자와 노동조합이 판단하는 손실의 증거로 제시될 수 있다.

§7. 단결권과 노동조합 비밀유지 합의서

470. 노동조합에게 조합원을 위한 특권이나 배타적 권리 특히 클로즈드샵 조항을 보장할 때 특정한 문제들이 발생한다. 그러한 조항들은 공동결정법에 따라 금지되지 않는다. 이에는 조합원들과 관련하여 공동결정법은 사용자가 해고를 위해 그러한 조항을 인용하는 것을 금지하는 규정이 있다. 단체협약에 있는 조항은 단결권의 침해를 의미하는 한 무효이다(공동결정법 §8, para.3). 그리고 고용보호법이 통과되었을 때의 입법 자료에서 사용자가 그러한 조항에 구속된다고 하더라도 단순히 해고에 대한 사유가 되지 않을 것이라는 것은 명백했다. 그리고 이와 관련하여 비조직 근로자들을 위해 약간의 보호규정을 두고 있다.

SAF(현재 SN)는 그러한 조항들을 결코 허용하지 않았다. 노동조합들도 이미 높은 수준의 조직화를 이루어 그 문제는 거의 실제적인 중요성이 없었다. 그것들은 몇 년 전까지 일부 존재하였다. 노동법원에서의 SAF/SN 소속이 아닌 몇 개의 사건들만이 클로즈드샵이나 다른 노동조합 보장조항과 단결권 사이의 관계와 관련되었을 뿐이었다. 그것들은 대개 내부 노동조합과의 경쟁으로 생겨나서 그 문제는 주로 조합주의자 노동조합과 LO 노동조합들과의 경쟁에서 서로의 권리에 대해 정당성을 입증할 때 주의를 끌었을 뿐이었다.

471. 클로즈드샵이나 노동조합 보장 조항들은 사용자가 관련 노동조합의 조합원이 아닌 근로자를 고용하지 않도록 하거나 고용하는 것 또는 고용 이후에 몇 개월 이내에 그에 가입하지 않을 것을 의미한다. 이러한 조항들은 또한 사용자가 다른 노동조합의 조합원들이나 비조직 근로자들 또는 단체협약에 명시된 기간 내에 노동조합에 가입하지 않는 사람들을 해고해야 한다는 것을 의미한다. 취업지원자에 대한 문제는 일어나지 않는다. 즉 그들은 단결권에 의해 보호받지 않기 때문이다. 그러나 그러한 조항에 따른 해고가 다른 노동조합 조합원들에 대해 단견권의

침해가 될 것인지 그리고 어떤 경우에 다른 노동조합 조합원이나 비조직 근로자들에 대한 해고가 정당한 사유를 가져야 한다는 규정에 대한 침해가 될 것인지의 문제가 있다.

472. 스웨덴은 1961년 '유럽사회헌장'(1996년 개정)을 비준했다. '사회권에 대한 유럽위원회'는 몇 번에 걸쳐 스웨덴이 명백하게 클로즈드샵 조항을 금지하지 않는 것에 대해 비판했다. 마지막으로 남아 있던 그러한 조항들은 건설업의 소위 보완적 단체협약에서였다. 이것들은 노동조합이 서명한 사용자 조직에 속하지 않는 개별 사용자와 체결한 단체협약들이다. 원칙으로 사용자는 특별한 활동 영역에 적용하는 영역별 단체협약을 적용하는데 주력한다. 2006년 '스웨덴 건설 노동조합'은 모든 그러한 조항들은 그들 영역에서 폐지되었다고 선언했다.

473. 1940년 몇 가지 논란이 있는 판결 후에, 노동법원은 1954년 no. 19와 20 사건에서 다른 노동조합 조합원으로부터 조합비를 걷는 것은 만약 그 조합비가 '설립된' 노동조합의 일반적 활동을 위해 사용될 의도였거나 임금체계와 관련하여 배타적으로 사용될 의도였다면 단결권의 침해를 구성한다고 판결했다. 그러나 그러한 침해에 대한 혐의를 받고 있는 사용자에 대해 그는 이러한 사실을 알았어야 할 것이고(주관적 요건) 이것은 이 사건에서 증명되지 않았다.

이후의 사건 AD 1980 no.25에서 사용자는 LO에 가입한 지멘스 노동조합과의 단체협약에 따라 조합주의자 노동조합 조합원들의 임금을 공제했다. 이 근로자는 이전에 지멘스 노동조합에 속했으나 그 노동조합에서 탈퇴했다. 지멘스 노동조합은 그녀의 탈퇴를 거절했고 그녀의 항의에도 불구하고 사용자는 임금공제를 지속했다. 노동법원은 근로자는 지멘스 조합원으로서 고지의 합리적인 기간 동안 임금공제를 받아들일 의무가 있고 그것은 노동조합 규약이나 법에서의 문제에 대한 규정이 없는 곳에서 그녀가 탈퇴서를 제출한 이후 3달 동안 효력이 있다고 판결하였다. 그 이후부터 임금공제는 그녀의 단결권을 침해하는 것으로 판단하였다.

이미 본 바와 같이 비록 비확립된 노동조합(unestablished unions) 조합원들은 약간의 보호를 받는다고 하더라도, 그러한 노동조합들은 확립된 노동조합들의 입장과 비교하여 확실히 혜택이 없다. 1970년부터의 입법에서도 이러한 불균형은 심지어 더 모호해 졌다(제3장과 제6장 이하 참조).

474. 비조직 근로자들은 조합원이 아니어서 조합비의 형태로 노동조합에 기여하지 않는다는 사실에도 불구하고 때때로 조직 근로자들과 같이 단체협약 하에서의 같은 혜택을 향유한다. 건설산업에서 단체협약에 따라 사용자가 모든 근로자의 임금에서 조합비를 공제하고 노동조합에게 지급하는 것은 의무이다. 일반적으로, 노동조합 지역 지부는 임금을 감시할 권리를 갖고 근로자들의 총임금의 몇 퍼센트에 해당하는 임금공제에 의한 조합비에 대한 권리가 있다. Evaldsson 사건에서 노동법원은 그의 초기 판결에 따라 Evaldsson과 몇몇의 다른 비조직 건설 노동자들로부터 조합비를 위한 임금공제는 조합원과 동일시 될 수 없다고 판결했다(AD 2001 no.20). 따라서 임금공제는 그들의 소극적 단결권의 침해를 구성하지 않았다. 그 사건은 '유럽인권재판소'에 제기되었고 재판소는 2007년 다른 이유로 이 사건을 판결하였는데 Protocol 1 제1조 하에서의 재산권에 대하여 비조직 근로자들의 보호가 침해되었다고 하였다.[4] 따라서 조합비 감시와 관련한 규정들은 폐지되었고 관련 단체협약에서도 그와 관련된 조항이 변경되었다.

§8. 제재와 구제

475. 만약 사용자의 방어가 성공하지 못하고 단결권의 침해를 구성하는 해고나 다른 수단이 노동조합 조합원 자격이나 활동과 상당히 동떨어진 이유로 취해졌다는 것을 증명할 수 없다면 그는 단결권에 대한 침해를 했다고 판결 받고 손해를 지불할 책임이 있을 것이다. 그러나 단지 민사책임만 적용된다. 재정적 손실과 침해를 입은 근로자는 그와 같은 손해(일반적 손해)를 요구할 수 있고 노동조합은 그의 활동에 대한 간섭에 대해 손해를 보상받을 수 있다. 손해는 상당히 가변적이다. 때때로 추가적 손해에 대해서는 고용보호법과 1974년 '사업장 노동조합 대표법'과 같은 다른 규정의 침해와 연동하여 보상되기도 한다.

476. 단결권의 침해를 구성하는 효과가 있는 개별계약이나 단체협약에서의 어떤 조항뿐만 아니라 해고의 고지와 기타 법적인 행동은 무효이고 효력이 없다(공

---

4) ECHR Evaldsson과 기타, 적용 no.75252/01, 2007.2.13(AD2012 no.74 참조)

동결정법 §8, para.3). 결과적으로 해고되거나 정리해고 된 근로자는 그에 대해 특별한 이유가 없다면 원상회복을 위한 소송을 제기할 수 있다.

477. 노동조합 대표자들('사업장 감독')과 안전 대표들에 대한 더 완전한 보호를 위해 그리고 노동조합 간부들의 단결권이 침해되었을 때 추가적인 손해를 규정하는 특별한 입법이 통과되었다.

478. 단결권과 관련한 사건들은 통상 노동법원에 제기된다. 단순하고 복잡하지 않은 사건들이 실제에 있어서 사용자 조직 밖의 작은 기업에서만 일어나고 그것은 경영사항에서 사소한 자주 사용자의 무시로부터 일어나는 경우가 많다.

§9. 사용자성 근로자들을 위한 특별 규정

479. 위에서 언급한 바와 같이 단체협약상의 특별한 기준조항 즉 SAF의 의무조항에 따라, 감독자들은 사용자의 대표로서 생산직 노동자들과 같은 조직에 속하는 것이 금지되었다. 그러한 규정들은 단결과 교섭권에 관한 1936년 법에 규정되었다. 감독자들과 관리자들은 그들 자신의 노동조합인 SALF를 만들었는데 그것은 TCO(사무직 근로자들의 중앙조직)에 가입하였고 감독자로 승진이 된 노동자들도 Ledarna(지도자)로 불리는 SALF에 가입하였다. 오늘날 Ledarna는 어떤 상급 단체에 가입하지 않는 독립적인 노동조합으로서 모든 종류의 감독자와 경영인들에 문호가 열려 있다.

480. 공동결정법에서 관련 규정은 없고 입법 자료상 법 개정 의도도 없는 문제가 있는데, 그 문제는 조직의 조건 때문에 실제적 중요성은 거의 없지만 충돌하는 이해관계의 상황에서 비경쟁적 원리가 적용됨으로써 해결될 수 있다고 추정되었다. 만약 근로자의 기능들 중 하나가 다른 근로자들에 비하여 사용자의 이해관계에 부담을 주는 것이라면 그것은 의무위반이 될 것이고, 노동조합의 이해관계를 위하는 누군가가 사용자의 이해관계를 보호하는데 실패했다면 사용자의 대응수단들이 그의 단결권의 침해로 간주되지 않을 것이다.

481. 위와 유사한 목적을 갖는 단체협약에서의 규정들은 소위 자유지대(free circle)와 관련된 것들이다. 민간부문에서의 사무직 근로자를 위한 단체협약에 따라, 사용자는 단체협약이 적용되는 조합원들에게 경영위치에 있는 근로자가 사무직 근로자 조직의 구성원이 되지 말아야 한다고 요구할 권리를 갖는다. 자유지대 내에 있는 근로자들은 집행 관리자들 그리고 그들의 사적 비서들과 또한 그들의 의무가 고용형태와 관련한 문제에 있어서 사무직 근로자들에 대하여 기업을 대리하는 근로자들이다.

제2절 노동조합과 사용자 단체

482. 노동시장 조직들은 임금과 기타의 고용조건들에 대한 집단적 규제를 위해 특별히 구축된 현대 단체협약법에 기초하여 행동한다. 조직들은 활동영역과 그의 방법들을 발전시켰는데 그것은 후에 자연스럽게 더 심혈을 기울인 규정들을 통해 많은 부분에서 법으로 전환되었다. 1970년대부터 노동자 조직들은 새로운 입법을 촉구하였는데 그것은 사용자들과 노동자들의 조직들과의 관계뿐만 아니라 개별 근로자들 관계에서도 상당히 그들의 입지를 강화하고 그들의 권한을 확대하였다.

§1. 개념과 법률상 지위

483. 공동결정법(§6)에서의 노동시장 조직(노동조합 또는 사용자 단체)의 정의는 이미 언급하였다. 중요한 것은 목적이다. 즉 경영과 노동관계에서 조직 구성원들의 이익을 보호하고 증진하는 것이다.

484. 스웨덴에서의 노동시장 조직들은 민주주의 원리에 따라 자유롭고 자발적인 단체이다. 그것들은 공공 규제나 행정적 통제에 속하지 않는다. 그들의 내부 조직이나 구성원들 관계와 관련된 법률은 없다. 법의 눈에서 볼 때, 그것들은 '법인' 인데 예를 들어 권리를 취득하고 의무를 수행하며 따라서 소송을 제기하고 소송을 당할 법적 실체들이다. 노동시장 조직은 조합원들이 아니라 그 스스로 조직을 구속하는 계약을 체결할 수 있다. 조직의 의무를 위해 그의 자산취득도 가능하다. 법인격의 지위를 얻기 위해 조직은 규약을 채택하고 실행위원을 임명하는 것이 필요하다. 그러나 그러한 목적을 위한 등록절차는 없다.

§2. 노동조합

Ⅰ. 조직과 구성

485. 언급한 바와 같이(63절 참조), 생산직 노동자와 사무직 근로자를 위한 서로 다른 노동조합이 있다. 대부분의 생산직 노동자들뿐만 아니라 몇몇 범주의 사무직 근로자들은 LO에 가입되었는데 그것은 총 1,500,000명의 회원을 가졌다. 현재 LO 소속 단체들은 대체로 조합원을 잃고 있다. 제조업의 감소로 제조영역에서 조직화된 노동자수는 감소하고 있고 따라서 그 수는 이 영역에서의 총 근로자 수이다. LO와 경쟁하는 소규모 조합주의자 노동조합운동이 있다. 조합주의자들은 특히 건설을 포함하여 다양한 산업에서 적은 수의 회원을 갖는 '스웨덴 노동자동맹'(SAC)를 만들었다. SAC는 강력한 회원제는 성공하지 못했다. SN에 속하는 사용자들은 SAC와 단체협약을 체결하지 않는다. 기타 LO로부터 분리된 노동조합들은 이전 '운송노동조합'과 '운전원노동조합' 구성원들이 만든 '스웨덴항만노동조합'이다.

486. 사무직 근로자들에 대해서는 두 개의 주요 노동조합들이 있다. '사무직 근로자들의 중앙조직'인 TCO는 대부분의 사무직 근로자를 조직한다. 그것은 약 120만 명의 회원을 갖고 있는데 공공부문과 민간부문에 절반씩이다. 사무직 근로자에 대한 다른 최고 조직은 특히 연구·교육직으로 구성된 '전문직스웨덴연맹'(SACO)이다. SACO의 총 회원 수는 약 50만 명인데 거의 대부분은 공공부문에 종사한다. 최근 노동조합 회원이 일반적으로 감소하여 왔다. 그러나 TCO와 SACO는 증가했다. 스웨덴에서 교육 직업과 무관하게 근로자들 조직하는 주요한 노동조합은 실제에서는 없다.

487. 비록 1990년 중반부터 조합원이 감소하여 왔다고 하더라도, 조직화의 정도는 높은 편이다. 2007년 근로자의 73%가 노동조합 조합원이었고 91%는 단체협약의 적용을 받았다. 2013년 조직화는 약 70%였고 단체협약은 90%에 적용되었다. 오래지 않아 생산직 노동자들의 80% 이상이 LO 노동조합에 가입하였다.

산업의 어떤 부분에서는 가입자격이 범용적이었다. 오늘날 만간부문에 고용된 기술직 노동자들 10명 중 4명은 노동조합에 가입하지 않고 있다. 사무직 근로자들 가운데 조직화 비율은 천천히 증가하고 있다(2009년 72%에서 2010-2013년 73%로 증가).

Ⅱ. 생산직 노동자 노동조합

A. LO[5)]

1. 내부 조직

488. LO의 조직구조는 3가지 수준인데, 중앙수준, 전국적 지부수준 그리고 지역수준이다. 이러한 형태는 또한 다른 중앙 근로자조직들에 적용된다. LO는 그 자체로 중앙조직이다(가끔 최고 또는 우두머리 조직이라고 부른다). 그것은 전국 지부노동조합의 연맹인데 지역노동조합으로 나뉜다. 지역노동조합 내에서 공장이나 영업장 클럽(factory or shop club)들이 있을 수 있는데 그것은 4번째 수준으로 간주될 수 있다.

489. 전국노동조합들은 거의 완전히 산업수준에서 조직되는데 예를 들어 특정한 산업에 고용된 모든 구성원들은 숙련 노동자이든 아니든 같은 노동조합에 속한다. 이것은 일반적으로 사용자가 단지 하나의 노동조합과 거래해야 한다는 것을 의미한다. 이전에 노동자들은 몇 개의 직능노동조합들에 의해 대표되기도 하였다.

다음 표는 LO의 현행 민간 그리고 공공 영역 모두에서 노동자들을 조직한 14개의 전국노동조합과 그들 조합원들을 보여주고 있다. 2012.12.31. 기준으로 활동 중인 조합원들(퇴직자나 학생 신분은 제외)에 대한 현황이다.

---

5) http://www.landsorganizstionen.se.

표 2 LO–노동조합 스웨덴 연맹

	가입 수 (000)
스웨덴 빌딩 노동조합	80
스웨덴 전자 노동조합	21
스웨덴 빌딩관리 노동조합	29
상업 근로자 노동조합	121
호텔 식음 노동조합	29
IF 금속 노동조합	267
스웨덴 지자체 노동조합	503
스웨덴 요식업 노동조합	27
음악 노동조합	3
스웨덴 그림 노동조합	13
스웨덴 지류업 노동조합	17
숲 목재 그래픽 상업 노동조합	46
용역과 통신 근로자 노동조합(SEKO)	82
운송 노동조합	57

490. 조직화 경향은 더 큰 노동조합으로 합병하는 것이다. 그래서 인쇄산업에서의 구 직능노동조합들은 그래픽노동조합으로 합병되었을 뿐만 아니라 건설영역에서의 몇 개의 구 직능노동조합들은 빌딩노동조합으로 합병되었다. 2009년 그래픽노동조합과 산림노동조합은 GSE(GS Facket)로 합병되었다. 최근의 합병은 스웨덴 산업노동조합과 스웨덴 금속노동조합이 IF Metall로 합쳐졌다. 도색노동조합과 전자노동조합과 같은 몇 개의 노동조합들은 아직 직능분야에 남아 있다. 한편, 노동자들이 일반적으로 특별한 기능 회사들에 종사하고 있으면서 빌딩 건설업자들과는 관련 없이 건설업자의 근로자들 대신 하도급 업체에 종사하고 있다.

산업노동조합으로의 전환 시 항상 고통 없이 진행되지 않았고 내부적으로 민주적 갈등이 일어났다. LO 내에서 간부들은 그러한 분쟁에 대비했다. LO에 가입한 모든 전국노동조합들의 규정에는 하나의 의무적 조항이 있다. 그 조항은 회원이 LO 위원회에 의해 채택된 조직 계획에 따라 그가 속해야 할 노동조합으로 자격을 전환할 권리뿐만 아니라 의무를 갖는다는 것이다. 이것은 회원이 다른 전국노동조합의 영역 내에서 새로운 직업을 가질 경우에 특히 적용된다.

491. 집중화에 대한 경향은 지역수준에서 그 자체로 명백하다. 관련 지부에서 노동자를 갖는 모든 지자체에서 이전에 조직된 지역노동조합들은 현재 많은 지자체들로 구성된 큰 노동조합으로 합병되었다. 그 목적은 노동조합을 더 능률적으로 만들기 위해 정규 사무원을 고용할 만큼 지역노동조합의 능력을 증가시키는 것이었다. 그러나 변화가 저항 없이 오지는 않았다. 독립적 부두노동조합은 만약 이러한 집중된 개혁이 수행되지 않았다면 아마도 만들어지지 않았을 것이다. 노동조합의 지부 단위들이 점점 더 중요해졌는데 부분적으로 이러한 개혁의 결과라는 것은 당연한 예상이다.

492. 비록 매우 장기적인 LO가 점점 더 중앙집권적이 되었다고 하더라도 주요 권력들은 공식적으로는 아직까지 전국노동조합에 있다. 일단의 노동조합 운동의 기원인 지역노동조합과 단위들은 파업과 단체협약의 형성과 관련하여 독립적인 권한을 갖는 것은 아니다. 그러나 그들은 산업평화에 대한 보완과 사업장에서의 공동결정에서 중요한 과업이 맡겨진다. 그래서 집단적으로 교섭하고 파업과 다른 쟁의행위에 대하여 결정할 권한을 갖는 것은 전국노동조합들이다. 그들은 LO의 기금들보다 더 중요한 그들 자신의 파업자금을 관리한다.

493. 처음 LO는 LO를 만들었던 전국노동조합들과 비교하여 오히려 약했다. LO는 사용자들과의 협력과 사용자들과 그들의 조직에 대한 일상적 방어를 위해 주로 그의 구성원들인 조직에 의지했다. 전국노동조합들은 대부분 그들의 독립성을 유보했다. LO의 영향력과 권한은 SAF에 대한 상대방으로서 강한 조직을 가질 필요성에 따라 증가했는데 그것은 강하고 열정적인 활동 조직으로 발전했다.

중앙 집중화 경향은 LO의 규약 개정이 수행될 때인 1940년 초에 인정되었다. 그럼에도 불구하고 LO는 SAF가 그 당시 전국노동조합과의 관계에서 가졌던 것과 같은 법적 권한을 갖지 않았다. 그러나 그의 영향력은 그의 규약이 정하는 것보다 더 크다. 전국노동조합들이 중앙 임금교섭에 참여할 지를 결정하는 것은 항상 그 노동조합들에게 달려 있었는데 이것은 사실 1950년대부터 1984년까지 실행되었고 그 때는 임금교섭이 지부수준으로 변환되는 때였다. 지부노동조합들은 항상 전국 임금협약서에 대한 당사자들이었다. 그러나 이것을 포함하여 임금인상의 수준과 많은 고용조건들은 대부분 중앙수준에서 결정되었다. 쟁의행위 여부에 대해서 LO는 파업을 금하더라도 이 분야에서의 실제 권한은 거의 표명되지 않았다. 쟁의행위의 경우에 LO의 재정적 지원은 전국노동조합들의 우세한 파업자금 때문에 중요하지 않다. 그러나 갈등이 오래가고 다른 조직으로부터의 도움이 필요한 경우 LO의 지원은 실제적으로 중요해 질 수 있다.

494. 1990년대 이래, LO는 그의 당사자인 SAF(후에 SN)가 정책을 변경했고 따라서 더 이상 교섭 사용자로서 행동하지 않고 단순히 사용자들을 위한 정책입안자로서 행동한다는 문제에 직면했다. 따라서 조직발전은 주로 지부수준에서 이루어졌고 그에 따라 LO는 고립되었다. 그러나 이것이 절대적이라고 할 수 없는데 예를 들어 임금요구를 하기 전에 상위 수준에서의 (LO와 SN의) 협력에 대한 기대가 있기 때문이다.

2. 노동조합 규약

495. 전국노동조합들은 LO에 의해 채택된 표준규약에 기초한 규칙을 갖는다. LO에 합류하기 위해 전국노동조합들은 특정한 요건을 충족하여야 하는데 그것은 그들 규칙에 다음과 같은 필수적 사항들이다.

(1) 조직들은 그들이 조직하는 산업에 고용된 모든 사람들에 개방되어야 할 것이다. 자격을 제한하는 독점적 정책은 허용되지 않는다.

(2) 쟁의행위와 단체협약을 결정할 권한은 전국노동조합의 배타적 위원회에 보유되어야 한다. 이것은 협력적 목적을 위해 배제할 문제들에 대한 투표를 금지하는 매우 중요한 규칙이다.

그러한 문제들에 대한 결정투표는 금지된다. 이것은 중앙집권적 정책과 노동조합의 교섭권을 강화하는 것이다. 이것은 원래 하위노조와 서면에 의한 부수적인 인준에 맡기지 않고 합의에 들어갈 수 있는 권한 있는 노동조합과의 거래를 요구한 SAF에 대한 대응이었다.

496. 전국노동조합들의 표준규칙은 조합원들에게 노동조합과 관련하여 충실하게 행동할 것과 만약 그들이 다른 산업에 취업하고 그들의 새로운 사업장에서 고용되기 전에 적절한 지부 노동조합을 요구할 경우 다른 전국노동조합에 자격을 전환시켜 줄 것에 대한 일반적 의무를 부과하는 것이다.

전국노동조합들이 매월 조합비를 결정하지만 지역 지부들은 그들 자신의 활동을 위해 추가적인 조합비를 부과하기를 바란다. 전국노동조합들은 LO에 모든 조합원들에 대한 특정 액수의 조합비를 지불한다. 조합비는 노사갈등 목적(예를 들어 파업)을 위한 자금에 소요될 만큼 높다. 만약 그러한 목적을 위해 더 필요하다면, 전국노동조합의 실행위원회는 추가적인 부담을 부과할 수 있다. 파업과 직장폐쇄를 위한 수당은 다양하다. 이러한 자신의 의무에 반대하고 다른 특정한 사건을 위해 행동하는 조합원은 퇴출될 수 있다. 여기서 가장 일반적으로 발생하는 상황은 조합원이 그의 의무를 지체하는 것이다.

497. 원칙으로 조합원은 조합의 실업수당 공동체(the union's unemployment benefit society)에 가입할 의무가 있다. 공동체는 조합비의 일부를 받는다. 이러한 공동체들은 노동조합에 의해 설립되어 비록 공식적으로 노동조합과 별도로 활동한다고 하더라도 노동조합에 의해 관리된다. 만약 공동체들이 국가로부터 승인되면 정부로부터 재정적 지원을 받을 수 있다.

498. 1990년대 초 노동조합을 배제한 실업보험체계를 설립하려는 비사회주의 정부의 시도는 다음 사민당 정부에 의해 폐지되었다. 2006년 집권한 비사회주의 연합정부는 실업수당의 변화를 시도했다. 그것들 중 하나는 하나의 지부의 실업과 상위 노조의 조합비 사이의 관계를 설정할 목적으로 보험에서의 재정적 기여를 강화하기 위한 것이었다. 다른 시도는 실업보험 단체의 자격을 강제화하는 것이었다. 그러나 이러한 시도는 성공하지 못했다. 특히 실업률이 높은 부문의 사람들에게 더해지는 조합비는 오히려 실업 공동체의 회원의 큰 감소를 가져왔고 또한 몇몇의 작은 공동체들을 더 큰 것으로 합병하게 했다. 실업률이나 보험금에서의 효과는 없었다. 그리고 2013년 실업이 많은 영역에서의 공동체에 더 적은 가입비를 위한 새로운 규정이 다시 변경되었다.

실업보험뿐만 아니라 기여금 그리고 실업수당의 수준을 어떻게 구성하느냐에 대한 문제는 2010년 '의회 위원회'에 제기되었다. 위원회는 2014년 가을 총선 이후에 보고서를 제출하여야 한다.

499. 모든 전국노동조합뿐만 아니라 지역 지부들은 선거로 집행위원회를 임명

한다. 전국노동조합들은 또한 감독 목적과 특정 기구를 위한 노동조합 대표를 선출하기 위해 '대표 평의회' 를 갖는다. 최고 의사결정 기구는 총회(the Congress)이다.

500. LO는 그 스스로 비슷한 내부구조를 갖는다. 집행위원회는 18명으로 구성되고 그들 대부분은 전국노동조합에 가입된 의장들이다. 최고 의사결정 기구는 LO 총회이다. 총회의 전체 구성 가운데 현재 118명으로 구성된 총 의회(General Congress)는 중요한 사항들을 결정하기 위해 1년에 2번 회의를 갖는다. 총회는 조합원 수에 비례하여 전국노동조합에 의해 선출된 300명의 대표들로 구성된다. 그리고 총 의회의 구성원과 LO 총회의 집행위원회는 LO의 미래 정책에 대한 지침으로서 매우 중요하다. 예를 들어, 1970년대의 노동입법은 총회 보고서에서 대부분 발의된 것이었다. 때때로 일반 구성원들 가운데 지역 연합에서의 사전 논의를 거친 회의 보고서들은 총회에 의해 채택되는 해결책의 기초자료로서 작용한다. 해결책들은 다시 이러한 강력한 기구로부터 정치집단들에서의 지침과 요구로 작용한다. 특히 사민당이 집권하고 있을 때 많은 영향력이 있다.

3. Check-off

501. 예를 들어 임금공제에 의해 조합비를 걷는데 있어서 사용자의 협력수단인 체크오프는 이전에는 스웨덴에서 일상적이지 않았다. 그러나 1970년대에 이것은 그 문제에 대해 SAF와 LO가 합의를 한 후에 더 빈번하게 이용되었다. 개별 근로자는 서면으로 동의하여야 한다. AD 1980 no.25 사건(지멘스 노동조합)에서와 같이 때때로 단체협약은 개별 근로자들이 명시적으로 조합비를 면제받기 위해서는 그러한 공제를 명시적으로 동의해야 한다는 것을 요구한다.

4. 이데올로기와 정책들

502. LO는 개별관계와 관련한 정책에 있어서 개혁주의자이자 입안자이다. LO는 그의 목적을 달성하기 위한 수단으로서 법과 단체교섭을 이용했다. 그것은 주된 부분에서 합리주의와 새로운 기술에 대한 거부감을 갖지 않는데 그것은 생활수준을 향상하는 중요한 수단으로 보고 있기 때문이다.

503. LO는 사용자와의 관계에서 노동자들의 이해관계를 보장하는 것만 목적

으로 하지 않고 그의 정치적 목적도 갖는다. LO는 설립 시부터 사민당과 강한 연대를 가졌고 사민당은 스웨덴에서 가장 큰 정당이고 지난 100년 동안 가장 영향력 있는 정당이었다. 노동조합과 정당 사이의 인적연대는 매우 강하다. LO 의장은 전통적으로 정당 의회에서 선출된 사민당의 집행위원이 되었다. 1970년대의 노동입법은 LO와 TCO의 요구를 크게 만족시키기 위해 도입된 것이었고 비록 사용자로부터 반대가 없지는 않았지만 정당 사이에 비교적 만장일치 분위기에서 통과되었다. LO와 많은 지역 지부들은 재정적으로 사민당을 지원한다. 그러나 최근 LO와 사민당은 노동조합과 정당 사이의 경계가 있어야 한다는 이면 합의를 하는데 노력하였다. 그러나 오늘날 LO에 가입한 조합원들이 상당한 정도로 사민당보다는 다른 정당에 투표한다는 것이 조사에 의해 밝혀졌다.

504. 스웨덴에는 특별한 공산주의 노동조합이 없다고 알려져 있다. 오늘날 공산주의로 분류되기를 거부하고 있지만 이전의 가장 큰 공산주의 정당은 총선에서 5%에서 10% 사이의 득표를 했다.

505. LO는 공장 노동자들을 대표하면서 우월적인 강한 입지를 확보했고 경쟁자가 없다. 또한 LO는 오랜 동안 입법을 위한 정치적 수단과 또한 그의 목적을 도모하기 위해 단체교섭의 이용을 선택할 수 있는 유일한 입지에 있었다. 그럼에도 불구하고 1990년대부터 LO의 입지는 약해졌다. 이것은 부분적으로 그의 전통적인 상대방인 SN(초기 SAF)가 단체교섭과 함께 다양한 기관에서의 당사자에서 물러나고 점점 더 정치단체가 되었다는 사실에 기인한다. 그에 따라 LO는 전통적인 노동조합 업무에 홀로 남게 되었다. 또한 노동시장에서의 공장노동자의 지속적인 감소와도 무관치 않다.

B. 생디칼주의자와 독립노조

506. 수적으로 중요하지 않지만 특정 분야와 산업에 집중된 생디칼노동조합 운동이 지역수준에서 강화되었다. 최고 조직인 '스웨덴 노동자중앙조직' (SAC)은 매우 제한적인 과업과 권한을 갖는다. 지역노동조합들이 그들의 직능과 직업에 관계없이 노동자들을 구성하기 때문에 공동 조직(I.S)라고 부르는 지역노동조합들은 그들 스스로 파업과 단체교섭에 대한 문제를 결정한다. 분권화는 그의 지도 원리이다.

초기에(1909년 총파업 이후) 생디칼 노동조합들의 태도는 더 혁명적이었으나 현재 그들은 단일 사용자들과의 단체교섭 체계에 들어왔다. 그들은 LO 노동조합들과의 경쟁에서 노동조합으로서의 그들의 권리를 확립하려고 노력한다. 노동법원에서의 많은 사례들은 생디칼주의 노동자들의 단결권과 관련되어 있다. 그들은 노동법에 의해 모든 노동조합에 부여된 법적 보호를 이용하였다. 가장 대표성을 갖는 노동조합을 위한 배타적인 대표권이 없기 때문에 그들은 그들 조합원들을 위한 기본적 교섭권을 갖는다. 1970년 이후의 입법은 예를 들어 관련 사용자와 단체협약 관계를 갖는 노동조합인 '확립된' (established) 노동조합에게 특권을 주었다. 그러므로 경쟁 노동조합들이 이러한 지위를 얻는 것이 가장 중요한 것이 되었다. 사용자가 근로자들의 같은 주제와 관련하여 두개 노동조합과 단체협약에 들어가는 것을 금지하는 법 규정은 없다. 그러나 확립된 노동조합들은 다른 노조가 그렇게 하는 것을 방해하려고 노력한다(노동자들의 같은 문제에 대한 2개의 단체협약들은 사용자에 대하여 문제를 야기할 수 있다.).

507. 이러한 상황은 단독노동조합(break-away unions)[6]에도 마찬가지이다. 가장 평판이 좋은 독립노동조합들은 '부두노동조합과 기관차운전자노동조합' 이다.

단독노동조합들은 단체협약을 갖는데 많은 어려움에 직면한다. 그럼에도 불구하고 단독노동조합들이 그들 그룹 내에서 다른 사람들보다 부당하게 취급받는다고 느낄 때, 상위의 확립된 노동조합으로부터 독립한 사례가 종종 있다.

6) 상급노동조합으로부터 탈퇴하여 독자적으로 활동하는 노동조합.

Ⅲ. 사무직 근로자의 노동조합 (Salaried Employees' Unions)

508. 사무직 노동자들의 노동조합인 TCO와 SACO는 대부분 LO와 같은 조직 형태를 따른다. 그러나 권한의 분배는 다양한 수준에서 다르다.

TCO[7]는 현재 1백만 명의 근로자(학생과 퇴직자는 제외)를 갖는 15개의 전국노동조합을 갖고 있다. TCO는 회원 형태로 성장하고 있는데 회원의 약 60%는 여성이다. TCO 내의 가장 큰 노동조합은 450,000명 이상의 조합원을 갖는 유니온넨(Unionen)이다.[8] 회원들은 민간부문의 주요 국제그룹사부터 작은 가족회사들의 근로자들이다. 유니온넨은 '스웨덴산업 사무직근로자협회' (Sif)와 '상업노동자들의 스웨덴 연합' (HTF)이 합병하여 설립되었다.

TCO의 집행위원회는 주로 어떤 특별한 정당에 기대거나 입법안에 대한 의견을 표명하거나 다른 정치적 이슈 없이 공공정책에 영향을 주려고 노력한다. 이 조직은 LO뿐 아니라 SACO와도 좋은 관계를 유지하고 있다.

509. 단체교섭 과업을 위해 TCO 가입자들은 두개의 '교섭 카르텔' 에 참여한다. 국가와 지자체 서비스에 있는 근로자들을 위해 '공공근로자 교섭위원회' (OFR)가 있고 민간영역을 위해 '민간 사무직 근로자 카르텔' (PTK)[9]이 있다. OFR과 PTK는 임금교섭에는 참여하지 않지만 예를 들어 연금, 보험, 정리해고 등에 대한 중요한 단체협약에 대한 책임이 있다.

510. LO와 함께 PTK는 노동시장의 사적 영역에서 오랜 동안 SAF(오늘날 SN)의 상대방이었다. 그러나 SAF는 오늘날 그의 많은 권한을 잃어서 더 이상 교섭에 참여하지 않는다. 그로 인해 TCO와 SACO 사이의 관계를 회복하는데 성공했다. 그리고 두 조직으로부터의 노동조합들을 가입시켰다. 회원 노동조합들은 항상 PTK 내에서 자치권을 갖는다. 그들은 협약을 인준하거나 특히 PTK가 구속력 있는 협약을 체결하도록 허용한다. 오늘날 PTK는 대부분 사무직 근로자들의 복지보험과 같은 일반적인 것들에 대하여 SN과 그의 회원 조직들과 교섭한다.

---

7) http://www.tco.se.

8) '스웨덴 조정 사무소의 연차 보고서 2013.

9) http://www.ptk.se.

511. SACO[10]는 22개의 독립된 단체로 조직되어 있다. 그의 회원들은 대학교나 대학에서 학술이나 전문분야를 졸업한 사람들이다. 또한 SACO는 전체적으로 거의 50만 명 이상의 회원들이(학생과 퇴직 회원들은 제외) 가입하고 있다. 가장 큰 조직들 가운데는 약 111,000명의 회원을 갖는 대학 졸업의 '기술자 스웨덴 연합'과 약 60,000명의 회원을 가진 '스웨덴 교사 전국노동조합' 그리고 약 60,000명의 회원을 가진 JUSEK (법, 경제, 행정학 졸업자)가 있다.[11]

512. 유럽 노동조합연맹(ETUC)이 설립된 이래 스웨덴 LO는 그 회원이 되었다. 또한 TCO는 스웨덴이 유럽연합의 회원이 되기 오래 전에 ETUC의 회원이었다. LO-TCO-SACO 사무소가 국제적 계약을 위해 브뤼셀에 설립되었다. 스웨덴 노동조합들은 또한 OECD와 노르딕(유럽북부) 수준의 조직건설 작업에 참여하고 협력한다.

Ⅳ. 노동조합에서의 민주성

513. 궁극적인 권력이 조합원들에게 있다는 의미에서 노동조합은 민주적 기구이다. 그러나 노동조합이 민주적이 된다는 것을 보장할 공식적 규정은 없다. 노동조합 규약과 특히 조합자격에 대한 권리와 관련하여 그 적용을 위한 법적 내용이 아래에서 다루어질 것이다. 대체로 노동조합주의는 민주적 기준과 형태와 관련해서는 자기 통제적이다. 존재하는 독단적 행동을 위한 기교, 신뢰와 권한의 남용은 혐오 대상이었고 따라서 그로 인한 행태들은 금지되고 곧 사라졌다.

514. 지금까지 본 바와 같이, 파업과 단체협약에 대한 개별 (찬반) 투표행위에 의한 직접민주주의는 선호되지 않을 뿐 아니라 더 나아가 대규모 노동조합들에서 그것들은 금지된다. 따라서 간접대표 민주주의가 수용되는 형태이다. 대표와 간부들의 선거에서 일반 구성원들은 그들의 목소리를 가질 수 있다. 회원들은 선거를 통하여 그들 지도자에 대한 불만을 표출할 것이고 따라서 변화를 가져올 수도

10) http://www.saco.se.
11) 스웨덴 조정 사무소 연차 보고서

있다.

515. 일반 회원들의 영향력을 줄이는데 영향을 미치는 중요한 요소는 노동조합 간부들 가운데서 증가하는 전문직들이다. 그들은 복잡한 문제들을 취급하고 논의한다. 그러나 다른 한편으로 노동조합 문제에 참여하는 일반 구성원들 사이에 영향력이 증대시키고 있다.

§3. 사용자 단체

Ⅰ. 만간부문에서의 사용자 조직

516. '스웨덴 기업연맹'(SN)은 일찍부터 민간부문에서 사용자들의 조직을 지배해 왔다. 그러나 '은행 산업의 사용자조직'과 '언론 사용자조직'과 같은 몇 가지 다른 특별한 사용자 조직들이 있다. SN 외에 KFO[12] (협력적 사용자 단체)가 있는데 이것은 무역, 제조, 의료와 교육 그리고 비영리조직과 NGO 그리고 KFS (스웨덴 지자체 회사들)들을 포함하는 중견기업을 위한 소규모 단체이다. 공공부문에서 '스웨덴 지자체'와 지방의회 그리고 스웨덴 정부 사용자기구는 사용자로서 지방과 지자체 그리고 국가를 대리한다. SN만이 여기서 다루어질 것이다.

Ⅱ. SN: 구조, 정책과 내부조직

517. SN[13]은 49개의 회원 조직들과 170만 명의 근로자를 가진 거의 6만 개의 회원사들을 대표한다. 이것은 크고 작은 사용자들을 위한 조직이다.

518. SN은 다양한 산업을 기준으로 49개의 지부조직으로 나뉜다. 그들 가운데 우리는 크고 영향력 있는 단체로는 '스웨덴 기술산업협회, ALEGA (서비스 산업에

12) http;//www.kfo.se.

13) http;//www.svensktnaringsliv.se.

서의 사용자들), 철강생산단체, ' 스웨덴 IT 와 통신산업 ', ' 스웨덴 무역연맹 ' 등이 있다.

519. 어느 정도 중앙조직이 대부분의 지부 조직들 관계에서 우선이었기 때문에 1902년 설립된 SAF는 초기부터 1990년까지 높은 중앙집중적이었다(이하 참조). 비록 지부조직들이 항상 전국 단체협약 당사자라고 하더라도 모든 주요권력들은 중앙조직에 있었다. 그러나 1989년 마지막 중앙임금교섭 이후 SAF는 적어도 임금이 관련되는 한 교섭당사자로서의 행위를 포기하였다. SAF는 2001년 '스웨덴 산업연맹' (1910년 설립)과 합병하여 SN이 되었고 SN은 이러한 정책을 지속하였다. 임금과 기타의 조건들에 대한 교섭은 전국 지부조직들이나 그들 그룹 또는 지역 당사자들에게 달려 있다. 그러나 SN 내에서 다양한 조직들이 협력하고, SN에서 정보를 공유하며, 지부조직들의 대표들이 SN 내에서 의논하기 위해 만나고 또한 일반적 정책들과 일반적 이해관계의 고용조건들을 제시한다.

520. SAF는 이미 금세기 초 근로조건을 규제하는 수단으로 단체교섭의 원리를 채택했다. 그의 정책은 방어적 그리고 공격적 활동을 위해 조직을 강하게 구축하는 것이었다. 공격 수단으로서 SAF는 직장폐쇄에 의존하여 왔고 초기부터 관련 회원들의 개별 동의가 없다고 하더라도 가중 다수결(qualified majority)[14]에 의한 투표로 그의 회원들이 직장폐쇄에 참여할 것을 명령할 권리를 보장받았다. SAF는 단체교섭을 인정하는 동안에 그의 회원들과 관련하여 모든 단체협약을 규제하고 확인할 권리를 요구했다. 이러한 권리는 특히 모든 단체협약이 노동자를 마음대로 고용하고 해고하고 노동조합의 간섭 없이 작업을 지시하고 할당할 경영특권을 언급하는 조항을 가져야 한다는 것을 확실히 하는 것을 목표로 하였다. 이것은 SAF의 규정 §23(후에 §32)에 규정되었다.[15] SN의 규약들은 이러한 분야에 몇 가지

14) 회원의 규모와 영향력을 감안하여 할당된 투표수를 가감하여 투표하는 방식.

15) SAF 정관 23조(이후 35-32조), 협약의 결정사항을 준수함에 있어 사용자는 노동자들이 조직되어 있든 아니든 관계없이 노동을 지도하고 할당하면 노동자를 해고하며 활용할 권리를 갖는다. 다른 한편 노동조합 결성권도 침해받지 않는다. 노동자의 해고가 노동조합 결성권을 침해하는 것으로 해석될 수 있는 상화에서 이루어졌다고 노동자들이 간주할 경우에는, 다른 조직들이 취해지기 전에 노동자들은 자기 조직을 통해, 정의를 확보하기 위해 이 문제에 대한 조사를 요구할 수 있다.

일반적 규정만을 갖고 있다. 그러나 상당하고 일반적인 이해관계 또는 사용자들과 근로자들 사이의 관계에서 특별히 중요한 문제가 있는 단체협약의 내용과 그와 연관된 문제들에 관하여 연맹위원회가 해결책을 제시하는 것은 가능하다.

521. SN의 모든 구성원은 임금공제에 따른 부담금(조합비)을 납부해야 한다. 부담금은 SN이 그의 활동과 그의 관리를 줄이는 동안에는 상당히 줄어들 수 있다. SN은 오랜 동안 상당한 갈등기금을 축적해 왔고 아직도 직장폐쇄에 대한 결정권한이 있다.

522. 회원이 SN의 결정에 따랐다면, 회원은 파업이나 직장폐쇄로 인해 입은 손실에 대하여 보상을 받을 권리가 있다. 보상은 회원의 공헌의 양과 관련되고 따라서 임금에 기초하지만 다른 것들이 평가되는 특별한 경우도 있다. 그래서 특정한 경우에 심지어 이익에 대한 손실도 보상될 수도 있다.

523. SN은 집행이사회와 경영이사회를 갖는다. 이사회의 2/3가 직장폐쇄를 결정하여야 한다. 최고 수준의 결정권은 연차 총회이다.

524. 노동조합 운동이 현대 집단노동법을 불러일으키는 실제들을 야기하는 과정 동안에, SAF를 통한 사용자들 역시 단체교섭 시스템의 형성에 활발히 참여했다. 양측의 높은 조직화와 함께 내부 조직들 간의 경쟁의 부재는 서서히 괄목할 만한 평화로운 내부관계를 만들고 높은 수준의 자기통제로 귀결되었다. 살트보덴 시기(79-86절 참조)는 어느 정도 황금의 시기가 되어 스웨덴에서의 노사관계는 국제적인 관심을 끌기도 하였다.

1990년대에 갈등정책들이 노동시장의 형태를 만들어 갔다. SAF가 분권화와 규제완화 그리고 유연화에 목표를 둔 반면에 LO는 법령을 통해 노동자들의 지위를 방어했고 그러한 법령은 노동조합에 훨씬 유리했다.

20여개의 산업에서의 노동시장 지부조직들 사이에 1997년 체결된(새로운 합의서가 2011년 체결되었다) '산업발전과 임금형성에 대한 합의서' (소위 산업합의서)가 더 중앙집중화를 이끌었으나 동시에 (적어도 처음에는) SN과 LO의 입지를 약화시켰다. 이러한 '산업합의서' 는 노동시장에서의 임금교섭 당사자들에 대해 하나의 패턴이 되었다. 이러한 상황은 LO와 SN의 목표를 달성하는데 필요하였다.

525. SN은 비지니스유럽(Businesseurpe)[16]의 회원이고 브뤼셀에 그 사무소가 있다.

§4. 개인과 조직 간의 관계

526. 여러 조직들의 노동조합 규약에 따른 회원들의 권리와 의무는 이미 설명하였다. 규약들은 또한 조직과 회원들 사이의 계약으로서의 법적 개념으로부터 나오는데 조직이 개입됨으로써 그들은 구속력 있는 규약을 받아들이는 것이다. 비록 이러한 분야와 관련한 법령이 없다고 하더라도, 결과적으로 노동조합 규약의 해석과 적용에 관한 분쟁이 발생할 가능성이 많고 이것은 법원이나 다른 법적 절차에 따라 소제기가 가능하다. 계약과 단체의 일반적 원리들은 그러한 경우에 적용된다. 이들 중 하나의 원칙은 모든 회원들의 평등취급에 관한 것이다.

527. 회원들을 퇴출하는 결정이 유효한지에 관한 분쟁과 관련하여 몇 가지 사례들이 보고된 것들이 있다. 그러나 넓게는 이러한 주제들은 중재대상이고 노동조합 규약들은 늘 중재규정을 두고 있다. 그러한 경우에 법원들은 중재규정이 유효한지에 대해서만 결정한다. 가령 중재위원회 구성에 대해 공정한 기준을 충족하는지, 중재가 공정한 방법으로 구성되었는 지이다. 법원들은 그의 실체적 내용에 관하여는 재심결정을 하지 않는다. 보고된 사건들(NJA 1945, p.83, 1958, p.654)이 노동조합과 관련되지만 이 같은 원리들은 사용자 단체에도 적용된다는 것은 명백하다.

---

16) 비지니스유럽은 유럽수준에서 성장과 경쟁력을 지키는데 앞장서고 유럽대륙에 걸친 회사들을 위해 설립되고 그들의 업무에 가장 영향을 미치는 문제들을 홍보한다. 비준된 사회적 파트너로서 비지니스유럽은 그의 직접적인 회원들인 국제적 비지니스 연맹인 34개의 유럽 기업들에 모든 규모의 기업들을 대표한다.
이 단체의 주 사무소는 EU 기구의 핵심지역인 브뤼셀에 있다. 비니니스유럽은 비지니스에 대한 목소리가 유럽정책결정에 반영될 수 있도록 회원 연맹을 위해 일한다. 비지니스유럽은 정책 공동체에 있는 유럽의회, 집행위원회, 유럽이사회 뿐만 아니라 다른 주주들과 정기적으로 교류한다. 비지니스유럽은 또한 국제 분야에서 유럽 비지니스를 대표하고 유럽이 국제적 경쟁력을 갖도록 하고 있다. https://www.businesseurope.eu.

528. 최근 동안 몇 개의 노동조합들이 비민주적이고 급진적 조직으로 활동하는 사람들을 가입시키지 않거나 퇴출하기 위한 규약을 변경하여 퇴출시켰다.

529. 법원들은 노동조합에 가입할 권리와 관련한 결정에 대해서는 다소 중재 규정이 법원의 재판권을 배척할 수 없다고 하여 재심하는 방향으로 나아갔다. 노동시장 조직들은 노사관계에서 그들의 중요한 입지를 위해 그것은 가입을 원하는 사람들에게는 매우 중요한 것이다. 한 사례(NJA 1948, p.513)에서 최고법원은 현재 빌딩노동조합으로 합병된 과거 직능노동조합이었던 스웨덴 벽돌공노동조합 회원으로서 스웨덴으로 이주한 한 노르웨이 벽돌공의 가입을 받아들일 것을 명령했다. 법원의 이유는 노동조합 활동의 본질과 범위는 노동조합을 통해 안정된 고용관계를 얻고자 하는 회원들에 의존하고 따라서 근로자들은 노동조합 내에서 그들의 삶을 얻을 수 있다는 것이었다. 구체적인 조합원으로서의 차별에 관하여는 후술하는 2008년 차별법을 참조하라.

530. 같은 취지에서 다른 중요한 문제는 노동조합이 그들의 개별 노사관계에서 그의 회원들을 대표할 권한이 어느 정도인가라고 할 수 있다. 이를 구분해 보면, 조직들은 규약에 의해 그들의 회원들을 구속하는 단체협약에 들어갈 권한이 있다는 것과 특정한 사건에서 그들 회원들을 대리하고(4장 이하 참조) 비록 회원이 원하지 않는다고 하더라도 소송을 제기할 자신의 권리가 있다는 것이다.

가령 개별 임금인상이 요구될 때 노동조합들은 그들 회원들을 위해 교섭할 권한이 있고 사무직 근로자들을 대표하는 노동조합 간부들은 더 나아가 그러한 사건에서 특별한 권한을 갖는다. 개별 임금인상이 임금교섭에서 결정될 때, 노동조합은 그의 회원들을 위해 결정할 권한이 있다고 생각되지만 이것이 논란의 여지가 없는 것은 아니다. 한 가지는 명백한 것은 개별이든 집단 합의서에 기초하든 분쟁이 이미 얻은 개인 소득과 관련될 때, 노동조합은 회원의 권리를 포기한다든지 또는 다른 처분할 특별한 권한 없이는 그에 대한 권한이 없다. 가령, 노동조합은 관련 근로자의 동의 없이 부당해고나 휴가보상에 대한 손실에 대한 청구권을 포기하는 것이 허용되지 않는다. 만약 조합원이 분쟁이 해결되고 있을 때 이에 참여함과 동시에 그 문제를 명백하게 이해하고 이의가 없다면 그는 대개 그 합의를 승인한 것으로 간주된다.

531. 1970년대의 노동법령은 노동조합에 대한 많은 권리를 부여하였다. 노동조합들은 이전에 없었던 많은 과업(권리)을 수행할 수 있었다. 특히 단체협약을 체결함으로써 '확립된' 지위를 얻은 노동조합(the established union)들은 그 관할 내에 있는 모든 근로자들의 대표로서 취급 받았다. 다음 장에서 더 상세히 살펴보겠지만 많은 권리들은 그러한 노동조합들을 위해서는 배타적이다. 그에 따르면 그들의 활동은 회원들이 다른 노동조합에 속하든지 또는 조직되지 않았는지에 불구하고 확립된 노동조합의 조합원이 아닌 사람들에게도 관련되고 영향을 미친다.

문제는 결과적으로 이러한 권리들이 확립된 노동조합의 활동에 의해 영향 받는 비회원들에 대해 적어도 차별하지 않아야 한다는 어떤 의무가 있어야 한다는 것이다. 이러한 문제는 법령에도 없고 입법안에도 거의 주의를 끌지 않았다. 법원은 아직까지 미국에서와 같이 '공정대표 의무'를 표명하지 않았으나 적어도 그에 합당하는 의무의 몇 가지 유형들을 법령에서 발견할 수 있다. 노동조합에 대한 그러한 권리를 부여하는 법 규정들은 다음을 의미하는 것인데 즉 노동조합은 일반적으로 근로자들의 이익을 위해 그의 과업을 수행할 책임을 갖는다는 공동결정법과 관련하여 의회 입법안에 기술되어 있다.

532. 2008년 차별법에 따라 성, 성전환 증명이나 표현, 인종, 종교나 다른 신념, 장애, 성적취향이나 나이를 기초로 한 차별은 사용자나 근로자 조직의 회원이나 그 가입에 관하여 금지된다. 위 사항들을 기초로 한 차별은 그러한 조직이 그의 회원들에게 제공하는 편익에 관하여도 금지된다. 그러나 이러한 금지들은 조직이 여성과 남성 사이의 자질을 촉진하기 위해 한쪽의 성을 가진 회원에게 편익을 제공하는 것을 금지하지는 않는다.

제3절 교섭권

§1. 기본권적 중요성

533. 제1장에서 일하는 집단노동관계를 위한 기본적 요건 중 하나로 단결권을 다루었다. 강조할 것은 이러한 권리는 노동조합을 강하게 하여 교섭단체로서 역할 하도록 할 목적으로 만들어졌다는 것이다. 단결권은 교섭권을 보장하기 위해 필요한 한에서 보호받았다. 이러한 권리는 노동조합 활동을 위한 가장 기본적인 요건이 되는 것이라고 말할 수 있다. 교섭은 이러한 활동을 추구하기 위해 가장 필요한 형태이다.

§2. 교섭권은 무엇인가?

534. 교섭권은 공동결정법 (§10)에 있는데(1936년 초기 '단결과 교섭권에 관한 법' 과 마찬가지로) 단체 또는 오히려 집단적 당사자(개별 사용자는 이에 포함)를 위한 권리로 정의한다. 일반적 교섭권과 관련한 조항은 다음과 같이 규정한다.

> §10 근로자 조직은 사용자와 당해 사용자의 근로자이거나 근로자였던 조합원 사이의 관계에 관한 문제에 대해 사용자와 교섭할 권리를 갖는다. 사용자는 근로자 조직과 교섭할 동등한 권리를 갖는다.
>
> 근로자 조직들은 또한 첫 항에 따라 사용자가 회원인 조직과 교섭할 권리를 갖는다. 근로자가 회원인 조직과 관련한 근로자 단체도 마찬가지이다.

535. 노동조합이 사용자와 교섭할 권리를 얻기 위해 관련 사용자와 고용된 약간의 조합원을 갖는다는 것 외에 규정된 것은 없다. 대표에 요구되는 조건도 없다. 즉 한 명의 단일 회원으로도 충분하다. 한편으로 원칙으로 조직은 그의 조합

원들을 위해서만 교섭한다. 그러나 단체협약에서도 인정하는 예와 같이 단체협약을 비조합원에게도 적용하는 것을 금지하는 것은 없다. 노동조합의 독립성에 관한 규정된 요건도 없다. '기업' 노동조합은 스웨덴에서 문제가 되지 않는다.

536. 교섭권은 현재 고용관계의 존재나 이전의 고용관계와도 관련된다. 이것은 실업자의 요구에 대해서도 교섭이 가능하다. 예를 들어 연금이나 휴가보상에 대한 권리에 관한 청구의 경우이다.

537. 다음은 §10의 내용으로 교섭권은 상호권리로부터 나온다는 것이다. 그것은 교섭할 상호 의무를 의미하는데 손해배상 책임을 정하는 것과는 관련이 없다(§54). 이러한 의무를 강제할 수단들은 조정인에게 허용하는데(95절 참조) 조정인은 당사자들이 교섭할 의무를 이행하는 것을 강제할 특정한 수단을 갖고 있다.

§3. 교섭할 권리와 의무의 내용

538. 교섭할 일반적이고 기본적인 의무가 무엇을 의미하는가? 이에 대해 법은 매우 모호하게 규정하고 있다(공동결정법 §15). 그것은 사람과 또는 대표를 통하여 교섭을 위한 회의에 참석할 의무와 교섭 동안에 문제해결을 위해 필요한 곳에서 제안하고 이유를 설명하는 것을 포함한다. 당사자들은 회의를 위해 교섭에 나오는 것 외에 교섭의 다른 형태를 선택할 자유가 있다. '교섭'에 의한 것이 무엇을 의미하는 지는 다음에서 설명될 것이다.

§15의 특별한 조항은 집단정리해고에 직면했을 때의 교섭과 관련된다. 그 때 사용자는 그러한 상황에서 이해관계의 다양한 주제에 대한 상세한 정보를 제공할 의무가 있다. 이 조항은 집단 정리해고에 대한 EU 이사회지침 98/59/EC을 보완한 것이다(이전에는 75/129/EEC).

539. 교섭할 의무는 심지어 당사자들이 해결의 형태에 동의한다고 하더라도 단체협약의 체결로 교섭을 끝낼 의무를 의미하지 않는 다는 것을 언급할 필요가 있다(AD 1972 no.5). 1970년대의 새로운 노동입법이 사용자와 단체협약을 체결한

노동조합들에게 '확립된'(established) 것으로 인정되는 특별한 지위 즉 중요한 권리와 권한을 부여하는 지위를 부여한 바와 같은 문제는 1970년대에 더 큰 의제가 되었다. 그래서 '인정'(recognition)이라는 다른 등급을 갖는 노동조합이 있다. 교섭의 기초적 권리로서 단지 사업장에 회원을 가진 모든 노동조합에 부여된다.

540. 교섭에서 교섭위원으로 선택된 근로자는 교섭에 참여하기 위해 업무로부터 합리적인 시간을 면제 받는다(§17).

§4. '교섭'은 무엇을 의미하나?

541. '교섭'은 물론 현재 매우 모호하고 일반적 의미로 사용되나 노사관계와 관련하여 비록 구체화하기 어렵다고 하더라도 그 의미는 다소 좁은 개념이다. 교섭할 의무가 이행되었는지 아닌지에 대한 문제가 자주 판결을 받은 바와 같이 그 개념은 중요하다. 모든 계약이나 고용문제를 논의하기 위해 모든 집단 당사자들이 교섭지위를 갖지는 않는다. 교섭은 가령 해고와 같은 것에 대하여 집단 당사자들이 사전에 논의할 수 있는 상담이나 기타의 논의보다 더 공식적이다.

542. 공동결정법 §16에서는 강제성은 없지만 준수해야 할 특정한 사항들이 규정되어 있다. 교섭을 바라는 당사자는 상대방에게 요구서나 소환장을 제출하여야 한다. 만약 상대방이 이를 요구한다면 소환장은 교섭사항을 명기하여 문서로 주어져야 한다. 또한 각 당사자가 요구한다면 양 당사자들에 의해 확인되고 서명된 회의록을 준비하여야 한다. 당사자들은 대개 교섭이 중단되는 것보다는 교섭이 종료되는 것으로 한다는 것에 동의한다. 그것은 제한시간을 위해 시작 시점으로서 중요하다. 만약 당사자들이 이러한 사항에 동의하지 않는다면, 교섭은 교섭할 의무를 수행한 당사자들 중 한사람이 상대방에게 문서로 교섭을 그만 둔다는 고지를 하였을 때 종료된 것으로 간주된다. 시간제한과 절차에 관한 더 상세한 것은 단체협약이나 법에 의해 규제된다. 그에 관한 사항은 각 교섭의 주제에 따라 다르다. 만약 한 당사자가 교섭할 의무를 이행하기를 거부한다면, 상대방은 그 교섭여부가 상대방에 의해 결정되는 상황이라면 그의 의무를 이행한 것으로 간주된다.

543. 비록 교섭의무가 상호적인 것이라고 하더라도, §10은 교섭 요구는 근로자측으로부터 나온 것으로 추정한다. 그것은 교섭할 권리가 사용자측에서의 양보와 일방적 결정에 대한 제한을 의미하는 한 자연스러운 해석이다. 이미 공동결정법 이전에 사용자가 법령이나 단체협약 하에서 어떤 결정 이전에 다양한 주제에 대하여 교섭을 시작하거나 적어도 협의할 의무가 있었다.

§5. 교섭대상과 교섭형태

544. 교섭이 사용자들과 근로자들 사이의 관계와 관련되어야 한다는 일반적인 것 즉 원칙으로 단체의 회원들만이 교섭에 참여한다는 것 외에 교섭에 대한 다른 제한은 없다. 그러나 교섭은 가끔 조합원과 관계없는 조합이나 기업과 관련한 일반적인 문제들도 취급한다. 적어도 노동조합들이 단체협약 체결로 인해 '확립된' 지위를 갖는다면 노동조합들은 점점 더 일반적인 근로자의 이해관계를 대표한다고 생각되고 있다.

545. 교섭에는 3가지 종류의 교섭대상이 있고 따라서 3가지 다른 주요형태의 교섭절차가 발전되었다.

(1) 새 단체협약을 위한 교섭. 이것은 교섭의 고전적인 교섭형태이다.

(2) 분쟁교섭. 이것은 일반적으로 단체협약과 노동법 적용과 관련한 분쟁을 해결하는 것을 목표로 한다. 다양한 영역을 위한 기본합의서는 이러한 목적을 위해 고충절차를 포함하고 있다. 여기서 그 형태는 먼저 중앙교섭에 따른 지역교섭이다. 필요한 경우 그리고 최종적으로는 분쟁을 중재나 법원에 소송을 제기한다.

(3) 경영사항과 관련하여 협력을 목적으로 하는 교섭 즉 협력적 교섭. 이것은 근로자들과 그들 단체들에게 영향력이나 가능한 공동결정권이나 적어도 경영행위에서 참여권을 주기 위한 공동결정법(§§11-14)에 의한 수단이다. 이에 관하여는 다음 장에서 다루어질 것이다. 중요한 특징은 특정한 사건에서 소위 교섭할 우선권이라고 부르는 것이 있는데 이는 사용자의 교섭을 시작할 의무가 있고 그러한 교섭이 수행되기까지 결정이나 적어도 그의 실행을

보류할 의무가 있다는 것이다(§11).

교섭의 첫 두 가지 형태들은 노동조합들과 단체협약이 나타나기 시작한 때부터 사용되어 왔다. 세 번째 유형은 1976년 공동결정법에서 부터이다.

§6. 교섭권과 쟁의행위 돌입권

546. 협상이나 교섭권 그리고 파업권은 사용자에게는 직장폐쇄와 밀접하게 연결되어 있다. 상대방에 주어지는 경제적 압력을 가할 권리 없이는 교섭권은 거의 효력이 없는 것으로 생각된다. 그러나 이것은 위 (1) 하에서의 교섭에만 적용될 뿐이다.

분쟁교섭은 거의 변함없이 법적절차를 통한 평화로운 해결 과제인 권리분쟁과 관련된다. 만약 당사자들이 동의할 수 없다면 불만족한 당사자는 분쟁을 극단적으로 끌고 간다.

공동결정법이 적용되는 한에 있어서의 '협력적 교섭'에 대하여 사람들은 노사갈등에 민감해하지 않는다. 사용자는 하나의 예외를 갖지만(§39, 노동조합의 반대권) 최종결정을 할 수 있는 권리를 갖는다. 합의서에 따라 문제들을 양자기구나 노동조합 또는 근로자 집단의 결정에 맡기는 것이 가능하다. 그러나 이러한 분쟁에서의 쟁의행위는 허용되지 않는다.

제4절 단체교섭 체계와 단체협약

§1. 중앙 교섭체계

547. 역사적 배경의 장에서 우리는 높은 중앙 단체교섭체계의 발전을 설명하였다. 제1차 세계대전 이후 수십 세기 동안 사회적 당사자들과 국가는 주로 임금인상을 통제하고 산업평화를 유지하기 위해 단체교섭의 중앙 집중화에 노력하였다. 임금설정은 대개 연대성이나 평등적 모습을 갖는다. 1980년대까지 40년 동안, 임금은 한쪽에서는 LO와 PTK 다른 쪽에서는 SAF에 의해 중앙 집중적으로 체결되는 전국합의서에서 결정되었다. 그러나 1990년대 이래 개별 노동조합과 사용자단체가 임금 합의서를 위해 교섭하였다. '스웨덴 산업협회'[17]와 '스웨덴 금속노동조합'[18]은 1983년에 최초로 이러한 모델을 도입하였다. 비록 분권화 절차가 지난 수십 년간 진행되어왔다고 하더라도, 스웨덴에서의 단체교섭은 아직 비교적 중앙집권적이다.

새로운 합의서에 대한 이러한 교섭과는 대조적으로, 분쟁해결 절차는 필요하다면 전국 지부 수준에서 요구되어 지역수준에서 시작한다. 그러나 특정한 협약에 따라 분쟁이 최종적으로 최고 SN/LO 수준에 제기될 수도 있다. 이것은 대개 분쟁이 중앙 SN/LO 합의서의 적용에 관련되는 사건이다. 그 외의 분쟁들은 노동법원이나 중재에 맡겨질 수 있다.

548. 각 수준에서의 단체협약은 상세하고 사용자와 근로자 사이의 관계에 대한 규제를 상당히 납득할 만한 내용으로 담고 있다. 그리고 그것은 임금, 근로시간, 휴일, 고지기간, 휴가, 출장비용 등과 같은 대부분의 문제를 다룬다. 단체교섭의 분권화를 위해 전국수준에서의 단체협약이 상세한 내용을 기업에서의 교섭을

---

17) 현재는 '스웨덴 엔지니어링 산업 협회'.
18) 현재 '유니온넨'.

위해 더 많은 선택권을 주기 위한 합의서 체계로 옮겨가는 것이다. 더 상위 수준에서의 합의서는 낮은 수준으로 당사자들을 구속한다. 이것은 지역적 수준에서의 단체협약 조항에 위반하는 영역별 단체협약을 체결을 할 가능성이 없고 개별 사용자와 근로자가 법령이나 단체협약에 위반하는 개별 근로계약에 동의할 가능성이 없다는 것을 의미한다. 그러나 상위 수준의 단체협약들은 낮은 수준에 있는 당사자들에게 법령이나 합의서에서 벗어나는 것을 허용하고 가끔 상위 수준에서의 규제가 명시적으로 낮은 수준을 규제하도록 허용하는 것은 가능하다.

549. 중앙 임금교섭 체계는 항상 새로운 임금교섭이 시작될 때마다 공동결정에 의존했다는 것을 명심하여야 한다. LO 뿐만 아니라 TCO의 규정에 따라 전국노동조합들은 이러한 모습에서 최고 결정권자이다. 그들은 스스로 모든 것에 대해 교섭할 것을 결정할 수 있지만 1950년대 중반부터 1984년까지 정기적으로 중앙 임금교섭만을 결정하였다. 이것은 특히 저임금 그룹을 우선시하는 연대 임금정책을 촉진하려는 LO의 바램이었다. 이것은 해고나 정리해고, 공적 사회보험체계를 보완하는 급여 또는 새로운 준 강제적 노동법령(예를 들어 고용보호법, 연차휴가법)으로부터 보완되거나 유래하는 혜택에 대한 보상의 도입 또는 특정한 문제들의 취급을 위한 절차나 공동기구의 도입이 될 수도 있는데, 역시 통일적인 방법으로 전체 노동시장에 특별히 요구되는 공통사항을 충족시키는데 유용하다는 것이 증명되었고, 민간영역에서의 공동결정 합의서에서도 이용되었다. 공동작업 합의서로 자주 언급되는 마지막으로 위에서 언급한 합의서는 입법의 대체물로 작용하였다. 중앙 임금교섭으로부터의 탈피가 시작되었는데 이것은 다양한 거래에서의 환경에 더 적절한 합의서를 도출한다는 바램으로 SAF에 의해 취해졌고 SN이 이에 따랐다.

550. 협약이 최고 수준에서 체결될 때, 최고 조직들은 다양한 임금체계와 다양한 지부에 우선하는 일반적 조건들에 관하여 필요한 내용들은 담는 단체협약은 전국 지부조직들에 의해 채택되는 것에 대하여 약속하였다.

그러나 그러한 중앙협약은 전국 지부와 공장 수준의 전체 교섭석상이 추구될 때까지 우선이다. 그래서 만약 협약이 모든 수준에서 체결될 수 없다면, 당사자들은 쟁의행위에 돌입할 원칙적 자유가 있다. 그러나 일단 중앙협약이 체결되면 최고 조직들은 그것이 수용될 때가지 지부조직들을 관리하였다.

551. 요약하면, 단체교섭과 협약은 3가지 수준에서 일어나고 체결된다. 그것은 전국수준(영역별, 오늘날은 여기서 임금교섭은 이루어지지 않는다), 산업수준(전국 영역) 그리고 기업수준이다. 법적으로 구속력 있는 단체협약은 모든 수준에서 체결될 수 있다. 그들에 의해 설정된 제한 때문에, LO, TCO, SACO 뿐만 아니라 SN도 그들 회원 조직들을 구속되는 단체협약을 체결할 수 없다. 이러한 수준에서 체결되는 협약은 먼저 그들이 전국 영역 수준에서 각각의 조직들에 의해 서명되었을 때 단체협약이 된다.

552. 지난 20년 동안 스웨덴에서의 임금형성은 노동시장의 큰 영역에서 점증적으로 분권화되고 개별화되었다. SAF(현재 SN)는 기업수준의 임금결정을 위한 분권화를 요구하고 있다. 그리고 이것은 어느 정도 이행되었다. 그럼에도 불구하고 오늘날 전국영역의 교섭과 단체협약이 가장 중요하다. 임금형성 절차에서의 지역 당사자들의 영향력은 성장했다. 분권화 절차는 특정한 영역에서 영역 단체협약이 그에만 적용되는 하나의 체계를 제공하는 상황을 가져오는, 예를 들어 주요한 임금설정 절차가 완전히 지역 당사자들에게 남겨진다. 이러한 소위 '모양 없는 단체협약' 이 SACO에 가입된 몇몇의 노동조합들 가운에 1990년대 중반에 나타나기 시작하였다.[19] 거의 모든 영역에서 임금교섭은 분권화되고 심지어 LO에 가입된 전통적인 노동조합에서 조차 소규모 총액보장을 하는 지역단체협약을 자주 볼 수 있다. 즉 그 영역에 있는 모든 근로자들이 그에 의해 보장받는 것이다. 거기서 대부분의 임금인상은 지역교섭에 남겨진다. 분권화 절차가 만간부문에서 보다 공공부문에서 더 빠르게 진행되었다는 것을 주지할 필요가 있다.[20] 비록 민간 그리고 공공 영역에서의 많은 협약서들이 지역 당사자들에게 지역 수준에서 임금의 규모와 그의 분배를 교섭할 전적인 자유를 준다고 하더라도, 많은 사례에서 이러한 규정들은 다양한 종류의 삭감 조항과 관련되어 있다. 이러한 조항들은 만약 지역 당사자들이 합의에 실패한다면, 작업장 수준에서의 인상될 급여액 그리고 모든 개별 근로자를 위한 최저임금 인상을 규정한다. 이러한 인상의 규모는 지역마다 다양하다. 몇 가지 사례에서 보면 개별적 보장은 계약기간 종료 시에도

19) 모양 없는 처 협약은 독립적인 노동조합 지도자들에 대해 1992년 체결되었다.
20) 영어로 정리된 http://www.mi.se. '스웨덴 국가조정청 '의 연차보고서를 참조.

효력을 지속한다.

단체교섭과 임금형성에서의 분권화의 진행에도 불구하고 아직도 같은 영역이나 같은 조직에 속하는 당사자들은 서로 협력하고 있다.

553. 연대임금정책은 최저임금 이상 지급할 수 없는 사업은 폐업을 의미할 수 있다. 그래서 저임금 국가와의 경쟁으로 인해 옛 조선과 건설뿐만 아니라 타일산업은 스웨덴 시장에서 사라졌다. 또 다른 효과는 숙련 노동자들 가치가 시장에서 항상 보장받는 것은 아니라는 것이다. 이것은 임금시스템이 다시 단가율과 실적 보너스와 같은 성과체계로 인해 임금 변동의 가능성을 가져온다. 다른 한편으로, 임금체계가 경직된 곳에서 다른 영역의 근로자들에 의해 적용받는 임금변동을 형성하는 '수입보장성' (earning trend guarantees)에 대한 요구가 증가했다. 만약 물가가 협약 유효기간 중 특정한 한도를 넘는다면, 재협상을 규정하는 조항들이 1970년대와 1980년대 동안에 일상이었다. 이것은 스웨덴 경제에 광범위한 문제들을 야기했다. 임금형성은 1970년대부터 높은 명목임금 인상과 높은 인플레이션율 그리고 사업자들의 비용보다 더 많이 인상된 노동비용을 갖는 문제들을 야기하였다.

554. 위에서 설명한 3단 추진로켓 모양과 같은 교섭체계는 1970년대와 1980년대 동안에 폭발적인 임금인상에 크게 공헌하였다. 사회적 당사자들은 협약을 체결하는 것이 극도로 어렵다는 것을 알았고 1980년대 동안에 거의 모든 임금석상에서 쟁의행위가 있었는데 그것은 스웨덴 노동시장에 새로운 현상이었다. 1980년대 동안의 산업불안은 주로 공공부문에서였다. 또한 1990년대 초에, 광범위한 쟁의행위가 있었고 실업이 급격히 증가하여 스웨덴 노동시장이 1930년대 이래 직면하지 못했던 수준까지 도달했다. 사민당은 파업을 금지하는 것을 골자로 하는 정부법안이 의회(Riksdag)에 의해 거부됨으로써 1990년 물러나야 했다. 사민당은 즉시 강공책을 쓰게 되었고, 증가하는 실업, 인플레이션과 임금에 대한 통제권을 얻기 위해 매우 숙련된 조정인의 지도하에 노동시장 당사자들을 위한 경험 있고 은퇴한 대표들로 구성된 3자 국가위원회(Rehnberg Commission)를 지명했다. 이러한 시도는 다음의 임금석상에서 약간의 효과를 가져왔으나 1995년 교섭석상에서 다시 문제들이 증가했다. 이에 따라 1995년 3자 위원회뿐만 아니라 숙련된 조정인들의 지도하에 교섭에 관한 새로운 규정에 사회적 당사자들이 동의

하도록 강제하려는 시도가 있었으나 실패했다. 1997년 사회적 당사자들은 스웨덴 임금형성 체계에서의 개혁을 제안하기 위해 정부에 의해 초청되었다. 그러나 정부에 대한 답변으로서 당사자들이 문제를 어떻게 해결할 것인가에 대한 서로의 의견은 거리가 매우 멀기만 하였다.

최종적으로 1997년 정부는 스웨덴 노동시장 전체에 임금형성을 검토할 계획을 설정했다. 그것은 임금교섭에 대한 원칙들, 조정과 쟁의행위를 규제하는 법령에 대한 규정을 검증했다. 이에 따라 하나의 권고안이 채택되었고 2000년 국가조정청은 노동분쟁 조정을 책임지는 중앙 당국으로서 옛 국가조정시스템을 바꾸었다. 그러나 국가조정청 또한 새로운 과업을 맞았는데 효율적인 임금형성 절차를 촉진하는 것이었다. 더구나 국가조정청은 임금과 관련한 공공의 통계에 대해서도 책임을 졌다.

555. 동시에 사회적 당사자로서 스웨덴 산업 교섭 당사자들(12명의 사용자 조직들과 7명의 노동조합들)은 1997년 3월 새로운 공동작업 합의서, 대략 75만 명의 근로자들에게 적용되는 '산업발달과 임금형성'(Agreement on Industrial Development and Wage formation, 산업합의서(Industrial Agreement))에 대한 교섭 합의서를 체결하기 위해 정부에 대한 그들의 답변서에 대해 작업하고 있었다. 당사자들은 합의에 도달했는데 스웨덴 산업에서의 당사자들의 목표는 경쟁력 있는 수출산업을 위한 원천적 해결수단으로서 임금형태를 설정해야 한다는 것이고 다른 교섭영역을 위해서도 임금기준을 확립하는 것이었다. 이것은 전적으로 2000년 새로운 조정시스템을 가져오려는 정부안에서의 합리적인 계획안과 공공부문에서의 교섭절차에 대한 합의서와 관련되어 있었다.

556. 임금 단체협약은 항상 일정한 기간으로 체결되는데 대체로 1년 또는 2년이고 때때로 더 긴 기간도 있다. 만약 협약이 1년 이상이면 특별한 조항들은 단계적인 적용 안 예를 들어 임금인상의 단계적인 인상률 등이 적용되기도 한다.

557. 2009년 초 IF Metall과 상대방인 '스웨덴 엔지니어링 산업협회'는 유일한 내용의 합의서를 체결했는데(596절 참조), 그것은 경제적 위기 시에 근로시간을 줄이고 임금을 줄이는 것에 지역적으로 동의할 가능성을 열어두는 것이다. 이것

은 매우 이례적인 일이었고 IF Metall은 다른 노동조합으로부터 혹독한 비난을 받았다. 지금까지 이러한 종류의 지역 합의서가 체결된 것은 없었다(367절 참조).

558. 2012년 산업영역에 있는 사회적 당사자들은 단기노동이 경제위기에 여러 번 도입될 수 있는지에 대해 정부에 제안서를 제출했다. 관련법이 2014년 도입되었을 때 이를 단기노동이라고 불렀다. 새로운 입법(SFS 2013:948)은 전체 경제가 영향을 받는 예외적인 경제적 상황에 처해있는 사용자들을 지원하기 위해 공공재원을 마련해 주고 거기서는 단기노동시간에 관한 단체협약이 존재한다.

§2. 단체협약의 설명

559. 전국단체협약의 내용에 대해 간단히 설명하고자 한다. 이를 위해 우리는 Teknikarbetsgivarna('스웨덴 엔지니어링 산업협회')[21] 그리고 IF Metall[22] Teknikavtalet IF Metall 사이에 2013.4.1~2016.3.31 기간의 임금소득자를 위한 단체협약을 예로 들고자 한다. 이러한 지부에서의 첫 전국협약은 1905년에 들어갔고 현재 협약은 아직까지 첫 협약의 내용을 담고 있다. 초기부터 잘 형성된 체계를 계승하여 공통의 형태가 되는 것으로 보인다. 원래 노동측은 몇몇의 노동조합에 의해 대표되었다. 그러나 현재는 산업별 노동조합의 현대적 원리에 따라 단지 하나의 노동조합이 노동자들을 대표한다.

560. Section 1은 평화의무와 교섭절차를 다룬다. 하위 section 1에서 당사자들은 평화의무가 협약 유효기간 동안에 고용조건과 당사자들 사이의 일반적 관계와 관련하여 우선해야 한다는 것에 동의한다. 그러나 이것은 1938년의 기본합의서(Saltsjöbaden Agreement)의 제3장에 대응한 동정파업을 할 권리에 영향을 주지 않는다.

Section 1의 하위 Section 2-12에서 교섭절차에 따른 다양한 문제들이 다루어지고 있다. 하위 Section 2는 다음과 같이 설명하고 있다. 즉 '만약 법적 분쟁이나 이

21) 초기 '스웨덴 산업 협회', Sveriges Verkstadsförening(VF).
22) 초기 '스웨덴 금속 노동조합'과 '스웨덴 산업 노동조합'.

해관계 분쟁이 고용조건이나 당사자들 사이의 일반적 관계와 관련하여 일어나면, 교섭은 이 합의서의 방법과 절차에 따라 행해져야 한다.' 지역과 중앙 수준에서의 교섭이 다양한 종류의 분쟁에서 요구될 수 있는 범위 내에서 시간적 한계, 지역이나 중앙 교섭이 시작되어야 하는 시간, 교섭의 종료 그리고 법적 분쟁을 법원으로 가져오는 기간들이 취급된다.

561. 하위 section들은 임금, 근로시간, 긴급한 시간과 연장시간에서의 근무에 대한 보상, 연차휴가, 공장 밖 근무, 질병급여,[23] 고용의 시작과 종료, 임금보호, 특별휴가(compassionate leave), 재택근무와 관련한 사항들을 포함한다.

562. 임금 원리에 대한 section 2는 다음과 같이 시작한다. '임금설정은 개인과 다른 상황에 따라 다양화되어야 한다. 임금 다양성에 대한 합리적인 근거가 있어야 하고 그것들은 사실에 근거되어야 한다. 임금은 책임과 작업의 난이도 수준과 작업자가 이러한 것을 수행하는 방법을 고려하여 정해져야 한다.'

임금규제에 관련한 section 3에서 합의서는 지역당사자들은 임금원칙부터 적절한 임금체계까지 동의하여야 한다고 규정한다. section 3은 또한 특정한 최저임금도 규정한다.

만약 지역 당사자들 중 한 사람이 요구한다면, 시간과 단가임금 색인표는 그들의 임금체계에 동의한 지역당사자들 대신에 적용되어야 한다. 단체협약에 부수되는 이러한 색인표는 시간당 임금, 생산단가 임금, 교대형태와 부속자료, 질병과 휴가 급여의 계산, 공휴일과 양육수당, 출장시간에 대한 보상, 생산중단의 경우의 급여, 직무변경과 관련한 급여 등에 관하여 매우 상세한 규정을 두고 있다.

563. Teknikavtalet IF Metall 2013-2016의 section 4에 따라 단체협약은 노동시간 전체를 바꾸었다. 여기서, 예를 들어 정규 노동시간의 배치뿐만 아니라 노동시간의 적치노동시간(time bank)[24]이 얼마나 적치되어야 하는지에 대한 규정들이 있

23) 사회보험체계에 따라 양육수당 한도를 높이는 것을 목적으로 한 보험설립에 관하여 SN과 LO 사이의 새로운 합의서 때문에 양육수당과 관련한 초기 규정들은 폐지되었다.

24) 거래 단위로서 시간을 예정하여 자발적으로 상호 교환될 수 있는 체계. 즉 초과근무나 휴일 근무 등 정규근로시간 외의 근로에 대하여 별도로 적치하여 후에 휴일로 사용할 수 있는 근로기간 제도.

다. 근로자의 적치노동시간에 대하여는 휴가가 있는데, 이를 현금으로 지불받거나 연금 혜택으로서 보상을 갖는데 사용될 수 있다(Section 5, subsection 5).

564. 질병급여는 Section 8에서 규제되고 따라서 관련 근로자에게 위 일반 사회보험체계에서 약간의 특별급여가 지급된다.

Section 9, subsection 1은 한시적 고용 합의는 서면으로 작성되어야 한다고 규정하고 있다. 일일고용(소위 일용 노동자들)의 빈번한 채용사례에 대하여 이러한 한시적 고용을 피할 목적으로 지역협약은 한시적 고용보다 적어도 한 달 그리고 최대한 12개월 기간을 위한 고용을 요구하고 있다.

단지 하루를 위한 짧은 유급휴가기간, 특별휴가는 결혼, 50주년 생일, 가까운 친척의 사망, 가까운 친척의 장례, 가까운 친척의 갑작스럽고 중대한 질병을 위해 허용된다. 특별휴가는 또한 극심한 질병이나 사고의 경우 의사에 대한 첫 방문과 그와 유사한 상황들에 있어서의 건강검진을 위하여 허용될 수 있다.

마지막 section 14는 협약의 기간과 종료의 사전고지에 관한 규정을 정하고 있다.

565. 언급한 바와 같이, 전국협약은 고용조건의 규제를 위한 주요한 수단이다. 3가지 종류의 중앙협약은 이미 설명했다. 때로는 전국 지부협약에서 이를 인용하고, 때로는 그것들은 발전협약과 산업협약과 함께 각개의 협약으로서 전국 지부수준에서 강제하고 있다.

566. 전국협약은 모든 기업들이 사용자협회에 가입되는 한에서 유효하다.

어떤 종류의 정부포고나 입법으로 단체협약을 확장하는 것은 스웨덴 법 하에서는 불가능하다. 그러나 스웨덴 단체협약은 단체협약에 있는 규정들이 원칙으로 협약을 적용받지 않는 사용자들과 근로자들에게 적용될 수 있는 몇 가지 다른 방법이 있다고 말할 수 있다.

먼저, 하나의 노동조합은 서명한 사용자 협회에 속하지 않은 개별 사용자와 협약을 체결할 수 있다. 이것은 기본적으로 사용자는 관련 활동분야를 적용하는 분야별 협약 중에서 예상되는 단체협약을 적용할 것을 선택할 수 있다는 것을 의미한다. 그의 내용들은 전적으로 그의 해석과 관련하여 전국 단체협약의 당사자들 사이에 동의되는 것에 의존한다. 이것을 '적용협약(application agreement)' 이라고 부른다. 이러한 경우에 비조직 사용자는 단체협약 당사자가 되고 사용자와 노동조합 간 계약적 관계가 존재한다.

두 번째 사례는 확장과 더 가깝다. 그것은 두 근로자와 관련되는데 단체협약 서명 노동조합과 다른 노동조합에 속하고 그 단체협약을 적용받는 업무를 수행하는 비조직 근로자이다. 비록 이러한 근로자들은 직접적으로 협약을 적용받지 않는다고 하더라도, 일반적 원리로서 사용자는 이러한 관할 외에 있는 단체협약에 있는 조항들을 적용할 의무가 있다고 간주된다. 그렇지 않으면 서명한 노동조합과 동의한 것으로 된다. 이것은 스웨덴 노동시장의 매우 오랜 원칙이고 이러한 원칙에 대한 이유는 사용자가 값싼 비조직 노동을 사용하는 것을 불가능하도록 하는 것에 기원하였다.[25] 다른 한편으로 이에는 무임승차자 문제가 있다. 관할 외 근로자(outsiders)들은 노동조합에 어떤 재정적 부담 없이 단체협약의 모든 혜택을 받는다. 때때로 관할 외의 자들은 적용 단체협약에서의 조항들에 따라 혜택을 덜 받기도 하는데 그것은 단지 조합원들에 대한 혜택일 뿐이다.[26] 단체협약에 구속되는 사용자가 노동조합에 속하지 않는 근로자와 어떤 특별한 조항에 동의하지 않는다고 하더라도, 단체협약에 있는 조건들이 그에 따라 적용되기도 한다. 국가 영역에서 법령에 따라 사용자는 단체협약을 관할 외의 자들에게도 적용되어야 할 때도 있다.

마지막으로, 어떤 단체협약도 없는 사용자들은 단체협약에 있는 조항들을 적용할 의무를 질 수 있다. 단체협약의 적용 범위 내에 있는 조항들은 관습으로 보일 수 있기 때문이다.[27] 그러므로 사용자가 개별 근로자와 다른 조건에 동의하지 않으면 그 조항이 적용된다.

---

25) J. Malmberg, '임금과 고용조건의 규제를 위한 수단으로서의 단체협약', in Stability and Change in Nordic Labour Law: Scandinavian Studies in Law, Vol.43, Stockholm 2002, pp.203-210.

26) ibid., p.206.

27) '사회영역 내에 통일적으로 수용되거나 우월적 행동' 으로 정의된다, in R. Fahlbeck and T. Sigeman, *European Employment and Industrial Relations Glossary; Sweden, Sweet & Maxwell, Office for Official Publications of the European Communities, 2001.*

§3. 법적 관점에서의 단체협약

Ⅰ. 개념과 형식

567. 단체협약은 특별한 법적 효과를 갖는 법적 구속력이 있는 계약이다. 따라서 이것은 이를 정의하는데 중요하다. 1976년 공동결정법은 다음과 같은 정의를 규정하였다(§23, 1절).

> 단체협약에 의한다는 것은 고용의 조건이나 사용자들과 근로자들 사이의 일반적 관계 측면에서 사용자 조직이나 사용자 그리고 근로자 조직 사이의 문서로 된 합의서이다.

이러한 정의가 1928년 단체협약법의 정의로 될 때도 이 개념은 그대로 유지했다.

568. 정의에서 4가지 요건의 정립(607-610절).

그것은 협약이어야 한다, 예를 들어 규제의 쌍무적 형태이다. 사용자에 의한 일방적 명령은 비록 노동 대표들과 교섭에 의해 진행되더라도 단체협약을 구성하지 않는다. 당사자들이 합의된 조항들을 수용해야 한다는 것은 명백하다. 이러한 구속력 있는 계약의 자격은 중요하다.

계약에 대한 법의 일반적 원리들은 법의 부수적 근거로서 적용된다. 물론 단체협약이 체결되고 적용되는 상황이 이러한 형태의 계약과 관련한 법에 의해 특별한 성격이 주어진다. 계약법의 일반적 원리들은 이러한 단체협약의 특별한 본질을 고려하여 적용되어야 한다.

569. 단체협약을 유효하게하기 위해서는 서면으로 되어야 한다. 이것은 당사자들은 서면에 서명하여야 하고 이것은 역시 일상적 절차라는 것을 의미한다. 그러나 공동결정법(§23, 2절)은 다른 형태를 허용하는데 그것은 또한 오랜 용법에 근거가 있다. 동의되는 문구들은 당사자들이 결정하는 방법으로 확인된 회의록에 기록되어 있을 것이다. 협약은 또한 별도의 서류에 기록된 제안으로 구성될 수 있는데, 그것은 수용된 것이어야 한다. 이러한 사례는 제안과 수용을 교환함으로써

계약의 형성을 위한 일상적 형태임을 상기시킨다(1915년 스웨덴 계약법에서와 같이). 만약 협약이 구두로 만들어 진다면 합의서로서 구속력이 있을 수 있지만 단체협약의 효력을 갖는 것은 아니다. 형식으로서의 요건에서 모든 것이 명백히 서면에 기술되어야 하는 것을 의미하지는 않는다. 해석은 내용과의 약간의 관련성이 일반적으로 요구된다. 그러나 해석 원칙을 통하여 단체협약의 내용을 알 수 없을 때도 있다.

570. 단체협약 당사자 개념에서 사용자 측의 단체협약 당사자로서 사용자 조직이나 하나의 사용자를 지칭하지만 근로자 측은 조직만을 지칭한다. 단순한 근로자 집단과의 합의서는 법의 의미에서 단체협약이 아니다.

언급한 바와 같이, 비조직 사용자들이 관련 산업에 있는 전국협약을 적용하는 적용협약에 서명하는 일이 자주 있다. 이것은 심지어 사용자가 그것을 서명만 하였다고 하더라도 그의 채택이 단체협약으로 간주되고 그 경우 노동조합은 전국협약에 대한 당사자이거나 그의 지역 지부이다.

571. 단체협약 대상은 최종적으로 단체협약에 포함된 내용을 말하는 데 즉 그것은 고용조건과 사용자와 근로자 사이의 관계와 관련된 조항들이다. 고용조건은 개별 근로자들의 권리와 의무를 결정하는 것들이다. 다른 조항들은 무파업 조항, 절차적 규정들 그리고 고용의 기간과 종료에 관한 조항들과 같은 단체협약 당사자들 사이의 관계와 관련된다. §24는 고용과 관련되는 단체협약 조항의 부분으로 인정한다. §25에 따라 협약은 만약 §§23과 24에서 언급된 것들 외의 다른 것들을 다룬다면 단체협약으로서의 효력에 문제가 있을 것이다. 그러나 이것은 협약이 그러한 부분에서 본래의 협약으로서 유효성을 부정하지 않는다.

단체협약에서의 규정 범위는 매우 넓다는 점을 유념하여야 한다. 법의 목적은 사업행위에 있어서 근로자가 더 많이 참여하는 것이라는 것을 기억하여야 한다. 법의 대상은 생산, 재고, 마케팅, 판매 등과 관련한 문제들을 포함하는데 그것은 전통적으로 단체협약에서의 규정 목적이 아니었다.

572. 단체협약이 업무를 수행하기 위해 개별 근로자에 의해 선택되지 않는 고용조건과 같은 일반적 조항을 포함한다는 것은 전형적인 단체협약이다. 단체협약

은 현재와 미래의 고용관계에 대하여 유효하다. 그것은 객관적인 규칙과 같은 단일 입장과 관련되는데 단체협약이 유효하기 위해서 협약이 만들어질 때 그 입장이 누군가에 의해 지지될 필요는 없다(AD 1974 no.16). 1976년 공동결정법 이전에 개별 근로자들과 관련된 조항들이 단체협약으로서 유효할 수 있는지가 불확실했었다. 입법 자료에서 단체협약이 일반적인 것뿐만 아니라 개별 고용조건을 포함한다는 것을 명백히 하였다. 그러나 개별 조건들이 유효하기 위해서는 때때로 관련 근로자들로부터의 특별한 권한을 갖는 것이 필요할 수 있다. 말하고 싶은 것은 개별 근로자들과 관련된 협약이 유효하기 위해 서면으로 되어야 한다는 것을 의미하지 않는다는 것이다. 그러나 단체협약으로서 유효성을 갖기 위해 그것은 공동결정법 §23에서의 형식에 관한 요건을 충족하여야 한다.

Ⅱ. 단체협약의 기간과 종료: 기업의 변경

A. 기간 (Duration)

573. 임금과 다른 고용조건과 관련된 단체협약은 항상 한정된 기간 동안 대개 1년이나 2년 가끔은 더 긴 기간 동안 체결되기도 한다. 대개 협약은 그의 종료에 대한 고지가 향후 2개월 또는 3개월 동안 이루어지지 않으면 1년 동안만 자동으로 연장된다.

절차와 다른 더 항구적인 사항들과 관련한 단체협약은 종종 향후 특정한 기간의 고지 때까지 무한정 기간 동안 효력이 지속되기도 한다. 공동작업 협약은 이러한 종류의 것이다. 그 것들은 비록 임금협약이 당분간 강제되지 않는다고 하더라도 사실상 의무적이다. 만약 단체협약이 고지의 기간에 관한 조항이 없다면 그의 효력은 합리적인 기간에 의한 고지에 달려 있다.

B. 종료 (Termination)

574. 1976년 공동결정법 §30에 따라 종료를 위한 고지는 서면으로 하여야 한다. 단체협약의 종료와 관련한 고지는 적절한 형태를 갖춘다면 수신자의 (위험)부담으로 전달될 수 있다. 그래서 고지는 심지어 그것이 주소에 도달하지 않거나 그

에게 늦게 도달하였다고 하더라도 효력이 있다.

575. 가령 둘 이상의 노동조합이 관련될 때, 만약 몇몇의 당사자들이 한쪽 당사자로서 단체협약에 들어갔다면 각 당사자는 종료에 대한 고지를 할 수 있다. 만약 한 당사자가 한정된 기간의 종료에 대한 고지를 준 상황에 있다면, 상대방들은 고지가 주어지는 날 이후에 특정한 기간 내에 같은 날짜로 고지를 할 수 있다(§29).

576. 여기서 덧붙일 것은 상대방이 단체협약을 위반하더라도 단체협약 당사자는 협약을 취소할 권리가 없다는 것이다. 그러한 권리는 일반적으로 계약에 공통적인 것이다. 그러나 공동결정법은 한 당사자가 상대방에 의한 중대한 침해를 이유로 소송이 제기할 때 단체협약이 더 이상 효력이 없다고 선언할 수 있는지에 대한 것은 노동법원에 맡기고 있다(§31). 평화의무에 대한 것으로 단체협약의 효력을 강화시키는 이에 관한 규정은 평화의무를 다룰 때 다시 언급할 것이다.

577. 만약 사용자가 파산하더라도 단체협약에 의해 관리되는 생산이나 고용관계가 계속되는 한 단체협약은 구속력이 있다(AD 1978 no.95).

C. 이전 (Transfer)

578. 공동결정법 §28은 기업의 이전 예를 들어 사용자의 변경으로 발생하는 문제들을 규정한다. 이 경우 이전 단체협약은 계약의 일반적 원리에 따라 중단된다는 것이 일반적인 원칙으로 생각되었다. 그러나 공동결정법의 원칙 규정은 반대이다. 즉 단체협약의 유효성이 지속되고 새로운 사용자가 당해 기업에 적용할 다른 단체협약에 구속되지 않는다면 이전 단체협약이 적용된다. 그래서 단체협약은 사업장에 존속한다. 그러나 §28은 오래된 단체협약을 무효화시킬 수 있는 특별한 수단을 제공한다. 노동자는 단체협약 이전에 대한 고지를 받은 이후 30일 이내에 그것을 취소할 권리가 있다. 새로운 사용자가 아닌 이전 사용자도 특정한 기간 이내에 협약을 종료할 권리가 있다.

EU 이사회지침 77/187/EEC (현재 2001/23/EC)에 따라 다음과 같은 추가사항이

1994년 §28로 만들어졌다. 기업이 새로운 사용자로의 이전(또는 그의 일부가) 때문에 근로자의 고용계약이 자동적으로 이전될 때, 단체협약이 종료되거나 그의 고용에 적용할 새로운 단체협약이 없다면, 새로운 사용자는 1년 동안 이전 단체협약을 적용할 의무가 있다.

Ⅲ. 단체협약의 구성과 해석

579. 단체협약에 있는 내용은 그의 구성과 해석에 의해 결정된다. 노동법원에 의한 많은 판례에 따른 주제는 단체협약이 어떻게 해석될 것인지의 문제이다. 단체협약은 비교적 장기간의 합의서이고 많은 사람의 고용관계에 적용된다. 다른 한편 단체협약은 지루한 타협을 이끄는 협상으로부터 나온 결과이다. 당사자들은 때때로 조정인에 의한 제안을 시작으로 긴 협상 끝에 나오기도 하는데, 그들의 차이를 나열하는 것 보다는 문구가 그들의 입맛대로 해석될 것을 바라면서 모호한 문구에 동의하기도 한다. 일반적으로 계약이나 특히 단체협약이 어떻게 해석되어야 하는지에 관한 법 규정은 존재하지 않는다. 그러나 법원은 이에 대하여 특정한 일반적인 원칙을 확립하였다. 노동법원은 특히 이러한 형태의 계약에 적절한 원칙들을 조화시키는 활동을 해왔다. 주된 원칙들 중 몇 가지를 논의해 보고자 한다.

580. 만약 당사자들이 단체협약의 의미에 관하여 불일치한다면, 노동법원은 먼저 협약의 문구를 고려한다. 그러나 문구가 모호하고 불명확하다면, 각 당사자가 협약의 올바른 의미가 된다고 주장할 수 있는 여지가 있다. 만약 계약이 체결되었을 당시 당사자의 공통된 의도가 확인될 수 있다면 단체협약의 의미는 그 문구와 무관하게 해석될 수 있다. 이것은 협약이 먼저 당사자들의 공통된 의도를 실현하는 실마리라는 생각으로부터 나오는 계약법의 일반적 원리이다. 주목해야 할 결정적인 것은 협약 체결 당시 집단 당사자들의 의도라는 것이다. 단체협약을 적용받는 개인이나 하부지부들이 그의 의미라고 믿는 것은 중요하지 않다. 이에 대한 하나의 이유는 단체협약이 가능한 해석되고 통일적으로 적용되어야 한다는 바램 때문이다. 그래서 개별 당사자들뿐만 아니라 하부 노동조합 지부들은 계약을 체결하는 당사자들의 해석에 구속된다. 그러나 노동법원은 이러한 해석은 사건을

고려하여 고안된 해석이 아니라 합의가 체결되었을 당시에 당사자들에 의해 이미 의도한 것이었다고 판결했다.

581. 만약 당사자들 중 한 명이 상대방보다 더 많은 문구를 제시하였을 때, 그의 의미가 공통의 의도라고 증명하는 것은 상대방에 달려 있다. 그렇지 않을 경우에는 그 당사자의 해석이 유효하게 된다.

582. 주장과 협상과정에서 일어나는 일뿐만 아니라 협약이 체결되었을 때의 규정과 그 적용에 관한 상황은 그의 의미에 관하여 약간의 해석기준으로 작용한다. 당사자들이 새로운 관계를 확립할 때의 상황들은 대개 당사자 모두에 의해 제기되는 변화에 대한 협상의 출발점이 된다. 만약 변화에 대한 동의가 없으면, 단체협약은 체결 시에 적용한 해석과 같다고 간주되기도 한다. 노동법원은 때때로 그러한 상황을 '부정적 규제'(negative regulation)라고 말하는데 그것은 무언가 새로운 질서가 단체협약의 문구의 의미에 우세하고 불일치된다고 여겨지는 효력과 빈대해석을 하는 것이다. 만약 어떤 수정이 구 협약에 만들어진다면 즉 이미 말한 바와 같이 구 협약의 대부분이 새로운 것으로 변경되는 경우, 변경의 원인이나 목적은 고려할 중요한 상황이 된다.

583. 조정인의 제시안이 해결의 기초가 되었다고 하더라도, 그의 제시안의 의미를 확정하기 위한 증거를 위해 조정인 소환되지 않아야 한다는 것은 확립된 원칙이다. 그의 안은 대개 당사자들이 협상과정에서 표명된 발언에 기초한다. 그럼에도 불구하고 법원에서 당사자들 중 한명이 조정인이 증거를 제시하도록 소환하는 몇 가지 사례가 있었다.

584. 협약체결 후에 일어났던 것들은 원칙으로 그의 해석을 위한 별도의 표시가 없다. 협약이 체결된 이후에 한 당사자가 어떻게 행동했느냐는 것은 협약을 어떻게 해석하느냐에 대한 증거로 작용할 수 있다. 심지어 사후에 불명확한 협약 문구를 언급하면서 다른 의미를 주장한다고 하더라도 마찬가지이다. 만약 어떤 당사자가 상대방이 특정한 방법으로 협약을 적용하도록 하는 것에 반대하지 않는다면 이것은 협약의 해석기준에 동의한다는 근거가 될 수 있다. 그러나 노동법원

은 협약의 명백한 문구에 대하여는 그러한 사실에 역점을 두지 않았다(AD 1983 no.114, 1984 no.37).

585. 단체협약의 의미에 대한 분쟁을 해결할 때, 노동법원의 판례의 특징 중 하나는 당사자들이 협약을 협상할 때 어떻게 행동했는지를 판단하는 일이 많다. 만약 한 당사자가 그 의미에 대해 명확하게 밝히지 않고 수정안을 제안했다면, 노동법원은 그 문구가 상대방의 이익과 관련된다고 해석하는 즉 작성자 불이익원칙(Contra proferentem)을 적용한다(AD 1934 no.7, 1976 no.134, 1985 no.67과 no.68). Folke Schmidt 박사는 이러한 수단을 다음과 같은 방법으로 설명했다.

> 해석에 대한 법리는 상당한 정도로 협약의 생성에 대한 당사자들의 공헌에 대한 규범의 성격을 갖는다. 해석에 대한 법리가 협상자의 행동에 대한 법리라는 이러한 관점은 법원이 한 당사자의 주장을 양측이 공통의 의도를 가졌다고 해석하려고 하는 증거법칙에서 발견될 수도 있다. 다른 측면에서 그 관점은 대부분의 많은 사건에도 적용하는데 여기서 법원은 계약의 이면의 뜻에 대한 추정하는데 그의 해석활동을 한다. 문제는 법원은 오류의 발생에 대한 주된 책임을 짊어져야 할 수도 있다는 것이다.[28]

586. 위와 같은 해석의 법리가 적용될 수 없는 일이 자주 일어난다. 예를 들어, 불충분한 정보가 있는 문구의 기원에 관련하여 적용될 수 있는데 그것은 매우 오래된 것일 수 있다. 그 때 법원은 협약의 문구 내에서 가장 자연스럽고 적절한 해결책이 되는 것으로 보이는 것과 관련한 기준을 찾아야 한다(AD 1962 no.28, 1965 no.7).

587. 단체협약이 문서로 작성되어야 한다는 것은 내용과 관련 없는 구두 합의는 무시된다는 결과를 가져온다. 그러나 이것은 단체협약에 의해 규율되어야 한다고 생각되는 모든 것이 명백히 그에 기술되어 있어야 한다는 것을 의미하지 않는다. 전례와 이미 확립된 질서에 대한 것 등이 때때로 협약에 불일치 한다는 사례는 이미 언급했다(620절) 그것들은 당사자들에 의해 의미가 부여되어야 한다고

28) Folke Schmidt, '스웨덴에서의 법과 노사관계', Almqvist & Wiksell International, Stockholm 1977, p.134.

가정한다.

588. 아직도 가장 중요한 것은 노동법원이 서서히 발전시킨 법적 규칙인데 만약 별도의 반대되는 사항이 없다면 단체협약에 자연스러운 조건(naturalia negotii)으로서 첨부되는 것이다. 그래서 언급한 바와 같이(495절), 이러한 사용자의 권리가 입법되기 전 노동법원은 이미 단체협약을 단결권을 존중할 사용자의 의무와 작업을 지시할 사용자의 권리를 당연한 조건으로 생각하였다(AD 1930 no.52). 그러한 규칙들은 종종 다음과 같은 방법으로 서서히 발전되어 온 것으로 보인다. 노동법원은 첫째로 특정한 규칙이 사건의 상황을 고려하여 단체협약에 의미 있는 것이라고 생각했고, 많은 사례들의 축적 후에 서서히 '객관적인' 것으로서의 규칙을 확립했다. 그러나 그것들은 물론 어느 것도 증명되지 않았을 때 적용되는 선택이다. 노동법원은 초기에 이러한 작업을 심판뿐만 아니라 일종의 입법으로 보았다. 그러한 법적 규칙 중 특정한 것은 때때로 '암묵적' 또는 '보이지 않는'[29] 조항들로 언급되는데 그것은 협상 당사자들이 단체협약을 만드는데 하나의 지침으로 여겼다는 것이다. 그것들은 평화의무의 범위를 결정하는데도 중요했다. 그러한 암묵적 규칙들을 고려하는 것은 임의적인 것은 아니라고 생각될 뿐 아니라 단체협약 기간 동안 쟁의행위에 의해 촉진되기도 하였다.[30]

§4. 단체협약의 법적 효과

Ⅰ. 누가 단체협약에 구속되는가?

589. 단체협약은 집단 당사자들에 의해서만 체결되는데 그것은 조직들뿐만 아니라 단일 사용자들도 가능한 것으로 생각된다. 자연스럽게 단체협약은 당사자들을 구속하는데, 공동기구와 절차에 대한 규칙 그리고 협약의 기간과 종료와 같은

29) A. Suviranta, '단체협약에서의 암묵적 조항들', Scandinavian Studies in Law, 1965, pp.177ff.

30) 이러한 원리에 예외가 있는데 즉 단체협약 유효기간 중에 공동결정 합의를 위한 근로자측이 쟁의행위를 행할 권리이다(공동결정법 제44조).

것들은 대개 배타적인 것을 내용으로 하고 적어도 집단 당사자들에 관련된 특정 조항들을 포함한다. 그러나 대부분의 단체협약의 실질적인 부분은 합의 절차를 제외하고 개별 고용관계에 적용될 문구로 꾸며진다. 일반적으로 단체의 계약들은 그의 조합원들에 대하여는 구속하지 않고 단지 단체에 대아여만 구속한다. 단체협약에서의 원칙은 조합원들이 협약이 체결된 이전이나 이후에 조직에 가입했는지에 관계없이 그의 적용범위 내에 있는 조합원들을 구속한다는 것이다(공동결정법 第26조). 그래서 근로자 조합원에 대한 구속 효과는 그가 사업 내에 그리고 협약이 적용되는 지역 내에 고용되어 있는지에 의존한다. 전국협약은 협약 당사자인 사용자의 조직에 가입된 기업에 적용된다는 것은 자주 언급하였다.

590. 그러나 다른 단체협약에 이미 구속된 조합원은 예외이다. 예를 들어, 직장조합(a syndicalist union)의 단체협약에 구속되는 사용자는 사용자 단체에 가입할 수 있고, 소규모 노동조합이 전국노동조합에 가입할 수 있다(이러한 노동조합은 기존의 단체협약을 적용받는다.).

591. 조합원은 조직을 탈퇴하더라도 단체협약 구속으로부터 자유로울 수 없다. 따라서 단체협약의 구속을 포기할 수 없다(제26조 제2절). 단체협약에 불만족한 조합원이나 노동조합 지부는 협약을 체결한 조직을 떠남으로써 불만을 표출할 수 있다(고지기간에 관한 노동조합 규칙을 살펴보라). 그러나 협약이 종료되거나 사전 고지에 의해 해지될 때까지는 협약을 피할 수는 없다. 그러나 고지가 이루어지지 않았을 때 자동연장은 그의 조합자격을 탈퇴한 개별 근로자를 구속하지 않는다. 개별 사용자가 종료에 대한 고지를 주어야 한다는 것이 요구될 수 있지만 이러한 문제를 결정하는 규정이나 절차는 없다.

592. 조합원이 단체협약에 구속된다고 하더라도 그가 당사자의 일부라는 것을 의미하지 않는다. 그 조합원은 협약의 변경과 적용 또는 그의 해석에 대하여 간여할 권한이 없다.

593. 개별 조합원이 구속된다는 것은 그가 단체협약을 위반하는 행동을 할뿐만 아니라 단체협약에 따른 비율에 따라 임금을 청구하는 등 단체협약을 기초로

한 청구를 주장할 권한을 행사하는 경우 그 손해에 대한 책임을 포함한다. 사실상, 그는 이러한 측면에서 그의 조직에 예속되어 있다. 그러나 만약 그의 조직이 이러한 조합원의 행동을 지지하지 않는다면, 조합원은 스스로 소송을 할 자유가 있다(481절 참조). 그리고 그의 조직은 그 조합원이 취득한 권리에 대해 영향력이 없다.

594. 그러나 단체협약에 있는 조항들은 비록 그것들이 임금 문제와 관련된다고 하더라도 개별적인 수준에서가 아니라 노동조합과 사용자측 사이의 집단적 수준에서만 적용되는 것으로 의도된 것이다. 이것은 고정된 임금 대신에 임금율을 설정하기 위한 지침을 포함하는 조항을 가질 수 있다. 그러한 조항들은 개별 청구를 위한 근거로 원용될 수 없다. 그래서 스웨덴법에서 집단 당사자들과 개별관계에 적용되는 조항들 사이의 획일적인 구분이 없고, 다만 협약의 일반적인 부분으로 언급된다. 한 조항의 해석은 다양한 수준에서 어떤 효력을 가질 것인가를 결정한다.

Ⅱ. 단체협약의 강제적 효과

595. 공동결정법 제27조는 다음과 같은 단체협약의 강제적 효과와 관련된 기본적인 규정을 포함하고 있다. 즉 '단체협약에 구속되는 사용자들과 근로자들은 단체협약상 갈등에 있는 사항에 대하여 개별 합의에 들어갈 수 없다.'

그래서 단체협약은 강제적 법령과 같은 방법으로 개별적 계약의 자유를 제한한다. 단체협약의 규정들은 개별합의에 우선한다. 그리고 더 나아가 단체협약 위반에 대한 손해배상의 책임이 사용자에게 부과될 수 있다.

596. 언급한 바와 같이, 단체협약은 심지어 강행적 법령에 우선할 수 있다. 그래서 이것은 강제성 규정(compulsory statute)으로 언급된다(123절). 개별 당사자들의 계약을 허용하지 않는 문제를 규제하는 것을 노동시장 조직들에게 남겨놓는 것은 최근의 입법에서 점점 더 일상이 되었다.

597. 강제적 효과는 단체협약의 '암묵적' 조항(the silent(invisible) clauses)으로

인정되는데, 그것은 크게 노동법원의 판례에 의해 만들어지는 법 규칙으로 간주된다(626절 참조). 이러한 규칙들은 단체협약 당사자들 즉 의무적인 조합원들의 관점에서 인정된 것이다.

598. 단체협약이 단지 최소한을 규정한 것으로 생각하는 것은 많은 다른 나라에서는 그 사례가 없다. 따라서 근로자에게 유리하게 도출하는 것이 단체협약 위반이 될 수 있다. 그러나 물론 대부분의 단체협약은 근로자에 유리하게 도출되는 것은 허용한다. 예를 들어 만약 단체협약이 최저임금을 규정하였다면 더 지급하는 것은 허용될 수 없지만, 심지어 마치 능력있고 숙련된 노동자들이 최저임금보다 더 많이 가져야 한다는 것이 함축된 조건이 있는 경우 더 지급하지 않는 것이 단체협약 위반으로 여겨질 수도 있다. 그러나 만약 임금이 표준임금으로 결정된다면, 근로자에 유리하게 적용하는 가변성은 금지된다. 예외 규정이 적용될 수 없다고 하더라도 그러한 경우는 종종 발생한다. 노동 '암시장' 의 축소가 쟁점인 시기에 처음부터 임금이 문제가 되었는데 특히 건설부문에서였다.

최저임금과 관련한 조항들은 주로 민간부문 즉 주로 LO와 TCO에 가입된 조직을 갖는 곳에서 많이 있다.

599. 임금 유연성을 허용하는 다른 방법은 노동시간의 할당이나 노동이 표준목록에서 정해진 만큼 변동할 때 특정한 개별 노동단가율을 같은 지역이나 심지어 개별 당사자들의 결정에 위임하는 것이다.

600. 단체협약의 강제적 효과는 노동법원에 의해 엄격히 유지된다(예, AD 1965 no.16). 보수와 기타 수당들은 다소 단체협약에서 결정된 것에 일치된다는 것을 충분히 증명할 필요는 없다. 그러나 이의 엄격한 준수는 요구된다. 노동법원에 의한 판결 이유는 단체협약에 일치하고 더 나아가 근로조건의 통일적 규제를 한다는 사실을 이해하는데 당사자들이 어려움이 없어야 한다는 것이다. 즉 이러한 판결이유에 일치한다면 어느 정도의 가변적 임금이 가능하다는 것이다.

Ⅲ. 비조합원에 대한 효과

601. 다른 계약과 같이 단체협약이 그에 구속되는 사람들에게만 법적 효력이 있는 것처럼(그것은 단체협약의 경우에 집단 당사자들뿐만 아니라 계약 조직의 조합원들이다), 조합원이 아닌 근로자들이나 다른 조직의 조합원인 근로자들에 대한 고용조건은 단체협약을 적용받지 않는다. 스웨덴 노동법에서 단체협약의 법적효력을 확장하기 위해 만들어진 규정은 없다.

602. 그러나 이것은 실제적으로 그의 법적효력의 범위를 외부 고용조건을 결정하기 위한 모델로서 효력을 갖게 하는 것까지 금지하는 것은 아니다. 어떤 법규정들은 현대 노동입법의 전형으로서, 단체협약이 무엇인가 바람직한 질서를 대표한다는 생각에 기초하고 있다. 집단 당사자들에게 포괄규정(divergent rules, 반 강제조항)에 대해 협상할 권한을 부여하는 현대 노동법에서의 규정들은 사용자에게 협약에 구속되지는 않지만 협약을 적용받는 업무에 종사하지만 다른 단체협약에 구속되지 않는 근로자들에게 같은 협약을 적용한 권리를 부여하는 조항을 포함한다(예, 고용보호법 제2조 제3절, 연차휴가법 제2조 제2절).

603. 선택적 보충규정(optional complementary rule)으로서 노동시장에서 통용되는 기초적인 것에 대해 초기에 노동법원에 의해 판시된 별도의 원칙들은 단체협약에 구속되는 사용자가 비조합원들에게 불리한 고용조건을 적용하지 않을 의무를 갖는다는 것이다. 비록 이러한 원리가 비조합원들이 실질적으로 무료로 노동조합 활동을 이용한다는 것을 의미한다고 하더라도, 이것은 사용자들이 비조직 노동을 고용하는 이점으로서 사용자들에게 선호된다고 생각된다.

604. 사용자가 단체협약을 비조합원들에게 적용하지 않는 경우, 비록 협약에 이에 대한 규정이 없다고 하더라도(보충적 법 규정) 노동조합은 단체협약 위반으로 노동법원에 손해에 대한 소송을 진행할 수 있다. 그러나 근로자는 스스로 단체협약에 대한 소송을 진행할 수 없다. 조합원이 아니라도 마찬가지이다. 만약 개별합의가 불리한 조건으로 사용자와 체결되지 않았다고 하더라도 그의 고용계약이 단체협약의 조항에 불일치된다고 추정될 수 있고, 따라서 그것은 개별 당사자들 사

이에 구속력을 갖는다.

605. 방금 설명한 사건에서 단체협약은 기업에서의 고용을 대표한다고 말할 수 있다. 그러한 경우에 근로자는 단체협약에서의 불리한 조건에 의해서도 구속될 수 있다. 근로자는 유리한 조건을 향유하는 것이 아니라 불리한 조건과 의무들을 감당해야 한다.[31)]

606. 비록 개별 당사자들이 그 산업에서 단체협약에 구속되지 않는다고 하더라도 그의 고용조건이 사실상 적용되는 경우가 있다. 그 때 단체협약은 관행이 된다. 그리고 만약 당사자들이 다른 조건에 동의하지 않는다면 관행이 적용되는 것으로 간주된다(132절 참조). 개별 합의에 특정 문제에 대하여 아무것도 없을 때 단체협약은 개별 합의 부분을 의미할 수 있고 이 경우 단체협약을 공정한 보충 해결 수단이 된다고 할 수 있다. 그리고 사업장에서 거래에서 단체협약은 지침으로 여겨지기도 한다.

Ⅳ. 종료 후의 효력

607. 사업이 지속됨에도 불구하고 단체협약이 종료된 후 새로운 단체협약이 체결되지 않은 기간에 유효한 단체협약이 없는 동안에는 종전 단체협약의 고용조건들은 계속하여 적용되는 것으로 간주된다. 이것은 실제적으로 노동시장에서의 관행으로 성립되었고 그 때부터 법원에 의해 확인되었다(NJA 1958, p.196, NJA 1959, p.562, AD 1978 no.134 참조). 이론적으로 이러한 효과는 단체협약의 조건이 때때로 개별 고용합의서의 내용이 되는 것으로 설명되고 따라서 그것은 단체협약이 종료된 이후에도 효력이 지속된다.

또한 단체협약 종료에 대한 고지기간이 지났다고 하더라도 집단 당사자들이 새로

31) 그래서 NJA 1948, p.1에서, 연합조직 노동자는 노동조합 관리자의 보수를 위해 그의 임금에서 조합비가 공제되어야 한다는 단체협약 조항을 수용해애 한다. NJA 1967, p.513에서 비조직 노동자도 기업에 적용되는 단체협약 조항에 구속된다고 간주되었는데 그것은 그가 고용을 그만 둘 때 고지기간을 지키지 않는데 대한 특정 손해에 대하여도 지불할 칙임이 있다는 것이다.

운 조건에 대한 추가적인 고지 때까지 이를 적용하는 것에 동의하는 경우가 있다.

Ⅴ. 평화 기능

608. section II 하에서 몇몇 단체협약이 어떤 고용조건도 포함하지 않는다고 하더라도, 자주 단체협약의 규범적 효과나 규범적 기능으로 언급되는 것들이 있다. 그러한 고용조건을 직무와 밀접하게 연결한 두 번째 일은 당사자들에 대한 산업평화를 부과하는 것 즉 평화기능이다. 단체협약은 초기에 내포된 조건으로서 평화조약으로 간주되었다. 법적으로 이러한 기능은 평화의무로 발전되었고 그것은 기본적인 중요한 사항으로서 단체협약의 법적 효과로 간주되었다. 그것은 내용을 표현하는 것뿐만 아니라 내재적 조건 또는 다른 '묵시적' 조항으로 인정된다. 평화의무는 제5장에서 다루어질 것이다. 여기서는 단지 몇 가지 특징들에 대하여만 설명할 것이다. 그러나 평화의무가 절대적이지 않다는 것 또한 하나의 중요한 특징이다. 당사자들이 협약기간 동안에 전적인 평화의무를 지우는 것을 금지하는 것은 없으나 이것은 매우 드문 현상이다. 중요한 것은 평화의무는 집단 당사자들뿐만 아니라 그들의 조합원들에게도 적용된다는 것이다. 따라서 조직에서 탈퇴함으로써 평화의무를 면하는 것은 가능하지 않고 그것은 단체협약 체결 시에 발생하는 의무이다(631절 참조).

Ⅵ. '확립된'(Establishing) 노동조합의 효과

609. 단체협약 체결이 모든 노동조합과 모든 그의 지부들인 노동조합에게 '확립된' 노동조합의 지위를 부여하는 것(1970년대부터 '새로운' 노동입법이 그러한 조직에게 부여한 모든 권한과 특권을 갖는)은 단체협약의 부가적 효과로 주어지는 것은 당연히 가능하다. 이것은 다음에서 다루어질 것이다.

Ⅶ. 벌칙

610. 언급한 바와 같이, 오로지 민사상 벌칙들이 단체협약의 법적강제 즉 무

엇보다도 개별 합의의 위반과 단체협약 위반에 대한 손해에 대한 책임에 적용되었다. 벌칙들은 노동법령 위반에 대해 적용하는 것과 같이 적용된다(특히 476절 참조).

손해배상이 계약 위반의 경우 그 해결책으로 사용된 반면에, 계약법에서의 다른 주요 법리는 이와 다른 것으로 단체협약 당사자들에게 적용되지 않는다. 이것은 아래에서 더 논의될 것이다.

611. 손해는 조직과 개별 조합원 양자에 부과될 수 있고 모든 손해에 대해 배상이 이루어질 수 있다. 다소 징벌적인 성격의 손해배상은 단체협약뿐만 아니라 노동법을 유지하기 위한 주된 법적 수단이고 노동법원은 그러한 손해를 평가하는데 많은 재량이 있다. 개별 근로자들에게 부과되는 손해 특히 불법파업에 참여한 것을 이유로 동시에 많은 노동자들에게 부과할 때의 특별한 손해에 대해서는 특별한 주의가 필요하다. 그러나 1928년 단체협약법에 따라 그 손해는 개별 근로자들에게 200 크로나(약 20 유로)를 초과하여 부과할 수 없다. 이것은 그 법이 통과될 당시에 노동자들의 월수입에 대응하는 최고 금액이었다. 그 액수는 인플레이션에 불구하고 전혀 변동이 없었다. 노동운동에 대한 손해배상액의 제한이 1992년까지 폐지되지 않았다. 이에 관하여는 다음에서 논의될 것이다.

612. 단체협약에 따른 의무를 강제하기 위해(그리고 같은 것이 노동법령에도 적용된다) 노동법원은 조건부 형벌과 결합하는 명령을 발할 수 있다. 명령이 형벌을 수반하지 않는다고 하더라도 새로운 법원 판결에서 형벌이 부과될 수 있다. 그러나 다른 형벌들과 달리 노동분쟁에서의 그것은 결코 투옥으로까지 부과될 수 없다. 즉 사용자가 근로자의 원직복직을 거부하거나 근로자들이 업무복귀를 거절할 때와 같은 특정한 사건에서도 법원은 형벌을 부과하지 않는다(190, 192, 196, 396절 참조).

613. 강조해야 할 것은 단체협약의 강제는 주로 조직들 즉 집단 당사자들에 달려 있다는 것이다. 상대방과의 관계뿐만 아니라 그들 자신의 조합원들의 관계에 대한 그들 스스로의 관리는 법적 벌칙보다 훨씬 더 중요하다. 그리고 더 나아가 그들의 활동과 도움 없이는 법적 벌칙이 덜 효과적이다. 행정적 권한이 단체협약

을 강제하는데 이용되지는 않는다. 집단 당사자들은 또한 어느 정도 상호 단체협약에 따른 의무에 대해 그들 조합원들의 위반에 대해 책임이 있다. 이것은 명백히 평화의무와 관련하여 부과되는 것이다(공동결정법 제42조 692ff 절). 다른 한편 당사자들은 또한 조합원들이 단체협약을 준수하도록 노력하지 않는데 대해서도 책임이 있을 수 있다. 그래서 AD 1977 no.62 사건에서, 노동법원은 지역노동조합이 그의 조합원들이 단체협약에 따라 그들의 의무를 수행하는지에 대해 알아보라고 명령했다. 총 손해는 조합원들의 단체협약 위반에 대해 조직이 고의로 대처하지 않은 것에 대해 부과될 수도 있다.

614. 2005년 정부 조사는 조합원이 없는 작업장에서도 단체협약에 부응하는지를 점검할 수 있는 입법안에 따른 것이었다. 조사는 다른 EU 회원국의 사용자들이 스웨덴에서 사업을 수행하는 어떤 지부에서 단체협약을 감시하라는 노동조합의 문제 제기에 의해 이루어졌다. 이것은 입법에 변화를 가져오지는 않았으나 다음과 같은 권고안의 형식으로 SN과 LO 사이의 합의(후에 SN과 PTK 사이의 유사한 합의)를 이끌었다. 즉 그 권고안은 스웨덴에서 일하는 그들 자신의 근로자들이 조합원인 경우 외국 사용자들에게 적용할 수 있다는 것이다(재독 노동자들과 Labal 사건에 대하여는 143-145, 692-693절 참조).

615. 징벌적 벌칙들은 또한 개별 근로자들의 단체협약 위반에 대해 이용될 수 있다. 공동결정법 제62조에 따라 그러한 징벌적 수단들은 법령이나 단체협약에 규정되어 있어야 한다. 단체협약에 근거 없는 사용자에 의해 주어지는 경고는 공동결정법 제62조의 위반으로 고려되었던 AD 1980 no.156 판례에서 인정되었다. 이전에 고지가 있는 또는 없는 해고에 대해 징벌적 수단의 형태로 매우 자주 이용되었다. 고용보호법으로 그 상황은 상당히 개선되었는데 그와 관련하여 많은 제한이 가해졌고 특정한 절차가 적용되었다(Part I, 제6장 참조).

제5절 쟁의행위와 평화의무; 필수 사업의 보호; 노사분쟁의 해결

§1. 최근의 노사분쟁

616. 노동시장에서 압력을 가하는 가장 중요한 수단들은 상대방에게 주로 경제적 손실을 야기하여 합의를 이끌어내려는 의도를 갖는 다양한 쟁의행위의 수단들이다. 노사분쟁은 매우 오래되었고, 분쟁 당사자들뿐만 아니라 제3자들과 국가경제에 대해 해로운 수단이라는 관점에서 아직 중요한 사회적 문제이다.

1930년대부터 1970년대까지 스웨덴 발전과정은 평화로웠고 사용자에 대한 궁극적 제재로서 쟁의행위에 돌입할 자유를 기꺼이 행사할 노동시장 당사자들은 없다. 그럼에도 불구하고 이러한 자유는 자유로운 단체교섭 시스템에 필수적이라고 생각된다. 역사적 배경에 대한 장에서 설명한 바와 같이(90절 참조) 1969/1970년의 국가 소유 회사에서의 대규모 불법파업은 스웨덴 노사관계에서 전환점을 갖게 하였다. 한 때 살트보덴 시기와 비교하여 더 많은 전투적 분위기가 노동지장에 드리워졌다.

617. 쟁의행위의 가장 중요한 수단은 파업이나 직장폐쇄와 같은 작업 중지이다. 최근 통계에 의한 쟁의행위의 빈도와 노동손실일수를 보면 다음과 같다.

표1. 1985-2007년 파업과 직장폐쇄 그리고 참가자 수

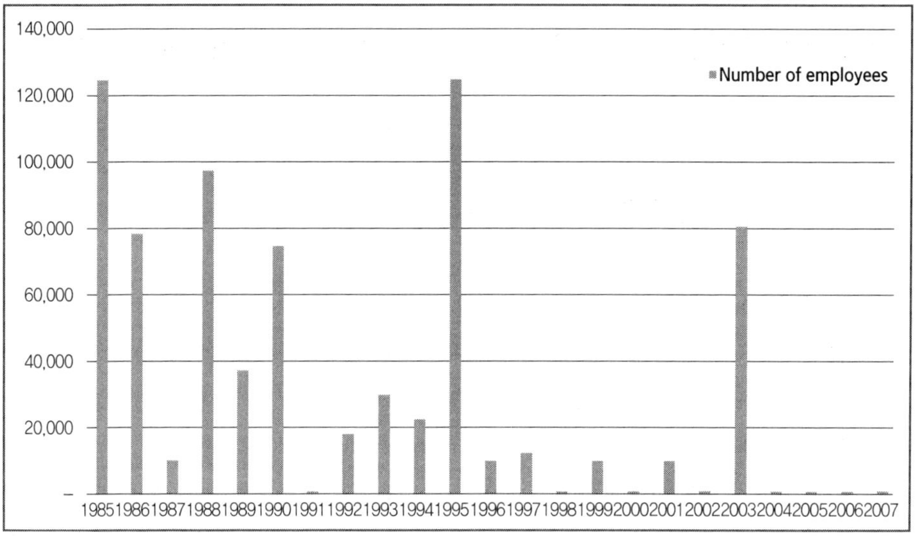

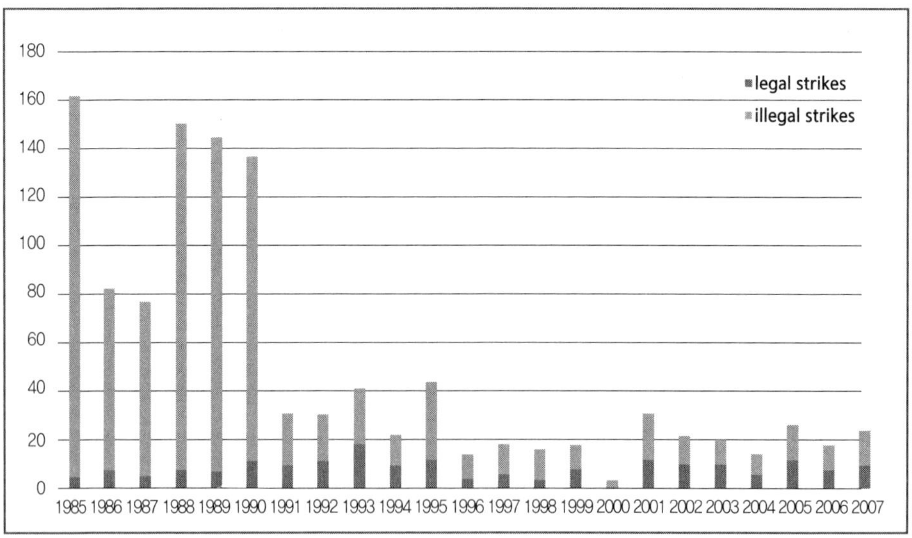

2008-2013년 동안은 매우 평화로웠다. 2008년 13,000명 정도의 근로자가 참여하였고, 매우 적은 수의 근로자들이 2009-2013년 동안에 파업과 직장폐쇄에 참여하였다.

2008-2013년 동안의 파업 수는 2건(2011)과 8건(2013) 사이로 매우 낮았다.

표(1년부터 다음 해까지의 변화)는 공공부문을 포함하는데 특히 1980년대에 노사불안이 상당히 있었다. 그림은 또한 어떤 명확한 경향을 보임이 없이 불법파업들이 스웨덴에서 오히려 빈번했다는 것을 보여 주었으나 1990년 이후 불법파업들은 거의 사라졌고 그 수는 오늘날 10년 전의 그것보다 줄었다(2008, 2010-2012, 불법파업은 보고되지 않았다). 그들 중 많은 것이 두 시간 또는 하루나 이틀 정도의 매우 단기간이었고, 많은 지역 파업들은 전혀 보고되지 않았다. 많은 불법파업들이 지역 임금교섭 지연으로 인한 것이었다. 최근 십여 년 동안 불법파업의 수는 상당히 감소하였다.

대체로, 파업과 직장폐쇄뿐만 아니라 노동손실일수에 관한 그림은 '산업과 새로운 국가조정사무소를 위한 교섭합의를 갖는 산업합의서' 로 끝난 1990년 동안의 어려움을 겪은 이후 매우 낮다(657-660절 참조). 2003년의 높은 수치는 수도권 영역에서의 광범위한 갈등에 기인한다.

618. 가장 광범위한 노사갈등이 1980년에 발생했다. 그에 참여한 근로자 수는 1909년 총파업(70절 참조)을 넘어 섰으나 그 기간은 더 짧았다. 긴 임금교섭은 진전 없이 3월에 좌절되었고 LO가 연장근로 금지를 고지한 이후, 갈등은 3월 초에 파업과 직장폐쇄의 고지로 증폭되었다. 백만 명 이상의 노동자들이 참여하였다. 평화는 정부가 SAF로 하여금 놀라울 만큼의 높은 임금인상을 포함하는 정부 조정위원회에 의한 제안을 수용하도록 설득함으로써 회복되었다.

1980년대는 노동시장에서 임금 변동과 높은 인플레이션을 갖는 불안의 시기였다. 1989년이 되어서야 중앙교섭이 회복되었다.

619. 1990년대 초기는 2차 대전 이전 경험하지 못한 실업과 국가경제를 안정화하려는 정부의 노력이 있은 1930년대의 위기 이래 가장 깊은 침체의 시기였다. 사민당은 1990년 파업을 금지하는 정부안이 의회(Riksdag)에 의해 거부됨으로써 내각을 떠나야 했다. 사민당은 즉시 증가하는 실업, 인플레이션과 임금을 극복하

기 위한 몇 가지 통제를 위해 강하게 재무장하였다. 그들은 소위 Rehnberg 그룹으로 불리는 매우 경험이 많은 조정인의 리더십 하에 있는 노동시장 당사자들로서 은퇴한 대표들로 구성된 3자 국가위원회를 임명하였다.

Rehnberg 그룹은 상당히 가격-임금 연동을 타파하는 것을 목표로 하는 소위 안정화 합의를 노동시장 당사자들에게 부과하는데 성공하였다. 저임금 정책은 다소 폐기되었다. 1980년대에 그것은 인플레이션 임금 인상에 크게 영향을 미쳤다. 안정화 합의가 1993년 3월 말에 끝났을 때 국가 경제는 최저점에 있었다. 안정화 합의서의 정신은 어느 정도 살아났고 협력자와 조정인으로서 Rehnberg 그룹의 구성원들은 LO와 함께 중앙지부 수준에서 온건한 임금인상에 대해 새로운 합의가 체결되었다. 그것이 1995년 종료되었을 때 교섭이 크게 불안정한 상태로 재개되었다. 사용자들은 지역수준에서 임금인상안을 먼저 결정하는 것을 그들의 목표로서 달성하지 못했으나 그러한 원칙들은 산업발전의 관점에서 입지를 얻어가고 점점 더 고도로 훈련되고 덜 유동적인 근로자들에 의존하는 것으로 보였다.

숙련된 조정인들의 지도 아래 사회적 당사자들이 교섭에 관한 새로운 규정에 동의하도록 강제하기 위한 시도와 함께 1995년의 제3자 위원회는 실패하였다. 1997년 정부는 스웨덴 임금형성 체계에서의 개혁을 제안하기 위해 사회적 당사자들을 초대하였다. 정부에 대한 답변으로 당사자들이 그 문제를 어떻게 해결할 것인가에 대한 그들 각자의 의견은 서로 거리가 매우 컸다는 것은 매우 명백하다. 1997년 정부는 최종적으로 스웨덴 노동시장 전체에 대하여 임금형성을 점검하기 위한 조사를 수립했다. 그것은 조정에 대한 규정과 임금교섭과 쟁의행위를 통제하는 원칙을 재정립하기 위한 것이었다. 조사단의 한 가지 권고안이 채택되었고 2000년 '국가조정사무소(the National Mediation Office)' 는 노사분쟁에서의 조정에 대해 책임을 지는 중앙당국으로서의 화해사무소(the Conciliators Office)로 교체되었다. 그러나 국가조정사무소는 또한 새로운 과업 즉 효율적인 임금형성을 촉진하는 일을 맡았다. 국가조정사무소는 또한 임금에 관련한 공공 통계에 대하여도 책임을 졌다.

620. 사회적 당사자들은 정부안에 대한 그들의 해결책에 대해 작업함과 동시에 스웨덴 산업에서의 교섭 당사자들(12개의 사용자 조직과 7개의 노동조합)은 1997년 3월 '산업발전과 임금형성' (Industrial Development and Wage Formation, 줄여서 '산

업협약' 은 2011년 새로운 산업협약으로 대체되었다) 합의서를 체결했다. 이 합의서는 대략 75만 명의 근로자들에게 적용되었다. 그들이 이 합의에 도달했을 때 스웨덴 산업에서의 당사자들의 목표는 경쟁력 있는 수출산업을 육성하고 해결의 수단으로 임금패턴을 형성하여 그에 의해 다른 교섭영역의 임금 기준을 확립하여야 한다는 것이었다. 이것은 1999년 새로운 조정시스템과 공공부문에서의 교섭절차에 대한 합의절차에 대한 정부 입법안에 전적으로 부합하는 수준이었다.

621. 산업부문과 교섭절차에 관한 합의에 대해 명백히 말할 수 있는 것은 교섭은 이전 합의가 종료되기 전에 합의가 이루어지는 것을 확실히 하는 방법으로 행해져야 된다는 것이다. 그러한 합의가 없는 곳에서 당사자들은 이전의 단체협약이 종료되기 전에 새로운 합의를 할 가치가 있다는 것에 동의한다. 최근 당사자들은 합의의 시기에 관하여 개선하였다.

622. 요약하면, 스웨덴 노동시장은 '산업협약' 을 체결하고 다른 영역이 이에 따르고 또한 조정시스템의 도입 이후에 산업평화가 이루어졌다. 그 시기 2003년 수도권에서 대규모 갈등이 있었다. 교섭은 '전국 총노동조합' 과 수도권 노동자들에 의한 합의서의 체결을 위해 대략 45만 명의 근로자들을 대신하여 진행되었으나 합의서는 쟁의행위를 하는 동안의 몇 주간 체결되지 못했다. 교섭 패턴을 정립한 수출산업의 노선은 도전받은 적이 없고 유효했다.

§2. 쟁의행위의 유형

623. 공동결정법 제41조는 쟁의행위로서 작업중지(파업과 직장폐쇄), 봉쇄(blockades), 보이콧이나 다른 유사한 적대적 수단들을 예시하고 있다. 더 나아가 집단퇴직, 연장근로의 금지, 준법행위(working to rule)가 쟁위행위로 사용될 수 있다.

624. 예를 들어 직장폐쇄나 파업과 같은 작업중지는 작업이 더 이상 수행되지 않고 사용자는 임금을 지급할 의무가 없다는 것을 의미한다. 이것은 고용은 지속되지만 양측의 주된 의무 즉 업무수행과 임금지급 각각의 주된 의무(181절 참조)만

이 보류된다.

'파업은 고용을 파기하지 아니한다' 라는 것은 발전된 원칙이었다. 예를 들어 이것은 근로자는 작업중지가 끝났을 때 작업을 재개하는 것으로 간주되는 것을 의미했다.

착석(着席)파업(sit down strikes)은 드물었다. 파업이나 직장폐쇄에서의 작업자들을 대체하기 위한 파업파괴자의 사용은 1930년대 초까지 스웨덴에서 문제가 되지 않았다.

625. 봉쇄는 대개 작업중지와 결합된다. 이것은 다른 노동자들이 음성적으로 작업장에서 일하고 사용자들이 파업이나 직장폐쇄에 노동자들을 고용하는 것을 금지하는 것을 의미한다. 봉쇄는 또한 사용자가 일반적으로나 특정한 위치에서 사람을 채용하는 것을 금지할 의도로 특히 새로운 고용봉쇄를 위한 독립적인 행동을 구성하기도 한다.

연장근로 금지나 봉쇄는 파업이 돌입하기 전에 첫 단계로 많이 사용되는 매우 효과적인 쟁의행위 무기이다. 새로운 고용봉쇄와 연장근로 금지는 오늘날 쟁의행위를 시작하는 거의 일반적인 방안으로 발전되었다. 그것은 또한 쟁의행위의 주된 목적이 동정파업을 허용하도록 할 때 정기적으로 사용된다.

보이콧은 대중이 사용자의 상품을 구매하거나 그의 서비스를 이용하지 않도록 하는 음성적 형태이다. 봉쇄의 특별한 형태가 있는데 임금지급을 강제할 의도로 '부채회복 봉쇄' (debt recovery blockade) 이다.

626. 조직, 생산, 수송 등에서의 변화로, 노동시장은 더 약해졌고 직장폐쇄나 더 많은 총파업은 드물게 되었다. 1990년 이래 직장폐쇄는 사용자가 생산에서 너무 많은 손실을 입는다는 이유로 원칙으로 사용되지 않았다. 근로자 측에서 제한된 쟁의행위의 사용이 지배적이다. 단지 몇 명의 핵심인물들이 사용자에게 노동조합에게 큰 손실 없이 가능한 많은 고통을 주는 파업으로 나아갔다. 또한 몇 가지 더 제한된 형태의 쟁의행위들이 함께 사용되었는데 예를 들어 파업을 하는 몇 사람으로 구성하여 연장근로를 금지하는 것이다. 공공부문에서는 공공의 지지를 얻는 것이 매우 중요하다. 그러므로 예를 들어 간호사들과 의사들은 공공에 너무 많은 문제를 야기하지 않기 위해 다양한 병원들과 다양한 지역 사이에서 단기 쟁

의행위로 변경하려고 노력하였다.

627. 쟁의행위는 종종 분쟁 당사자들을 넘어 다른 기업들까지 확대된다. 노동시장에서의 양측은 동정적인 쟁의행위를 사용함으로써 상대방에 압력을 가하는 수단을 증대하는 것으로 오랫동안 사용하였다. 파업에 있는 노동조합이 요구하고 발언할 수 있는데, 예를 들어 운송노동조합이 조합원들이에게 봉쇄된 사업장에 대한 상품운송을 거절할 것을 명령하도록 즉 '영향을 받는' 상품들에 대한 취급을 거절하는 것이다. 한편 하나의 사용자조직은 노동조합이 노동자들로 하여금 선택적 파업을 요구한 경우 광범위한 직장폐쇄를 명령할 수 있다. 동정적 쟁의행위는 대개 분쟁과 직접적 이익이 없는 사람들에 대한 것이다. 만약 그러한 이익이 있다면, 쟁의행위는 더 이상 순수한 동정적 쟁의행위가 아니다. 그것은 쟁의행위의 법적 효력에 직접적으로 영향을 미칠 수 있다(684절 참조).

628. 쟁의행위에는 많은 다른 형태가 존재하지만 일반적인 정의를 만들 시도는 없었다. 이를 정의하는데 중요한 것은 공동결정법을 적용할 때의 노동법원에 의해 사용되는 쟁의행위(또는 적대적 수단들)의 개념이다. 이것은 아래에서 논의될 것이다. 논란중인 것으로서 한 가지 추가적 사례를 보면 즉 AD 1980 No.94 사건에서 노동법원이 파업 중에 있다는 이유로 그리고 파업 이전의 노동에 대한 사용자의 임금지급 거절 그 자체로 합법적인 쟁의행위의 이유가 된다고 판결한 것이다. 그러나 1984년 공동결정법의 개정으로 이것은 불법으로 되었다(§41).

§3. 노사분쟁과 법

629. 비록 쟁의행위가 다른 사람에게 손해를 야기하려는 의도가 있다고 하더라도, 그것은 사용되는 수단들이 법이나 계약적 의무에 반하지 않는 한 금지되지 않는다. 헌법 조항(2:17)에서도 노동시장 조직들이 '쟁의행위가 법이나 협약에 의해 금지되지 않는 한 쟁의행위를 돌입할 권리' 를 보장하였다. 그래서 노동조합들은 사용자가 단체협약을 체결하도록 파업을 소집함으로써 사용자의 계약이행을 지연시키거나 사용자를 파괴하는데 대해서 책임이 없다.

630. 1800년대에 쟁의행위를 범죄화함으로써 노동자들이 파업을 포기하도록 하는 시도들이 있었다. 파업파괴자의 사용은 1900년대 초에 폐지되었고 시위는 결코 문제가 되지 않았다. 노사관계는 그 목적에 있어서 형법과 처벌조항 범위 밖에 있었다. 그럼에도 불구하고 현재에서도 형법이 아직 특정한 사건에 적용되고 있음을 보여준다. 1980년 항만노동조합에 속하는 몇몇 항만 노동자들은 항만 운영을 정지시키기 위한 행동을 하였을 때 특정한 형법 위반에 대한 혐의로 기소되었다. 문제는 항만에서 떠나라고 한 감독자와 경찰의 명령에도 불구하고 그 운영을 중단할 의도로 사업장으로 걸어들어 갔고 거기에 남아 있었다는 것이었다. 한 경우는 그들이 이를 정지시키기 위해 크레인 아래에 남아 있었다는 것이고 다른 하나는 그들이 두 개의 트럭들의 화물 하역을 중지시킨 것이었다. 근로할 의도 없이 사업장으로 걸어간 것 그 자체로 형법위반으로 간주된 것이었다. 그것은 항만 운영에 불법적인 간섭의 의도로 행해졌을 때에만 부과되는 것이었다. 노동자들은 무단침입으로 처해져 벌금을 부과 받았으나 상황이 나아졌다는 점을 고려하여 가벼운 처벌을 받았다. 이 사건은 최종적으로 최고법원에서 결정되었다(NJA 1983, p.662).

631. 예를 들어 노동보호법을 위반한 해고와 같이 불법적 행동을 강제할 목적이 있을 때 쟁의행위가 불법인지는 결정되지 않았다. 노동법원은 AD 1977 no.38 사건에서 입장을 취하지 않고 그 문제를 판결했으나 법원은 그것이 불법이라고 생각하는 것으로 보였다. AD 1989 no.120(브리타니아 사건) 사건에서 사용자가 구속되는 단체협약을 지키지 않도록 또는 변경하기 위해 쟁의행위를 사용하는 것은 불법으로 여겨졌다(이 사건에서는 외국 노동조합과 관련이 있다). 이 판결은 소위 Lex Britania라고 부르는데(144-145, 693절) 이는 공동결정법의 개정을 가져왔다. 계약관계의 간섭과 관련한 개념은 스웨덴에서 달리 채택되지 않았다.

632. 쟁의행위에 돌입할 권리에 대한 가장 중요한 제한은 평화의무로서 단체협약에 부수되는 것으로 그것은 아래에서 논의될 것이다. 이에 대해 지켜져야 할 몇 가지 행동준칙이 있다. 하나는 향후 적어도 7일의 근무일 전에 쟁의행위를 스톡홀름에 있는 조정사무소에 알릴 의무이다. 같은 방법으로 모든 쟁의행위나 이의 사전 행동들은 상대방에게 고지되어야 한다(§45). AD 1982 no.157 사건에서 한

노동조합이 이러한 것들을 소홀히 한 결과로 인한 사용자에 대한 손해에 대해 약 1,000유로를 지불할 책임이 있다는 판결을 받았다. 국가조정사무소에 알릴 의무 위반은 국가에 적어도 3만 크로나에서 최대 10만 크로나(약 3,000-10,000 유로)의 벌금을 구성한다.

1930년대에 그 문제는 노사평화의 해로운 결과에 대해 '제3자'를 보호하기 위해 입법이 도입되어야 하는지가 많이 논의되었다. '살트보덴 기본협약'의 SAF와 LO가 쟁의행위의 방법과 수단에 특정한 제한들을 두도록 결정하였기 때문에 어떤 입법도 통과되지 않았다. 그러므로 쟁의행위에 대한 계약적 제한들이 논의될 때는 이러한 행동준칙들이 취급될 것이다.

1980년 총 파업 후 그리고 그 당시 1980년 동안의 노사불안 후와 1990년대 초, 예를 들어 공공부문에서 쟁의행위에 돌입할 광범위한 가능성을 제한하거나 비례성을 기초로 한 일반적 제한을 도입하기 위해 추가적인 입법이 도입되어야 하는지에 대하여 많이 논의되었다. 이러한 논의들은 산업영역에 있는 노동시장 당사자들이 자발적인 제한과 2000년에 도입된 더 강력해진 '국가조정사무소'를 포함한 소위 1997년 '산업협약'(101, 657-660, 705-708절 참조)을 체결함으로써 종결되었다(109, 657, 715-721절).

633. 비록 쟁의행위에 돌입할 자유가 공공 영역에도 적용된다고 하더라도 특별한 제한들이 존재한다. 이러한 제한들은 매우 한정된 것이고 가장 중요한 것은 공공 당국이 다양한 종류의 사람들의 쟁의행위를 금지한다. 그리고 동정파업은 다른 공공근로자들과의 동정파업이 되어야 한다. 그래서 스웨덴에서 예를 들어 판사들, 군인들 등에 대해서는 가장 많은 제한들이 있다.

1969년 특정한 법은 사회적 급여들이 쟁의행위의 지원에 사용되는 것을 금지한다. 이것은 특히 실업급여에 적용된다.

공공 당국이 다양한 종류의 부분적 행동에 대한 가장 중요한 금지가 있는데, 동정적 행동은 다른 공공 근로자들에 동정적 행동이어야 한다는 것이다.

§4. 공동결정법에 따른 평화의무

Ⅰ. 몇 가지 기초 개념들

634. 공격적 행동을 할 권리에 대한 가장 중요한 법적 제한은 공동결정법 §41에 있는 평화의무이다. 이것이 효력을 갖기 위해서는 이러한 규정들은 단체협약이 분쟁 당사자들에게 구속되고 있거나 적어도 그들이 단체협약의 유효성에 대한 분쟁을 갖고 있다는 것을 요건으로 한다.

635. 먼저 공동결정법에서 사용되고 노동법원에 의한 쟁의행위(공격적이거나 악의적 수단)의 개념이 정의되어야 한다. 단결권의 침해와 같이 쟁의행위는 상대방이 공격 당사자의 요구나 입장을 수용하도록 강제하기 위해 압력을 가할 의도로 취해지는 하나의 수단 즉 객관적 요건(특정한 행동을 위한 요건을 대표하는)과 주관적 요건이다. 하나의 수단 즉 공격적 파업을 하는 것은 상대방에 영향을 미치고 압력을 가하는 목적이다. 그 수단은 다양한 종류가 있으나 상대방에 대한 압력을 가하기 위해 채택되어져야 한다. 이미 하나의 협박이 압력 수단으로서 가해지고 더 나아가 쟁의행위에 대한 고지가 공격적 행동으로 간주될 수 있다(AD 1962 no.2, 1968 no.4, 1975 no.85). 그 목적은 합법 또는 불법이 될 수 있다(676절 이하 참조).

636. 노동법원은 공격적 행동과 단순히 예를 들어 압력을 가할 목적이 아니라 독자적으로 단체협약의 특정한 해석상의 표현이 잘못 적용되어 단체협약의 위반을 구성하는 수단 사이를 구별했다. 그러나 이러한 구분은 매우 어렵다. 특히 사용자 측이 권리분쟁들에 대한 해석의 우선권 덕분에 그의 의견을 주장할 기회를 가졌을 때, 근로자 측에서는 단체협약에 대한 그의 해석에 따른 행동은 쉽게 불법적 행동으로 간주될 수 있었다. 1970년 새로운 노동입법으로 근로자 측이 특정한 사건들에 대해 해석의 우선권이 주어졌을 때 이러한 권리를 주장할 행동은 공격적 행동으로 판단될 수 없다.

637. 쟁의행위의 기본적인 형태는 조직 또는 때때로 단일 사용자에 대해 행해지는 것이다. 파업은 법적 형태로 이루어져야 하는 즉 합법적이 될 것이 요구된다

(아래 참조). 행위는 집단성을 가지지만 가령 기업 영역 내에 한 사람만이 의사 표명자가 되는 것과 마찬가지로 한 사람의 근로자의 행동으로 구성된다. 그래서 결정 이면에 있는 조직이 행동에 집단성을 부여하는 것이다. 어떤 조직의 참여 없이 진행되는 비공인파업과 같이, 한 사람의 근로자가 홀로 파업을 할 수 없으나 단순한 근로자 집단은 행동에 돌입할 수 있다. 그러한 파업은 불법이다. 즉 법적인 형태의 노동조합이 진행하지 않는 단순한 근로자 집단의 파업은 불법이 된다.

Ⅱ. 공동결정법 제41조

638. 공동결정법 §41에 따라 쟁의행위는 특정한 조건에서 금지된다. 그 금지는 모두 단체협약에 구속되고 있는 한 사용자들과 근로자들뿐만 아니라 그들의 조직에도 연결된다.

i) 한 조직이 단체협약을 체결하고 법적 형태를 갖추고 있다고 하더라도 조직에 의해 결정되지 않은 쟁의행위는 불법이다. 그래서 모든 비공인된 파업들은 평화의무를 위반한 것으로 간주된다.

ii) 평화의무는 확장될 수 있지만 단체협약으로 완화할 수는 없다. 그의 확장에 대해서는 다음에서 언급될 것이다.

iii) 불법한 목표나 목적은 단체협약 기간 중에 쟁의행위를 불법으로 만든다.

4가지 불법한 목표(1-4)는 공동결정법 §41에서 평가된다. 수단의 목적이 다음과 같은 경우 파업은 금지된다.

(1) 단체협약의 존재나 올바른 해석 등 단체협약의 유효성에 관한 분쟁이나, 파업이 협약이나 이 법에 반하는 지에 관한 분쟁에서 압력을 가하는 것,

(2) 협약의 수정을 동반하는 것.

(3) 협약의 종료 후에 어떤 조항을 강제로 효력을 발생시킬 의도가 있는 것.

(4) 쟁의행위를 보완하는 것을 당사자가 허용하지 않도록 하는 것.

Ⅲ. 권리분쟁에 대한 요지와 변경 요구

639. 공동결정법 §41 하에서의 조항은 순수한 권리분쟁들을 구성한다. 그 이유

는 노사평화는 이러한 종류의 분쟁에서 무의미하다는 것인데 그것은 법원 소송으로 해결될 수 있고 이는 노동법원의 역할이라는 것이다.

640. 공동결정법 §41 하에서의 사례들은 권리분쟁과 관련 없으나 쟁의행위가 보장되지 않는 상황에서(즉 불법한 파업) 산업평화를 보장하는 것을 목표로 한다. (2) 하에서의 금지는 계약법의 일반적 원리에 대한 표현이다. 즉 계약은 존중되어야 한다는 것이다(pacta sunt servanda). (3) 하에서의 금지는 어떤 당사자가 협약 유효기간 동안에 현재의 협약이 종료된 후 강제로 협약을 변경하는 약속을 보장받는 것을 금지한다. 그것은 당사자들이 장래 협약에 대해 허락을 얻는다는 관점에서 산업평화를 방해하는 것을 금지하는 것이다.

641. 공동결정법 §41 (1)과 (2)의 사례들은 추가적 설명이 필요하다. (1)에서의 금지는 단체협약이나 공동결정법에서 규정되는 현존 규정을 근거로 하는 문제들에 대하여는 쟁의행위를 야기하지 않아야 한다는 원칙에 기초하고 있다. 그러나 당사자들이 그러한 주제가 협약상의 문제인지에 관하여 동의하지 않는 상황이 발생하기도 한다. 한 당사자는 그것은 열린 규제되지 않는 사항 즉 이익분쟁이고 쟁의행위가 허용되어야 한다고 주장할 것이고 반면에 다른 당사자는 그 문제는 협약에서 해결되었다는 입장을 견지할 것이다. 이러한 견해는 그 분쟁은 권리분쟁이기 때문에 (1) 하에서 불법이 된다. 두 번째 당사자는 더 나아가 파업이 사실상 단체협약의 변경을 목적으로 하는 것이라고 주장한다. 그래서 파업은 (2) 하에서 역시 불법이 될 것이다. 법적인 관점에서 볼 때 단체협약이 항상 규제된다고 고려할 수 있는 모든 것이 항상 표현될 수 있거나 명백하게 표현되지 않는다는 것은 매우 어려운 과제이다. 법은 '보이지 않는' 조항들을 포함한다. 노동법원은 그러한 문제가 '부정적 규제'의 사례로서 교섭과정에서 일어나는 것이기 때문에 그 문제는 규제된다고 판결할 수 있다. 또한 노동법원은 그 문제가 단체협약이 빈대로 아무것도 포함하지 않을 때 보충적 법 규정에 의해 해결되는 것으로 생각할 수 있다.[32)]

---

32) 그래서 AD 1950 no.1 사건에서 사용자가 노동자에게 폭력을 사용한 감독자를 해고하도록 할 목적인 파업은 그들이 그의 감독자를 임명하는 것으로 사용자의 경영 특권에 반하는 것으로 불법하다고 간주하였다.

1964 no.5 사건에서 노동법원은 쟁의행위 유효기간 중에 기업에 의해 제공되는 점심가격에 대한 분쟁에서 쟁의행위는 불법하다고 판결했다. 그 가격은 1916년 이래 변화하지 않았다. 단체협약은 이에 대하여 아무것도 규정하지 않았다. 노동법원은 만약 협약이 그에 관하여 어떤 것도 규정하지 않았다면 제공하는 점심가격은 사용자가 결정할 권한이 있는 문제라고 판결했다. 어떤 경우든, 가격 문제는 쟁의행위로 해결되는 분쟁이 아니었다.

공동결정 합의를 만들기 위해 쟁의행위를 갖는 즉 '생존을 위한' 권리에 대한 공동결정법 §44에서의 조항은 예외로 간주될 수 있다. 그럼에도 불구하고 이러한 권리는 결코 실현될 수 없었다.

642. 만약 사용자가 오인하여 다툼이 있는 문제가 협약에 규정된 것이라고 주장한다면, 그에 관한 파업은 노동법원이 분쟁이 단체협약에 개방되고 정해지지 않은 주제라고 결정할 때까지 불법이 될 것이다. 그래서 그 결정은 단체협약의 해석에 의존한다. 근로자는 그러한 경우에 그에 대한 법률적 반대를 주장하여 어떤 행위(사용자의 행위)를 불법으로 만들 수 있다. 그러나 그것은 다음과 같은 조건이 되어야 하는데 즉 파업이 정당하다는 재판을 진행하지 않고 더 나아가 근로자의 해석의 우선권이 없어야 한다는 것이다.

643. 계약법의 일반적 원칙에 따라 당사자는 상대방이 그에 중대한 위반을 한다면 계약을 파기할 권리가 있다. 권리분쟁에서 단체협약의 폐지가 금지된다는 것은 평화의무에 대한 규정으로부터 나온 것이다. 그러나 공동결정법 §31에 따라 노동법원은 그러한 상황에서 피해 당사자의 요구로 단독적으로 전적으로나 부분적으로 단체협약을 취소할 권한을 갖는다. 그래서 노동법원은 침해 당사자에게 평화의무를 면제시켜 줄 수 있다. 이러한 §31에서의 규정은 거의 직접 적용되지 않았으나 §41의 평화의무를 보완하는 것으로 그의 중요성을 간과해서는 안 된다.

644. 다른 한편 평화의무 규정은 조직이 논란의 여지없는 임금지불을 강제하고 수행된 업무에 대한 임금이나 다른 보수에 대한 요구를 위한 봉쇄를 금지하지 않는다.

'회복 봉쇄(recovery blockades)' 에 대한 허가는 오래 지속된 것이다. 그것은 특히 파산 빌딩 계약자들이나 미완성 빌딩을 갖는 사람들에게 압력을 가하기 위해 건설산업에서 이용되어 왔다. 사용자 파산의 경우 정부의 임금보장에 대한 1970년 입법으로 그것의 실제적 중요성은 많이 잃었다.

Ⅳ. 동정파업 (Sympathetic Actions)

645. (4) 하에서 동정파업의 금지와 같이 그의 실제적 중요성은 그것이 반대상황(e contrario)에 대한 것인데 즉 동정파업은 만약 첫 번째 쟁의행위가 허용된다면 허용된다는 것이다. 그것은 단체협약 유효기간 동안 쟁의행위를 허용하는 가장 중요한 경우이다. 노동시장에서의 양 당사자들은 오랜 동안 이러한 측면에서 그들의 파업의 자유를 보유하는데 관심을 가졌다. 임금의 요구가 이미 충족된 노동조합도 다른 노동조합이 단체협약을 위한 투쟁을 지원하기 위해 노동자들을 소집할 수 있다. 또한 사용자 단체가 완고한 소규모 노동자 집단이 그들의 투쟁을 포기하도록 강제하기 위해 많은 노동자들을 봉쇄할 수 있다.

새로운 산업발전과 더불어 사용자들은 동정파업의 사용을 제한하려고 한다. 그러한 수단들은 너무 파괴적인 경향이 있다. 오늘날 산업은 이전보다 훨씬 더 취약하다. 이전에는 재고를 양산하는 것이 가능했다. 천연 자원과 부품배달에 대한 '적시의' 시스템은 오늘날 이것을 더 취약하게 만든다. 더 복잡한 조직구조와 근로자들에 대한 교육과 전문화의 증대는 파업이나 직장폐쇄로 이를 유지할 가능성이 급격히 줄어들게 한다. 최근 특히 SN과 같은 사용자 조직들은 동정파업권을 폐지하거나 최소한 제한하는 내용으로 공동결정법을 개정하는데 광범위하게 로비하였다.

646. 동정파업으로 진행되는 파업은 사실상 독자적인 목적을 갖는다는 것이다. 파업에 있는 다른 그룹의 노동자들을 지원한다는 의도 외에 동정파업은 동정파업의 공격을 받는 사용자에 대한 요구를 의미한다. 많은 사건에서 노동법원은 다른 집단을 지원하는 집단의 동정파업이 그 자신의 사용자에 대해 협약 변경에 대한 요구를 포함한다면 그 동정파업은 공동결정법 §41 (2) 하에서 금지된다고 판결하였다. 동정파업이 1차 파업으로 같은 사용자에 대해 직접적일 때 일어날 수

있다. 전형적인 사례는 다음과 같다.

어떤 제조회사가 공장에서 이루어지는 몇 가지 건설작업이 필요하고 분탄사업 기간에 그 목적을 위해 그 자신의 노동자들을 이용할 것을 결정하였다. 건축 노동자들의 지역노동조합은 그 자신의 조합원들에 의해 작업이 행해질 것을 바라고 기업은 그러한 건설작업과 관련한 단체협약에 서명하기를 요구하였다. 기업이 이를 거부하자 건축 노동자들의 노동조합은 그 기업을 위한 모든 건설업무를 봉쇄할 것을 선언하고 제조 노동조합의 동정파업을 요구하였다. 이것은 그 자신의 제조 노동자들의 의해 수행되는 기업에 대한 건설작업이 중단되는 것을 의미한다. 그러한 경우에 노동법원은 먼저 건설작업이 제조 노동자들의 작업을 수행할 의무 내에 있는지를 판단한다. 만약 이러한 경우라면 그리고 노동법원이 지시하고 작업을 배치할 사용자의 권리에 대한 결과로서 특정한 다양한 작업 지시권을 사용자에게 허용한다면, 노동법원은 동정파업은 제조 노동조합이 노동자들이 건설 작업을 수행하도록 명령하도록 하는 그 자신의 단체협약을 이용할 권리를 빼앗게끔 하는 것으로 간주한다. 그러므로 비록 건축 노동조합의 1차 파업이 매우 합법적이고 단체협약이 어떤 종류의 노동에 적용되는 지에 관한 규정이 명시하지 않는다고 하더라도, 동정파업은 제조 노동자들과 그들의 노동조합에 구속하고 있는 단체협약에의 변경을 가져오는 '독립적인 목적'을 갖는 것이고 그러므로 공동결정법 §41 (2) 하에서 금지된다.

V. 평화의무의 제한: 허용되는 쟁의행위

647. 공동결정법에 따라 평화의무에 대한 제한으로서 쟁의행위는 다음과 같은 경우에 단체협약 유효기간 동안에 허용된다.

(a) 쟁의행위는 단체협약에서 규정되지 않은 주제를 다루는 것을 목적으로 한다. 이것은 예를 들어, 이익분쟁인데 그러나 이러한 행위에 대한 범위는 노동법원이 항상 새로운 작업방법의 도입, 간접적으로 또는 '묵시적' 조항으로 규제되는 것과 같은 새로운 환경과 관련 없는 주제라고 판단하는 바와 같이 매우 좁다.

(b) 합법적인 1차 쟁의행위의 지원에 있는 동정파업은 예를 들어 동정파업이

'독립적 목적' 이 없다면, 그것은 동정파업 밖에 있는 사용자에 대해 직접적 요구가 없다는 것을 의미한다.

(c) '회복 봉쇄' (recovery blockade)(682절)는 특별 조항(§682 후반)에 따라 허용된다.

(d) §44에 따라 '확립된' 노동조합이 공동결정 합의를 얻기 위한 목적으로 쟁의행위를 하는 '생존권' 이 있다.

오늘날 동정파업은 실제적으로 위에서 언급한 것들 중 하나일 뿐이다.

Ⅵ. 외국인 노동자 지원을 위한 동정파업; 정치적 파업

648. 공동결정법 (§41)은 특정한 사건에서의 쟁의행위를 금지한다. 그래서 쟁의행위가 기타의 사안에서 허용된다고 쉽게 추정될 수 있어서 이것은 논란거리가 되어 왔다. 이러한 주제에 대해 공동결정법이 준비되고 있었을 때, 두 가지 문제가 있었는데 즉 외국에 있는 노동자나 노동조합을 지원하기 위해 또는 정치적 목적을 위한 쟁의행위가 허용될 수 있는지에 대하여 어떤 해결안도 없이 많이 논의되어 왔다.

649. 사용자들은 일상적인 사건 예를 들어 국내 사건에서 정치적 목적을 위해 사용되는 파업에 대해 회의적이지 만은 않았다. 그러한 파업은 너무 드물어서 파업이 큰 문제가 되지 않았기 때문이다. 일반적 의견은 정치적 또는 노동조합의 목적을 위해 연대에 대한 국제적 표명으로 취해지는 파업에 우호적이었다. 특정한 파업의 자유는 적절한 것으로 간주되었다.

공동결정법 이전 AD 1961 no.30 사건에서, 노동법원은 덴마크 노동조합 지원을 위한 동정파업은 1차 파업이 합법적인 것으로 허용된다고 판결하였다. 그러나 법원은 합법적인 1차 파업의 조건이 주된 갈등이 다른 노동법 체계와 노사관계를 갖는 나라에서 일어난 것인지를 판단했어야 했다.

650. 공동결정법 통과 이후의 사건인 AD 1979 no.103 (잠정 결정)과 AD 1980 no.15 ITF는 흥미롭다. '국제운송노동자연맹' 은 1979년 9월 1 주일간 모든 칠린(Chilean) 선박과 항공 봉쇄를 결정했다. '스웨덴 운송노동조합' 과 두 개의 다른 스웨덴 전국노동조합들은 이러한 결정에 부응하여 파업했다. 사용자들은 공동결정

법과 개별 노동계약 둘 다 반대하면서 봉쇄가 불법이라고 반대했다. 노동법원은 잠정결정에서 봉쇄는 스웨덴에서의 조건을 언급함이 없이 정치적 목적을 갖는다고 하면서 그에 대한 법적 장애는 없다고 판결했다. 그러한 파업은 공동결정법상의 평화의무에 영향을 받지 않는다고 판결했다. 그의 최종 판결에서 법원은 그러한 목적을 위한 쟁의행위를 할 권리에 더 정확한 제한을 설정했다. 관련 단체협약은 사용자가 그의 사업을 할 권리를 갖는다는 가정에 기초되었다. 만약 그러한 행동이 직접 또는 간접으로 사용자의 이러한 권리에 대한 간섭으로 취해진다면 가령 만약 그 목적이 영구적으로 또는 상당한 기간 동안 관련 국가와의 사업관계를 포기할 것을 강제하였다면 그 파업은 불법이 될 것이다. 그래서 파업이 그의 기간을 고려하여 항의와 시위의 단순한 수단을 넘어선다면 그것은 불법이 될 것이다. 그러나 노동법원은 정치적 목적의 파업이 허용되는지와 불법인지의 세밀한 구별기준을 만들지는 못했다. 많은 판례가 파업의 집중성에 의존하는 것으로 보인다. 위 사건에서 노동조합은 허용된 파업의 경계선을 넘지 않았다. 이러한 사건의 형태는 적어도 짧은 기간의 파업이나 봉쇄행위의 형태에서 정치적 또는 노동조합 목적을 위한 연대의 표명은 평화의무를 침해하지 않는다고 결론지을 수 있다.

651. AD 2001 no.89에 대한 노동법원의 판결에서 법원은 2시간의 항의와 시위 파업은 그것이 사용자가 그의 사업을 행할 권리를 간섭하지 않았기 때문에 허용된다고 판결했다. 그 배경은 항만노동에 영향을 주는 항만법 문제와 관련한 EC 지침 계획에 대한 국제 항만노동자들의 항의였다.

AD 1984 no.91 사건에서 국내 정치파업은 위기에 있었다. 사장들의 반조합적인 정치적 시도를 한 스웨덴 회사에 대한 보이콧은 불법으로 판결되었다. 법원은 이러한 파업은 단기 항의와 시위가 되어야 하고 따라서 문제가 되는 파업은 무제한으로 시도되었다고 판결했다.

공공부문에서 국내 정치적 사건에 영향을 미질 목적을 갖는 정치적 파업은 불법이다. 공공기관을 관리하는 공공 근로자들은 다른 공공 근로자들에 우호적인 동정파업을 갖는 것만이 허용된다.

652. 노동법원 판결 AD 1989 no.120 사건은 이미 언급한 바와 같다(144절). 그 사건에서 '스웨덴 지멘스노동조합'과 '스웨덴 운송노동조합'은 국제 운송노동자

연맹의 요구로 선적국(flag of convenience)[33]에 등록된 브리타니아 선박을 새 단체협약에서 강제로 퇴출하기 위한 단체협약을 가질 목적으로 ' 국제 운송노동자연맹의 요구로 그 선박에 대해 봉쇄를 단행했다. 노동법원은 그 파업은 불법이라고 판결했다. 그러나 1991년 공동결정법에서의 수정안은(Lex Britannia) 외국 단체협약에 대한 차별정책으로 이 결정을 기각하였다. 그래서 공동결정법 하에서 체결된 한 단체협약은 외국법(§31a) 하에서 체결된 합의를 철회하였다. 외국 단체협약은 스웨덴 단체협약에 직접적으로 반하는 경우 쟁의행위가 불법으로 보호받지 못한다. 더구나 공동결정법 하에서 체결된 단체협약들은 외국법에 의해 무시될 수 없다. 선포된 목적은 '사회적 덤핑' 과의 투쟁이다.

653. Laval 사건에서의 CJEU의 판결에 따라, 이러한 소위 Lex Britannia 규정은 EU법과 영업의 자유와 일치하지 않는다(144-145절 참조). 스웨덴 사업을 위해 적용하는 규정과는 대조적으로 다른 회원국으로부터의 영업이 이미 협약의 내용과 관계없이 주재국에서 단체협약에 이미 구속받고 있는 지를 고려하지 않는 규정들은 EU법 하에서 차별적이다. 그러한 차별은 공공정책, 공공안전이나 공공 보건을 기초로 하여서만 정당화될 수 있다. CJEU에 따라 이러한 사건에서 차별할 근거는 없었고 그에 의해 Lex Britania는 TEU의 57조에 반하는 것으로 볼 수 있었다. Les Britannia 규정들은 아직 공동결정법에 남아 있다. '우편노동자법' 이 적용되는 사건에서 '외국' 단체협약에 구속받는 사용자가 합법적인 쟁의행위에 대하여 보호받는 내용으로 그 법이 개정되었다. 그것은 다음 내용을 주지할 가치가 있는데 그것은 '우편노동자법' 이 항해중인 선박에 적용되지 않는다는 것이다. 그래서 이 장에서 강조하는 것은 이미 '외국' 단체협약에 의해 구속받고 있는 사용자라도 '스웨덴' 단체협약을 체결하는 것을 강제하기 위해 쟁의행위를 갖는 것은 스웨덴법에 따라 아직 가능하다는 것이다.

---

33) 선박 등록국의 국기(세금 혜택 등을 위해 다른 나라에 선박을 등록하고 단 그 나라의 국기)

§5. 불법파업과 관련한 규정들

Ⅰ. 노동조합의 책임

654. 공동결정법 §42, para.1은 불법 쟁의행위의 참여에 대해 노동조합의 책임에 대한 규정들을 담고 있다. 단체협약에 구속받든 아니든 조직하거나 그 외 불법 쟁의행위를 일으키거나 지원하는데 대해 노동조합에 대한 일반적 금지가 있다. 단체협약에 의해 구속받는 조직들 스스로는 그들의 조합원들이 그러한 허용되지 않는 쟁의행위를 금지시키는 노력을 해야 하고 이 미 진행 중에 있다면 이를 중단하도록 노력할 의무가 있다. 구체적으로 어떻게 조합원들의 불법행동을 중단시키도록 만들어야 하는 지는 노동법원이 결정할 문제이다.

수많은 사건들이 이 주제와 관련되어 왔다. 노동법원은 파업하는 노동자들의 노동조합들은 무엇보다도 동정파업에 대한 어떤 승인이나 묵시적 동의를 주지 않아야 할 뿐만 아니라 적극적으로 그들의 쟁의를 중단하도록 설득할 것을 요구하였다. 그 외에 노동조합은 손해배상 책임이 있을 수 있다. 하나의 사례를 들면, AD 1976 no.1 사건에서 사업장 조직이 그의 조합원들이 불법파업을 중단할 것을 설득할 의무를 충분히 이행하지 않은 데 대해 3,000 크로나(약 300 유로)의 손해배상이 부과되었다. 여기서 노동조합 실행위원회는 첫 2일 동안 상시적으로 파업자들을 만나고 있었고 직무를 수행하지 않았다고 진술하였다. 위원회의 8명 중 6명이 위원회 위원으로서 그들 직을 사임한 이후 파업에 동참하였다. 노동법원에 따르면 이러한 행동은 위원회 위원들이 그들 스스로 파업에 동정적이라는 인상을 파업자들에 주었을 수도 있었다는 것이다.

655. AD 2009 no.89 사건에서 노동법원은 C-341/05 (Laval 사건, 144절 참조)[34] 사건에서의 CJEU(Court of Justice of the European Union)의 예비적 규정을 적용했다.

34) Case C-341/05 Laval un Partneri Ltd v Svenska Byggnadsarbetareförbundet, Svenska Byggnadsarbetareförbundets avdelning 1, Byggettan and Svenska Elektrikerförbundet, judgment of 18 December 2007. Internal market and free movement – freedom to provide services and collective action initiated by a trade union.

Laval은 쟁의행위가 스웨덴 노동조합들에 의해 취해 진 것에 대해 EU 법 위반으로 재정적 손해와 징벌적 보상을 위한 소송을 제기했다. 노동법원은 노동조합들은 TEU(Treaty on European Union) 제46조 위반에 대해 책임이 있을 수 있는데 그것은 그 조항이 노동조합들과 Laval 사이에 직접적인 수평적 효과를 갖기 때문이라고 판결했다. 이와 같은 상황에서 손해를 배상할 노동조합의 의무와 관련하여 스웨덴 법령이나 판례, 심지어 조약에 상응한 해석에서도 명시한 법적 근거를 발견할 수 없다. 따라서 그러한 의무는 EU 법과 성실의무에 관한 일반적 원리들, 연대성, 효율과 효과적 강제를 기초로 하는 노동법원에 따르고 있다. 손해와 평등의 원리와 관련한 CJEU의 판례를 인용하여 노동법원은 '공동결정법상의 제재와 징벌적 배상에 관한 규정'을 적용하였다. 공동결정법에 있는 손해에 관한 규정들은 특히 불법파업에 적용되는 것이고 이를 유사하게 적용될 수 있다. 더구나, CJEU는 Britannia 조항들이 차별적이라면서 따라서 그것들은 적용될 수 없다고 판결하였다. 대신에 이미 존재하고 있는 단체협약을 탈피할 목적으로 쟁의행위를 갖는 것을 금지하는 원칙이 있는 주된 규정이 적용되어야 하고, 공동결정법상의 손해에 관한 규정은 그에 의해 적용되었다. 재정적 손해에 대한 소송과 관련하여 노동법원은 Laval은 재정적 손실에 대한 증거를 제시하는 데 실패했고 따라서 이러한 청구는 승인될 수 없다고 판결했다. 그러나 노동법원은 노동조합에게 대략 55,000 유로의 징벌적 손해를 배상하라고 명령했다. 그 판결은 만간부문에서의 문제가 이를 근거로 할 국가 법령이 없는 상황에서도 손해에 대한 책임을 지우는 것이 가능하다는 사실을 표명하였다. 그러나 이러한 판결은 후에 비록 관련 EU법에서 쉽게 해석되지 않는다고 하더라도 EU법에 일치되지 않는다는 것이 발견되었다.

Ⅱ. 개별 근로자의 책임

656. 우리는 이미 조합원들 역시 불법파업을 하거나 참여한 것에 책임이 있다는 것을 언급하였다. 이것은 단체협약의 구속력의 성질과 협약 당사자가 되는 조직들뿐만 아니라 개별 조합원들에 대한 평화의무의 결과이다. 언급한 바와 같이 (572절) 개별 조합원들에게 200 크로나 (약 20 유로)로 한정한 옛 손해배상의 제한은 1992년 마지막으로 폐지되었으나 불법파업에 참여한 것에 대한 그러한 손해

는 제한되어야 한다는 것이 아직 진행 중에 있는 과제이다. 단지 두 사건이 1992년 이후 노동법원에 제소되었다. AD 1996 no.22 사건에서 개별 근로자들 각각은 약 170 유로를 지불하라는 판결을 받았다.

657. 파업과 파업자의 유발의 원인과 관련한 다양한 상황들 특히 §43 하에서 구성된 파업 상황들은 손해가 개별 근로자들에게 부과될 때 고려되어야 한다(698절 참조).

658. 단체협약에 구속되는 조합원들만이 불법파업이 금지되는 것은 아니다. 공동결정법 §42, para.2에서, 불법 쟁의행위에 대한 어떤 참여에 대해서도 일반적 금지가 존재한다. 조합원과 비조합원의 구별 기준도 없어서 같은 액수의 손해배상이 조합원들뿐만 아니라 비조직 근로자들에 가해질 수 있다. 그러나 '확립된' 노동조합이 불법이라고 생각되는 파업을 요구하였을 때 참여한 근로자는 책임을 지지 않을 것이다(§59, para.1).

Ⅲ. 상의할 의무 (Duty to Confer)

659. 1976년 공동결정법 이전에 사용자들은 불법파업이 진행되고 있는 한 교섭을 하지 않는다는 확립된 관례가 있었다. 그것은 원칙적 문제였다. 그러한 상황에서 사용자에게 교섭할 법적 의무가 없다고 생각되었고 '조정사무소' 도 간섭하지 않았다.

공동결정법은 이에 대한 새로운 원칙을 도입하였다. §43은 관련 사용자와 노동조합이 불법 쟁의에 대해 협의에 들어가야 하고 그것을 중단하기 위해 공동의 시도하도록 하는 명령에 대해 규정하였다. 이러한 의무는 교섭할 의무로 부르지 않고, 당사자들이 함께 모여서 그 문제를 논의할 것을 촉구하는 더 높은 차원의 계약에 보류된 용어에 불과하다. 그 목적은 오해를 방지하고 적대적 상황의 원천을 제거하는 것이다. 논의는 파업하는 근로자들의 대표들이 아니라 사용자와 지역노동조합 사이에서 있어야 한다. 이러한 의무의 내용에 관한 규정은 없다. 입법 자료는 단지 협상할 의무와 관련한 규정들이(576절 참조) 유사하게 적용될 수 있다는 것을 보여준다. 이와 관련하여 사용자는 그 요구를 고려한 결정을 요구할 수 없는데 그것은 명백히 운용중인 단체협약에 반대되는 것이고, 노동조합은 파업하는 근로자들을 대신하여 그러한 요구를 독자적으로 수행하는 것이 허용되지 않는다.

660. 이러한 의무에 부응하는 손해를 부과하는 명령은 없고 단지 이러한 의무가 수행되었다면 불법파업과 관련한 사건은 노동법원에 참조될 수 있다(노동분쟁법, 4;7 para.2). 앞에서 언급했던 바와 같이 그러한 논의의 결과는 노동법원이 불법파업에 대한 손해를 산정할 때 고려되어야 한다(공동결정법 §60, para.2).

§6. 쟁의행위에 대한 계약적 제한

661. 공동결정법은 평화의무에 관한 강제적 규정들을 담고 있다. 그러나 이러한 것들은 최저한일 뿐이어서 집단 당사자들이 더 광범위한 평화의무를 갖는 것을 방해하는 것은 없다. 그러한 계약적 제한들은 일상이지만 그것들은 좀처럼 전체 평화의무 단계까지는 접근하지 못한다. 일간신문 산업에서만 1986년까지 통상 10년의 기본합의서의 기간을 강제한 것이 있었는데 그에 따라 당사자들은 자유와 민주적 언론의 지속적 존재를 보장받음과 동시에 절대적인 평화의무를 선택했다.

662. 가장 중요한 제한이 다양한 기본합의서에서 규정되었다. 그러나 SN(초기 SAF)과 LO 사이의 기본합의서(살트보덴 합의서)만이 여기서 언급될 것이다. 그것은 정식으로 폐지되었지만 공동결정 합의서를 위한 추가적 고지 때까지 유효하게 남아 있었으나 첫 주요 공동결정합의서(824절 참조)는 이러한 주제를 담고 있지는 않았다. 그래서 기본합의서의 Ⅱ장에서의 고충절차와 관련한 조항들이 이러한 규정절차에 따른 교섭 동안의 노사평화를 기술하고 있는데 따라서 교섭이 끝난 후 3개월 이내 상대방에 고지하지 않거나 장래의 당사자 요구에 대해 일정한 시기를 지키지 않았을 때는 쟁의행위가 금지된다, 권리분쟁에 대하여도 그러한 평화의무 규정에 따른다. 그러나 이익분쟁과 관련하여 기본합의서에 있는 이러한 조항들은 평화의무의 확장을 담고 있다. 전국노동조합에 의해 승인되지 않은 어떤 쟁의행위도 금지하는 추가적 규제도 현재 법으로 만들어졌다(공동결정법 §41, 위 675절 참조).

663. 기본합의서의 제Ⅲ장은 잘못된 것으로 간주되는 특정 형태의 쟁의행위를 금지한다. 그것은 산업평화를 위한 행동 준칙을 구성하고 있다. 이러한 규정들은 특히 제3자들에 대해 행해지는 압력행사를 제한한다. 노동조합이 누군가 즉 가령 상대방과 거래관계를 갖는 사람을 공격함으로써 상대방에 간접적 압력을 가하는 것에 불이익이 있을 수 있다. 이러한 것들은 1930년대에 많이 논의되었고, SAF와 LO가 기본합의서에서 그 문제를 다루기로 결정하였을 때에도 이에 관한 입법이 준비되고 있었다.

664. 몇몇의 이러한 조항들은 종교, 정치나 다른 유사한 이유나, 분쟁에 있는 활동에 대해 보복을 목적으로 하는 것, 근로자가 없는 가족 사업에 대하여 행해지는 것들에 대해 불이익을 주는 행동(파업)을 금지한다. 대부분의 사건에서 제3자 즉 외부자에 대해 이루어지는 행동(파업)은 제3자가 중립적이라면 금지된다. 중립적이라고 생각되지 않는 사람에 대하여는 상세하게 규정되어 있는데, 예를 들어 상대방과 밀접한 경제적 관계를 갖거나 분쟁에서 그를 지원하는 사람을 말한다. 단체협약을 체결할 목적이 있는 동정파업만은 중립적 제3자에 행해질 수 있고, 그러한 행위는 작업중지나 '영향을 받는' 상품의 취급의 거절이어야 하는데, 여기서의 상품은 상대방 사업으로부터 고안된 또는 그에 기인한 상품들이다.

665. 노사안정을 위한 쟁의행위에 관련한 또 하나의 중요한 규정은 보호받는 직무와 관련되는 것이다. 보호받는 직무에 의한다는 것은 작업중지 과정에서도, 주로 기술적인 합리적인 방법에서 생산중단 동안 또는 사람에 대한 위험이나 건물, 선박, 기계, 가축이나 상품 등에 대한 위험을 방지하기 위해 수행되어야 하는 직무를 의미한다. 법적의무 하에서 수행되는 직무도 '보호' 된다. 만약 제3자들이 보호받는 직무를 수행한다면, 이러한 것들은 비중립적이거나 파업파괴자로 간주되지 않는다. 만약 상대방이 분쟁과정에서 생산을 지속하지 않는다면 당사자인 근로자들이 보호받는 직무를 수행해야 할 것이다.

666. 이러한 규정들에 대한 해석과 적용에 대한 분쟁들은 궁극적으로 중립적 의장과 그 외 SN와 LO 각각으로부터 온 3명의 대표들을 갖는 중재위원회로 구성된 '노동시장위원회' 에 의해 해결된다. 그래서 이러한 분쟁들은 노동법원의 재판

권 밖이다.

667. 2008년 새로운 기본합의서를 체결하기 위해 SN, LO와 PTK 사이에 논의가 시작되었다. 노동시장 당사자들은 스웨덴 노동시장에 있는 긴급한 문제들 몇 가지를 해결하여야 했다. 사용자들은 동정파업의 제한을 그리고 작업 중단에 따른 해고의 경우에 더 자유로운 우선적 규정을 논의하기를 원했다. 근로자 측으로부터는 그 논의는 특히 2008년 가을에 시작된 국제적 경제위기를 고려하여 근로자들에 대한 더 많은 보장을 원했다. 이러한 논의들은 2009년 3월 끝났는데 당사자들은 어떤 것도 동의하지 않았다. 이러한 시도 후에 산업영역의 지부조직들은 동정파업, 잉여인력의 경우 상급 단체와 다양한 종류의 직업훈련이나 정리해고의 경우 보상 문제에 대한 합의를 논의했다. 그러나 이러한 시도들은 합의로 이어질 수는 없었다.

668. 당사자들의 쟁의행위의 자유를 제한하는 중요한 합의가 있었는데 그것은 1997년 산업영역에서 노동조합들과 사용자들의 지부조직들 사이에 체결된 산업협약서이다. 그 합의서는 실제로 '산업발전과 임금형성에 대한 합의서' (Agreement on Industrial Development and Wage Foramtion)로 불린다. 사용자 측에서는 SN 내의 조직들이 있었고 노동조합 측에서는 LO, TCO뿐만 아니라 SACO에 속하는 노동조합을 대표하는 조직들이 있었다. 또한 특별히 '산업을 위한 교섭합의서(Negotiating Agreement for Industry)' 도 이 합의서에 첨부되었다. 1997년 합의서는 2010년 실효되었으나 새로운 산업합의서가 체결되어 2011년 7월 효력을 발생하였다. 새로운 합의서는 옛 것과 유사하다. 2010년 산업합의서는 '산업을 위한 협력 합의' 와 '산업을 위한 교섭합의' 로 구성된다. 그 합의서에는 스웨덴에서 주된 산업영역을 대표하는(SN, LO, TCO와 SACO에서 온) 17명의 당사자들이 있다. 당사자들은 전 산업영역의 단체협약을 위한 교섭에서 그 합의서를 고수하였다. 합의서의 목적은 산업에 있는 당사자들에게 쟁의행위에 의존하지 않고 균형 잡힌 결과를 갖는 합의를 위해 건설적인 교섭에 매달리도록 할 조건들을 부여하는 것이다. 합의서는 노동시장에 대한 그들의 영역에서 임금형성을 위해 공동의 책임을 갖는 당사자들에 의한 수용을 나타낸다. 합의서는 합의 당사자들이 되는 조직들의 리더 격인 대표 조직들이 타협한 '산업위원회' 를 만들었다. '산업위원회' 는

사용자와 근로자 측으로부터 온 동수의 대표들로 구성된다. 또한 사용자나 노동조합 조직에 의해 고용되지 않은 4명의 경제학자로 구성하는 '산업을 위한 ' 경제위원회 '가 임명되었다.

당사자들은 그들 자신의 조정절차에 동의하였는데 이에 따라 조정에 관한 일반적인 입법 조항들이 제거되었다. 조정인 수 정리(5명에서 10명 사이), 그리고 소위 '중립적 의장' 이 합의서의 규정에 따라 교섭 당사자들을 지원하기 위한 '산업위원회' 에 의해 임명되었다.[35] 현행 합의서가 종료되기 전 산업 전반의 단체협약을 체결할 계획서도 만들어졌다. 당사자들이 달리 결정하지 않으면, 교섭은 적어도 당사자들의 향후의 요구를 할 수 있는 날 전 3개월 후에 시작되어야 했다. 추가적이 요구들은 실제적 이유가 있는 경우에만 이후에 제기될 수 있다. 종료 1달 전, 당사자들은 중립적 의장에 의해 지원받아야 하고 그것은 그들 자신의 진행을 제한하는 것이 된다. 쟁의행위를 고지하려는 당사자는 그러한 고지를 주기 전에 중립적 의장에게 알릴 의무가 있다.

669. '산업합의서' 의 의도는 제3자에게 불필요한 손해가 되거나 국가 이익과 관련하여 사업 활동에 장기적인 손해를 줄 쟁의행위를 피하는 것이다.

중립적 의장은 '경제위원회' 에 질문을 하는 것, 그 자신의 제안을 하는 것, 적어도 14일간 쟁의행위를 금지시키는 것을 포함하여 그 자신의 결정을 할 가능한 폭넓은 수단들을 갖는다.

만약 노동조합으로부터 고지된 쟁의행위가 발생하면, 소급 적용되는 임금이나 다른 보상에 대한 모든 요구들은 무효가 된다. 또한 만약 노사분쟁이 발생하면 '산업위원회는 교섭을 위해 도움이 된다면 당사자들에게 그의 쟁의행위를 잠정적으로 중지할 것을 명령할 수도 있다.

670. '산업합의서' 는 다른 부문에서의 유사한 합의서에 하나의 패턴이 되었다. 2013년 교섭절차와 중립적 의장을 갖는 15개의 단체협약이 생겨났고 그것은 다양한 종류의 사적조정인들을 제공하였다(719-720절 참조). 20세기 중반 스웨덴 노동력은 그러한 합의서로 타협되었고, 그로 인해 2013년 노사갈등은 40% 감소했다.

35) 2008년 8명의 중립적 의장이 임명되었다.

§7. 생활필수의 보호

671. SN과 LO 사이의 기본합의서의 마지막 장은 필수 사회기능을 위협하는 분쟁을 다루는 것을 취급하는 규정을 담고 있다. 이러한 문제에 대한 법령은 없다. 이러한 목적을 위한 유일한 규정은 절차에 관한 것인데 SN과 LO가 공동으로 공공필수의 보호가 두 조직 모두 또는 공공 당국이나 문제가 되는 사회적 이익을 대표하는 유사한 기구에 의해 요구되는 갈등상황을 노동시장위원회에 의해 신속한 조치를 취해야 한다는 것이다. 이러한 형태의 사건에서 '노동시장위원회'는 중립적 의장 없이 행동한다. 만약 다수가 분쟁을 전체 또는 부분적으로 예방하거나 해결하기를 원한다면 당사자들인 SN과 LO는 해당 부분에 대해 관련 당사자들 사이에 해결책을 가져올 즉각적인 수단을 취할 의무가 있다.

672. 그래서 생활필수의 보호는 자발적인 수단에 기초한다. 1950년에 하나의 사건에서만, '노동시장위원회'가 이를 취급하기 위해 소환되었는데 쟁의행위가 민간 발전소의 기능을 위협하였을 때였다.

673. 기본합의서에서 제공되는 해결책은 다른 영역의 노동시장의 기본합의서에 유사한 절차적 패턴으로 작용하였다. 스웨덴에서의 대부분의 공공서비스들은 국가나 지자체 또는 지자체 소유의 공공기업에 의해 운용된다. 그러므로 보호하여야 할 생활공공 필수의 문제는 공공부문에서 훨씬 더 중요하였다. 사적 영역에서와 같이 거의 같은 쟁의행위에 돌입할 자유가 공공부문에 도입되었을 때 유사한 합의가 국가와 근로자 조직에 의해 체결되었고 유사한 일이 지방정부에서도 일어났다. 그러한 합의서들은 새로운 입법을 위한 전제 조건이었다. 후에 이러한 합의서들이 1971년 공공부문에서 대규모 갈등이 있는 동안에 불충분하다고 여겨져, '제외 영역'(the free circle)에 대한 규정으로 보완되었는데 그에 의해 관련 근로자들은 쟁의행위에 직접 참여하는 것이 금지되었다.[36]

---

36) 만간부문에서의 '제외영역(the Free Circle)'에 대해서는 518절 참조. 공공부문에서 제외영역은 특정 노동조합에 속하는 제한을 의미하지 않고 단지 파업과 직장폐쇄에 대한 예외이다.

674. 1980년대와 1990년대 동안에 공공부문에서의 노사불안은 특히 생활필수와 관련하여 더 확고한 규정에 대한 논의를 이끌었다. 2000년 국가영역에서의 합의서에서 당사자들은 조정절차 이후까지는 쟁의행위를 하지 않기로 했다.

국가영역 합의서와 지방정부 합의서는 모두 만간부문 합의서를 본받아 생활필수를 결정할 수 있는 특별위원회를 설립했다. 이러한 위원회들은 사적 영역에서의 그 것과 같이 양측에서 온 대표들로 구성한다. 그러나 공공부문 위원회들은 추가적으로 중립 위원들을 갖는다. 공공부문 위원회들이 분쟁을 취급하고 있는 동안에는 당사자들은 쟁의행위에 돌입하는 것이 허용되지 않는다.

675. 다른 국가와 같이 사회적 생활필수가 노사갈등으로 위험해질 때 입법으로 간섭할 수 있다는 것은 일상으로 인정되고 있다. 특히 법으로 갈등을 해결하는 중재에 대한 입법이 준비되고 있었으나 분쟁이 입법이 통과되기 전에 해결되어 결코 효과를 보지 못했다. 그러나 공공부문에서 이미 여러 번 언급한 1971년 대규모 갈등에 한 번의 입법이 있었다. 이에 의해 선택된 그 해결책은 다시 이전 단체협약과 그에 의해 새로운 협약을 교섭하기 위한 충분한 시간을 위한 제한된 기간 동안의 평화의무를 운용하기 위한 입법이었다.

§8. 노사갈등의 해결

676. 집단 당사자들 사이의 분쟁들은 권리나 이익에 관련되는 것이다. 권리분쟁에 관하여 근로자들의 노동조합이 관련되는 한 개별분쟁에 대해서도 노동조합 관련 분쟁에 적용한다. 그래서 노동법원은 만약 당사자들이 중재로 그들의 분쟁을 해결하는 데 동의하지 않는다면 그러한 권리분쟁에 대해 재판권을 갖는다. 이미 언급한 바와 같이 중립적 의장을 갖는 노동시장위원회는 ‘기본합의서’ 그리고 다른 공동작업 합의서의 해석에 대한 분쟁에서 중재위원회로서 작용한다. 다음은 유일하게 이익분쟁 특히 새로운 임금합의에 대한 분쟁과 관련한 것이다.

677. 새로운 임금합의에 대한 분쟁이 어떻게 취급되고 해결되는 지는 이미 설명한 바와 같다. 몇 가지 임금교섭 석상은 다소 상세하게 설명하였고 ‘조정사무

소' 도 다루었다. 그래서 여기서는 유의해야 할 몇 가지만 언급하기로 한다.

678. 교섭이 어떻게 행해지고, 대표들이 어떻게 선출되는지 그리고 그들이 갖는 무기가 어떤 것인지는 완전히 조직들이 결정할 문제이다. 노동조합 규약들은 그 문제에 대한 조항을 갖는다. 지적한 바와 같이, 쟁의행위와 단체협약을 결정할 권한은 LO 내, 전국노동조합의 실행위원회에 보유되어 있다. SN 내에서 이러한 주제들에 대해 결정할 궁극적 권한은 중앙조직 그 자체에 있다(599절).

679. 임금교섭에서 일어나는 분쟁을 직접적으로 언급하는 법령은 없다. 그러나 공동결정법에서의 조정에 대한 조항들은 비록 그러한 분쟁들에 적용하는 공식적 제한들이 없다고 하더라도 특히 이러한 형태의 분쟁의 평화로운 해결을 촉진하는 것을 목표로 한다.

쟁의행위를 계획하는 당사자는 향후 7일 근무일 전에 그러한 쟁의에 대한 고지를 하여야 하는데, 상대방과 '국가조정사무소' 모두에게 고지하여야 한다.

'국가조정사무소' 는 임금과 근로조건에 대한 교섭 동안에 사회적 당사자들 사이의 분쟁 발생 시에 특히 조정인들을 지명한다. 오늘날 그러한 교섭들은 전국조직 수준에서 일어난다. 조정인들은 각 개별 분쟁을 위해 임명된다. 사무소는 또한 그의 관할에 4명의 지역 조정인들을 갖는다. 그들은 기업수준에서 지역분쟁이 일어났을 때 소집된다. 이러한 수준에서의 전형적인 갈등은 노동조합과의 단체협약에 서명을 거절하는 기업에 관한 것이다. 이러한 지역 조정인들은 통상 비상임 형태로 조정 임무를 수행한다.

680. 조정인들의 활동을 위한 특정한 지침들이 공동결정법에 규정되어 있다. 조정인은 당사자들 사이에 합의서를 만들도록 노력하여야 한다. 이러한 목적을 위해, 조정인은 교섭을 위해 당사자들을 소환할 수 있고 적절한 수단을 가질 수 있다. 그는 '조정사무소' 가 노동분쟁에서 조정을 하는 것과 합리적인 임금형성을 보장하는 작업이라는 이중의 과업을 갖는다는 생각으로 해결책에 대한 그 자신의 제안을 할 수 있다(§48). 조정인은 당사자들이 쟁의행위를 보류하거나 취소하도록 노력하여야 한다. 그는 또한 만약 당사자들이 동의할 수 없다면 분쟁을 중재에 해결하도록 하는 권고를 당사자들에게 제안할 수도 있다. 그러나 이것은 실제적으

로 이용되지 않았다.

681. 첫 '산업협약서' 가 1997년 체결되었을 때(706절 참조) 새롭고 더 강력한 조정체계를 위해 2000년 새로운 입법과 더불어 '국가조정사무소' 를 준비하고 있었다. '산업협약서' 에서 당사자들 스스로는 일종의 사적조정 절차의 기초를 마련하였다. 스웨덴 노동시장 모델을 위해, 우선 먼저 노동시장을 규제하는데 책임이 있는 사회적 당사자들에 대한 다음 문구가 공동결정법 §47b에 삽입되었다.

> 당사자들이 교섭을 위한 시간계획과 조정인 임명을 위한 규정, 조정인의 권한에 관한 규정과, 합의서의 종료를 위한 고지에 관한 규정을 포함하는 교섭행위에 관련한 합의서에 동의하는 사람은 '조정사무소'에 이러한 합의서를 등록할 수 있다. 합의서가 등록되었을 때는 조정사무소는 당사자들의 동의 없이 조정인을 임명하지 않는다....

682. '국가조정사무소' 는 당사자들의 동의 없이는 조정인들을 임명할 수 있다. 이것은 당사자들이 쟁의행위에 대한 고지를 하고 '사무소' 가 조정인들이 분쟁을 만족스럽게 해결할 수 있다고 결정하는 경우 이루어질 수 있다. 교섭절차에 관한 합의서에 서명을 하고 그 서류를 '국가조정사무소에 등록한 조직들은 이러한 규정에서 제외된다. 사회적 당사자들의 바램과 반대되는 조정인들에 의한 조정은 일상적 사례는 아니다.

2000년 새로운 입법으로 '국가조정사무소' 는 만약 조정인들이 요구한다면 고지된 쟁의행위가 시작되기 전 14일간의 냉각기간을 명령할 권리를 부여받았다. 이것은 조정의 각 기간 동안 한번만 이용될 수 있다. 쟁의행위를 보류할 가능성은 100년간 논의되어 왔는데 2000년 마지막으로 그것을 가능하게 했는데 그것은 2년만 이용되었다.

683. 조정인들의 도움을 받든 안 받든 교섭은 임금합의에 대한 분쟁을 해결하는 주된 수단이다. 중재는 예외적이었고 더 나아가 주요 중앙 임금교섭 석상에서 분쟁을 해결하는데 사용된 적이 없다. 중재는 아마도 특별한 임금분쟁 가령 임금단가가 새로운 작업 방법과 관련하여 조정되어야 할 때 이용된다. 중재가 오랜 동안 임금합의서들에 대한 분쟁을 해결하는 수단으로 이용된 유일한 산업이 1986

년까지 일간신문 산업에서였다.

§9. 결론

684. 노동시장 조직들이 이 분야에서 강력한 입지를 얻었다는 것은 노사갈등과 노사분쟁의 해결을 설명하면서 분명히 하였다. 전형적으로, 헌법 2:14 (667절 참조)는 개별 근로자나 사용자들이 아니라 노동시장 조직들에게 쟁의행위에 돌입할 권리를 부여한다. 그것은 곧 일반 시민권이 아니라는 것을 말해준다.

직장폐쇄에 돌입할 권리는 오랜 동안 파업할 권리와 균형을 이루는 권리로서 다루어지지는 않았다. 1980년 혹독한 갈등 이후 노동조합들은 다른 나라들과 같이 점차 이러한 권리에 대해 제한을 가할 것을 요구하여왔다. 오늘날 직장폐쇄는 거의 이용되지 않는다. 사용자들은 그것은 그들에게 현대 노동시장에 관한 효과적인 무기가 아니라고 주장한다. 다른 한편, 사용자들은 동정파업에 대한 제한을 요구하기 시작했는데 그것은 또한 현대 노동시장에서 예측할 수 없는 효과를 갖는 쟁의행위의 일종이다.

제6절 제도적 관계; 공동규제와 공동결정

§1. 1976년 공동결정법 이전의 협력 수단들

Ⅰ. 사업장평의회

685. '산업민주주의'는 1차 세계대전 이후 많은 나라에서 유행되었다. 스웨덴의 정부 위원회는 1923년 이러한 문제에 대한 보고서를 작성하였고 사업장평의회와 관련한 입법을 제안하였다. 그러나 그 보고서는 LO나 SAF에 의해 지지된 것이 아니어서 전체가 무시되었다. LO는 그의 노력을 임금교섭에 집중하였고 기업 내부 문제에 참여하는 데에는 관심을 두지 않았다. 대신에 LO는 대체로 기업이 아니라 노동계급과의 연대에 관심을 두었고, 참여에 관하여는 단체교섭을 선호하였다. SAF는 항상 사용자 자신을 위한 경영적 측면을 보존하는데 노력하였다.

686. 2차 세계대전 이후인 1946년에 SAF와 LO 사이에 체결된 사업장평의회에 관한 합의가 있었고 이후에도 유사한 합의가 SAF와 LO 사이에 체결되었다. 이것은 대체로 법령 대신에 단체교섭에 의한다는 원칙으로 문제를 규제한다는 전형적인 스웨덴 식이었다. 이 합의서는 노동조합 활동에 대한 보완으로 그리고 노동조합 하에서 이루어지는 방법으로 근로자들이 기업의 내부 문제에 감독과 영향력을 주는데 관심을 보였다. 사용자들 역시 이를 그에게 유리하다고 보기 시작하였는데 기업에 대한 노동자들에 관심을 갖고 특히 효율성과 직무 활성화를 촉진하는 것을 목표로 하는 수단으로 관심을 가졌다. 여기서 1966년 사업장평의회 합의에 관하여 언급하는 새로운 합의가 SAF와 LO 그리고 TCO(이것은 이전에 PTK였고 만간부문에서 월급 근로자들을 대신하여 교섭하기 위해 만들어 졌다) 사이에서 체결되었다.

687. 이것은 이미 1946년 이 분야의 발전을 위한 매우 중요한 것으로 여겨진 최초의 합의서의 원리에 기초하였다. 반드시 유념하여야 할 것은 사업장평의회는 단체교섭에 의해 도입되었다는 것이다. 근로자 측에 있는 교섭단체들이 평의회 활동에 결정적인 영향력을 보장한다는 것은 그 당시 매우 자연스런 것이었다. 평의회 근로자위원들은 선거를 통해 선출되었고 노동조합에 속하는 노동자들이 선거권을 가졌다. 1966년 합의서에 따라 근로자 대표들이 스스로 결정하는 지역노동조합에 의해 선출되었다.

그래서 노동에 대한 이해관계는 배타적으로 노동조합이 창구역할을 하였다. 이러한 형태의 협력은 입법에 의해 도입되었는데, 근로자대표의 선정은 모든 근로자들이 참여하는 선거로 이루어졌다.

그래서 스웨덴 모델은 단체교섭을 기초로 한 노동조합 활동과 기업의 내부문제의 공동해결을 위한 양자 기구에서의 공동작업 사이의 충돌을 피하였다. 사업장평의회는 노동조합과 사용자와 동수의 대표들로 구성되었다. 평의회 대표의 선정에 있어서, 사용자는 대부분의 대표를 선출한 근로자 측 당사자에 의해 선출되는 수에 대응하는 수의 대표들을 지명하려고 하였다. 근로자 대표들의 수는 각 영역에서의 근로자들의 수에 의존하였다.

688. 사업장평의회의 업무는 1996년 합의에 따라 경영자와 기업 내에 있는 그들의 노동조합을 통한 근로자들 사이의 정보 매개체와 공동의 협력이었다. 결정권은 매우 제한된 범위에서 평의회에 설정되었다. 사용자는 특정한 제한된 범위에서 예를 들어 특정한 예산 내에서의 복지문제 그리고 생산촉진 수단들에 대한 제안에 대한 보상과 같은 결정권을 사업장평의회에 위임하려고(의무가 아닌 것으로) 하였다.

사업장평의회와 노동조합 활동들 사이에 구분선이 마련되었다. 즉 사업장평의회는 전통적으로 단체교섭에 의해 규율되는 문제들 즉 집단적 임금 합의의 체결과 그 적용 그리고 일반적인 고용조건들과 관련한 문제들은 취급할 수 없다는 것이었다.

689. 사업장평의회가 취급할 수 있는 정보와 공동협력에 대한 주제들은 생산, 경제와 개인과 관련한 것들이었다. 합의서의 적용과 관련한 분쟁을 해결할 책임이

있는 '노동시장위원회' 는 1971년과 1974년 두 사건에서, 사용자는 적절한 시기에 공장을 폐쇄하는 문제와 사업장평의회 내에서 정보와 협력에 대한 문제를 해결할 수 없는 경우에는 합의를 파기할 수 있다고 하였다. 중재위원회로서 기능하는 경우 위원회는 손해배상을 부과할 권한을 가졌고 실제로 이행한 사례가 있다.

Ⅱ. 산업안전 문제에 있어서 초기 공동작업

690. 공동작업에 대한 다른 방법으로 발전한 사례는 산업안전과 관련한 것이다. 1912년 노동자보호법에 따라, 노동자들은 안전 문제들과 관련하여 노동자들의 관점에서 안전조사를 위한 대표자를 선출한 권리를 가졌다. 반면에 사용자는 안전 대표들이 조사가 이루어질 수 있도록 할 의무가 있었다. 1931년 법 수정안은 노동자들이 10명 이상의 노동자를 고용하는 모든 사업장에서 안전 대표들을 선출할 의무를 주었다.

691. 그러나 1938년 노동조합들은 이러한 분야의 법제정을 노동조합 활동의 부수적인 요소로 간주하였다. 만약 노동자들이 노동자들의 대표로 생각될 수 있는 노동조합을 선택한다면 그 노동조합은 안전대표들을 임명할 권한이 주어졌다. 사용자와 스웨덴 노동환경 당국은 안전 대표자로 선출되는 사람을 지명하여야 했다.

1942년 이러한 분야에서 첫 중앙 공동작업 합의서가 SAF와 LO 사이에서 체결되었다. 합의서는 지역 안전활동의 운영을 위한 일반적 원칙에 관한 것이었다. 이 협약은 SAF/LO 영역 외에서도 널리 채택되었다. 그래서 안전작업은 노동조합에 계약적 의무뿐만 아니라 법적 의무가 되었다.

692. 또한 작업에서의 안전과 건강은 1946년과 1966년의 '사업장평의회 합의서' 에서의 사업장평의회를 위한 사항으로 취급되었다. 평의회는 안전대표들과 안전위원회와 공동작업으로 안전과 건강 활동의 효율성의 개선을 촉진해야 했다. 안전대표들은 안전문제가 안건이 되었을 때 평의회 회의에 소집될 것이 권고되었다.

693. 1949년 노동보호법에서, 안전문제에 있어서 사용자들과 근로자들 사이의 공동작업의 원칙이 발전되었다. 법의 전체 내용은 안전대표들과 안전 위원회

와 관련한 매우 상세한 규정들을 두었다. 안전문제들에 대한 공동작업 합의는 여러 번 수정되었다. 최종적으로 새로운 '작업환경에 대한 법'이 1977년 통과되었다. 새로운 법의 제목은 기존의 '노동자들의 보호'보다 더 포괄적인 영역을 의도하는 것이었다.

그러나 현재 상황은 그 이하에서 취급되고 있다. 더 이상의 발전에 대해 요약해 보면, 그것들은 입법과 자발적 방법의 상호작용의 결과이다. 산업안전은 제일 먼저 공동작업이 이루어진 분야이다. 그것은 먼저 입법에 의해 그리고 나중에 단체협약에 의해서이다. 노동조합은 영향력을 얻어서 다른 영역과 마찬가지로 이 분에서 적지 않은 배타적 권한을 갖게 되었다.

Ⅲ. 다른 공동작업 합의들

694. 공동결정법 이전 시기부터 몇 가지 다른 공동작업 합의들이 언급되어야 한다. 다른 합의들과 같이 그것들은 폐지되었으나 새로운 법령의 일부를 위한 모델로 작용하였다. 그러한 것 중 하나가 '합리화에 대한 합의서'였는데 그것은 1972년 SAF와 LO 사이에 체결되었는데, 이는 생산성 개선뿐만 아니라 작업환경과 직무만족을 개선한다는 관점에서 적절한 학습과 일반적인 합리화 그리고 투자 문제들에서의 참여와 공동작업을 목표로 하는 합의서로 대체되었다.

여기서 언급되어야 할 두 번째 합의는 SAF와 LO 그리고 PTK 사이에 1975년 체결된 '경제위원회'와 '노동자 협력'에 대한 합의서이다. 이 합의서는 사용자가 근로자에게 노동조합들에게 전달할 의무가 있었던 정보를 이용할 수 있도록 정보와 그에 대한 기회를 상당히 개선할 의도였다. 기업 내에서 선출된 경제전문가들(컨설턴트들)은 사용자의 비용으로 근로자들이 데이터 특히 경제 정보의 설명과 해석을 할 수 있도록 만들어야 했다. 이 합의서는 공동결정법에서 정보의무와 비밀유지 문제들에 대해 상당한 영향을 주었다.

Ⅳ. 1970년 입법

695. 1970년의 새로운 경향의 특징은 입법이 산업관계에서 혁신의 도입 특히

노동조합 강화를 촉진하는 주요한 수단으로 사용되었다는 것이었다.

이러한 종류의 첫 법은 '주식회사와 협동조합에서의 근로자들을 위한 이사회 대표에 관한 법(the Act of Board Representation for Employees in Joint Stock Companies and Co-operate Associations)' 이었는데 1972년 통과되었고 1973년 발효되었다. LO는 이사회 대표에 관한 교섭을 위해 SAF를 초대하였으나 SAF는 구속력 있는 협약을 체결할 생각으로 교섭하기를 바랐지만, 기업의 내부조직에 대한 권한의 제한을 지적하면서 이를 거절하였다. 그러자 입법에 의한 정치적 수단들이 선택되었다. 1972년 법은 임시적인 것이었고 그 주제에 대한 상세한 법인 1976년 법으로 대체되었다. 현행법은 1987년부터 발효되었다. 그 내용은 다음에서 취급될 것이다.

696. 그것은 1976년 공동결정법인데 이는 이사회대표에 관한 법이 아니지만 기업 문제들에 있어서 참여에 대한 현재 시스템의 구축에 가장 중요한 토대가 되었다. 현재 존재하는 참여와 공동결정의 다양한 형태들은 다음 장에서 논의될 것이다.

697. 공동결정법은 그 법이 운용되기 전에 공동결정 협약에 의해 결정되는 것을 의미하였다. 그 의도는 노동시장 당사자들에 대한 경영 사항들에 있어서 공동작업을 강제하는 것이 아니지만 공동결정 합의 없이도 이에 관한 시스템을 위해 제공하는 것이고 따라서 근로자들이 근로자들의 이해관계와 관련되는 한 사업행위에 대한 영향력을 가질 수단을 제공하는 것이다. 그럼에도 불구하고 단지 임시적 공동결정 합의서가 법이 강제되기 전에 사적 영역에서 체결되었다. 그리고 1982년이 되기 전후에 만간부문을 위한 '발전협약' 이 체결되었다. 공공부문에서의 당사자들은 이전에 협약을 체결하는데 성공하였는데 그것은 국가 영역에서의 1976년 예비적 합의와 1978년 공동결정 합의서 그리고 1980년 공동체영역에서였다.

1997년 국가 영역에서의 1978년 공동결정 합의서는 지역 공동결정을 위한 매우 상세한 형태를 갖는 매우 광범위한 합의서인데, 이는 지역 당사자들에게 그들의 협력을 위한 방안을 발전시키도록 하는 공동결정의 목표와 방법에 관한 매우 일반적 규정을 갖는 것으로 대체되었다. 공동체 영역에서 1980년 합의서는 공동결정과 작업환경에 대해 지역수준에 더 많이 맡겨놓는 1992년 새로운 합의서에 의해 대체되었다.

공동결정 합의서들의 발전들이 너무 느렸기 때문에 공동결정법에서 제시되는 참여의 형태들이 의도했던 것보다 더 중요하게 되었다. 노동법원은 단체협약의 상세한 규정들에 의해 대체되거나 보완할 의도로 법의 모호한 규정으로부터 많은 판례들을 형성했다.

698. 이러한 내용에 있어서 중요한 입법은 공장수준에서 노동조합 활동을 지원할 목적으로 '사업장에서의 노동조합 대표들의 지위에 관한 1974년 법(the Act of on the Position of Trade Union Representatives at the Workplace)' 이다(1977년 노동환경법 참조).

§2. 협력적 교섭과 공동결정법에서의 반대권

699. 단체교섭이나 협상들은 오랫동안 노동조합들의 목표를 달성하고 사용자의 승인을 얻는데 사용되는 주요한 수단이 되어왔다. 교섭은 또한 경영사항에 있어서 근로자 참여를 보장하기 위한 공동결정법에서 제공된 주된 수단이다. 사업장평의회와 같은 공동기구들을 운용하는 방법은 법을 위해 질의와 응답 형식으로 설정된 것이었으나 이것은 정부 법안에서 제거되었다. 그러나 이것은 당사자들이 공동결정 합의서를 통하여 이러한 방법을 사용하는 것을 막지는 못하였다.

700. 공동결정법(§§11-14, 38)의 조항에 따라 협력적 교섭들은 경영결정(위 583절의 예)에 대한 영향력을 얻는 가장 중요한 방법이 되었다. 특정한 사안들에 대해서는 교섭할 우선적 의무를 사용자에게 부과된다. 기타의 사안은 근로자 측으로부터 요구가 있을 경우 사용자에게 교섭할 의무가 주어진다.

양 사건에서 사용자는 그러한 교섭이 수행될 때가지 결정을 연기하거나 적어도 그것을 보완할 의무가 있게 된다. 그러나 결정권은 한 가지 사례를 제외하고 사용자에 달려 있다(§39). 결정권이 사용자에 달려 있는 한 '협상' 이 적절한 형태가 되어야 하는 지는 이러한 입법 과정동안에 논의될 주제였다. 더 절적한 형태가 될 수 있는 공동 의견은 없는가? 그러나 그 의무가 연기할 의무로 강제되어 왔다는 것을 강조하기 위해 더 높은 지위를 갖는 사용자측에 대한 압력을 의미하는 '교섭' 의 형태를 사용하는 것이 적절해 보인다.

701. 개시할 사용자의 의무로 특징되는 교섭할 우선적 의무는 다음 사항들에 대해 확립된 노동조합과 관련하여 사용자에 부과된다. 그러한 사건들 모두는 사용자가 현재 조건들에서 중요한 변화들이나 근로자들의 이해관계와 관련한 다른 혁신을 도입하기 위해 계획하는 것이 일상적이다.

(a) 변화는 확장, 재조직, 운영의 중단이나 축소, 또는 기업이나 그의 일부의 이전이나 임대 또는 새로운 작업 방법의 도입과 같은 일반적 방법으로 기업에 영향을 주는 것이 기대되는 것이다(§11).

(b) 사용자는 관련된 근로자 단체에 속하는 개별 근로자들에게 영향을 주는 노동이나 근로조건들의 중요한 변경을 의도하는 것이다. 그러한 것은 제거되어야 하는데 그것은 단순히 다른 사업장에 일시적이거나 다른 종류의 직무로 전환되는 것이 아니다.

(c) 사용자는 특정 과업의 수행을 위해 계약자를 사용하거나 아니면 기업에서의 직무를 수행하기 위해 근로자 신분이 아닌 자들을 허용할 의도를 갖는 것이다(§38). 여기서 그 의도는 하도급 인력이용에 대한 관리권을 얻는 것이거나 사용자로서의 의무나 세금을 모면하는 것이다. 그 조항은 사용자가 노동을 위해 외부인들을 사용하는 것을 방지하는 것을 의미하지 않고 일반적으로 기업의 일상 활동을 외부에 적용되는 것이다. 그래서 단기나 임시의 속성이 있는 것이나 특별한 전문지식이 요구하는 노동은 일반적으로 예외이다.

702. 확립된 노동조합과의 교섭의무는 그러한 노동조합이 사용자가 조합원에 영향을 미칠 결정을 할 마음을 가질 때 교섭을 요구할 때마다 사용자에게 부과된다(§12). 이 조항은 특정한 사건에서 교섭을 위한 기회를 제공하는 것을 목표로 한다. 그러나 그것은 입법 자료에 따라 특정 문제들을 위한 교섭에 대한 일반적 요구에 의한 사용자의 교섭할 우선적 의무로까지는 사용되지 않는다. 그것은 단지 공동결정 합의사항에 대해서만 사용되어야 한다. §10에 따른 교섭의 일반적 권리와 비교되는 차이는 §12에 따른 교섭이 위에서 말한 사용자의 연기의무와 결합된다.

703. §§11과 12에서 기술된 것에 대응하는 교섭할 의무는 어떤 미확립된 노동조합과 관련하여 사용자에게 부과된다. 그러나 가령 생디칼 노동조합에 속하는 노동자들의 전환의 경우에 특히 그의 조합원들과 관련한 이슈에 대해서만(§13)이다. 사용자는 어떤 근로자가 어떤 노조에 속하는지에 관하여 질문할 의무는 없다. 미확립 노동조합과 교섭할 의무는 일반적으로 기업과 관련한 이슈에 적용하지 않는다.

704. EU 노동법의 권리들이 확립된 노동조합에 부여된다는 주된 원리는 약간 변화했다. 집단해고에 대한 지침 98/59/EG와 영업의 전환에 대한 지침 2001/23/EG의 보완은 공동결정법 §13에서의 수정을 가져왔다. 오늘날, 사용자가 전혀 단체협약에 구속되지 않을 때, 사용자는 잉여인력의 결과나 영업, 사업이나 사업 일부의 전환에 관하여 고용의 단절과 관련한 모든 문제에서 근로자 단체에 영향을 주는 모든 것에 대하여 교섭할 의무가 있다.

705. 교섭할 이러한 의무는 지역노동조합이 존재하는 한 제일 먼저 지역노동조합과 교섭하여야 한다(§14). 그러나 만약 합의가 지역교섭으로 도달될 수 없다면, 사용자는 당사자의 요구에 의해 전국노동조합과 교섭하여야 한다(para 2).

그러한 경우에 사용자가 전국 사용자단체에 의해 대표되기를 원하는 지는 사용자에게 달려 있다. 언급된 조항에 따라 교섭할 의무의 내용은 §10에 따른 일반적 의무의 내용과 같다. 즉 그것은 제안과 논쟁의 진지한 교환으로 수행되는 것이다(576절 참조).

조사에 의하면 노동조합들이 전국 수준에서 교섭을 요구하는 것은 매우 드물다. 사용자가 그의 의견을 이러한 두 번째 단계에서 실행하는 것이 일상적으로 보인다.

706. 의사결정에 선행하는 협상은 경영사항에서 근로자 참여를 위해 공동결정법에서 제시되는 기본적인 방안이다. 입법자료에 따라 그 의도는 협상이 의사결정 과정에서 일상적 단계와 일상적 요소가 되어야 한다는 것이다.

그러므로 결정을 보류할 의무 즉 그것은 이러한 교섭할 의무의 핵심을 구성하지만 그 자체로 기업 활동에 장애를 주어서는 안 된다. 특정한 상황에서는 신속한 결정과 수단들이 요구된다. 보류의 의무에 대한 예외는 그러한 상황을 위해 제시된다. 만약 교섭할 우선적 의무의 경우에 긴급한 이유가 있다면 사용자는 교섭할 의무를 수행하기 전에 결정과 결정에 대한 효과를 내는 것이 허용된다. 사용자는 또한 앞에서 언급된 사건에서 그렇게 하도록 하는 특별한 이유가 있을 때, 교섭할 의무가 노동조합의 요구에 달려있을 때에는 그렇게 하는 것이 허용된다(§§12, 13, 38, 3절). 더 광범위한 예외(특별한 이유)는 교섭개시가 노동조합에 달려 있을 때 사용자가 그의 계획에 협상 절차가 포함될 수 없다는 사유가 있는 경우이다. 보류할 의무는 또한 두 번째 단계에서 전국노동조합과의 교섭에 적용되지만 예외의 원칙들은 이러한 상황에서 더 일반적으로 적용될 수 있다.

707. §§11-14에 따른 교섭할 의무는 사용자가 최종적 결정권을 상실한다는 것을 의미하지 않는다. 이러한 의무를 따르지 않는 것이 사용자의 결정이 무효라는 것을 의미하지 않는다. 이러한 한계는 노동조합에 부담이다.

공동결정 합의에서 더 나아가 특정한 문제의 최종 결정권을 예를 들어 양측의 대표로 된 기구와 같은 것에 부여되어야 한다는 것에 동의하는 것은 가능하다. 이러한 종류의 합의들은 의사결정 기구로서 매우 제한적인 권한을 줄 뿐이다.

708. §§11과 12에 따른 교섭할 권리와 달리, §38에 따른 교섭할 권리는 하도급 인력에 있어서 결정할 노동조합의 권한과 결합된다. 이에 대한 교섭이 추구된 후에 전국노동조합만이 특정한 조건에서 반대권을 갖는다. 반대권은 사용자에 의해 계획된 수단이 법이나 작업을 위한 단체협약 또는 그밖에 관련 산업 내에 일반적으로 승인된 것 외의 것으로 추정될 수 있을 때 존재한다(§39). 그 의도는 예를 들어 세금을 지불할 책임과 같이 사용자의 의무위반에 대한 대응이라는 것이다. 협상은 또한 당사자들이 동의한 내용을 위한 특별한 조건으로 귀결될 수 있다. 그 때 반대권은 조합원들을 위해 직무를 보존할 목적으로 사용되는 것은 아니다. 반대권의 남용은 노동조합에게 사용자에 대해 손해를 배상할 책임이 주어질 수 있다. 반대권은 전국노동조합과의 협상 없이 사용될 수 없다.

언급한 바와 같이 사용자는 특정한 사건에서 결정을 보류할 의무를 면제받을 수 있고 또한 만약 노동조합이 그에 대한 합당한 이유가 없다면 반대를 무시할 수도 있다(§40). 만약 사용자가 이를 잘못 판단하였다면 그로 인한 손해를 배상할 수도 있고 그 결정은 무효가 된다.

이에 관하여 매우 논란거리였던 §§38과 39의 규정들은 1991년 비사회주의 정부에 의해 대체되었으나 사민당 정부가 다시 집권하였을 때인 1994년 회복되었다.

709. 교섭할 의무는 일방적인 것이 아니다. 사용자는 노동조합들에게 참여를 강제할 수 없다. 그래서 노동조합들은 이러한 문제들에 있어서 교섭할 의무가 없다. 따라서 그들은 교섭할 권리를 포기할 수 있다.

710. 노동법원은 사용자의 교섭할 우선적 의무와 관련한 많은 사건들을 판결했다. 기업에 있어서 현재의 상황들의 중요한 변화는 많은 소송을 야기하는 문제이다. 몇몇 사건들은 합자회사에서 새로운 경영이사나 최고 경영진의 임명과 관련되었다. 합자회사는 법에 의해 항상 경영 이사를 두어야 할 의무가 있으므로 경영자 측은 조직변화는 사람의 변경과 관련 없는 변화만 해당된다고 주장했다. 그러나 노동법원은 회사는 경영 이사회의 선출에 관하여 교섭할 우선적 의무를 갖는다고 결정했다(AD 1980 no.72, 1981. no.8 참고). 한편 법원은 경영 이사를 해임하기 위한 결정 이전에 공개적인 예비 협상을 할 의무는 없다고 판단했다. 몇몇 사건들은 그러한 협상을 계획하는 단계가 시작되어야 하는지에 대한 문제로 변했다. 노동법원은 다음과 같이 판결했는데 즉 사용자는 협상이 소집되기 전에 어떤 제안을 실현할 의도가 있는 변화를 도입할 실제적 가능성을 먼저 조사하여야 한다는 것이다(AD 1978 no.56). 또한 특히 공동결정법이 강제된 이후 몇 년간 공공부문에서 정치적 의사결정과 노동조합의 영향력 사이에 한계선을 어떻게 만들지에 대한 수많은 판례가 있었다.

711. 운영의 축소나 폐쇄와 같은 문제들이 고려될 때 해고나 영여인력을 정리하는 문제는 협상에 포함되어야 한다. 언급한 바와 같이 공동결정법에 규정된 우선적 교섭은 그러한 경우에 고용보호법에서의 절차 규정을 대체했다.

§3. 정보에 대한 권리와 비밀유지 규정

712. 만약 경영사항들에 대한 교섭할 권리가 근로자들에게 어떤 가치가 있으려면 기업의 경영과 관련한 정보와 통찰이 필요하다.

정보와 비밀유지에 대한 공동결정법의 규정들은 정보의 제공에 대해 상세하게 규정하지는 않는다. 이에 대한 것은 결정할 당사자에게 달려 있는데 주로 공동결정으로 정해진다.

713. 교섭할 권리의 내용에 대한 공동결정법 §15에서의 규정들은 이미 상대방에게 정보를 줄 특정한 의무를 의미한다. 그리고 만약 교섭 중에 당사자가 특정한 자료를 언급하면 당사자는 공동결정법 §18에 따라야 하고, 요구한 상대방에게 자료를 제공하여야 한다. 자료들을 생성할 이러한 의무는 §10에 따라 교섭할 일반적 권리를 갖는 당사자의 선호에 따라야 하는데, 상호적이다. 즉 자료를 언급한 노동조합 또한 상대방의 요구에 부응하여야 한다.

714. 정보권과 관련한 주된 조항은 §19에 있다. 사용자는 확립된 노동조합들에게 지속적으로 생산과 기업의 경제 그리고 인력정책을 위한 지침을 알려줄 의무가 있다. 사용자는 또한 확립된 노동조합들에게 사용자와 관련한 그들 조합원들의 이익을 보장하기 위해 노동조합들이 이것을 필요로 하는 정도까지 시험성적, 회계 그리고 사용자의 사업활동과 관련한 다른 자료들에 대한 접근 기회도 제공하여야 한다. 만약 비합리적인 비용이나 불편 없이 그렇게 하는 것이 가능하다면, 사용자는 그러한 자료들의 사본을 관련 노동조합의 요구에 따라 활용할 수 있게 하여야 하고 노동조합이 규정된 목적을 위해 필요한 바와 같이 그들이 그것을 분석하는데 협조하여야 한다(§19). 그 의무는 당연히 '개발합의서' 뿐만 아니라 몇몇의 다른 공동결정 합의서들에서 규정된 노동자 컨설턴트들에게 제공됨으로써 수행될 것이다. §19에서의 의무는 사용자가 그 자신의 발의로 알릴 의무가 있기 때문에 사용자의 알릴 우선적 의무로 취급되기도 한다.

715. 2005년 알릴 의무는 컨설팅과 정보에 있어서 EU 이사회지침 2002/14/EC를 보완함으로써 확대되었다. 전혀 어떤 단체협약에도 구속되지 않는 사용자들도

사업장에 조합원을 갖는 모든 근로자 단체들에 알려야 한다(§19a).

716. 이러한 알릴 의무의 확대는 조합원들의 이익을 위해 그의 과업을 수행하는 관련 노동조합의 '수요'에 의해 먼저 결정된다. 그의 출발점은 노동조합 자체가 알아야 할 이익을 알아내는 것이다. 그러나 사용자는 무관한 요구를 만족시켜 줄 의무는 없다. 입법 자료에서 개별 근로자의 인적사항과 관련한 정보에 관해서는 주의가 권고되고 있다. 노사갈등이 임박한 것인지 이미 결렬되었는지에 불구하고 이에 중요한 것으로서 또는 그러한 갈등과 관련한 반대 당사자의 결정에 영향을 줄 어떤 권리에 대한 것으로서, 공동결정법 §5는 반대 당사자의 사항들에 대한 정보를 어떤 당사자에게 주지 않을 의무에 대한 일반적 조항이 있다. 이것은 알릴 의무에 대한 특정한 제한을 의미한다. 연구비밀과 입찰과 관련된 비밀은 알릴 의무에서 제외된다. 의회절차 과정에서 기업에 대한 손실위험은 일반적으로 알릴 의무의 제한으로서 일반적으로 고려되어야 한다. 그러한 제한이 어디까지 확장할 것인가는 짐작하기 어렵다. 그러나 어떤 경우이든 비밀을 포함하는 문제라고 하더라도 독단적으로 결정하는 사용자는 더 이상 없다.

717. 다른 한편 비밀에 있어서의 사용자의 이해관계는 주로 정보를 받는 사람들에 부과되는 비밀유지 의무에 의해 충족된다. 사용자는 비록 정보공개가 기업에 대한 손실을 야기한다고 하더라도 정보를 내어 줄 의무가 있을 수 있다. 그러한 경우에 사용자는 비밀유지에 대하여 노동조합과 교섭을 시작하여야 한다(§21). 당사자는 협상권을 갖고 상대방은 교섭할 의무가 있다. 또한 이 상호의무는 교섭에서 언급된 자료를 생성할 의무와 관련한 §18에 적용된다(751절 참조).

718. 만약 합의가 교섭 동안에 도달될 수 없다면 당사자는 교섭이 끝난 10일 이내에 비밀유지에 대한 규칙에 대하여 노동법원에 소송을 제기할 수도 있다. 노동법원은 양 당사자나 제3자에 실질적인 손실의 위험이 될 수 있다고 예측할 수 있다면 비밀유지 의무를 명령하여야 한다(§21). 정보에 대한 근로자의 이해관계는 이를 제한하는데 대한 기업의 이해관계에 대하여 균형이 유지되어야 한다. 비밀유지의 높은 정도는 특히 개인적 사항이 관련되는 한 권고된다. 노동법원이 그 문제를 해결할 때까지 상대방은 비밀유지 요구에 부응하여야 한다. 만약 그 요구가

허용될 수 없고 요구하는 당사자가 이러한 사실을 알았거나 알고 있었어야 한다면 예외가 주어질 수 있다.

719. 비밀유지를 준수할 의무에 대한 중요한 제한은 §22의 규정이다. 이 의무는 조직을 대신하여 정보를 받는 사람들이 정보를 조직의 실행이사의 구성원들에게 전달하는 것을 방해하지 않는다. 그러한 경우에 실행이사의 구성원들은 비밀유지에 대한 같은 의무에 구속된다.

§4. 공동결정 합의서에 관한 규제

720. 공동결정법의 주된 목적은 공동결정이 어떻게 정리되어야 한다는 강제적 규정 없이 직무에서 공동결정을 얻어야 하는 근로자들의 노력을 지원하는 것이다. 법은 공동결정의 범위나 그것이 적용되는 영역을 규율하는 어떤 기준을 제시하지 않는다. 경영 사항들에 대한 교섭할 사용자의 의무에 관한 조항들은 근로자 참여의 한 가지 형태를 제시하고 있으나 공동결정을 확대한 것은 아니다. 이러한 조항들은 단체협약에 의해 배척될 수 있으나 최소한의 근로자 참여는 보장된다는 것을 의미한다.

721. '단체협약을 통한 공동규제의 권리' 라는 제목 하에 있는 공동결정법 §32는 다음과 같이 규정하고 있는데 즉 임금과 고용의 일반적 조건들에 대해 단체협약을 체결하는 당사자들은 만약 노동조합 측이 요구한다면, 근로계약의 체결과 종료, 작업의 관리와 분배, 그리고 일반적인 운용 활동과 관련한 문제와 관련하여 근로자들을 위한 공동결정에 대한 단체협약을 체결하여야 한다는 것이다. 이러한 것들은 사용자들이 SAF의 규정 §321에서 결정하도록 남겨놓았던 문제들이다. 아이러닉하게도 이러한 문제들은 공동결정법 §32에서 다루어지고 있고 사용자의 특권을 제한하려는 의도가 있다.

722. 이 법의 취지에서 '공동결정 합의' 는 근로자 참여의 모든 형태에 대한 단체협약들을 포함하는 매우 넓은 개념이다. 따라서 그 용어는 사실 부적절하다(93절

참조). 당사자들은 자유로운 선택권이 있다. 그들은 사업장평의회에서의 합의에서와 같이 합동 컨설팅 또는 공동결정법 §11에서와 같이 사용자에 놓여 있는 결정권에 대한 우선적 교섭할 의무를 선택하거나 또는 특정한 사건에서 근로자 측에 있는 반대권을 부여하거나 특정한 문제들에 대해 결정하는 것을 합동기구에 놓거나 심지어 자기통제 집단과 같이 근로자들에 대한 자기결정권에 부여할 수도 있다.

723. 공동결정 합의서들이 공동결정법 이전에 체결되어야 한다는 의도는 있었으나 실현되지는 않았다. 그러나 다음의 경우에는 예외인데 '노동환경 합의서'가 이미 공동결정법과 노동환경법이 통과되기 이전에 체결되었고(735절 참조), 새로운 상황을 어떻게 취급할 것인가에 관해 SAF, LO와 PTK 사이의 추가적 조항에 대한 합의가 공동결정법이 강제되기 직전인 1976.12에 체결되었다. 더 상세한 합의를 위한 이러한 당사자들 사이의 몇 개의 교섭석상이 1982년 발전협약이 민간부문에서 체결을 제외하고 실패하였다. 그러한 합의서들은 그 때 이미 협동기업과 정부소유 기업들, 은행과 보험과 같은 만간부문에서와 같이 공공부문과 몇 개의 지역에서도 나왔다.

724. 비록 당사자들이 참여의 형태에 관하여 자유로운 선택권을 갖는다고 하더라도, 당사자들의 동의하에 공동결정법은 근로자 측에 사용자에 압력을 행사할 특별한 수단들을 제공한다. 만약 근로자 측이 임금교섭 과정에서 공동결정에 대한 구체적인 요구를 하였으나 당사자들이 이에 대한 합의에 실패하여 단체협약이 공동결정에 관련한 명시적 조항 없이 체결되었다면, 그 때는 근로자 측은 평화의무에도 불구하고 그러한 명시적 사항을 강제한다는 점에서 협약기간 동안에 쟁의행위를 할 권리가 있다(676절 참조). §44에 있는 쟁의해위를 할 '생존' 권리는 노동조합의 강력한 무기가 될 수 있지만 아직 사용되지는 않았다.

만약 공동결정 합의서가 근로자 측에 의해 제시된 분야를 적용하는 것으로 체결되었다면, 평화의무는 합의서의 내용과 관련 없이 우선적 효력을 갖는다. 위에서 강조한 바와 같이 공동결정에 대한 최소한의 기준은 법에 규정되어 있지 않았다.

725. 법 전후에 많이 논의된 문제는 공동결정법과 합자회사법(이후 회사법이라 함)과 관련하여 있었다. 기업을 구속하는 의사결정권을 노동조합이나 합동기구에

전환하는 것이 기업법에서의 의사결정과 책임이 조화될 것인지? 회사법은 강제적 규정들을 포함하는데 그것은 기업의 다양한 기구들의 의사결정권을 제한하고 주주들의 회의, 실행이사회나 경영 이사와 같은 다양한 조직에서의 특정한 주제들을 올바로 취급하기 위해 책임을 지운다. 공동결정 합의서가 세금규제나 파산법에서와 같은 다른 강제적 규정뿐만 아니라 유사한 규정들을 적용받지 않도록 하는 것이 가능한 것인가? 공동결정법 §3에 따라 이러한 협약은 다른 법률에서의 특별한 조항을 존중하여야 한다.

726. 1977년에 만들어진 공동결절법 §32 para 2는 다음과 같이 규정하고 있는데, 즉 공동결정 합의서 당사자들은 법 §3의 범위 내에서 사용자가 근로자 대표들이나 합동기구들과 다른 결정들을 사용자에 의해 채택되는 것에 동의할 수 있다는 것이다. 이것은 강제적 규정들이 공동결정법에 의해 배제되지 아니하고 유효하게 배척할 수 없다는 것을 의미한다. 회사(또는 다른 단체)는 외부 관계에서 항상 각각의 법에서 결정된 조직들에 의해 대표되어야 한다. 내부적 의사결정은 결정과 책임에 따른 실행이 아니라 다수 근로자를 갖는 기구나 근로자 대표의 공동결정 합의서에 의해 부여된다. 공동결정 합의서를 통해 사용자(회사의 책임자 등)는 법적책임 하에 공공결정 합의서에 의해 만들어진 결정을 수행할 의무가 있다. 그러나 사용자가 그러한 결정에 법위반이나 법적장애를 발견한 경우 그 결정을 거부할 수 있다. 만약 그러한 판단이 옳다면, 사용자는 공동결정 합의서 위반에 대한 책임이 없다. 공동결정법 §57 para.2에 따라 노동조합 구성원들이 공동결정권을 남용하거나 그에 중과실이 있다면 노동조합은 사용자에게 야기한 손해에 대한 책임을 질 수 있다.

§5. 해석의 우선권

727. 공동결정법 §§33-37에서의 해석의 우선권과 관련한 조항들은 이미 앞에서 다루었다. 그것들은 고충해결 절차들과 관련한 규정들과 연관이 있는데(para.457ff 참조) 근로자들을 명령할 사용자의 권리에 대한 제한으로서 기능한다(paras.199-200 참조). 그것들은 사업장에서의 사용자의 우월적 입지를 제한하고 근로생활을 민주

화하는 수단으로 만들기 위한 것이다. 공동결정법에서의 이러한 규정들은 계약적 의무에 관한 특정한 분쟁들과 관련한 합의서의 해석과 적용에 대한 분쟁들만 관련된다. 이 규정은 당사자가 그 분쟁들이 합의서에 대한 다툼, 소송이나 중재에 의해 최종적으로 해결될 때까지 그 해석에 대한 결정의 권리를 가져야 한다는 것이다. 교섭할 권리뿐만 아니라 의무는 공동결정법 §10에 따라 그러한 상황에서 유리하다. 현재 문제는 누가 진행 중인 분쟁을 결정하여야 하는 가이다.

728. 이전에는 사용자가 그러한 상황에서 결정할 권리가 있다는 것이 자연스럽게 보인 반면에(노동법원은 이것을 경영적 특권의 일부가 되는 것으로 판단했다), 공동결정법은 이러한 특권을 제한했는데 그것은 곧 그 권한을 근로자의 편의를 위해 이전했다는 것을 의미한다.

그래서 근로자 측에 일반적인 해석의 우선권이 주어지지 않았다. 오히려 그 규정들은 해석의 우선권이 사용자에 속한다는 일반적 원리에 대한 예외이다. 따라서 사용자들은 이러한 예외들은 그들의 입지의 중요한 침해가 된다고 생각했다.

729. 근로자를 위한 해석의 우선권은 다음과 같다.

(a) 합의서에서 만들어진 집단적 공동결정 합의서에 있는 규정들의 적용과 관련한 분쟁들(§33).

(b) 근로자의 계약위반 문제에 대한 제제와 관련한 단체협약에서의 분쟁들(§33).

(c) 사용자와 노동조합 양측이 동일한 합의서에 구속되어 있을 때 합의서 상의 작업을 수행할 개별 구성원들의 의무와 관련하여 사용자와 노동조합간의 분쟁들(§34).

우선권은 만약 지역노동조합이 있다면 먼저 지역노동조합에서 단체협약을 체결한 노동조합에 의해 실행되어야 하고, 그렇지 않으면, 전국수준에서의 전국노동조합이 실행한다(§36). 개별 근로자는 그러한 권리가 없다.

730. 노동조합의 해석 우선권은 분쟁이 최종적으로 해결될 때까지 노동조합의 의견이 적용된다는 것을 의미한다. 그러나 사용자의 경영사항들에 대해 교섭의 우선적 의무가 수행되어 사용자가 분쟁이 해결될 때까지 결정을 보류하여야 할

때, 공동결정 합의서에 대한 분쟁에서 노동조합은 사용자를 대신하여 효력이 있는 결정을 할 권리는 없다. 보류할 특별한 의무는 두 개 이상의 노동조합들이 그러한 분쟁에서 충돌되는 의견들을 갖고 있는 경우이다(§33 para.2).

731. 보류할 의무에서 발생하는 손실을 피하기 위해 법은 사용자의 교섭할 의무와 같은 유사한 예외를 규정한다. 그래서 만약 그렇게 하지 않아야 할 긴급한 이유가 있거나 근로자의 의견이 오류가 있고 근로자가 이것을 알았거나 알았어야 한다면 사용자는 §33의 규정들을 준수할 필요가 없다(§33 para.3).

732. 그에 따른 예외는 근로자의 일할 계약적 의무와 관련한 분쟁에서 §34에 의해 주어진다. 만약 사용자가 그것을 보류하는데 특별한 이유가 있다면 사용자는 근로자에게 분쟁중인 작업을 수행하라고 명령할 수 있고 근로자는 그 업무를 수행할 의무가 있다. 그러나 그가 만약 사용자의 견해에 오류가 있고 사용자가 이것을 알았거나 알았어야 한다면 이를 거절할 수 있다. 그는 또한 만약 업무가 생명과 건강에 위험을 내포하거나 그에 대한 상당한 장애들이 있다면 거절할 수 있다(§34 para 2).

733. 사용자가 노동을 수행할 근로자의 의무와 관련한 사건에서 노동조합의 해석 우선권을 배척할 권리를 사용한다면 즉시 그 분쟁에 대한 교섭을 요구하여야 한다. 문제가 교섭에 의해 해결될 수 없다면 노동법원에 소송을 제기할 수 있다(§34 para 3). 사용자가 외부적인 특별한 사유를 대거나 심지어 단체협약의 해석에 대한 분쟁에서 그의 의견이 옳다고 하더라도 해석의 우선권에 따른 손해를 배상할 책임을 질 수 있다(§58), 더 나아가 임시 명령을 위해 노동법원에 소를 제기할 수도 있다(§69 참조). 당사자인 근로자도 해석의 우선권을 잘못 사용함으로써 발생한 손해에 대하여 배상할 책임이 있을 수 있다(§57). 그러나 개별 근로자는 그의 노조의 승인에 따라 작업을 거부한데 대하여는 책임을 지지 않는다(§59 para 2). 노동조합도 그의 해석 우선권을 사용하는 대신에 임시적인 결정을 할 수단을 선택할 수 있다.

734. 작업을 수행할 의무와 관련한 분쟁에 있는 근로자의 해석 우선권은 분쟁

이 근로자 자신의 계약이행과 관련된다. 분쟁이 사용자의 주된 계약적 의무와 보수 지급과 관련될 때에는 사용자의 우선권은 유지된다. 그러나 그것은 매우 엄격한 규정이다. 당사자에 해당하는 단체협약에 따른 조합원인 당사자에 대한 급여나 다른 보수에 대한 분쟁이 있는 경우 사용자는 즉시 노동조합과 교섭을 진행해야 한다. 만약 합의가 지역이나 전국 수준의 교섭에서 이루어지지 않는다면 교섭 종료 후 10일 이내에 노동법원에 소송을 제기하여야 한다. 사용자가 이를 준수하지 않는다면 노동조합의 요구가 불합리한 것이 아닌 한 노동조합에 의해 계산된 보수를 지불해야 한다. 사용자가 시간제한('즉시' 그리고 '10일 이내' 각각)의 기간을 준수하지 못한 경우 우선적 권리는 노동조합에게 이전한다.[37)]

§6. 노동조합 대표에 관한 법

735. 노동생활을 민주화하고 점증하는 종합적 이해와 복잡한 노동입법들은 노동조합 실무자들에 의해 행해진 노력으로 많은 증가를 가져왔다. 새로운 과업들과 의무들이 특히 지역노동조합 대표들에게도 할당되었다. 많은 기업에서 어떤 단체협약이나 입법에 의한 규정 이전에 이미 임금손실 없이 그러한 목적을 위한 근로시간 면제(때때로 전 근무면제)가 근로자에게 주어졌다. 사업장에서의 노동조합 대표의 위치에 대한 1974년 법(The Act of 1947 on the Position of a Trade Union Representative at the Work Place)은 직원법(Shop Stewards Act)[38)]이라고도 불리는데 노동시장에서 이미 통용되던 것을 기초로 하였으나 그럼에도 불구하고 중요한 혁신을 담고 있었다. 이 법은 일부는 반강제적이어서 단체협약에 의해 규제될 여지를

37) 1977년 no.187 사건에서 스웨덴 방송회사는 적절한 기간 내에 교섭요구를 소홀히 하였기 때문에 노동조합의 의견에 따라 보수를 지급할 것을 명령받았다. 1979년 no.80 사건에서 노동법원은 사용자에게 노동조합이 요구한 보수지급을 명령한 외에도 §35에 따른 교섭요구를 하지 않은데 대해 사용자에게 일반적 손해배상(약 500 유로)을 부과했다. 1980년 no.67 사건에서 노동법원은 운영의 방해에 대한 보상으로 노동조합의 임금요구를 단체협약에서의 지원이 없는 것으로 그럼으로써 공동결정법 §35의 의미에서 불합리한 것으로 판단했다.

38) 스웨덴 노동조합 대표들은 영국 직원과 같이 같은 입지를 갖는 것이 아니라는 사실을 유의해야 함.

남겨놓고 있다. 그의 목적은 노동조합 대표들의 입지를 강화하여 그들의 능력과 효율을 증대시킬 의도에서 그들에 대한 특별한 보호를 제공하는 것이다.

736. 사업장에서 노동조합 대표가 되고 따라서 법에 의해 부여되는 보호를 향유하는 사람은 전적으로 확립된 노동조합이나 노동조합들에 의해 결정된다. 노동조합들은 그들이 적당하다고 생각하는 사람들을 임명할 수 있다. 유일한 제한은 대표는 기업의 근로자들 가운데서 임명되어야 한다는 것이다. 즉 그는 노동조합에 고용된 직원이 아닐 수 있다. 1990년 법에 대한 수정안에서 지역노동조합 대표들은 또한 몇 개의 작은 사업장에서 의무를 수행하기 위해 임명될 수 있고 그 경우 그러한 제한들은 적용받지 않는다. 법은 노동조합이 사용자에게 임명을 고지하자마자 노동조합 대표에게 적용한다(§1, 참고 1976년 no.10 사건).

737. 법은 노동조합대표에게 다음과 같은 보호와 편의 그리고 이익을 제공한다.
(1) 근로시간 면제권
(2) 그의 고용이익을 유지할 권리
(3) 고용보호의 확대

738. 노동조합 대표는 노동조합 업무를 수행하는데 사용자에 의해 방해받지 않아야 한다. 더 나아가 노동조합 활동을 위해 요구되는 사업장에서의 사무실이나 다른 공간의 사용을 제공받아야 하고(§3), 노동조합 회의를 위해 요구되는 근무시간 면제에 대한 권리를 갖는다(§6). 지역노동조합 대표들은 그들이 위임받은 것을 수행하기 위해 사업장에 대한 접근을 보장받는다.

근무시간 면제와 그 할당에 대한 내용은 사용자와 지역노동조합과의 협의로 결정된다. 근무시간 면제는 사업장의 조건 특히 근로자 수와 관련하여 합리적인 것 이상은 안 된다. 그것은 노동의 정상적 수행에 지장을 주어서는 안 된다. 노동조합대표는 근무시간 면제에 대한 권리를 갖지만 사업장에 직접적으로 관련된 노동조합 활동을 위해서 그리고 합리적인 범위 내에서 회의의 참가, 노동조합 활동에서의 훈련 과정, 전국 수준의 교섭 등에 한한다. 따라서 노동조합에 의해 지지되는 정치적 업무와 같은 다른 종류의 활동은 안 된다. 이와 관련된 분쟁들은 궁극적으로 노동법원에 의해 해결된다. 분쟁 계류 중에 노동조합은 해석의 우선권을 갖는다. 노동법원은 그러한 문제에 대하여 많은 판례를 남겼다. 이와 관련한 구체적인 것들은 물론 단체협약으로 결정될 수 있다.

739. 노동조합대표가 사업장과 관련한 노동조합 활동 때문에 근무를 할 수 없고 그의 활동이 사용자를 위해 수행되는 적절한 작업이라고 생각될 때, 노동조합대표는 그의 고용이익을 유지할 권리가 있다. 따라서 비록 그가 그러한 목적을 위해 근무시간 면제에 대한 권리가 있다고 하더라도 오로지 일반적인 노동조합 활동만을 수행할 때에만 고용이익에 대한 권리가 없다. 만약 노동조합 활동이 사용자 때문에 통상적인 근무시간을 벗어났다면(예를 들어 사용자가 가령 교섭이 저녁에 일어나야 한다고 결정하는 것과 같이) 대표의 보수는 마치 노동이 사용자를 위해 수행되었던 것과 같이 동일한 그리고 추가적인 특별비용(연장근로, 저녁에 대표의 귀가 동안에 일어나 것과 같은)은 사용자에 의해 보상되어야 한다.

740. 또한 노동조합 대표는 광범위한 고용보호를 받는다. 단체의 권리와 관련한 공동결정법에서의 조항들은 고용보호법에서 제공되는 고용보호는 물론 일반적인 근로자들뿐만 아니라 노동조합 대표들에게도 적용된다. 그러나 더 나아가 노동조합 대표들과 관련한 법은 만약 대표가 사업장에서 노동조합 활동에 특히 중요하다면 정리해고의 경우에도 지속적 고용에 대한 우선권을 제공한다(§8). 만약 근로자대표가 다른 직무로 전환 후에 고용을 지속할 수 있다면, 우선권에 대한 조건은 그가 이러한 직무에 적절한 자질을 가졌는지가 된다. 우선권을 위반한 해고는 고용보호법에 따라 정당한 이유가 없는 해고로 취급된다.

다른 보호조항은 노동조합 대표들에 관한 법 §4가 있다. 노동조합 대표는 대표로서의 입지와 활동을 이유로 더 열악한 근무조건이나 고용조건이 주어질 수 없다. 열악한 조건에 대한 이러한 금지는 재임기간 뿐만 아니라 퇴임 때까지 적용된다. 이 전 대표가 그의 본연의 직무에 복귀한 때 근로자는 노동조합 업무에 재직하지 않았더라면 누렸을 노동조건과 근로조건과 같은 또는 그에 상응한 입지가 보장된다.

741. 노동조합 대표의 노동조건과 근로조건을 변경하는 경우 사용자는 통상 지역노동조합에 사전에 의사소통하여야 하고 관련 노동조합 대표에게 적어도 향

후 2주 전에 알려야 한다(§5). 만약 노동조합이나 대표가 사전고지나 통지 후 1주 내에 변경에 대한 논의를 요구한다면 사용자는 논의의 기회가 주어질 때까지 변경할 수 없다. 이것은 교섭의 우선적 의무에 상응하는 것으로 보이고 공동결정법 시행 2년 후에 도입되었다.

742. 노동조합 대표의 권리와 관련한 분쟁이 일어날 때, 법이나 법을 대체할 단체협약이 적용되는지에 대해 노동조합은 우선권이 주어진다. 법이나 단체협약의 올바른 의무에 대한 그의 의견은 분쟁이 최종적으로 해결될 때까지 적용되어야 한다(§9). 그러나 이러한 우선권은 사용자와의 논의가 합의로 이어질 때까지 사용되지 않을 수 있다. 노동조합은 배상책임 하에 그의 권리를 행사한다. 만약 노동조합이 법이나 단체협약의 잘못된 해석에 대해 이를 알았거나 알았어야 한다면 그 책임이 있다. 그러나 노동조합 대표는 그가 노동조합의 승인으로 행동했을 때에는 손해배상이나 노동조합 활동으로 받은 급여를 되돌려 줄 책임이 없다. 반대로 노동조합의 의견이 선의로 유지되었고 노동조합의 잘못된 해석을 거절하였다면 그는 임금요구와 손해배상을 청구할 권리가 있을 수 있다.[39]

743. 비록 노동법원이 사용자의 관점이 옳다고 하더라도, 이러한 노동조합의 해석 우선권은 노동조합의 의견을 거절한 사용자가 모든 손해배상을 지불할 책임이 있음을 의미한다. 이것은 또한 노동조합 대표가 노동조합의 판단에 따라 노동조합 활동을 수행하기 위해 사용자를 위한 업무수행을 거절한다고 하더라도 사용자의 명령에 복종할 의무의 위반이 아니라는 것을 의미한다. 그러나 노동조합의 우선권에도 제한은 있다. 즉 사용자가 안전, 중요한 사회적 기능 또는 다른 비교할 만한 이익을 위태롭게 할 경우에는 근무면제의 허용을 거절할 수 있다(§9, 2절).

744. 이러한 것들에 더하여 노동조합 권리를 증대할 의도가 있는 논란이 있

39) 해석에 대한 노동조합의 우선권의 결과들은 1977년 no.158 사건에 기술되어 있다. 사용자는 쟁의행위를 위한 회의 참석을 위한 근무면제를 한 노동조합 대표들에게 임금지급을 거절하였다. 노동조합은 우선적 권리를 언급하면서 근무면제는 전액 임금으로 되어야 한다고 주장했다. 노동법원은 노동조합의 해석이 잘못되었으나 악의가 있지는 않았다고 판단했다. 그러므로 사용자는 노동조합의 해석 우선권을 준수하지 않은데 대해 임금과 손해배상을 지급할 책임 있다고 하였다.

는 입법안이 더 이상 법으로 제정되지는 않았다. 그럼에도 불구하고 특히 노동조합들이 하루 종일 근무시간 동안에 근로자들과 회의를 주제할 권리를 가져야 한다는 주장은 계속되었다. 그러한 권리는 후에 1982년 발전합의서에 도입되었다 (821ff).

745. 법은 사용자(기업)가 사업장과 관련한 노동조합 활동에 대한 비용을 감당하는 것이 공정해야한다는 원리에 기초하고 있다. 확립된 노동조합들은 기업 내에서 중요하고 필수적인 기능들을 수행한다고 생각된다. 많은 사용자들은 법의 과도한 보호에 불만이고 더구나 사용자의 통제 밖에 있는 무한대의 비용부담에 반대한다. 노동조합들은 향후에도 좀처럼 그들의 활동의 범위나 예산을 확정하고 있지 못하다.

§8. 산업안전과 노동조건에 대한 공동작업

746. 이러한 분야에서의 발전들은 이미 설명하였다. 안전대표들은 먼저 법이나 단체협약에 의해 결정된 권리와 의무를 갖는 사업장에서의 근로자 대표들이었다. 1977년 '노동환경법'의 제6장은 사용자와 근로자들 사이의 공동작업(공동행동)이라는 제목 하에 공동작업의 조직적 형태에 관련한 규정들을 포함한다. 사용자는 아직까지 산업안전과 더 나은 작업환경에 대하여 주된 책임을 지지만 사용자의 선도적 역할은 법에서 더 이상 강조되지 않는다. 반대로 법은 다음과 같이 규정한다. 즉 '사용자와 근로자들은 산업안전과 복지를 위해 적절한 작업방법에 대해 활동하여야 한다' (6:1). 근로자 참여는 먼저 산업안전 대표들과 안전 위원회를 통해 행사되어야 한다.

I. 안전 대표자

747. 안전 대표자들이나 대리인들은 5명 이상의 근로자가 있는 모든 사업장에서 선출되어야 한다. 특별한 요구가 있다면, 안전대표는 5명 미만의 근로자가 있는 사업장에서도 선출되어야 한다(6:2). 안전대표가 1명 이상 선출되면, 그들 중

1명은 특별한 협력기능을 갖는 상급 안전대표로 임명된다(6:3). 그러한 대표들의 권리와 의무와 관련한 규정들은 사용자에게 선거를 고지하는 데에도 적용된다(6:14).

안전대표들의 권리와 의무는 일반적으로 노동조합 대표들의 그것과 많은 모습에서 유사하다. 그리고 '노동환경법'은 노동조합 대표들과 관련한 법에 그의 규정들을 두고 있다(위 참조). 그러나 차이가 있는데 그것은 부분적으로 노동환경법이 확립된 노동조합의 존재를 예정하는 것이 아니라는 사실이다. 그러므로 이러한 권리들은 배타적으로 확립된 노동조합에게만 부여되는 것은 아니다.

748. 만약 사업장에 확립된 노동조합이 있다면 안전대표들을 선출하는 것은 그 노동조합에 달려 있다. 만약 노동조합이 존재하지 않다면, 대표들은 근로자들에 의해 선출된다. 선거가 어떻게 행해져야 하는지에 대한 규정은 없다. 두 개 이상의 경쟁 노동조합이 있는 사업장에서 단지 확립된 노동조합이나 그 외 노동조합들이 대표될 권리를 갖는다. 그러나 부두 노동조합과 같은 비확립 노동조합들이 안전 대표들을 선출할 권리가 생기는 경우가 발생한다. 노동조합들은 그들이 스스로 선출하는 방법으로 대표들을 선출한다. 안전대표들은 근로자들 가운데서 선출되어야 한다. 안전위원회가 없는 사업장에서는 소위 지역 안전대표들은 그들을 대리할 근로자들 없이도 선출될 수 있다(6:2 2절). 그래서 하나의 작은 사업장보다 많이 구성할 수도 있다.

749. 안전대표는 그의 직무가 누군가에 의해 지연되어서는 안 되고 그의 의무를 수행하는데 방해받아서도 안 된다(6:10). 이러한 금지는 사용자뿐만 아니라 근로자들에 대해서도 적용된다. 안전대표는 국부적으로 운영과정이나 작업방법을 새로이 또는 변경할 경우에 그리고 약간 새로운 위험 있는 내용이 도입될 때에도 참여한다(6:4).

750. 안전대표는 적어도 노동조합 대표에게 부여된 모든 권리들을 가질 뿐 아니라 부가적인 권리도 갖는다. 노동조합 대표들과 같이 안전대표는 그의 의무를 수행하기 위해 필요한 정도로 전 임금으로 근무면제에 대한 권리가 있다(6:5). 이것은 또한 안전과 관련한 교육훈련을 위한 시간도 포함한다. 그는 또한 대표로서

성하기 위해 협력할 것을 요구한다. 그러나 이러한 분야에서 더 오랜 전통적인 단체협약들이 존재한다.

759. 이미 1942년 SAF와 LO는 다른 것들 가운데 이러한 문제들에 있어서 협력을 위한 중앙기구를 설립하는 합의서를 체결했다. 언급한 바와 같이, 이 분야에서 공동결정 합의서가 의도했던 '노동환경합의서'는 공동결정법과 노동환경법이 강제되기 전인 1976년 SAF, LO 그리고 PTK 사이에서 체결되었다. 많은 측면에서 합의서는 법보다 더 상세한 규정들을 담고 있었고 그것은 많은 법적 의무들을 계약적 의무들로 변경했다. 그래서 법적 제재를 보완하는 것으로서 손해배상을 위해 노동법원에 소송을 제기할 권한을 노동조합에게 부여하였다. 유사한 합의서들이 노동시장의 다른 영역에서도 체결되었다.

760. 초기에 노동시장의 3가지 분야에 중앙 노동환경 합의서들이 존재했다. 그러나 1990년대 들어 이것이 변했다. SAF, LO 그리고 PTK 사이에 '노동환경합의서'는 1992년 폐지되었다. 중앙노동환경 합의서는 더 낮은 수준의 단체협약으로 대체되었다. 오늘날 이것은 사적 영역에서 국부적 수준에 책임이 있다는 것이다. 노동환경합의에서의 몇몇 규정들은 아직 지역 환경행동을 위한 패턴으로 작용한다. 공공부문에서 노동환경에 관한 규정들은 참여권에 관한 전국 합의서와 더 나아가 지역수준에서의 합의서에서 정하고 있다. 그러나 대체로, 1977년 '노동환경법'에서의 규정들을 바탕으로 하는 단체협약은 다소 노동시장의 다양한 영역에 다양한 구조를 갖는다.

§8. 근로자들을 위한 이사회 대표

761. 공동결정법은 기업 내 모든 수준에서 근로자 참여를 보장하는 것을 목적으로 한다. 그러나 기업의 최고 수준에서 특별히 규정한 것은 없다. 단지 최고수준에서 참여를 위해 제공하는 다른 수단은 근로자들을 위한 이사회 대표에 대한 법령이다. 이에 대한 첫 번째 임시적인 법이 1972년 통과되었다. 노동시장 조직들 사이에 공동작업 합의서에 의한 이러한 문제해결을 위한 시도는 실패했는데,

그것은 SAF와 그의 전국 사용자협회가 그들 스스로 기업들의 내부 조직과 관련한 문제들에 그들의 구성원들을 구속시키는 것이 불합리하다고 선언했기 때문이었다. 그러한 교섭은 권고로 귀결될 수 있을 뿐이었다. 서독에서 Mitbestimmung(공동결정)에 대한 입법 경험들은 스웨덴 조합주의자들에 호감을 주지 못하는 것처럼 보였다. 그리고 노동조합에 대한 충성심의 분열에 대한 약간의 두려움도 있었다.

762. 어떤 이사회에서도 노동자대표가 소수 대표 이상 이루어지지 않아서, 참여의 이러한 방안은 단지 기업의 내부 감시를 위해 편의를 제공한다는 목적을 갖는 보조적인 방안 이상의 것으로 간주되지는 않았다.

763. '1972년 합자회사와 협동조합에서 근로자들을 위한 이사회대표에 대한 법' (The Act on Board Representation for Employees in Joint Stock Companies and Co-operative Associations of 1972)은 스웨덴 노동입법에 새로운 경향을 제시하였다. 이것은 기업경영에서 근로자의 영향력을 증대시킬 목적으로 한 입법의 첫 과제였다. 그것은 또한 사용자와의 단체협약 관계를 갖는 확립된 노동조합에 배타적 권리를 주는 첫 입법이었다. 이러한 일은 단체협약에서만 달성되었으나 그것들은 1970년대에 노동입법으로 제도적으로 정착한 것이다. 그의 효과에 대하여 평가가 이루어진 후 임시적인 법이 같은 제목을 가진 새로운 법에 의해 1976년 대체되었다. 임시법의 원리들은 유지되었으나 몇 가지 추가적인 중요한 개정안들이 도입되었다. 이러한 문제에 대한 새로운 법은 몇 가지 혁신을 가졌으나 아직 같은 원리를 기초로 하여 1987년 통과되었다(SFS 1987:1245). 그것이 현재 '사적 근로자들의 이사회 대표에 관한 법' (Act on Board Representation of Private Employees)이다.

764. 1972년 법 이전 주주와 협회 회원들 각각의 연차총회에서 대표로된 사람만이 실행이사회 임원으로 선출되어야 하는 사람에 대하여 발언권을 가졌다. 스웨덴 기업법(The Swedish Companies Act)은 일원적 시스템에 기초하고 있다. 그래서 감독이사회가 없고 대표는 직접 실행이사회에서 임명된다.

765. 법은 평균 25명 이상의 근로자들을 갖는 합자회사, 은행, 협동조합 등에 적용된다(§4). 그룹사들은 근로자 수에 있어서 하나의 기업으로 간주된다. 그래서

25명 미만의 근로자를 갖는 모회사라고 하더라도 이사회대표들을 선출할 가능성이 있다.

766. 이사회대표들을 임명할 권리는 지역 노동조합에 부여된다. 그러한 결정은 의무적인 것은 아니다. 노동조합은 대표들을 선출하지 않는 것을 결정할 수 있지만 적어도 어느 정도 규모를 갖는 기업에 있어서 노동조합들은 이사를 선출할 권리를 행사하였다. 노동조합은 관련 기업 이사회에 이사회대표를 만들기 위한 노동조합의 결정을 문서로 고지하여야 한다.

767. 근로자들은 노동조합을 통하여 통상 한 사람의 예비대표를 포함하여 두 명의 이사회 대표들을 선출한 권리가 있다. 만약 이사회가 한 명으로 구성된다면 근로자들은 한 명의 근로자 이사 즉 예비대표를 임명할 권리를 갖는다. 주주대표가 결정권을 갖기 때문에 근로자대표는 언제나 소수로 존재한다. 일반적으로 공장 노동자들(workers)과 사무직 근로자들(salaried employee)을 갖는 기업에 있어서 다양한 근로자들이 있다고 하더라도 공정하게 하나의 대표를 선출한다. 여러 종류의 근로자가 있고 1,000명 보다 많은 근로자를 갖는 기업에 있어서 근로자들은 3명의 대표를 선출할 권리가 있고 그중 한 명은 예비이사이다. 마찬가지로 근로자대표들의 수는 다른 이사 수보다 초과할 수는 없다. 만약 단체협약에 구속받고 있는 근로자들에 대해 적어도 5%를 대표한다면 관련 노동조합은 예비 이사를 임명할 권리를 갖는다. 예비 이사는 회의에 참석하고 논의에 참여할 권리가 있다.

768. 근로자대표들은 통상 반드시 기업이나 그룹 내에 있는 근로자들 가운데에서 선출되어야 하는 것은 아니다. 그룹회사들에서의 대표와는 달리 같은 그룹에 다른 이사회의 이사인 사람은 사용자가 동의하지 않으면 특별한 승인 없이 선출될 수 없다(§9). 여기에 숨은 뜻은 근로자 이사가 반드시 이사회에 대한 전문가일 필요가 없다는 것이다. 그러나 외부 근로자 대표는 예외인 것으로 보인다.

769. 원칙으로 근로자 대표들은 다른 이사들과 같은 입장에서 같은 권리와 의무를 갖는다(§11). 여기에 하나의 예외가 있다. 즉 근로자 대표는 단체협약이나 노사갈등 또는 노동조합과 관련된 것이 기업의 이익과 반대되는 필수 이익을 갖는

경우 관련 문제들을 다루는 이사회는 참여할 권리가 없다. 근로자 대표들은 종교, 과학, 예술이나 다른 비영리 목적이나 다른 특별한 목적을 갖는 활동들을 추구하는 것과 같은 특정한 기업이나 조직의 활동을 목표로 하고 지향하는 것과 관련한 결정에 참여할 수 없다(§14). 그러한 예로는 언론, 동호회와 정치적 조직들을 언급할 수 있다. 이와는 달리 근로자 대표들은 다른 이사들이 관련 기업과 관련하여 이 법에 따라 갖는 것과 같은 권한과 책임 그리고 정보권을 갖는다. 노동조합들은 후에 이사회에 의해 취급되는 문제가 노동위원회(working committee)에 제소되었을 때 그 회의에 참석하고 논의에 참여할 한 명의 대표를 선출할 권리가 있다(§13). 이러한 규정은 이사회에서의 근로자대표의 의사결정이 가능한 대표성을 갖기 위해 도입되었는데 이것은 이사회 회의가 형식적 성격을 갖기 때문이다.

770. 법에 정보와 비밀과 관련한 특별한 규정들은 없다. 따라서 기업법의 일반적 원리들이 적용된다. 모든 이사들은 의사결정에 기초가 될 수 있는 만족할 만한 정보를 가져야 한다는 것은 특히 기업법에서 규정하고 있다. 일반적으로 근로자 대표들은 우선적으로 비밀과 보안에 관한 규정들을 준수하여야 한다. 그러나 근로자 대표들의 존재로 결과적으로 더 많이 개방되었다고 말할 수 있다. 이사들은 정보를 전달할 자유가 있지만 기업에 손해를 야기하지 않을 의무가 있다. 대체로 정보가 미래계획 등에 관하여 보안을 할 것인지를 결정하는 것은 이사회에 달려 있다.

771. 근로자대표들에 대한 권리는 주로 '사업장에서의 노동조합 대표에 관한 법' (Act concerning Union Representative at the Work Place)에 규정되어 있다. 근로자 대표는 이사회 회의에 참석하고 이를 준비하기 위한 유급의 충분한 근무시간 면제에 대한 권리를 갖는다. 그가 이사 참석에 대한 보수를 얻을 권리가 있는 지는 단체협약이나 기업의 규칙에서의 특별한 규정에 의존한다. 그러나 그러한 규칙은 이사인 근로자가 그러한 위치를 유지하기 위해 특별한 보수에 대한 권리를 주지 않아야 한다고 규정하는 사례가 많다.

772. 법의 적용에 관한 특별한 분쟁들은 결국 이사회대표 문제들을 위한 특별이사회(a special Council)에 의해 해결된다. 다른 것들은 일반적 고충절차와 노동분

쟁법에 의해 해결된다.

773. 근로자들을 위한 이사대표에 관한 법은 근로자들에게 기업 전반에 대한 권한을 주는 것을 목적으로 하지 않는다. §1에서 규정한 바와 같이 그의 목적은 '근로자들에게 기업 활동의 측면에서 감시와 영향력....에 맞추어진' 것이다. 그리고 노동조합주의자들이 이사회에 관한 정보를 얻을 수단을 위해 지지를 받아왔다. 일반적으로 사용자들은 여러 가지 문제들에 대한 근로자의 관점에 관한 정보를 받고 근로자 대표들이 기업의 문제를 제기할 기회를 제공한다는 측면에서 지지하는 것처럼 보인다. 몇몇 사용자들은 이사회의 업무가 근로자대표가 도입된 후에도 크게 변경되지 않았다고 주장한다. 또한 사용자측은 특히 이사회가 교섭기구로 발전하는 것을 허용하지 않아야 한다고 강조했다. 그러나 대체로 사용자들의 태도는 이사회에서의 근로자대표에 호감이 있었던 것으로 보인다.

774. 특히 합자회사들에 있어서 근로자 영향력을 행사하기 위한 다른 방법은 근로자 주주에 의해 기업의 의사결정에 참여하는 것이다. 이것은 명목상 소유자로서 기업에서 분배를 요구함으로써 영향력과 통제를 얻는 고전적인 방법을 적용하는 것을 의미한다.

1970년대 중반까지 노동조합들은 연대임금정책에 반대하여 주식공유나 이윤분배를 위한 모든 계획들에 반대하였다. 1975년 이러한 문제들은 새로운 국면으로 들어갔다. 조사와 제안 그리고 뜨거운 정치적 논쟁 후에 1983년 사민당 정부의 제안으로 Riksdag은 근로자투자기금(the employee investment funds)이라고도 하는 임금소득자 기금(the wage earners' funds)를 도입하는 입법을 채택하였다. 그 계획은 연금기금관리 체계를 존속시키는데 노동조합이 협력하는 것이었다. 국가 추가연금계획(the national supplementary pension scheme)을 강화하는 목적들 중 하나로 그것은 부분적으로 재정체계를 바탕으로 한다. 이에 대해 사용자들과 비사회주의 정당의 저항이 지속되었다. 그래서 그 법은 비사회주의 정부가 권력을 잡은 1991년 폐지되었고 이를 회복할 계획은 없어 보인다.

§9. 유럽형 사업장평의회,[40] 유럽형 기업

775. 1996년 '유럽형 사업장평의회에 관한 법'(Act on European Works Councils)은 EU 이사회지침 94/45/EC를 보완하기 위해 채택되었다. 2010년 수정된 법이 유럽형 사업장평의회의 설립에 대한 새로운 이사회 지침 2009//38/EC 때문에 채택되었다(SFS 2011:427). 지침에 따르면 그 법은 어떤 사업에서 그리고 사업장평의회나 다른 절차들이 어떻게 만들어져야 하는지에 대하여 그들의 입지와 과업 등을 규정하고 있다. 여기서 간단히 몇 가지 점만 언급하고자 한다.

776. 그 목적은 현저하게 근로자들의 이익에 영향을 주는 특히 다국적 문제들과 관련하여, EU나 EEA 내의 두 개 이상의 국가에서 운영되는 근로자들에 의한 정보와 협의를 위한 창구를 구축하는 것이다. 스웨덴에서의 오래된 사업장평의회와는 달리 그러한 유럽 사업장평의회(EWC)는 양자주의가 아니고 근로자들을 위한 대표들로만 구성된다. 법 §39에 따라, 스웨덴에서의 원칙과 관련하여, 스웨덴 사업장평의회 구성원들은 관련 사업에서의 근로자들 가운데 지역에 설립된 노조(또는 일반 노조)에 의해 선출되어야 한다.

777. 규모 등의 요건이 충족될 때, EWC(the European Works Councils) 설립을 위한 조치(또는 유사한 절차)를 취하고 그러한 평의회 설립을 위해 교섭을 시작하는 것은 이를 행하는 공동체에 달려 있다(§§17, 19). 그러나 EWC가 설립되어야 하는 지를 결정하는 것은 근로자 대표에 달려 있다(§29). 법 §33은 EWC와 관련한 사업에서의 합의서에서 규정되어야 하는 주제들을 규정한다. 그러나 당사자들은 정보와 협의를 위해 다른 절차를 선택할 자유가 있다(§34). §§35-52는 당사자들이 문제에 대한 합의에 도달하지 않을 때 적용될 상세한 규정들을 포함한다.

778. 합의 당사자들은 사용자 측에 공동체 사업 그리고 근로자 측에 EWC의 설립에 대한 교섭을 위해 선출된 대리인들인데 그러한 평의회가 설립되었을 때에

40) 더 상세한 것은 다음을 참조, B. Nysröm, 'European Works Council: Sweden', in International Encyclopaedia for Laws: Labour Law and Industrial Relations, Blanpain (ed.) Kluwer Law International 2013.

는 EWC 자체이다. 이전 근로자들의 특별한 교섭 대리단 뿐만 아니라 EWC는 법인으로 간주된다. 이는 소송에서 원·피고가 될 수 있다(§53). 그의 구성원들을 임명한 노동조합이 아닌 EWC가 평의회와 관련하여 합의 당사자가 된다(§53. para 2). 이것은 스웨덴 집단노동법에서 혁신이다. 그러나 만약 EWC가 설립되지 않았거나 교섭기구가 지명되지 않았다면 관련 노동조합이 손해에 대한 사업의 책임과 관련한 분쟁에 있어서 당사자가 된다(§60).

779. 그 외 근로자 대표들의 보호에 관한 비밀유지, 강제절차, 손해배상 등은 스웨덴 노동법이 적용하는 일반적 원리가 적용된다. EWC와 관련한 합의서는 스웨덴 법 취지상 단체협약이 아니다. EWC는 노동조합이 아니고 따라서 근로자 측의 당사자가 될 수 없다. 그러나 이러한 합의서는 절차와 압력을 목적으로 하기 때문에 단체협약과 동등한 기초에 놓여 있다. 그래서 이와 관련된 분쟁들은 노동법원에 의해 해결된다. 흥미로운 것은 노동조합과 같이 EWC에 부담을 지우는 것이 가능한 것인가이다. 그러나 EWC가 이를 담보할 자산을 가질 것 같지는 않다.

780. 전국 수준에서의 단체협약이 근로자 측에 불리하지 않다는 것을 규정하는 한 관련법은 반 강제적(semi-compulsory)이다(§12).

781. 비록 작은 나라라고 하더라도, 스웨덴에는 비교적 많은 다국적 기업들이 있다. 몇몇의 기업들은 이미 1994년 지침 이전에 사업장평의회에 대한 합의서를 가졌다. 대부분의 전문가들은 거의 대부분의 그룹들에게 영향을 줄 것이라고 기대했는데 그 책임은 스웨덴에 있다. 자발적인 EWC는 EU 지침이 보완되기 전에 설립되었다. 그래서 아직 많은 사업이나 그룹들이 스웨덴 법이 효력이 생길 때 그러한 합의서 없이 존재하였다는 것은 오히려 놀라운 일이었다. 영향을 받은 스웨덴 그룹의 약 1/4만이 사업장평의회 협약을 체결하였다. 최소 기준을 갖는 지침 그 자체는 오히려 장애가 되었다. EWC 법이 강제되기 전에 자발적으로 체결된 합의서는 일반적으로 지침의 내용과 가까웠다.

스웨덴에서 1996년 법이 적용되는 사업 전체는 2006년 약 780개로 추정되었다. 그들 중 410개에서 EWC가 설립되었다. 매우 드물게 EWC가 부속 요건에 따라 설립되기도 하였다. 그러나 거의 모든 EWC는 당사자들 사이의 합의에 따라 설립되었다.

기업 그룹에서 스웨덴법에 현존하는 수단들은 근로자 대표들에게 자회사에서 정보를 얻고 그룹 경영자와 협의를 할 수 없게 한다. 비록 스웨덴법에 존재하는 노동자 참여에 대한 비교적 약한 수단과 형태와 비교하더라도, EWC 지침은 다국적 기업에서의 정보와 협의의 새로운 형태들을 도입하였다.

782. 스웨덴은 EU 이사회지침 2001/86/EC를 보완했는데 그것은 근로자 참여에 관한 유럽 기업의 지위를 보충한 것이고 유럽 노동자평의회와 같은 선상에 있었다. 유럽 기업에서의 노동자 참여에 관한 2004년 법(SFS 2004:559)에 따라 근로자들을 위한 교섭 대리인이 선임되고 관련 기업들과 합의를 목적으로 교섭이 개시되어야 한다. 만약 합의가 6월 이내에 체결되지 않고 당사자들이 동의한다면, 평의회는 이 법의 규정에 따라 설립되어야 한다.

교섭 대리인은 스웨덴 구성원들 중에서 확립된 노동조합에 의해 선출되거나 만약 스웨덴에 있는 사용자가 단체협약에 구속되어 있다면, 대부분의 근로자들을 대표하는 지역노동조합에 의해 선출된다.

근로자들의 범위에 관하여는 '유럽협력사회를 위한 법령' 을 보충한 이사회 지침 2003/72/EC을 보완한 스웨덴 법(SFS 2006:477)에 규정되어 있다.

§10. 개발합의서

783. 위에서 말한 바와 같이 민간부문에서의 주된 노동시장 당사자들인 SN, LO 그리고 PTK는 1982년 최종적으로 더 상세하게 규정한 '개발합의서' 에 대한 공동결정 합의서를 체결했다.

당사자들은 자연스럽게 시작하여 유연하게 합의했다. 그 합의서는 상호 이해의 긍정적 정신으로 적용되는 것이었다. 계약과 교섭 체계의 채널들은 기업들에 잘 정리되어 근로자들은 그들에게 직접적으로 영향을 받는 문제들에 대한 영향력을 얻게 되었다. 이러한 목적을 위해 LO와 PTK는 그들의 회원 조직들이 그 합의서 특히 정보와 경영사항들에 대한 교섭과 관련한 규정에 의한 과업을 위해 사업장 대표들을 임명할 것을 권고했고 SAF는 사용자들에게 권한과 책임이 이사들과 감독자에 의해 대리될 수 있는 방법으로 기업들을 조직할 것을 권고했다. 분권화와 대리제도는 기업 내에서 새롭고 더 효율적인 상호관계를 만드는 여러 가지 시도들 중 핵심 단어이다.

784. 개발합의서는 공동결정의 완성을 향한 첫 단계가 되는 것을 의미한다. 그러나 아직 두 번째 단계가 이루어지지는 않았다. 그것은 다양한 거래에서 개방적인 것으로 보이는 체계가 될 것이다. 그것은 공동규제에 대한 발전과 특정 형태에 따른 특정한 방안을 추구한다. 기업의 발전과 일상의 운영에 대한 두 과제들에 대해 공동규제를 위한 기준을 제공하는 것이 목적이다.

개발합의서는 채택될 것이고 전국수준의 합의서에서의 협력을 가져오고 그로 인해 지역공동결정 합의서가 뒤따를 것이다. 지역 합의서에서 지역조건들이 조정될 것이지만 전국 합의서에 설정될 체계 내에서 결정될 것이다. 즉 근로자의 영향력과 공동결정이 이루어질 것이다. 근로자의 영향력과 공동결정이 감독과 작업의 배치와 기타의 경영의 측면에서 실행되어야 한다는 것은 특히 공장 수준에서이다. 그러나 중앙합의서의 몇몇 조항들은 그것들이 전국 수준에서 채택되자마자 공장수준에서 직접적으로 적용된다. 개발합의서는 SN, LO 그리고 PTK 내의 거의 모든 관련 기관에 의해 채택된다. 그러나 아직 지역수준에서 많은 정식 합의서가 나오지는 않았다. 공동결정법을 보완하는 비공식 방법들은 많은 사업장에서 채택되었고 이러한 것들이 지배적인 현상으로 보인다. 이러한 패턴들과 개발합의의 정신 모두는 서서히 지역수준의 노사관계를 재정립했다. 공식적인 교섭들은 이슈에 대한 변화에 영향을 받아 특정 개별집단들에서 보다 공식적인 합동협의에 의해 대체되고 있다. 개발합의서를 고려하여야 한다는 과제도 곧 주어질 것이다.

785. 개발합의서를 도입하는데 있어서 고용안정뿐만 아니라 사업과 사업의 능률화에 대한 것은 회사와 근로자들의 일상적 이익에 대한 사항들이다. 분권화와 책임과 의사결정의 대리, 의사소통 채널의 밀착과 유연한 협력은 공동결정법과 다른 법령들과 합의서들의 기준에 대한 합의의 목적을 달성하는데 중요한 수단들로 지적되었다.

786. 기업 발전의 3가지 분야를 위해 합의서에서 다음 사항들이 취급된다.

(1) 작업조직의 개발
(2) 기술 개발
(3) 경제와 기업 자원들에 관련된 사항들
본질적인 이유로, 합의서는 목적과 수단을 정립하는데 있어서 매우 일반적이다.

787. 작업조직에 관하여 작업의 변경과 개발형태들은 각 개별 작업자들이 그의 기술과 경험을 증대할 수 있고 더 많은 수요와 책임 있는 과업을 맡을 수 있는 정도가 되어야 한다. 작업 개발의 사례로 그 형태들은 팀워크와 집단조직과 직무순환을 가리킨다. 이들 작업과 관련한 근로자들의 영향력과 책임의 증대는 중요한 목표이다.

788. 기술개발의 영역에서, 좋은 일자리를 제공하고 근로자들에게 그들의 능력을 증대시킬 기회를 제공하는 노력이 있어야 한다. 사용자는 왜 새로운 기술이 필요한지 그리고 그 도입의 결과에 대하여도 설명하여야 한다. 사용자는 또한 고용이나 급여 조건의 변경 없이 새로운 과업에 대한 훈련을 제공하여야 한다.

789. 경제와 기업 자원에 관련한 영역은 역시 정보와 훈련의 필요성을 강조한다. 미래의 경영자산은 영업점(shop clubs)들이 경영자와 함께 기업을 위한 시장 현황, 그의 구매활동, 경쟁입지, 상품개발과 생산 장비뿐만 아니라 고용안정과 직무개발을 취급하고 평가할 기회에 대하여 설명되어야 한다.

790. 개발합의서의 목적들은 공통의 이해관계, 효율과 수익성을 증대하려는 사용자의 이해관계 그리고 고용안정, 직무만족 그리고 좋은 근로환경에서의 근로자들의 이해관계 등에 의해 규명된다. 물론 이러한 목표들은 또한 공동규제의 형태에도 영향을 준다. 이러한 형태들은 지역 조건에서도 채택될 것이다. 그리고 지역합의서들은 전국합의서를 보완하도록 체결되어야 한다. 이에 대해 3가지 형태가 제시되고 있다.

(1) 공동결정법에 따른 기업과 노동조합 사이의 교섭.
(2) 직계 교섭(line negotiations), 이것은 노동조합 대표자들이 사업의 통상 직계 조직에서의 다양한 수준에서 노동조합 대표들이 협력하는 것을 의미한다.

(3) 양자 기구에서의 협력(cooperation in bipartite bodies).

이러한 형태들은 다 같이 유용하다는 것을 의미한다. 지역합의서들은 문제들이 직계교섭에 의해 적용되고 양자 기구에서 다루어진다는 것을 명백히 결정함으로써 공식화되어야 한다. 공동결정법에 따른 교섭은 주된 형태이다. 개인은 추가적인 라인조직이나 노동조합에서 문제를 다룰 기회를 보장받는 모든 상황에 놓이게 된다. 한편 공동규제가 지역적으로 합의된 형태로 실행될 때, 사용자는 공동결정법에 따라 교섭의 우선적 의무와 정보를 이행한 것으로 간주되는 것은 명백하다.

791. 영업점(shop clubs)이 없는 작업 장소에서도 관련 노동조합은 계약 대표나 사업장 대표를 임명할 수 있다. 먼저 근로자들이 임명되어야 한다. 노동조합은 사용자에게 대표자의 의무와 권한을 알려야 한다.

792. 조합원은 합의서에 따라 종사할 근로시간 동안 연중 최대 5시간을 기업에서 노동조합 활동과 관련한 문제를 취급하기 위해 소집된 노동조합 회의에 참여할 수 있다. 시간외 수당이 지급되어야하는 사건에서 최소한의 가능한 생산 중단(통상근무시간 외를 선호하는)을 불러올 수 있는 노력들이 있어야 한다.

793. 개발합의서는 최소 50명의 근로자들이 있는 기업들의 지역노동조합들에게 사용자의 비용으로 경제적 사항들을 위한 근로자 컨설턴트를 고용할 권리를 준다. 이러한 과제는 이전에 SAF, LO 그리고 PTK 사이에 체결된 '경제위원회와 노동자 컨설턴트에 대한 합의서' 에서 다루어졌다(732절 참조). 컨설턴트들에 대한 더 항구적 요구들을 위해 개발합의서는 지역 단체협약을 선호한다. 개발합의서는 이에 대해 제한적이다. 영업상 경제와 고용을 위한 필수적이고 중요한 변화가 기대될 때 지역노동조합에게 특별한 과업을 위해 근로자 컨설턴트를 사용할 권리를 준다. 근로자 컨설턴트의 과업은 노동조합들이 이면의 요소들을 분석하고 변화에 대한 정책을 규명하는데 도움을 주는 것이다. 그러나 컨설턴트에게 교섭과업을 주는 것은 아니다.

794. 근로자 상담은 외부 전문가나 외부 컨설턴트 또는 기업에 있는 근로자 예를 들어 내부 컨설턴트가 될 수 있다. 당사자들은 내용과 그 의무에 대한 비용에

관하여 정하고 상세화한 합의를 하도록 노력하여야 한다. 외부 컨설턴트는 노동조합의 의견에 따라 충분한 이론적 실제적인 능력을 갖거나 이에 승인된 사람이어야 한다. 관련 노동조합과 사용자는 함께 외부 근로자 컨설턴트에 대해 합의하여야 하고 그 가운데 비밀유지와 이를 위반한 결과에 대한 조항이 포함되어야 한다.

795. 기업 그룹들과 관련한 문제들은 파악하기 어렵고 따라서 노동조합들을 불안하게 하는 것처럼 보인다. 원칙으로 합의서는 그룹의 각각 그리고 모든 사업에 적용되어야 한다. 그러나 개발합의서 조항은 그룹 내에서 노동조합 업무를 위한 합리적인 유급의 근무시간 면제에 대한 근로자의 권리에 관한 것이다. 이러한 규정들은 또한 생산의 각각의 독립된 사업에 적용될 수 있다.

796. 마지막으로 개발합의서는 개발 문제들을 위한 특별 평의회에 대한 조항들을 두고 있다. 그것은 특히 합의서가 지속적 발전을 목표로 하는 과업을 갖는 양자 기구 즉 특정한 분쟁에서 최종적인 결정을 하는 특별 중재위원회, 그리고 교섭 절차들이다. 그러한 절차규정에 따라 지역 또는 중앙 교섭 동안에 모든 당사자는 개발 사항들에 대한 평의회 분쟁을 취급할 수 있다. 그것은 문제 해결을 위한 권고권한의 강화이다. 당사자들은 그것들이 장래에 법적 방법으로 해결하기를 선호하는 것으로 보인다. 그럼에도 불구하고 조정에 맡기는 것이 가능하다. 분쟁이 특별 중재위원회나 노동법원에서 해결될 수도 있다.

797. 개발합의서를 체결할 때 당사자들은 공동결정 합의서에 의해 더 발전적 영역을 갖도록 하는 노력이 지속되어야 한다고 선언했다. 이와 관련하여 인력정책의 일반적 문제들이 특히 언급되었다.

798. 개발합의서를 통해 부분적으로 갈등 경향들을 인식할 수 있다. 한편, 합의서는 이해관계와 이해의 공통성에 대해 설명하고 있다. 근로자 영향력은 더 많은 직무만족을 줄뿐 아니라 효율적이고 경쟁력과 관련한 사용자의 권한에 대한 이해관계와 그로 인해 고용안정과 관련한 근로자의 이해관계에 이바지하여야 한다. 다른 한편, 기업 외에서의 중앙교섭을 의미하는 단체교섭 방법은 기업구조 내에서 더 집중적인 협력을 강화한다. 이는 사용자의 바램에 더 부합하는 방법이다.

후자의 방법은 적어도 대체적인 방법이다. 그러나 궁극적으로 개별 근로자는 항상 노동조합-기업 수준에서의 교섭을 위해 노동조합에 문의할 수 있고 그 경우 역시 중앙수준에서 다루어질 수도 있다.

§11. 산업 민주주의와 관련한 입법의 영향에 대한 몇 가지 특징

799. 근로자 단체들은 매우 유익한 수단으로서 현재 거의 40년 된 공동결정법을 바라보고 있다. 그러나 동시에 그 효과에 대해서는 실망감을 갖고 있다. 노동시장의 가장 중요한 영역에서의 공동결정 합의서에 대한 지난하고 오랜 동안 성과 없는 교섭이 왜 개혁이 노사관계를 재형성하는데 있어서 현재까지 거의 효과가 없었는지에 대한 하나의 원인이다. 개발 협의서의 효과들은 평가하기 어렵다. 1970년대 이후 다른 문제들도 안건이 되었다는 것은 명백하다. 비록 아직 전반적으로 만족하지는 않다고 하더라도 노동조합들은 개선에 관한 새로운 입법이 나왔고 특히 정보가 더 효율적으로 제공되었다는 사실은 공통된 의견이다. 노동조합들이 의사결정 과정에 상당한 영향력을 행사하는 것은 너무 늦은 감이 있다. 또한 산업그룹과 다국적 회사에서의 영향력을 얻는데 어려움에 대한 불평이 있다. '유럽평의회에 대한 법'과 '유럽 기업에서의 노동자참여에 관한 법'은 국제 기업과 그룹들이 관련되어 효과가 있는 노력을 매진할 것이다.

800. 조사에 따르면, 새로운 입법에 대한 근로자 측의 최초의 강한 반감들은 새로운 입법이 실행된 이후 실제로 많이 변했다. 새로운 규정들은 사용자의 입지를 결과적으로 그렇게 위협하지는 않았다. 그러나 많은 사용자들은 공동결정법으로 인해 달성한 가치가 별로 없다고 주장한다. 훌륭한 노사관계는 법에 의해 만들어지지 않는다. 일반적인 사용자들의 태도는 입법이 너무 복잡하고 경직되고 형식적이라는 것이다. 그리고 사용자들은 노동조합들이 법 규정들의 적용에 있어서 사소한 실수에 대해서도 손해배상 소송을 제기하는데 너무 예민하다고 불평한다.

801. 공동결정법의 영향이 중요하지 않았고 그것이 노사관계에 큰 변화를 가져오지 않았다는 주장이 있다고 하더라도, 법은 공동결정을 부과하는 것을 규정

하는 것보다 공동결정을 위한 더 많은 프로그램을 포함한다는 것을 명심하여야 한다. 노동조합들이 발전된 특정한 수단들을 얻었음에도 불구하고, 그것은 노동시장 당사자들이 동의할 수 있는 평화로운 노동생활의 전환을 목표로 하는 체계이다.

1970년의 '새로운 노동법' 후 40년 이상, 공동결정제도는 스웨덴 노동법 문제에 있어서 논란이 되었거나 집중적으로 논의했던 문제들이라고 하더라도 그것이 우선순위에 있던 문제들도 아니다.

The Basic Agreement

스웨덴 사용자협회와 스웨덴 노동조합 사이(1947, 1958, 1964, 1974년과 1976년 수정됨)

기본합의에 따라 스웨덴 사용자협회(Svenska Arbetsgivareröningen, SAF)와 스웨덴 노동조합연맹(Landsorganization I Sverige, LO) 사이에 체결되었다. 두 조직들은 노동시장 위원회(the Labour Market Council) 내에서 이러한 합의서 하에서 양측에 부과된 여러 기능들과 관련된 의무들을 수행하였고 이러한 합의서를 그들 각각의 연맹들의 단체협약을 구속하는 것을 자발적으로 인준하는 것으로 하였다. 이것이 달성되는 한, 이 합의서는 단체협약을 규율하는 현존하는 스웨덴 법 하에서(단체협약법) 법적으로 SAF와 LO를 구속하게 되는 것이다.[1)]

Chapter Ⅰ. 노동시장 위원회 (the Labour Market Council)

Article 1

노동시장에 일반적이거나 매우 중요한 문제를 다루기 위해 그리고 아래에서 특별히 설정된 것으로서 특정한 문제들을 다루기 위해, SAF와 LO는 노동시장위원회라고 칭하는 합동위원회(a joint council)를 설립하는데 동의한다.

Article 2

중재위원회로서 그의 업무범위에 있어서, 노동시장위원회는 다음과 같은 문제들을 해결할 의무를 갖는다.

a) Chapter 1과 II에 있는 조항들에 대한 해석과 적용에 관한 분쟁

b) Chapter III에 있는 조항들의 해석과 적용에 관한 분쟁

Article 3

당사자들에 의해 구성된 노동시장위원회는 이 합의서에 의해 재량권이 있는 모든 문제를 다룬다.

1) 단체협약에 관한 1928년 법은 1976년 노동생활법의 합동규정이 강제될 때 대체되었다.

Article 4

노동시장위원회는 3명의 정규 대표(regular representatives)들과 두 중앙조직으로부터 온 5명의 임시위원(alternatives)으로 구성된다.
위원회가 중재위원회(an arbitration council)로서 기능할 때, SAF와 LO에 의해 공동으로 임명된 중립적 의장(an impartial chair)을 포함한다.
조직들 사이에 별다른 합의가 없으면, 위에서 언급한 모든 위원들은 3년의 기간 동안 임명된다.

Article 5

위원회는 전원 일치인 경우 결정을 진행할 수 있다. 그러나 위원회가 중재위원회로 기능할 때, SAF에 임명된 2명과 LO에 의한 2명 그리고 중립적 의장으로 구성된 5명의 위원들이 정족수를 구성한다.
의견차이가 위원회 회의 중 발생할 경우 다수로 결정된다.

Article 6

주어진 문제를 다룰 경우, 위원이 직접 관련되거나 이러한 문제에 관련된 하부조직의 이사회 임원이나 관리자라면 SAF나 LO에 의해 위원으로 임명될 수 없다.

Article 7

그의 범위 내에 있는 문제라고 생각할 때, 위원회는 위원회 결정사항이 아니라고 하더라도 위원회 전에 문제를 논의하는데 적절한 노동조합연맹의 대표를 소환하여야 한다. 위원회는 또한 문제와 관련 있는 사용자와 근로자에 대한 청문(hearing)을 위해 대표자를 소환할 수 있다.

Article 8

SAF와 LO에서 온 각 1명의 서기들은 위원회에 배정되어야 한다.
그에 언급된 모든 문제들을 고려하고 결정하는 것은 위원회에 달려 있지만 지연은 가능한 최소화하여야 한다.
위원회 회의 중 소송기록(minutes)이 있어야 하고 그러한 소송기록은 양 당사자들에 의해 승인되고 서명되어야 한다.

Chapter Ⅱ. 교섭절차 등

Article 1

근로조건이나 두 당사자들 사이의 분쟁이 일어나는 경우 아래에서 설명하는 방식으로 상대방과 교섭을 통하여 분쟁해결 전에는 Article 7과 8 이하에서 언급하는 사항에 대하여 (단체)행동이 취해지지 않아야 할 것이다. 당사자가 상대방의 요구로 그러한 교섭에 들어가는 것은 의무이다.

당사자에게 교섭의무가 부과될 때, 교섭이 비록 효과가 없다고 하더라도 그리고 교섭에 처해진 의무를 준수하지 않는 상대방이 분쟁해결을 위해 직접적 (단체)행동에 의존할 때에는 예정된 규정에 따라 교섭할 의무를 수행하는 것으로 여겨져야 한다.

Article 8 Section 8 이하의 예외로서 이러한 Chapter 하에서의 조항들은 단체임금 계약의 체결이나 연장 또는 동정적 단체행동(파업) 또는 획인 된 임금이나 다른 보상의 연체에 대한 집단 부분에는 적용되지 않는다.

특정한 분쟁들에서 특별한 교섭에 관한 조항들은 Chapter V에 설정되어 있다.

주의

Chapter II의 조항들은 단체임금 계약들이 일한 량에 따른 대가(piecework rates)를 받는 것과 같이 몇몇의 특정한 문제들에 대한 다른 교섭절차에 대하여는 적용되지 않는다.

Chapter II의 조항들은 공동규제법 Section 11, 12, 14와 38에 의해 적용되는 문제들에는 적용되지 않는다. Chapter II, Article 1 Paragraph 3의 조항은 어떤 것이라도 공동규제에 대한 단체협약의 체결에 적용된다.

Article 2

만약 특정한 상황으로 인하여, 상대방에 의해 지급될 임금이나 손해 그리고 다른 보상 청구에 관하여 관련 조직들 사이의 교섭들이 이 문제를 해결하기 위해 요구된다면, 그러한 교섭에 대한 요구는 지체 없이 이루어져야 한다.

만약 청구와 관련하여 사용자나 그의 조직 그리고 노동조합연맹이나 지역조직에 의해 이 Chapter의 조항들에 따라 4개월 이상 교섭 요구가 없는 경우, 교섭을 요구할 권리를 박탈당한다. 그러한 상황에 대한 인식에도 불구하고, 그 상황이 이전에 2년 이상 발생한 경우 교섭 요구권은 박탈당한다.

주의

(1) 첫 paragraph에 규정된 것은 불일치 사항을 해결할 목적으로 관련된 사용자와 노동자들 사이의 직접적 대화를 제한하는 의미는 아니다.

(2) 도급제(piecework)와 관련된 요구와 관련한 교섭할 권리의 박탈과 관련하여, 한정된 도급제 임금(the definite piecework payment)은 "청구를 기초로 한 상황"으로 간주되어야 한다.

Article 3

이 Chapter의 조항에 따른 교섭은 우선 사업장에 관련된 당사자들 사이에서 행해져야 한다. 그것이("지역교섭들") 존재하는 경우 지역 조직들의 참여로 행해져야 한다. 지역교섭들은 당사자들이 교섭을 연기하는데 동의하지 않는 한 당사자의 요구가 있은 후 가급적 2주 내에 시작하여야 한다.

논쟁의 본질적인 것이 요구 될 때 또는 다른 특별한 사정 그리고 양측에 영구적 노동조합연맹에 의한 요구로 인할 때, 교섭들은 Article 5에 규정된 방식으로 관련 노동조합연맹 사이에 직접 행해질 수 있다.

주의

"지역 조직"에 의함이란 노동조합연맹이 법령에 의하거나 하나의 노동조합, 공장 클럽(factory club) 등과 같은 더 높은 다음 단계의 사례를 만드는 것과 관련한 어떤 조직으로 이해된다.

Article 4

만약 지역교섭을 통해 합의에 도달될 수 없다면, 당사자들은 영구적 연맹들에게 이를 해결하기 위해 교섭을 맡길 수 있다("중앙 교섭들"). 그러한 교섭들에 대한 요구들은 당사자가 지역 교섭들이 Article 9에 따라 종료된 때로부터 2개월 내에 상대방 측에 대응하는 연맹의 구성원인 연맹에 의해 이루어져야 한다.

Article 5

중앙교섭들은 당사자들이 연기에 동의하지 않는 한, 요구된 때로부터 가능한 한 3주 내에 시작되어야 한다.

Article 6

교섭들은 불편 없이 행해져야 함은 물론 기록되어야 하고 양 당사자에 의해 서명되어야 한다.

Article 7

노동법원법[2] Article 11에 의해 노동법원 또는 중재인에 의해 해결되어야 하는 단체협약이나 다른 분쟁의 해석과 적용에 대하여, 당사자는 그 문제에 대하여 법적인 교섭의무를 수행하기 전에 그러한 해결을 요구할 수 없다.

만약 교섭 요구 이후에, 각 당사자가 Article 2 첫 paragraph 하에서 규정된 문제를 노동법원이나 중재인에게 제기하기를 원한다면, Article 9에 따라 교섭들이 종결된 것으로 여겨지는 때로부터 3개월 이내에 상대방과 법원의 소송에 접수함으로써 또는 중재요구서를 접수함으로써 이루어지게 된다. 각 당사자는 이를 이행하지 않는 경우 상소할 권리를 잃게 된다.

그래서 항소권의 박탈(forfeiture of the right of appeal)과 관련한 것은 Article 2에 의해 위기에 있는 문제에 대한 교섭권을 박탈당한 당사자에게도 유사하게 적용된다.

Article 8

파업, 직장폐쇄, 봉쇄, 보이콧 또는 이와 유사한 직접적 행동이 비록 스웨덴 법이나 다른 단체협약 하에서 허용된다고 하더라도 다음과 같은 특정한 분쟁에는 적용되지 않는다.

(1) 교섭할 권리가 박탈 당 한 당사자에 의한 경우

(2) 교섭할 의무를 수행하기 전에 당사자에 의한 경우

(3) 의무적 교섭에 따라 단체행동을 문서로 된 고지가 Article 9에 따라 교섭들이 종결된 때로부터 3개월 이내에 상대방 연맹에 전달되지 않은 경우

(4) (공식적으로) 결정된 단체행동이 없거나 항구적 연맹단체에 의해 승인되지 않는 경우

Article 9

교섭의 종결은 기록된 절차에 따라 또는 다른 상황에 따라 당사자들이 교섭이 종

---

2) 1928년 노동법원법은 1974년 노동분쟁(법절차)법(1974:371)으로 대체되었다.

결되었다고 선언하는데 또는 그러한 합의에 실패하는 것에 동의한 때, 각 당사자가 상대방에게 교섭이 완료되었다는 것을 문서로 고지할 때로 한다.

주의

할당된 기간과 관련한 고용보호법의 Section 37과 40에 규정된 것[3]과 법안 1974:88과 관련된 입법안의 해당 조항들[4]은 이 chapter의 조항들에 의해 영향을 받지 않는다.

할당된 기간에 관한 규정과 공동규제법 Section 21, 34, 35와 37에서의 교섭의무는 이 Chapter의 조항에 의해 똑같이 영향을 받지 않는다.

Chapter Ⅲ. 근로 종료와 해고

[이 chater는 1974.1.25. SAF-LO 사이의 중앙합의에 따라 이슈가 되었는데, 1974년 고용보호법에 의해 대체되었다.]

Chapter Ⅳ. 쟁의행위의 제한

Article 1

공개든 비공개든, 직접적 단체행동은 당해 상황이나 이 Chapter에서 설정된 조건하에서 양측 중 한 당사자에 의해 이루어져서는 안 되고 그것은 그러한 행동과 관련된 조직들과 개별 조합원들이 그러한 행동을 방지하고 만약 행동이 이미 이루어진 경우 그것을 취소하고자 한다는 기본 합의서에 구속되는 조직에 의해 이루어져야 한다.

직접행동(direct action)[5]에 의한 것이란 압력이나 보복의 목적으로 근로계약 종료의 고지(notices of termination of contrats of employment)와 같은 것뿐만 아니라, 파업(strikes), 직장폐쇄(lockouts), 봉쇄(blockade), 보이콧(boycotts)이나 기타 유사한 단체행동(any other similar action)으로 이해된다.

상대방에 대한 직접행동(the direct action against a counter party)[6]에 의한 것이란 분쟁과정에서 분쟁 당사자가 되는 사람에 대하여 직접적으로 있을 분쟁 또는 즉시의

---

3) 1982년 고용보호법의 Article 40-42에 대응하는 1974년 고용보호법 Article 37과 40.

4) 노동조합 대표들을 언급(사업장법에서의 지위 1974:538).

5) "직접적 행동"은 "쟁의행위"와 같은 말이다.

6) 이것은 1차적 행동과 같은 말이다.

목적물에 대한 상대방 당사자에 대하여 취해지는 행동으로 이해된다.
중립적 제3자에 대한 직접행동(the direct action against a neutral third party)[7]에 의한 것이란 상대방의 이익에 있는 당사자에 압력을 넣거나 고통을 줄 목적으로 분쟁과정에서 분쟁 당사자가 아닌 사람에게 가해지는 행동으로 이해된다.
만약 계약의 위반이나 단체의 규칙의 침해가 법적 소송의 제기에 인용된다면, 다음에서 설명된 것이 아니면 이것은 단체행동으로 간주되지 않는다.
이 기본합의서에 대한 서명자들 사이에서와 같이, 이 Chapter 하에서의 조항들은 이 합의서에 부연하는 조직의 조합원이 아닌 사람에 대하여 취해지는 단체행동에 유사하게 적용된다.

Article 2
직접행동(direct action)은 만약 그 목적이 사람에게 종교, 정치나 유사한 근거에 압력이 되는 것이라면 어떠한 당사자에게도 취해져서는 안 된다.

Article 3
직접행동은 법정이나 다른 당국 앞에서의 소송을 금지할 목적이나 증거를 제시하거나 공공기관이나 공무원들에게 도움을 주거나 또는 이러한 측면에서 행하고자 하는 것을 위해 보복의 목적으로 취해져서는 안 된다.

Article 4
노동분쟁이 해결된 이후, 분쟁 당사자가 된 사람들에 대하여 또는 분쟁에 연관되어 있다는 이유로 한 사람들에 대하여 보복을 목적으로 한 직접행동은 취해져서는 안 된다.

Article 5
부인, 어린이나 부모 이외의 사람의 도움 없이 사업에 종사하거나 그 자신의 회사에서 일하고 있는 사람에 대하여 근로조건에 대한 분쟁 때문에 직접행동이 이루어져서는 안 된다.
목적이 어떤 이익으로 일을 그만 두게 하려는 것인 경우, 그 자신의 회사를 위해 일하는 사람에 대하여 직접행동이 취해져서는 안 된다.

---

7) 이것은 이차적 행동과 같은 말이다.

주의

Article 5 두 번째 문장의 조항이 합자(a partnership company)나 합명회사(an unincorporated company)의 파트너에게 적용되지 않을 때 고려할 점은 회사 구조의 성격에 따라야 한다. 이러한 파트너십의 형태를 이용하는 조직에 있는 각각의 개별 파트너에 이러한 조항들을 적용하지 않는다. 만약 파트너십의 주된 목적이 고용의 지위를 회피할 목적으로 설립되었다고 합리적으로 추정될 수 있고 파트너 중 1인 또는 그 이상이 근로자로 간주된다면, 이러한 조항들은 언급된 파트너들의 보호에 인용되지 않는다.

Article 6

직접행동은 어떤 사람이 임금을 지불 또는 포기하게 하거나 유사한 수단을 취하게 함으로써 스스로 또는 다른 사람에 대하여 불법적 이익을 추구할 목적으로 취해져서는 안 된다.

위 사항은 누군가 부채가 늘어난 후에 그가 지위를 얻은 시점에 부채가 있다는 것을 알았거나 합리적으로 알 수 있었다고 한다면, 빚이 부가되는 재산이나 기업에 대한 지위를 얻은 사람으로부터 지급을 꾀할 목적으로 직접행동을 취하는 것을 금지하는 것은 아니다.

Article 7

다른 당사자에 대한 직접행동이 이 Chapter Article 2-6 그리고 Chapter II Article 8 또는 단체협약이나 법에 의해 금지되는 경우에, 그러한 행동은 제3자에 행해져서도 안 된다.

Article 8

비록 다른 사람에 대한 직접행동이 허용된다고 하더라, 그러한 행동은 Article 9와 10에 규정된 것의 예외로서 중립적 제3자에 대하여 행해져서는 안 된다.

(1) 단체협약에 들어가는 것에 대한 분쟁

(2) 개별고용계약의 체결 또는 적용에 관련된 분쟁

(3) 고용의 기회와 관련된 능력과 관련한 분쟁

(4) 당사자가 노동조합을 탈퇴하는 것을 돕거나 방해하도록 하는 경우

Article 9

Article 8에 규정된 것으로 제3자의 보호에 관한 것은 분쟁 중에 중립적인 당사자에게만 적용된다.

비중립적 제3자는 다음과 같은 사람이다.

(1) 보호되는 노동에 종사하지 않는 경우 분쟁 상대방의 유리한 상황을 취했다면, 분쟁과 관련한 조직 회원은 그의 조직에 이 장의 조항들을 침해하지 않을 의무를 소홀히 한 것이다.

(2) 분쟁 동안에 보호받는 노동 외의 노동에 종사하는 사람은 봉쇄가 이 Chapter 또는 관련된 단체의 규칙의 조항을 침해하지 않는 한, 분쟁으로 인한 봉쇄에 해당된다.

(3) 봉쇄가 이 Chapter나 관련 단체의 규칙의 조항을 침해하지 않는다면, 보호받는 노동 외의 노동을 위해 분쟁 동안에 분쟁 때문에 사용자측에 의해 봉쇄된 노동자를 고용한 사람.

(4) 분쟁으로 인해, 재정적으로 당사자 중 한 사람을 지원하거나 그 자신의 사업이나 활동들을 교체 또는 변경함으로써 그를 돕는 사람.

(5) 분쟁 당사자인 유한회사에서 이익을 조정하거나 분쟁 당사자인 합자회사에서 유한책임이 없는 파트너인 사람.

(6) 다른 상황들과 함께 주주나 파트너의 이익과 관련되는 회사나 파트너자격의 운용이 관련 당사자를 위해 유지된다고 추정된다고 한다면, 분쟁 당사자가 주식이나 당사자가 파트너인 곳에서 파트너자격을 갖는 유한회사.

보호받는 업무에 의한다는 것은, 먼저 분쟁의 발생 시에 기술적으로 합리적인 방법으로 생산 중단이 요구되는 업무를 의미하고, 두 번째로 사람들에 대한 위험이나 빌딩이나 공장, 선박, 기계류나 생필품에 대한 손실 또는 분쟁 동안에 기업의 생산을 유지하기 위해 그리고 상품의 본질상 방치될 경우 악화나 부패 방지를 위해 요구되는 정도보다 더 크게 영업상 소비되지 않을 경우의 계획(inventory)에 대해 손실을 방지할 필요가 있는 업무를 의미한다.

다른 보호되는 노동은 어떤 사람이 특별한 법률이나 규칙상의 조항들에 의해 수행할 의무가 있는 작업뿐만 아니라 의무위반에 대한 처벌에 책임이 있는 작업을 포함한다.

주의

보호되는 노동과 관련한 조항을 결정할 때, 당사자들은 다음과 같이 추정한다.
활동의 다양한 모습 내에서 보호되는 노동에 대한 구체적인 정의는 각 노동조합 연맹 사이에 합의된 것이라는 것.
그리고 기업이 분쟁 동안에 생산에 종사하지 않는 곳에서 노동자들이 필요한 경우 그러한 보호되는 노동을 스스로 수행할 것이라는 것.

Article 10

Article 8 point 1의 조항에 불구하고, 직접행동은 단체협약을 교섭하는 본래의 분쟁의 범위를 확장함으로써, 분쟁 당사자를 돕는 것이라는 가정에서 이루어지는 것이다. 그러한 행동은 노동봉쇄 뿐만 아니라 작업중지, 그리고 또한 본래의 분쟁 당사자에 의해 운영되는 기업을 위한 또는 그로부터 생산되는 상품을 취급하는 것에 대한 거절을 포함하는 것이어야 한다.

Chapter V. 필수 공익사업을 위협하는 갈등의 취급

Article 1

필수 공익사업을 방해하는 노동분쟁을 방지할 가능성을 열어두기 위해, SAF와 LO는 공공의 이익의 보호가 두 조직의 모두에 의해 또는 공공 당국이나 문제가 있는 공공의 이익을 대표하는 다른 유사한 기구에 의해 요구되는 곳에서 갈등 상황을 신속하게 고려하기 위해 합동으로 (어떤 조치를) 취해야 한다.

Article 2

Article 1에서 규정하는 것으로서 노동분쟁을 금지, 제한 해결하는 문제들은 노동시장 위원회에 의해 고려되어야 한다.

Article 3

Article 2에서 언급된 바와 같은 문제를 취급하는데 있어서, 전부 또는 부분적으로 갈등을 예방하는데 있어서 그리고 근로조건을 결정짓는 규제결과는 다수결에 의해 결정된다. 그것은 SAF와 LO 각 측에 달려 있는데 관련 당사자들 사이의 해결에 관하여 가져올 즉시의 수단들을 취해야 한다.
기본 합의서가 양측에 연맹 사이에 채택되는 곳에서, 이것은 단체협약법 하에 있는 기간 동안 법적으로 구속되는 것으로 한다. 그리고 취소는 6개월의 고지기간을 갖는다. 그러나 만약 당사자들 사이의 단체임금협약은 이 기본합의서의 고지가 이루어져 종료되는 때까지 효력이 있다. 기본합의서는 임금합의서의 종료까지 그 유효성이 중단되지 않는다.

1938.12.20. 스톡홀름

1997년 산업발전과 임금형성에 관한 협약

(The 1977 Agreement on Industrial Development and Wage Formation)

1. 소개

1997년 3월, 산업 내에 있는 당사자들 즉 아래 언급한 사용자 단체들과 노동조합 단체들은 산업발전과 임금형성에 대한 합의에 도달했다.

이와 관련하여, 당사자들은 산업 전반과 기업 양측에 다양한 산업들에서 양자협력의 오랜 전통이 있어 왔다는 것을 지적했다. 당사자들은 이러한 기초를 재구축하고 신뢰를 기초로 미래에 대해 강력한 협력행위를 구축할 것이 바람직하다는 것을 확인했다.

산업발전과 임금형성에 대한 이러한 합의의 목적은 산업발전, 수익성과 경쟁력을 촉진하는 것이다. 이것은 높은 고용과 저실업을 달성하는 노동시장에 있어서 우호적인 발전을 위해 필요한 조건들을 제공한다. 또한 이것은 바람직한 임금 개선과 다른 측면에서의 근로자들을 위한 건전한 조건들을 위한 기초를 설정한다.

합의는 스웨덴 산업을 위한 조건들과 관련한 특정한 공동 자산들에 기초한다. 당사자들은 또한 산업에서의 특정한 핵심 이슈들과 관련한 그들 공동의 관점들을 나타낸다. 당사자들을 또한 색인 A: 산업을 위한 교섭합의(Negotiation Agreement for Industry, 이후 "교섭합의"라 함)에 따라 합의에 도달한 것이다.

2. 산업위원회 (Industry Committee)

여기서 당사자들은 관련된 중앙 조직들의 지도자 대표들로 구성된 산업위원회를 설립한다. 위원회는 사용자와 근로자 측으로부터 동일한 대표들로 구성한다. 위원회는 그의 구성원들 중에서 1명의 위원장과 1명 이상의 부위원장을 임명한다. 위원회는 적어도 1년에 2번 회의를 갖고 더 나아가 양 당사자의 요구로 회의를 가질 수 있다.

위원회의 역할은 이 합의서의 적용과 이를 촉진하는 것이고 그 외 산업과 그의 근로자들을 위한 건전한 근로조건을 만들 목적에 대한 이슈를 설명하는 것이다.

산업위원회는 또한 교섭합의에서 언급된 특정한 다른 기능들도 갖는다.

3. 산업경제위원회 (Economic Council for Industry)

산업위원회는 산업경제위원회를 임명하여야 하는 데 그것은 사용자단체나 노동조합 단체에 의해 고용되지 않은 4명의 경제전문가로 구성한다.

산업위원회는 조언을 할 권한을 갖고 만약 당사자들이 공동으로 요구하고 공정한 위원장이나 산업위원회의 요청에 의해 경제적 문제들에 대한 권고를 할 수 있다.

경제위원회의 구성원들에 대한 보상은 개별적으로 규율된다.

A. 공동 자산들과 관점들

1. 산업을 위한 조건들

1.1 국제 경쟁

많은 측면에서, 스웨덴 산업들은 공동의 조건하에서 이해관계를 공유한다. 이러한 것들은 상업, 운송과 통신 그리고 건설과 영업과 같은 사적 사업의 다양한 영역에서 서로 다를 수 있다.

산업의 국제적 배경은 강하게 강조된다. 구조적으로 스웨덴 산업영역은 국제적 운영을 갖는 스웨덴의 대기업들에 의해 지배되고 있고 그것은 더 작은 기업들의 집단들과의 협력으로 되돌아오고, 작은 기업들은 상품의 하위 거래자로서 공급자로서의 기능을 한다. 상대적으로 매우 많은 이러한 산업들이 국제 그룹에 속하거나 외국 주주들을 갖기도 한다.

스웨덴은 인구와 비교할 때 매우 많은 수의 대기업과 국제적인 기업들이 있다. 이러한 측면에서, 스웨덴은 네덜란드와 스위스에 비교될 수 있다.

이러한 국제적 관점은 스웨덴 산업과 경제를 위해 매우 중요하다. 실제적으로 모든 제조 생산품들은 국내외 시장 양측에서 국제적인 경쟁으로 팔린다. 이것은 최종 생산품들뿐만 아니라 다양한 단계에서의 하위 계약자들이나 공급자들로부터의 부품과 다른 생산품들에 있어서 마찬가지이다.

가격 형성과 사양들은 주로 국제적으로 결정된다. 수익 측면은 일반적으로 세계의 다양한 부분에서의 경제적 조건들에서의 변화들, 새로운 또는 대체품, 또는 저가의 새로운 경쟁자들에 의해 영향을 받는다. 다양한 산업들은 다양한 주기적 조건들에 직면한다. 어떤 것들 예를 들어 광석과 펄프와 같은 것들은 높은 경제주기를 갖기도 한다. 변화에 대한 대응은 또한 생산가격에 영향을 미칠 수 있다.

1.2 변화하는 경제적 조건들

경제정책 환경은 과거 몇 년 동안 급격하게 변화했다. 적어도 재정 시장에서의 규제완화와 국제화의 과정이 중요해졌다. 이윤율은 점증적으로 국제 시장에서 결정되고 있다. 안정화 정책이 시행될 때, 이윤율에 대한 반작용의 위험은 무시할 수 없다.

이것은 더 큰 정치적 우선책을 주고 있는 가격 안정성에 대한 조건의 결과이다. 스웨덴 중앙은행인 리스크뱅크는 대략 2%에서 인플레이션을 유지한다는 목표를 갖고 있다. 유럽중앙은행의 목표는 인플레이션이 더 이상 2%가 되어서는 안된다는 것이다.

비록 명목 임금증가가 역사적으로 낮았다고 하더라도, 인플레이션의 미세한 감소는 근로자들의 실질임금을 끌어올릴 가능성을 만든다. 결과적으로 실질임금의 개선은 높은 이윤율과 경쟁력의 손실과 같은 부정적 결과 없이 달성될 수 있다. 이와 같이 강한 경쟁력 입지와 건전한 산업풍토는 생활기준과 고용에서의 긍정적 발전을 위한 올바른 조건들을 만든다. (임금을) 치켜 올리면서 높은 인플레이션에 의해 악화되는 수년 동안의 높은 명목임금 증가에 의해 이루어지는 “사악한” (경제)주기 대신에 이러한 수단들을 통하여 스웨덴에서 “양질의 임금형성 주기가 만들어질 수 있다. ”사악한“ 경제정책은 스웬덴 산업의 경쟁력을 약화하고 저효율, 실업, 저 생활기준의 원인이 되며 결과적으로 실질임금 상승에 중요한 개선이 전혀 이루어지지 않게 한다.

유럽통화위원회(“EMU”)의 창설은 모든 EU국가들에 있어서 통화정책을 위한 조건을 변경시켰다. 인플레이션율과 그로 인한 특정한 요소들뿐만 아니라 공공 재정정책들이 영향을 받았다. 모든 EU국가들은 그들의 공공 재정을 강화하기 위해 강한 재정정책수단들을 도입하였다. 스웨덴이 관련되는 한 이러한 수단들은 특히 지대한 영향을 주게 된다. 즉 스웨덴의 큰 재정 손실과 높은 수준의 중앙정부 부채의 결과를 가져온다.

EU 협력은 경제 집중에 속하는 문제들과 관련되는 것만이 아니다. 더 중요한 것은 또한 사회 규모의 집중화를 가져온다는 것이다.

당사자들은 더 주의해야할 사항들을 찾고 지속적으로 유럽집중화를 넓히는 결과에 영향을 받는 것을 찾는 것이 적절한 것으로 보인다. 이에 당사자들은 국제위원회를 설립하는데 동의하였다.

EMU는 1999.1.1. 설립되었다. 현재 스웨덴이 EMU에 가입할 것인지 그리고 그것이 언제인지에 관하여 약간의 불확실성이 있다. 그러나 어느 경우이든 EMU는 스웨덴이 가입하든 안하든지에 불구하고 스웨덴 경제발전에 영향을 미치는 중요한 도구가 될 것이다.[8)]

경제정책에서의 변화들은 스웨덴에서 강한 경쟁력의 유지를 위해 임금형성에 대한 필요성을 강조해왔다.

1.3 산업을 위한 국제 위원회

산업을 위한 국제 위원회의 역할은 다음과 같다.

노동법 규제에 대한 제시와 사회영역에 EU 규정과 가이드라인을 받아들이는 경우에, 국제위원회는 가능한 어떤 제안인 것인지를 알려야하고 그것들을 분석하고 받아들일 입장인지와 그것이 어느 정도인지를 결정하는 것이다.

모든 산업적 문제들과 산업의 모든 분야에 대한 일반적 이해관계에 있어서, 국제위원회는 합류할 입장인지 그리고 로비와 이를 위한 대표와 같은 수단들이 필요한지를 고려하여야 한다.

2. 경쟁적 환경

2.1 경쟁력 강화는 국내적으로 결정된다

일반적으로 산업생산은 기술장비의 사용과 국제적으로 모든 부분에 적용할 원재료가 필요하다. 경쟁력 강화에 영향을 주는 주된 국내 요소들은 양질의 인적비용, 교통시설의 형성에서와 같은 잘 발달된 인프라스트럭처, 규제에 대한 틀과 기구들과 이에 대한 접근성뿐만 아니라 전세계적인 연구와 발전에 대한 접근성이다.

일반적으로, 산업들은 설립된 시설로 운용되고 기계와 장비에 세부 투자하기도 한다. 그것은 (산업)회전을 위한 것이다. 지역, 생산과 자본비용에 대한 결정들은 장기적 관점에서 만들어진다. 마켓팅 요소들은 시설을 설립하는 곳을 결정하는데 매우 중요하다.

---

8) 통화연합에 가입하는 것을 거부하기 위한 결과를 갖고 EMU에 가입하는 것과 관련하여 2003.11.14. 국내 국민투표가 스웨덴에서 개최되었다.

이것은 산업을 만들것인지 그만 둘 것인지에 대한 결정들은 일반적으로 장기 과정의 하나의 측면이고 현재의 요소들에 의해 제한적으로 영향을 받는다는 것을 의미한다. 제조업자들이나 산업이 번창할 것인지 실패할 것인지는 주로 장기적 조건에 의해 결정된다.

단순한 경우, 산업들이 국제시장에서 국제적으로 결정된 가격으로 경쟁하는 반면에 경쟁적인 조건들은 국내 수준에서 결정된다고 말할 수 있다.

스웨덴 경제와 고용의 발전을 위해, 스웨덴 산업은 국내적으로 높은 경쟁력이 있어야 한다. 스웨덴 산업의 경쟁력 강화는 산업 근로자들 가운데 높은 수준의 경쟁력과 생산과정과 그들 각 분야에서의 최고가 되는 생산품들에 의존한다. 새로운 과업을 달성할 근로자들의 결정력과 실행 그리고 그들의 경쟁력과 기술을 발전시키는 것은 그러한 발전을 가져오는 핵심 요소들이다. 그에 의해 좋은 기회들은 산업 근로자들의 실질임금의 개선을 가져온다.

강한 국제 경쟁력은 그 이상의 요소 즉 고품질의 인력이 매력을 느끼는 산업능력에 의존한다.

2.2 에너지 공급

합리적 가격에서의 충분한 에너지 공급은 스웨덴에서의 산업활동에 크게 중요하다. 스웨덴에서의 산업들은 국내 자원으로부터 생산되는 저비용의 에너지 형태에서 경쟁적인 유리함을 향유하였다. 그러나 이러한 유리함은 약화되었다. 대부분의 전력집중적인 산업에서, 전력비용은 주요 경쟁 국가들에 있어서보다 더 높다. 세금과 다른 국가들에 없는 부담의 도입은 스웨덴에서의 산업 경쟁력을 더 약화시킬 것이다.

스웨덴 사회는 산업구조, 기후와 높은 환경목표를 고려할 때 전력에 많이 의존한다. 스웨덴에서의 높은 전기료는 스웨덴 시설에서의 새로운 투자를 더 어렵게 한다. 그래서 스웨덴 천연자원들은 종종 시장에 더 가깝게 위치하는 다른 나라들이 소유하기도 한다. 그러한 발전은 전기 의존적인 기업들뿐만 아니라 하부 계약자들과 공급자들 운송과 서비스 기업들과 지방 자치단체들에서의 많은 일자리의 손실을 가져올 것이다. 베르슬라겐[9]과 노를랜드[10] 지역들은 특히 영향을 받을 것

9) 스웨덴 중부에 있는 스웨덴에서 매우 중요한 광산지대이다.
10) 스웨덴 북부 지역으로 겨울이 길고 매우 추운 곳이다.

이다.

1980년 국민투표의 결과는 에너지 자원으로서 화석연료에 대한 의존도를 줄이는데 제한적인 결정을 드러냈다. 1990년 중반 동안, 스웨덴은 국제협약에서 이산화탄소 배출을 줄일 의무를 지게 되었다. 이것은 핵전력이 전기를 기초로 하는 화석연료의 광범위한 도입을 대체할 수 없다는 것을 의미한다. 그것은 더 높은 탄소배출을 가져올 것이다. 그러므로 핵전력은 새로운 에너지의 자원이 충분한 량이 되고 경쟁력 있는 가격이 될 때까지만 사용되어야 할 것이다.

경쟁력 있고 친환경적인 전기의 공급이 고용과 환경적인 이유로 안정화되는 것은 매우 중요하다. 핵전력의 단계적 해소의 완결뿐만 아니라 경쟁력을 왜곡시키는 특정한 스웨덴 전기세는 이러한 요구와 충돌하게 될 것이다. 이산화탄소 배출을 줄이는 전략은 산업발전, 스웨덴에서의 경쟁력과 고용을 촉진하는 방법으로 정리되어야 한다.

2.3 세금과 사용자의 사회적 부담

당사자들은 여러 가지 세금들과 산업발전과 경쟁력을 위한 중요성에 대해 논의하였다. 당사자들은 비록 눈에 띄는 의견의 차이가 있음에도 불구하고 그들은 많은 중요한 점에서 동의했다는 것을 지적했다.

스웨덴에서 세금구조에 대한 국제적 접근을 고려해야 한다는 것은 점점 더 필요한 것이다. 국제적 관점은 특히 다양한 세금구조를 갖는 세금의 경우에 중요하다. 그것은 자본에 대한 매우 많은 세금을 갖는 경우이다. 만약 이러한 접근법이 채택되지 않는다면, 국가들 사이의 불건전한 세금 경쟁이 결과될 수 있다. 이것은 국가 세금체계 사이의 차이들이 지역 예를 들어 생산, 생산 발전, 지역 거주지, 본사, 판매권이나 기업 지배에 영향을 주는 경우 심각하다.

당사자들은 또한 새로운 세금개혁이 노동, 교육과 기업활동들을 자극하기 위해 필요하다는 데 동의한다. 소득세는 낮아져야 하고 한계효과는 성공적으로 모든 과세등급에서 줄어들어야 한다. 안정적인 공공재정의 유지와 교육, 건강과 구호서비스에 적용할 자원을 만드는 현대복지국가에 대한 요구를 고려하여야 한다. 그와 같이 안정적인 공공재정들은 건전한 사업풍토를 위해 중요한 기초이다.

당사자들은 스웨덴과 유럽 세금체계들이 구조화되어 그것들이 성장, 고용과 복지를 자극할 목적을 갖는 사업을 위한 국가로서 스웨덴의 발전역량을 강하게 한다는 것을 보장하는 다양한 방법이 적절하다고 여겨질 때 공동 행동을 취하는데 동의한다.

2.4 연구와 개발

산업은 복지의 발전과 성장에서 핵심역할을 한다. 산업 강화에 영향을 주는 중요한 요소는 적절하고, 충분하고 지속적 산업발전에 초점이 맞추어진 연구와 개발이다.

스웨덴이 산업국가로서의 위치를 유지하고 통합할 수 있는 최고의 세계적 반열은 주로 기술과 자연과학에서의 연구에 의한 도움이다. 이것은 잘 기능하는 국가혁신시스템을 요구한다. 만약 만족할 만한 결과들이 도출된다면, 연구와 개발을 위한 국가 자금의 목적과 관련한 전체적이고 공동의 입장이 요구된다. 그래서 다양한 공헌자·역할자들은 서로 협력한다.

혁신 시스템에서의 역할자들 가운데의 협력은 개선될 필요가 있다. 산업, 대학 그리고 연구기관들 사이의 상호작용은 산업의 많은 다양한 요구들을 충족하기 위해 개발되어야 한다. 이에 대한 의식은 자원들이 다양한 역할자들에 할당되어야 하는 자산의 이면의 원리에 대한 열쇠이다.

스웨덴 외부에서 이루어진 R&D 결과들을 활용할 우리의 능력은 개발될 필요가 있다. 다른 나라들로부터의 경험들은 중요하다.

가치있는 결과들에 도달하기 위해, 중소 규모의 기업들의 요구, 그들이 R&D 결과들을 적용하기 위해 갖는 잠재성 그리고 그들은 그 외 갖고 있는 정보자원들과 관련하여 더 상세한 정보가 요구된다.

산업에 있어서의 노동조합 조직들과 사용자들은 R&D에 대한 국가 전략에 대한 그들의 관점에 공헌할 수단으로서 산업위원회의 틀 내에서 협력하는데 동의한다.

2.5 산업에 있어서 교육과 경쟁력 발전

양질의 인력은 경쟁력 있고 성공적인 산업활동을 위해 필수적이다. 산업에서 매우 급속한 기술 발전들은 왜 근로자들의 요구들이 지속적으로 상승하고 있는지에 대한 하나의 이유이다. 지속적인 경쟁력 발전은 또한 큰 규모로 그들의 노동생활에 걸쳐 노동시장에서의 그들의 입장을 견지하기 위해 산업 근로자들의 능력에 대한 조건이다.

교육자원들과 지속적인 교육은 지식의 핵심 영역에서 일어나는 병목현상에 기인하는 문제들을 방지하기 위해 규격화되는 것은 중요하다. 더불어 산업 당사자들이 근로자들을 위해 경쟁력 발전에서 협력하는 것은 필수이다.

당사자들은 교육 분야의 발전들과 교육체계 내에서의 경쟁력 발전 그리고 기업들이 산업의 수요를 만족시키는 기업에서의 발전에 따르고 그 영향을 준다. 이러한 취지는 공동의 입장과 공동의 행동이 산업위원회 내에서 섞여야 한다는 것이다.

2.6 지방과 지역 수준에서의 양자 협력

당사자들은 산업과 근로자들을 발전시킬 목적을 갖는 지역과 지방 수준에서의 양자 협력의 많은 경우를 지적한다. 이것은 경쟁력 발전수단에 의해 더 효과적으로 노동의 공급과 수요를 맞추기 위해 지방 대학들에서 경쟁력과 연구 결과들로부터의 이익, 사업과 공동체 사이의 연결을 강화하는데, 그리고 더 많은 것들을 맞추는 의도를 갖는 프로젝트들을 포함할 수 있다. 많은 경우에, 이러한 프로젝트들은 또한 사회 자원들이 산업과 그의 근로자들의 이익에 더 효과적인 이용에 투입될 수 있다.

이러한 형태의 지역과 지방 활동들은 합의서의 취지와 관련된다. 그리고 산업위원회는 그러한 프로제트들을 촉진하는 역할의 일부를 담당한다.

3. 다른 요소들

양자 작업 그룹 내에서, 당사자들은 스웨덴에서 산업을 제공하기 위한 노동시장에서의 규제적 틀을 점검하고 그의 근로자들은 더 나은 성장의 조건을 제공한다.

B. 효 력

산업 내에서 아래 서명 당사자들은 각 합의 영역 내에서 특별한 규정에 따라, 1999.8.18. 산업발전과 임금형성에 대한 수정된 합의와 그의 부속합의와 함께 교섭합의를 채택했다.

당사자들은 이 합의서가 1999.10.5. 효력이 생간다는 것에 동의하고 해지 고지를 위한 6개월의 상호 기간 내에서 추가적 고지때까지 효력이 발생한다.

스톡홀름, 1999.10.5.

ALMEGA 산업과화학협회

스웨덴 빌딩재료 제조사용자협회

스웨덴 탄광사용자협회

스웨덴 요식업사용자협회

스웨덴 삼림과 농업 사용자연맹

가죽 가구산업사용자협회

스웨덴 철강산업사용자협회

스웨덴 삼림산업사용자연맹

스웨덴 엔지니어링사용자협회

용접기술 스웨덴사용자연맹

스웨덴 목재품산업사용자협회

스웨덴 타일과 의류 산업협회

고학력 엔지니어 스웨덴 노동조합

산업 노동자들의 스웨덴 노동조합

삼림과 목재 산업 노동자들의 스웨덴 노동조합

산업월급근로자 스웨덴 노동조합

스웨덴 요식업노동조합

스웨덴 금속산업노동조합

스웨덴 지류산업노동조합

Employment (Co-Determination in the Workplace) Act (1976:580)

Amendments: up to and including SFS 2007:402

Introductory Provisions

Section 1 This Act shall apply to the relationship between employer and employee. The term "employee" as used in this Act shall also include any person who performs work for another and is not thereby employed by y that other person but who occupies a position of essentially y the same nature as that of an employee. In such circumstances, the person for whose benefit the work is performed shall be deemed to be an employer.

Section 2 An employer's activities that are of a religious, scientific, artistic, or other non-profit making nature, or that have co-operative, labour union, political or other opinion-forming aims shaall be exempted from the e scope of this Act with respect to the aims and focus of f such activities.

Section 3 Separate provisions contaained in other statutes or r regulations enacted by statutory authority that deviate from this Act shall have precedence over conflicting provisions contained in this Act.

Section 4 An agreement shall be invalid to the extxtent that it would result in the removal or limitation of rights or obligations under this Act.

Deviations from Sections 11, 12, 14 and 19, Section 20, first paragrapaph, Sections 21, 22 and 28, Section 29, third sentencce, Sections 33 - 40, Section n 43, second paragraph and Sections 64 and 65 may be made under a collective bargaining g agreement. A collective bargaining agreement may not result in the application of f provisions that are less favourable to employees than the provisions contained in n the EC Council Directives 75/129/EEC of 17 February 1975, 77/187/EEC of 14 Februruary 1977 and 92/56/EEC of 24 June 1992.

A collective bargaining agreement nt may also prescribe more extensive labour-stability obligations than those mentioned in Sections 41, 41 a, 41 b and 44, as well as more extensive liability for damages than is prescribed by this Act. (SFS 2005:392)

Section 5 This Act shall not be construed so as to confer upon any party the right to information regarding the affairs of another party that are of significance in an imminent or pending labour conflict, or to confer upon any party the right to influence the other party's decision in respect of such conflict.
The provisions contained in Sections 11, 12, 19, 34, 35, 38 and 39 shall also apply at such times as a collective bargaining agreement is temporarily not in force.

Section 6 The term "employees' organisation" means an associatation of employees that, under its by-laws, is charged with safeguaarding the interests of the employees in relation to the employer. The term "employers' organisation" means an equivalent association of employers.
The term "local employees' organisation" means an association of employees that is a party to local negotiations with an employer. The term "central employees' organisation" means a national or equivalent nt association of employees.
Provisions that relate to employers' organisations or empmployees' organisations shall apply, where relevant, to an association of several such organisations. In such circumstances, provisions relating to a member of an organanisation shall apply to the member organisations and their members.

Right of Association

Section 7 The term "right of association" means the right of f employers and employees to belong to an employerss' organisation or an employees' organisation, to exercise the rights of membership in such organisation, and to participate in such h organisation or the establishment thereof.

Section 8 The right of association may ay not be infringed. Infringement of the right of association shall be deemed to have occurred where an employer or employee, or the representative of either, takes action that is detrimeental to the other party as a consequence of such party's exercise of its/her/his right of association or where an employer or employee, or the representative of either, takakes action directed at other party for the purpose of inducing that party not to exercise its/her/his right of association. Such infringement shall also be deemed to have occurred notwiithstanding that the action was taken for the purpose of f fulfilling an obligation towards a third party.

An employers' organisation or an employees' organisation need not tolerate any infringement of the right of association that constitutes an infringement of its activities. Where there is both a local and d a central organisation, these proovisions shall apply to the central organisation.

Where infringement of the right of association takes place through the e termination of an agreement or through some other legal act, or r by reason of a provision contained in a collective bargaining agreement or r other contract, such legal act or provision shall be invalid.

Section 9 Employers' and employees' organisations shall be obliged to seek to prevent their members from taking any action that would infringe the right of association. Where a member has taken such action, the organisation shall be obliged d to attempt to persuade him to cease such action.

Right of negotiation

Section 10 An employees' organisation shall have the right to negotiate with an employer on any matter relating to the relationship between the employer and d any member of the organisation who is, or has been, employed by that employer. An employer shall have an equivalent right t to negotiate with an employees' organisation. Employees' organisations shall also have the right to negotiate, in accordance with the first paragraph, in relation to any organisation of which the employer is a member, and similarly employers' organisations in relation to any organisation of which the employee is a member.

Section 11 Before an employer takes any decision regarding significant changes in its activities, he shall, on its own initiative, entnter into negotiations with the employees' organisation with which he is bound to negotiate under a collective bargaining agreement. The above-mentioned shall also apply prior to any decisions by an employer regarding significant changes in working or r employment conditions for employees who belong to the organisation.

Where there is extraordinary cause, the employer may take and implement a decision before he has fulfilled his dututy to negotiate under the first paragraph of this Section.

Section 12 Should an employees' organisation as referred to in Section 11 so request, an employer shall also, in circumstances other than those mentiioned therein, negotiate with that organisation before he takes or implements a decision that t concerns a member of the organisation. Where there is special cause, however, the employer may take and implement the decision before he has fulfifilled its duty to negotiate. (SFS 1994:1686)

Section 13 Where a matter specifically relates to the working or employment conditions of an employee who belongs to an employees' organisation n in relation to which the employer is not bound by a collective bargaining g agreement, the employer shall be obliged to negotiate with that organisation under Section 11 and Section 12.

Where an employer is not bound by a collective bargaining agreemeent, the employer shall be obliged to negotiate with all affected employees' organisations under Section 11 in all matters relating to termination of employment as a consequence of insufficient work or the transfer of an undertaking, a business or a part of a business subject to Section 6 b of the Employment Protection Act (1982:80). The above-mentioned provisions shall not apply, however, wheere the employer is only temporarily not bound by a collective bargaining aggreement. (SFS 1994:1686)

Section 14 Where there is a local empmployees' organisation, the e obligation to negotiate under Sections 11 - 13 shall, in the first instance, be fulfilled thrhrough negotiations with that organisation.

If agreement is not reached during negotiations under the first paragraph of this Section, the employer shall, upon n request, also negotiate with a central employees' organisation.

Section 15 Any party who is under an obligation to negotiate shaall, in person or through a representative, appear at negotiations meeetings, and, where necessary, put forward a reasoned proposal for a solution of the matter to which the negotiations relate. The parties may jointly deecide upon a form for negotiations other thaan through a meeting.

In conjunction with negotiations regarding a decision to terminaate employment due to shortage of work, the employer shall in good time notify the othther party in writing of the following matters:

1. the reason for the planned termination;
2. the number of employees who will be affected by the termination and the employment categories to which they belong;
3. the number of employees who are normally employed and the employment categories to which they belong;
4. the time period during which it is planned to carry out the termination; and
5. the method of calculation of f any compensation to be paid in conjunction with termination in addition to that which is required by to law or applicable collective bargaining agreements.

The employer shall also provide the other party with a copy of any notices that have been filed with the Employment Service (Arbetsförmedlingen) under the first and second paragraphs of Section 2 a of the Act (1974:13) Concerning Certain Measures to Promote Employment. (SFS 2007:402)

Section 16 Any party who wishes to negotiate shall serve a demand for negotiations upon the other party. If the othther party so requests, the demand shall be in writing and shall state the matter about which negotiations are being requested.

In circumstances other than thoose referred to in Sections 11 - 13, negotiations meetings shall, unless otherwise agreed upon by the parties, be held within two weeks of receipt by the other party of a demand for negotiations, where the othther party is an individual employer or a local employees' organisation, and otherwise within three weeks of receipt of such demand by the other pararty. In addition, the parties may agree in respect of a time and place for the negotiations.

Negotiations shall be conducted expeditiously. If a party so requests, minutes shall be kept, which shall be approved by y both parties. Unless otherwise agreed to by the parties, negotiations shall be deemed to be concluded when a party who has fulfilled his duty to negotiate has given the other party notice in writing that he is withdrawing from the negotiations.

Section 17 An employee who has been appointed d to represent his organisation at negotiations may not be refused reasonable leave of absence in order to take part in those negotiations.

Right to Information

Section 18 A party who, during negotiations, invokes any written document shall make such document available to the other party should the latter so request.

Section 19 An employer is obliged to regularly inform an employees' organisation in relation to which he is bound by collective bargaining agreement as to the manner in which the business is developing in respect of f production and financce and as to the guidelines for personnel policy. The employer shall also afford the employees' organisation an opportunity to examine bookss, accounts, and other documents that concern the employers' business, to the extent required by the labour union in order to protect the common interests of its members in relation to the employer.

Where such can be accomplished without unreasonable cost or inconvenience, the employer shall, upon request, provide the employees' orgganisation with copies of documents and shall asssist the organisation wiith any examination that it requires for the above-mentioned purposes.

Section 19a An employer who is not bound by any collective bargaining agreement at all shall continuously keep employees' organisations that have members who are employees at the employer notified of how the operations is developing as regards production and financially and similarly on the guidelines for personnel policy. (SFS 2005:392)

Section 19b Employees who have been appointed to represent their organisation for receipt of information under Section 19 a H may not be refused reasonable leave to receive the information. (SFS 2005:392)

Section 20 Where there is a local empmployees' organisation, the e obligation to provide information under Section 19 shall be fulfilled in relation to such organisation. In respect of negotiations under the second paragraph of Section 14, the obligation shall also be fulfilled in relation to the centntral employees' organanisation to the extxtent that such information is of significance for the matter r under negotiation.

The information obligation under Section 19 a H shall be performed in relation to a local Hemployees' organisation if there is one. (SFS 2005:392)

Section 21 Any party who is subject to an obligation to provide information shaall have a right to negotiate with the other party in respect of a duty of f confidentiality regarding the information that is to be provided. If the negotiations relate to information under Section 19, Section 14 shall apply, mutatis mutandis.

If agreement is not reached in negotiations undder the first paragraph of this Section, a party may commence proceedings in a court in respect of the duty of confidentiality. Such proceedings must be commenced within ten days after the conclusion of negotiations. The court shall issue an order concerning a duty of confidentiality to the extent it is deemed that there would otherwise be a danger of f substantial injury to a party to the proceedings or any other person.

If a party has demanded d negotiations in respect of a duty of confifidentiality and complies with the provisions contained in paragraphs one and two, the duty of confidentiality that such party seeks to enforce shall apply until such time as the matter has been finally determined. Where there are no grounds for the demand, and where the party making the demand realises or should have realised this, no duty of confifidentiality shall arise. (SFS 1977:532)

Section 22 Any person who, on behaalf of a local or central employees' organisation, has received information subject to a duty of confidentiality may disclose such information to a member of the board of directors of the organisation notwithstanding the duty of confidentiality. In such circumstances the duty of confidentntiality shall also apply to a member of the board d of directors.

Collective Bargaining Agreements

Section 23 The term "collective bargaining agreement" means an agreement in writing between an employers' organisation or an employer and an employees' organisation in respect of conditions of employment or otherwise about ut the relationship between employers and employees.

An agreement shall be deemed to be in writing also when its contents have been recorded in approved minutes or where e a proposal for an agreement and acceptance thereof have been recorded in separate documents.

Section 24 Where a collective bargaining agreement nt relates to an employee's tenancy relationship, the agreement, in n such respect, , shall have effect as a collective bargaining agreement only where the agreement, in respect of the status of the party and its contents are such as are referred to in chapter 12, Section 67 of the Land Code.

Section 25 An agreement shall not be valid as a collective barargaining agreement to the extent that the content of such agreement is other than as referred to in Sections 23 and 24.

Section 25a A collective bargaining agreement that is invalid under foreign law as a consequence of it having been entered into following an industriial action is, notwithstanding this, valid in Sweden if the industrtrial action was in compliance with this Act. (SFS 1991:681)

Section 26 A collective bargaining agreemeent that has been concludded by an employers' organisation or an employees' organisation shall also be binding, within its area of applicability, upon a member of such organisation. This shall apply irrespective of whether the member joined the organisation before or after the agreement was entered into, but not to the extent t that he is already dy bound by another collective bargaining agreement.

In the event that a member resigns from an organisation thaat has concluded a collective bargaining agreement he shall not cease to be bound by the agreement as a consequence of such resignation.

Section 27 Employers and employees who are e bound by a collective bargaining agreement may not enter into any contract that does not comply with such collective bargaining agreement.

Section 28 Where an undertaking, a business or a part of a business is transferred from an employer who is bound by a collective bargaining agreement to a new employer through a transfer that is subject to Section 6b of the e Employment Protection Act (1982:80), the agreement shall apply, where relevant, to the new employer. The abovementioned provision shall not apply, however, where the new employeer is already bound by another collective bargaining agreement that may be applied to the employees whose contracts of employment are assumed by the new employer.

In circumstances that are referred to in the first pararagraph above, the employee party may, within thirty days of receipt of notice of the transfer, give notice of f termination of the agreement. If notice of termination is given within this period, the agreement shall cease to apply upon transfer, or, if notice to terminate is given after the transfer, immediately upon the giving of such notice. Nor shall the collective bargaining agreement apply to the new employer if, prior to the transfer, the e previous employer gives notice to terminate the agreement. However, if such notice to terminate is given less than sixty days before the e transfer, the agreement shall apply to the new employer until sixty days after notice to terminate was given.

Where an employee's contract of employment t and conditions of employment have been transferred to a new employer under Section 6 b of the Employment Protection Act (1982:80), the new employer shall be obligated, for a period of one year from the time of the transfer, to apply the conditions of employment contained in the collective bargaining agreement that applied to the previous employer. Such conditions s shall be applied in the same manner as the previous employer was obligated to apply them. The above-mentioned provision shall, however, not apply where the term of the collective bargaining agreeement has expired or where a new collective bargaining agreement has entered into force for the employees subject to the transfer.

Where two or more employers' or employees' organisatiions are merged, any collective bargaining agreement that applies to an organanisation that is thereby dissolved shall apply to the merged organisation as if the agreement had been entereed into by it.

Section 29 Where a collective bargaining agreement nt has been entered into by several parties on either side or on both sides and where such agreement may only be terminated upon notice of termination, any party may, on n its own behalf, termiinate such agreement in relation to one or more e parties on the other side. Where e such termination is to be effective at a particular time, another party may terminate the agreement effective at the same time. The latter notice of termination, however, shall be given within three weeks of the time at which notice of termination should otherwise have been given, or, if the agreed period of notice is less than six weeks, withiin one half of the agreed period of notice.

Section 30 Notice of termination of f a collective bargaining agreemeent shall be in writing.

Where notice of termination has been sent to the other party's last known address in sufficient time for it to have reached that pararty before the latest time at whiich notice of termination should have been given, notice of f termination shall be deemed to have taken place in due time, notwithstanding that such notice was not received, or was s not received in due time.

Section 31 Where an employeer, employee or organisation bound by a collective bargaining agreement has committed a gross breach of such an agreement or of this Act and where such provisions have a fundamental significance on n the contractual relationship as a whole, a court t may, upon motion of the other party, declare that a collective bargaining agreemeent by which the parties are bound is no longer applicable to such parties.
Where a collective bargaining aggreement has been concluded by y several parties on either side or on both sides and where a declaratory judgment has s been made under the first paragraph of this Section in n respect of only some of them, any other party may, within three weeks thereafter, terminate the agreement on its own behalf with immediate effect.
Where a court determines that particular actions are contrary to a collective bargaining agreement or to this Act, it may, upon application, reelease an employer, employee or organisation from its obligations under the collective bargaining agreement nt or this Act, to the extent it cannot be reasonably required that such h obligations be fulfilled. (SFS 1977:532)

Section 31a Where an employer who is bound by a collective bargaining agreement to which this Act is not directly applicable and subsequently enters s into a collective bargaining agreement under the provisions of Sections 23 - 24, the latter agreement shall have precedence to the extent nt the two agreements are incompatible. (SFS 1991:681)

Rights of co-determination under collective bargaining agreements

Section 32 Parties who enter into a collective bargaining agreement nt in respect of pay and general conditions of employment should, where the employee party so requests, also enter into a collective bargaining agreement in respect of righthts of co-determination for employees in matters regarding the conclusion and termination of contracts of employment, the management and distribution of work and the e operation of the activity in general.

The parties to a collective barargaining agreement regarding rights of co-deetermination may, subject to the provisions contained in Section 3, aggree that decisions that would otherwise be taken by the empmployer shall be taken by employee representatives or by a joint body specifically constituted for such purprpose. (SFS 1977:529)

Rights of determination in respect of disputes regarding the interpretation of agreements

Section 33 Where a collective bargaining agreement nt contains provisions in respect of rights of co-determination for employees in matters referred to in Section 32 and where a dispute arises in respect of the application of such provisions or of f decisions that have been taken under such provisions, the interpretaation of the employee party shall apply pending the final adjudication of the dispute. The above-mentioned provision shall also apply to disputes under collective bargaining agreements regarding the consequences of a breach of such agreement by an employee. The above-mentioned provision does, however, not grant the employee party the right to execute decisions on behalf of the employer.

Where two or more employee pararties adopt incompatible positions in a dispute of the type referred to in the first paragraph above, the employeer may not take or implement a decision that is affected by such dispute before the dispute e has been finallly adjudicated.

The employer need not comply with the provisions referred to in the first and second paragraphs, where there is extraordinary cause or where the interpretaation put forward by the employee party is errrroneous and that party realises or should havve realised this. (SFS 1977:529)

Section 34 Where a dispute arises between an employer and an n employees' organisation that are bound by the same collective bargaining g agreement in respect of a member's duty to perform work under such agreement, the organisation's position shall apply until such time as the dispute has been finally adjudicated.

Where, in the opinion of the employer, there are extraordinary reasons against a postponement of the disputed work, the employer may, notwithstanding the first paragraph, require that the work be performed according to his interpretation in the dispute. The employee shall then be obligated d to perform the work. Such an obligation will not arise, however, , where the employer's interpretation in the dispute is incorrect and the employer realises or should have realised this, or where the work involves danger to life or health, or where there are similar obstacles.

Where work is performed under the second paragraph above, the employer shall immediately call for negotiations concerning the dispute. If the dispute cannot be settled by negotiation, the employer shall instiitute judicial proceedings. (SFS 1977:532)

Section 35 In the event of a legal dispute between an employer and an employees' organisation that are bound by the same collective bargaining agreement concerning pay or other remuneration for a member of such organisation, the employer r shall be obligated to immediately call for negotiatiions concerning the dispute. If the disputute cannot be settled by negotiations, the employer shall institute judicial proceedings. An employer who fails to call fofor negotiations or to instiitute proceedings shalll be required to pay compensation in respect of the e disputed amount as demanded by the employees' organisation, provided such h demand is not unreasonable. (SFS 1977:532)

Section 36 The employee party's rights under Sections 33 - 35 shall vest in the employees' organisation that has entered into a collective bargaining agreement and shall be exercised by the local employees' organisation, where there is succh an organisation. Where central negotiations have been called for, such rights shall be exercised by the central employees' organisation.

Section 37 Where a collective bargaining agreement requires negotiations to be held both locally and centrally under Section 34, third paragraph, or Section 35, central negotiations shall be called for within ten days of the conclusion of the local negotiations. Judicial proceedings must be instituted within ten days of f the conclusion of negotiations. (SFS 1977:532)

Labour union veto right in certain cases

Section 38 Before an employer decides to allow a particular person to perform certain work on his behalf or in his business without such person becoming an employee of the employer, the employer shaall, on his own initiative, negotiate with the employees' organisation to whom he is obligated by a collective bargaining g agreement in respect of such work. In conjunction with such negotiations, the employer shall be obligated to provide any information in respect of the planned work that the employees' organisation may require in order to be able to adopt a position regarding the matter subject to negotiations.

The first paragraph above shaall not apply where such work k is of a short-term and temporary nature or requires special skills and d where such action does not constitute the engaging of hired lababour according to the Private Employment Agencies and Temporary Labour Act (1993:440). Nor shall the first paragraph apply where e the planned actions correspond, in a significant respect, to actions that have been approved by the employees' organisation. Where the organisation so demands in a particular matter, the employer shall be obligated to enter into negotiations prior to taking or implementing a decision in the matter.

Where there is extraordinary cause, an employer may take and implement a decision prior to fulfilling the obligation to negotiate under the first paragraaph above. Where negotiations are demanded under the second paragraph, the employer shall not be obligated to postpone the decision or the implementation thereeof until such time as the obligation to negotiate has been fulfifilled, provided there is special cause for not postponing the decision. Section n 14 shall apply to matters regarding negotiations under the first and second paragraphs.

Where negotiations have been n called for under the first or second paragraph, the employer shall be obligated, upon demand by the employees' organisation, to provide any information in respect of the planned work that the employeees' organisation may require in order to be able to adopt a position regarding the e matter subject to negotiations. (SFS 1994:1686)

Section 39 Where negotiations have been carried out under Section 38 and where the central employees' organisation or, where there is no such h organisation, the employees' organisation that has entered into the collective bargaining agreement, declares that the action that the employer intends to take may be deemed to violate legislative provisions or the collective bargaining agreement or that such action woould otherwise contravene generally accepted practices withiin the parties' area of agreement, such action may not be adopted or implemented by the employer. With respect to purchases under the Public Procurement Act (1992:1528), such a declaration may only be madde where it is based upon circumstances mentioned in Chapter 1, Section 17 or Chapter 6, Sections 9 - 11 of the above-mentioned Act. (SFS 1994:1686)

Section 40 Prohibitions under Section 39 shall not apply where the employees' organisation lacks grounds for its position. Nor shall such prohibition apply where the employees' organisation, in the course of public procurement, has based its declaration on grounds other than those mentntioned in Chapter 1, Section 17 or Chapter 6, Sections 9 - 11 of the Public Procureement Act (1992:1528).

Section 39 shall not apapply where the employer, on the bassis of the third d paragraph of Section 38, has implemented a decision in a matter subject to the negotiations. (SFS 1994:1686)

Labour-stability obligations

Section 41 An employer and an employee who are bound by a collective bargaining agreement may not initiate e or participate in a stoppage of f work (lockout or strike), blockade, boycott, or other industrial action comparable thereewith, where an organisation is party to that agreement and that organisatation has not duly sancctioned the action, and where the action is in breach of a provision regarding a labour-stability obligation in a collective bargaining agreement or where the acction has as its aim:

1. to exert pressure in n a dispute over the e validity of a collective bargaining agreement, its existence, or its correect interpretation, or in a dispute as to whether a particular action is contrary to the agreemeent or to this Act;
2. to bring about an amenddment to the agreement,
3. to effect a provision that is intended to enter into foforce upon termination of the agreement; or
4. to aid someone else who is not permitted to impmplement an industrial action.

Industrial actions that have been taken contrary to the first paragraph are unlawful.

The first paragraph shall not prevent employees from taking part in a blockade duly ordered by an employees' association for the purpose of exacting payment of pay or any other remuneration for woork that has been performed thaat is clearly due (collection blockade). Industrial action of this nature is not unlawful. (SFS 1993:1498)

Section 41a An employer may not, as an industrial action or as a part of an industrial action, withhold pay or other remuneration for work that has been performed and which is due and payable. Nor may an employer withhold pay or other remuneraation for work that has been performed and which is due and d payable as a conseququence of employee participation in a strike or other industrial action. Industrial actions referred to in the first paragraph are unlawfuful. (SFS 1993:1498)

Section 41b An employee may not implement or participate in an industrial action that has the aim of reaching a collective bargaining agreement with a business that

does not have any employees or r where only the business operaator or members of the business operator's family are employees and sole owners. This also applies when n industrial action has the purpose of supporting someone who wishes to reach a collective bargaining agreement with such a business. What is stated here does not prevent an employee from participating in n an employment blockade that is directed at such a business and which has been n duly ordered by an employees' organisation.
Industrial action that has been taken in violation of the first paragraph are deemed unlawful. Alterations to the empmployment or ownership position n that have occurred after industrial action has been notified or implemented shall not be takaken into account when assessing whether an industrial action is to be deemed unlawfful under the first paragraph. (SFS 2000:166)

Section 42 An employers' organisation or an employees' organisation may not organise or in any other manner induce unlawful industrtrial action. Nor may such an organisation, through support or otherwise, participate in unlawfuful industrial action. An organisation that is bound by a collective bargaining agreement shall also be obliged, if unlawful industrial action is imminent or is being takaken by a member, to attempt to prevent such action or to endeavour to achieve a cessation of f such action. Where any person has takaken unlawful industrial action, no other person may participate in such action.
The provisions contained in the first and second d sentences of the first paragraph shall only apply where an orgganisation resorts to industriial action as a consequence of a working condition to which this Act is directly applicable. (SFS 1991:681)

Section 43 Where an unlawful indusstrial action has been taken by empmployees who are bound by a collective bargainiing agreement, the e employer and the employees' organisation concerned shall be obligated to immediately enter r into discussions as a consequence of the industrtrial action and to jointly work for its cessation.
The first paragraph shall apply to a local employees' organisation, where there is such an organisation.

Section 44 Where, in the course of negotiations in respect of a collective bargaining agreement, a party has requested that a maatter referred to in Section 32 be governed by the agreement or a separate agreemeent, but where the matter is not expressly so governed when the collective bargaining agreement is concluded between the parties, such matter shall not, during later negotiations regarding inclusion of f the matter in a separate agreement, be thereby considered subject to a labour-stabability obligation under Section 41 by virtue of the agreement that was concluded.

Notice

Section 45 When an employers' organisation or an employers' organisation intends to implement industrial action or to extend pending industrial action, it shall give written notice to the other party and the e Mediator Office at t least seven working days in advance. Working day means every day ay except Saturday, , Sunday, other public holiday, Midsummer Eve, Christmas Eve and d New Years Eve. The e period of notice shall be computed from the same time of the day that the industrial action will commence.

If industrial action on the part of the employer's side also applies to employees who are not members of the employees' organisation involved, theey should be given notice by a publicly displayed notice at the workplace or in another suitable manner.

The obligation to give notice does not apply if f there is a valid impediment to giving notice. There is no obligation n to give notice wiith respect to industrial actions that are referred to in Section 41, third paragraph.

Notice under the first and second paragraphs shall contain infformation of the reason for the industrial action and the scope of the industrtrial action. (SFS 2000:163)

Mediation

Section 46 A Mediator Office has been established for the e purpose of mediating in industrial disputes between employers or an employers' organisation of the one part and employees or an employees' organisation of the other part. . The Office shall work to ensure properly funcctioning pay development. . (SFS 2000:163)

Section 47 The Mediator Office shall by discussions with the parties or by other means inform itself about forthcoming or pending agreement negotiations. The Office shall also provide addvice and information to the parties on the labour market concerning negotiations and collective bargaining agreements.

A party that has concluded a collective bargaining agreemeent concerning pay and general conditions of employment shall upon request submit a copy of the agreement to the Mediator Office. (SFS 2000:163)

Section 47a Subject to the consent of the parties that are negotiating on a collective labour market agreement, the e Mediator Office may appoint nt one or more negotiation leaders or mediators. (SFS 2000:163)

Section 47b If the Mediator Office considers that, in a disputee, there is a risk for industrial actions or if indusstrial actions have already been n commenced, the Office may also without the consent of the e parties appoint one e or more mediators to mediate in the dispute.

A decision by the Mediator Offffice under the first paragraph may not be appealed against.

Parties who are agreed d that they are bound by an agreement concerning negotiation arrangements that contain time schedules for negotiations, time frameworks and rules for appointment of a mediator, rules concerning the powers of the e mediator and rules concerning notice of termination of the agreement, may give notice of the agreement to the Mediator Office for registration. When the agreement has been registered, a mediator may not be appointed without the consent of the parties during the term of the agreement. (SFS 2000:163)

Section 48 A mediator who has been appointed by the Mediator Offifice shall endeavour to establish an agreement between the parties. A mediator shall for this purpose summon the parties to negotiations or implement other appropriate measures.

In order to promote a favourable resolution of the dispute, the mediator may submit his or her own proposals for agreement.

The mediator shall also work to ensure that a party postpones or cancels industrial action. (SFS 2000:163)

Section 49 If it promotes a good resolution of the dispute, the Mediator Office may at the request of the mediator decide that a party shall postptpone industrial action for which notice has been given for a consecutive period of at most 14 days for each industrial action or extension of an industrtrial action. Such a decision may only be issued once for each mediation assignment. This time limit shall be computed from the date when the action, according to the notification, shall be commenced or extended. The decision shall if possible be preceded by consultation with the parties.

The decision of the Mediator Office under the first paraggraph may not be appealed against. (SFS 2000:163)

Section 50 A party's obligation under Section 18 to make available to the other party any written document in the course of negotiations shall also apply in relation to a mediator who is participating in negotiations. (SFS 2000:163)

Section 51 A mediator may propose that the parties submit the dispute for determination by arbitration.

The Mediator Office may assist in the appointment of arbitrators.

If industrial action has been commenced, the Mediator Office may ay urge the parties to submit the dispute for determinaation by arbitration.

A mediator may not accept an appointment as an arbitrator in an industrial dispute, unless the Mediator Office permits this in a specific case. (SFS 2000:163)

Section 52 If a party has been sumummoned to discussions under Section 47, first paragraph, and does not attend, the Mediator Office may ay order the partyty, subject to a default fine, to attend discussions.

If a party who under Section 10 is obligated to negotiate, has been summoned to a

negotiation before the mediator but does not attend or if the e party in some other way fails to fulfil her/his/its obligations under Section 15, first paragraph, the Mediator Office may at the request of the mediator order the party, subject to a default fine, to fulfil such negotiation obligation.
A decision by the Mediator Office under the e first and second paragraphs may not be appealed against.
Actions concerning the judicial confirmation of default fines are brougght by the Mediator Office at the Labour Court. In n cases concerning the confirmation of a default fine, the Labour Court may also assess the reasonableness of the default fine. (SFS 2000:163)

Section 53 If a party fails to fulfifil its/her/his obligatiion under Section 47, third paragraph, to submit a copy of a collective bargaining aggreement, the Mediator Office may order the party, subject to a default fine, to submit a copy.
A decision of the Mediator Offffice under the first paragraph may not be appealed against.
An action concerning the judiicial confirmation of a default fine is brought by the Mediator Office at the Labour Court. In cases concerning the confirmation of a default fine, the Labour Court rt may also assess the reasonableness of the default fine. (SFS 2000:163)

Damages and other sanctions

Section 54 Unless otherwise provided below, an employer, , an employee, or an organisation in breach of this Act or a collective bargaining agreement shall pay compensation for any loss that is incurred.

Section 55 In assessing whether, and to what extent, a person has suffered loss, consideration shall also be given to such person's interest in compliance wiith statutory provisions or provisions in the e collective bargaining g agreement and to factors other than those of purely economic significance.

Section 56 Where an employer or an employee breaches a dututy of confidentiality that is referred to in this Act or improperly makes use of any information obtained that is subject to such duty of confideentiality, it/he/she shall pay compensation for any loss that is incurred. Where any representative of an employer or an organisatation commits an act t referred to in the first paragraph, the employer r or the organisation shall be liable for any loss incurred. No liability under Chapter 20, Section 3 of the Penal Code shall be incurred in cases referred to in this Section.

Section 57 An employees' organisation shall pay compensation for loss incurred where, in a dispute referred to in Section 33 or 34, such organisation has caused or approved the wrongful application of an aggreement or of this Act and where the organisation has no grounds for its position in the e dispute. This shall also apply where such organisation does not have grounds for a declaration under Section 39.
The employees' organisation will also be liable for damage suffered by the employer as a result of the abuse, in relation to him, by a representntative of the organisation of his position as a member of a special decision-making body established by agreement or where such person n acts with gross negligence in succh a position. (SFS 1994:1686)

Section 58 An employer who, without grounds, has demanded work under the second paragraph of Section 34, in the absence of extraordinary reasons as referred to therein, shall pay compensation fofor any loss incurred.

Section 59 Where an organisation n bound by a collective bargaining agreement, or a parent organisation to which such organisation n is affiliated, has organanised or occasioned unlawful industrial action, damages may not be awarded against an individual employer or employee as a consequence of his participation in such action. Damages may not be awarded against an empmployee where, with the approval of his organisation, he has refused to perform work that the employer has demanded under Section 34, second paragraph.

Section 60 Damages may be reduced or r waived entirely where such is reasonable under the circumstances.

In assessing an empmployee's liability for dammages under the first paragraph above for taking part in an unlawful industrial action, special consideration shaall be given to circumstances disclosed during discussions under Section 43 anand to the results of such discussions.

In proceedings concerning damages for employee participation in an unlawful industrial action, provided the dispute is still pending and the Court considers it to be unlawful, the Court shall, as soon as possible, order the employees to retururn to work. (SFS 1992:440)

Section 61 Where several persons are responsible for losses, liability for damages shall be divided amongst them according to that which is reasonaable having regard to the circumstances.

Section 62 Where damages may be payable under this Act due to an act or omission by an employee, no other sanction may be invoked against succh employee unless provided for by statute or by a collective bargaining agreement. The e above-mentioned provision shall also apply in circumstanances where no damages may ay be awarded against an employee by reason of Section 56, second paragraph, or Section 59.

Notwithstanding the first pararagraph, where a collective barargaining agreement provides for a sanction other than dammages, such sanction may also be applied to an employee who is not a member of the employees' organisation that entered into the agreement but who is engaged in the type of woork referred to in that agreement.

Notification sanction charge

Section 62a A person who fails to notiify the Mediator Office in accordancce with Section 45, shall be ordered to pay a notification sananction charge to the State. The notification sanction charge shall be fixed to at least t 30,000 kronor and at most

100,000 kronor. If there are special reasons, the notification sanction charge may ay be determined at a lower amount or be waived entirely.

A person who implements industrial action in violation of f the decision of f the Mediator Office under Section 49 that industrial action notified should be postponed, shall be ordered to pay an increased notification sanction n charge of at least t 30,000 kronor and at most 1 million kronor to the State. If there are special reasons, the notification sanction charge may be determined to be a lower amount or be waived entirely.

The notification sanction chargge is imposed by the distriict court on the action of the Mediator Office. The action shall be instituted d within one year frfrom the date when the notification should have been given or, as regards the increased notification sanction charge under the second pararagraph, on the date when n the industrial action was implemented. Failing this, an action may not be instituted. (SFS 2000:163)

Dispute negotiations and judicial proceedings

Section 63 The Labour Disputes (Judicial Procedure) Act (1974:371) shall apply to actions in which this Act shall be applied.

That prescribed for contentious civil cases, where settlement of the matter is not allowed, shall apply in matteers concerning cases under Section 62a. Appeal against a determination by a district court is made to the Labour Court. In such cases the Labour Disputes (Judicial Procedure) Act shall apply subject to that stated in the first sentence of this paragraph.

The provisions of Section 8 of the Default Fines Act (1985:206) concerning the procedure for cases concerning the judicial confirmation of default fines shall apply to cases concerning confirmation of default fines under Section 52, fourth paragraph and Section 53, third paragraph. (SFS 2000:163)

Section 64 Any person who possesses a right of negotiation under Section 10 and who wishes to claim damagges or any other remedy under this Act or a collective bargaining agreement, shall call for negotiations within n four months of becoming aware of the circumstances to which the claim relates and not later than two years after the occurrence of such circumstances. Where negotiations are to take place both locally and centrally under a collective bargaining agreement, the above-mentioned provision shall apply to the local negotiations. In such a case, central negotiations shaall be called for within two months of the conclusion of the local negotiations.

The first paragraph shall apply mutatis mutandis where a party referred to therein seeks a declaratory judgment that a legal l act or a provision in an agreement is invalid by reason that it constitutes a violation of the right of association.

Where a party fails to call for negotiations within n the time specified, he shall forfeit his right to negotiations.

Section 65 Actions in cases referreed to in Section 64 shall be brought within three months of the conclusion of negotiations. Where both local and central negotiations have taken place, such period shall be calculated froom the time at whiich the central negotiations were concluded. Wheere there have been n obstacles to negotiations that are not attributable to the plaintiffff, the period shall be calculated from the latest time at which negotiations should have been held.

Section 66 Where an organisation has failed to observe the time prescribed for negotiations or for commencing an n action, any person who is or has been a member of that organisation and who is affffected by the dispute may bring an action within one month of the expiry of that time. Where, under Chapter 4, Section 7 of the Labour Disputes (Judicial Procedure) Act (1974:371), the commencement of f such action is to be preceded by negotiations but such negotiations have not takaken place, that prescribed here shall apply as regards the right to call for negotiations. In succh cases, the action shall be brought within the time preescribed in Section 65.

In any dispute in which an employee cannot be represented by an organisation, he shall commence an action within four months of becoming aware of the circumstances to which that claim relates, and not later than two years after the occurrence of such circumstances.

Section 67 A claim for damages or any ny other remedy arising out of an unlawful industrial action may not be brought in any case later than three months after the termination of succh industrial action.

Section 68 A party who fails to commence an action within the time prescribed shall forfeit his right to such action.

Section 69 The provisions of Sections 33 - 35 and 39 do not constitute any y impediment to decisions under Chapter 15 of the Code of Judicial Procedure. (SFS 1994:1686)

Section 70 Repealed (SFS 1980:238).

Transitional provisions

SFS 1984:817
This Act shall enter into force on 1 Januarary 1985. The new provisions contained in Section 60 shall apply where liability for damages arises after the e entry into force of this Act. In all other cases, the previous wording of Section 60 shall apply.

SFS 1992:440
This Act shall enter into force on 1 July 1992. The previous wording of Section 60 shall apply where liability for damages arises prior to the entry into force of this Act.

SFS 1994:1686
This Act shall enter into force on 1 January 1995. An employer is, however, not obligated to enter into negotiations or give notice under the new provisions contained in Section 13, second paragraph and Section 15, second d paragraph, where such obligation n would result in negotiations being commenced or notice being given prior to the entry into force of this Act.

Employment Protection Act (1982:80)

Amendments: up to and including SFS 2007:391

Introductory provisions

Section 1 This Act applies to both public and private employees.

The following persons, however, are excluded from the application of this Act:

1. Employees whose duties and conditions of employment are such that they may be deemed to occupy a managerial or comparable position;
2. Employees who are members of the employer's family;
3. Employees employed for work in the employer's household;
4. Employees who are employed for work with special employment support or in sheltered employment or in development employment. (SFS 2005:1193)

Section 2 Separate provisions contained in other statutes or regulations enacted by statutory authority that deviate from this Act shall have precedence over conflicting provisions contained in this Act.

A contract is invalid to the extent that it excludes or limits employees' rights under this Act.

Deviations from Sections 5, 6, 22 and 25 - 27 may be made through a collective bargaining agreement. If the contract has not been entered into or approved by a central organisation of employees, it is required that a collective bargaining agreement entered into or approved by a central organisation of employees applies as regards other issues between the parties or that such a collective bargaining agreement is temporarily inapplicable. Subject to the same preconditions, it is also allowed to determine by collective bargaining agreement such more detailed calculation of benefits as referred to in Section 12.

Deviations from Sections 11, 15, 21, 28, 32, 33, 40 and 41 may also be made through a collective bargaining agreement entered into or approved by a central organisation of employees. Such collective bargaining agreements may also provide as follows:

1. Deviations from Sections 6 b - 6 e, provided that such agreement does not provide for the application to the employees of less beneficial rules than those prescribed under
   - Council Directive 77/187/EEC of 14 February 1977 on the approximation of the laws of the Member States relating to the safeguarding of employees' rights in the event of transfers of undertakings, businesses or parts of businesses.
   - Council Directive 91/533/EEC of 14 October 1991 on an employer's obligation to inform employees of the conditions applicable to the contract or employment relationship.
2. Deviations from Section 30a, as regards notification under Section l5; and
3. Deviations from Sections 30, 30a and 31, as regards the rights of the local organisation of employees.

Agreements prescribing deviations from the provisions contained in Section 21 may also be concluded outside collective bargaining agreement relations, provided such agreement requires the application of a collective bargaining agreement that has been concluded in under the fourth paragraph for the sector of business involved.

An employer who is bound by a collective bargaining agreement as referred to in the third or fourth paragraph above may also apply that agreement to employees who are not members of the organisation of employees that concluded the agreement, but who are employed in work governed by the agreement. (SFS 2006:440)

Section 3 For the purposes of Section 5, second paragraph, Sections 11, 15, 22, 25, 26 and 39, the following special provisions concerning the calculation of the length of employment shall apply:

1. An employee who changes employment by transferring from one employer to another may, with respect to the second employment, also be credited with the period of employment with the former employer if, at the time of the transfer, both employers belong to the same group of companies.
2. An employee who changes employment as a result of the transfer of an undertaking or business or part of a business from one employer to another by virtue of such

a transfer as is subject to Section 6 b, may include the period of employment with the former employer in the calculation of the period of employment with the subsequent employer. This also applies in connection with change of employment in conjunction with bankruptcy.

3. In the event of several such changes of employment as referred to in items 1 and 2 above, the employee may calculate the total period of employment with all the employers.

An employee who has been re-employed under Section 25 shall be deemed to have accrued the period of employment necessary to be entitled to notice under Section 15 and rights of priority under Section 25 SFS (2007:389).

The contract of employment

Section 4 Contracts of employment are valid for an indefinite term. Contracts of employment for fixed term may, however, be entered into under the circumstances mentioned in Sections 5 and 6. Where such a contract is entered into under other circumstances, the employee may, as provided for in Section 36, obtain a judicial declaration that the contract is valid for an indefinite term.

Notice terminating a contract of indefinite-term employment may be given by the employer or employee with effect following a certain period of notice. Unless otherwise agreed, or where otherwise provided in Section 5, second paragraph or Section 6, fixed-term employment expires without prior notice at the end of the period of the contract or upon the completion of the work contracted for. Section 33 contains separate provisions concerning the obligation to leave the employment at the age of 67 and in conjunction with the employee obtaining the right to full disability pension under the National Insurance Act (1962:381).

An employee may resign from his employment with immediate effect where the employer has in a fundamental respect failed to fulfil his obligations to the employee.

Under the circumstances mentioned in Section 18, an employer may terminate the employment with immediate effect by summary dismissal.

Under Sections 6, 8 - 10, 15, 16, 19, 20 and 28 - 33, an employer is obligated in certain circumstances to inform and engage in consultations with the employee and the relevant organisation of employees and to comply with certain procedures in connection with the entry into and cessation of contracts of employment. (SFS 2006:440)

Section 5 A contract of employment for a fixed term may be concluded
1. for a general fixed-term employment,
2. for a temporary substitute employment,
3. for a seasonal employment, and
4. when the employee has attained the age of 67.

If an employee has been employed for a period of five years by an employer either for a general fixed-term employment for in aggregate more than two years, or as a substitute for in aggregate more than two years, the employment is transformed into indefinite-term employment. (SFS 2007:391)

Section 5 a Repealed by SFS (2006:440).

Section 6 A contract for probationary employment of a limited duration may also be entered into, provided that the probationary period does not exceed six months.
Where the employer or employee does not wish the employment to continue after the expiry of the probationary period, notification of such must be given to the other party not later than at the expiry of the probationary period. In the absence of the above-mentioned notice, the probationary employment shall become indefinite-term employment.
Unless otherwise agreed, probationary employment may also be terminated prior to the expiration of the probationary period. (SFS 1994:1685)

Section 6 a Repealed on 1 July 2006 by SFS (2006:439).

Section 6 b In conjunction with the transfer of an undertaking, a business or a part of a business from one employer to another, the rights and obligations under contracts of employment and employment relationships that existed at the time of the transfer to the new employer shall also be transferred. The previous employer shall, however, be liable to the employee for any financial obligations that are related to the period prior to the transfer. This paragraph shall also apply to employees who are employed within the public sector or on sea-going vessels.

The provisions contained in the first paragraph shall not apply to transfers in conjunction with bankruptcies.

Nor shall the provisions contained in the first paragraph apply to old-age, invalidity, or survivor benefits.

Notwithstanding the provisions of the first paragraph, contracts of employment and employment relationships shall not be transferred to a new employer in the absence of consent to such by the employee. (SFS 1994:1685)

Section 6 c Not later than one month after the commencement of work by the employee, the employer shall provide written information to the employee of all the terms and conditions that are of material relevance to the employment contract or employment relationship. The employer is not bound to provide such information where the period of employment is less than three weeks.

The information shall contain at least the following particulars:

1. the names and addresses of the employer and employee, the commencement date of the employment and the workplace;
2. a short specification or description of the employee's duties, occupational designation or title;
3. whether the employment is for a fixed or indefinite term or whether it is probationary; and
   a) with respect to indefinite-term employment: the periods of notice applicable,
   b) with respect to fixed-term employment: the final date of employment or the conditions governing its termination, and what form of fixed-term employment the employment refers to;
   c) with respect to probationary employment: the length of the probationary period.

4. The starting rate of pay, other employment benefits and the intervals at which the pay is to be paid;
5. The length of the employee's paid annual leave and the length of the employee's normal working day or working week;
6. The collective bargaining agreement applicable, where relevant.

The information referred to in the second paragraph, item 3 a and 3 b, as regards the preconditions for the termination of the employment, item 4 and 5 may, provided it is appropriate, be provided in the form of references to acts, other enactments or collective bargaining agreements governing such issues. (SFS 2006:440)

Section 6 d As regards employees stationed abroad, the employer shall, if the posting is intended to endure for a longer period than one month, prior to departure provide written information to the employee in accordance with section 6 c, unless this has already been done.

The employer shall prior to departure also provide written information to the employee of at least

1. the term of employment abroad,
2. the currency in which the pay shall be paid,
3. when appropriate, the cash remuneration and benefits in kind that accompany the posting,
4. when appropriate, the conditions for home travel, and
5. when appropriate, the conditions that become applicable under Section 8 of the Foreign Posting of Employees Act (1999:678).

The information referred to in items 2 and 3 may, provided it is appropriate, be provided in the form of references to acts, other enactments or collective bargaining agreements governing such issues. (SFS 2006:439)

Section 6 e If the preconditions for the employment change through a decision of the employer or through an agreement between the employer and the employee and the change applies to some of the details that the employer has provided information about, or should have provided information about, the employer shall provide written information of the change within one month. (SFS 2006:439)

Section 6 f The employer shall provide employees with fixed term employment with information about indefinite-term employment and probationary employment vacancies. The information may be provided by it being made generally available at the workplace.

As regards employees with fixed-term employment who are on parental leave, the information shall, if the employee so requires, be provided directly to him or her. (SFS 2007:389)

Section 6 g The employer shall within three weeks following a request by an employee provide written information about the employee's aggregate period of employment.

When calculating the period of employment the special provisions contained in Section 3, first paragraph, shall apply. (SFS 2006:440)

Notice of termination by the employer

Section 7 Notice of termination by the employer must be based on objective grounds. Objective grounds for notice of termination do not exist where it is reasonable to require the employer to provide other work in his service for the employee.

The transfer of an undertaking, a business or a part of a business under Section 6 b shall not, per se, constitute objective grounds for giving notice of termination of employment. The above-mentioned prohibition shall not, however, prevent an employer from giving notice of termination of employment as a consequence of economic, technical or organisational reasons that include changes to the workforce.

Notice of termination that is based on circumstances relating to the employee personally may not be based solely on circumstances that were known to the employer for more than two months before notice was given under Section 30 or, if no such notice was given, two months before the termination date. However, the employer may base the notice of termination entirely on circumstances known to him for more than two months if upon request by the employee or with the consent of the employee the employer has delayed in providing the information or giving notice of termination or where there are extraordinary reasons for invoking such circumstances. (SFS 1994:1685)

Section 8 Notice of termination by the employer must be given in writing.

In the notice of termination, the employer must state the procedure to be followed by the employee in the event the employee wishes to claim that the notice of termination is invalid or to claim damages as a consequence of the termination. Such notice shall also state whether or not the employee has rights of priority concerning re-employment. Information shall also be included in the notice, where applicable, that notification is required in order for the employee to exercise such rights.

Section 9 The employer is obligated, upon request by the employee, to state the circumstances on which notice of termination is based. This statement must be in writing, where the employee so requests.

Section 10 Notice of termination must be delivered to an employee personally. Where this cannot reasonably be required, notice may instead be posted by registered letter to the employee's last known address.

Notice of termination shall be deemed effective when received by the employee. Where the employee cannot be reached and notice of termination has been dispatched by letter according to the first paragraph, notice of termination shall be deemed effective 10 days after the letter was submitted to the post office for delivery. If the employee is on holiday, notice of termination shall be deemed effective not earlier than the day after the holiday ends.

Period of notice of termination

Section 11 The minimum period of notice for both employer and employee shall be one month.

The employee is entitled to notice of termination of employment of:

two months, if the aggregate length of the employment with the employer is at least two but less than four years,

three months, if the aggregate length of the employment with the employer is at least four but less than six years

four months, if the aggregate length of the employment with the employer is at least six but less than eight years;

five months, if the aggregate length of the employment with the employer is at least eight but less than ten years;

six months, if the aggregate length of the employment with the employer is at least ten years.

If an employee who is on parental leave under Section 4 or 5 of the Parental Leave Act (1995:584) is given notice of termination owing to shortage of work, the period of notice shall start to run when the employee has completely or partially resumed work or, under the notice of parental leave that applies when the notice of termination is given when the employee would have resumed her or his work. (SFS 2007:389)

Pay and other benefits during the period following notice of termination

Section 12 An employee who has been given notice is entitled to retain pay and other employment benefits during the period of notice, notwithstanding that the employee is not assigned any duties or is assigned duties different from those the employee previously performed. (SFS 1984:1008)

Section 13 Where the employer has stated that the employee need not be available for work following notice of termination or need only work for part of the period of notice any income earned by the employee from other employment during the same period may be deducted by the employer from benefits payable under Section 12, first paragraph. The employer is also entitled to deduct income that the employee obviously could have earned from other suitable employment during this period. (SFS 1993:718)

Section 14 An employee who has been given notice of termination may not be transferred to another locality during the period of notice, if the employee's opportunities of seeking new employment are thereby impaired to an extent that is not insignificant.

An employee who has received notice of termination is also entitled, during the period of notice, to reasonable leave of absence from the employment with full employment benefits in order to visit an employment agency or otherwise seek work.

Notification that fixed-term employment will not be continued

Section 15 An employee who is employed for a fixed term as provided in Section 5 and who will not be given further employment when the employment ends, must be notified to this effect by the employer not less than one month before the expiration of the period of employment. Entitlement to such notification shall be contingent upon the employee, upon the expiration of employment, having been employed by the employer for more than twelve months during the past three years. Where the period of employment is too short for notification to be given one month in advance, it shall instead be given upon the commencement of employment.

Where a seasonal employee, who at the end of the employment has been employed by the employer for a specific season for more than six months during the past two years, will not be given further seasonal employment at the beginning of the new season, the employer must notify the employee to this effect at least one month prior to the commencement of the new season. (SFS 2007:390)

Section 16 Notification under Section 15 must be in writing.

The employer must state in the notification the procedure to be followed by the employee in the event the employee wishes to initiate proceedings to have the contract declared to apply as an indefinite-term employment, or to claim damages for a breach of Section 4, first paragraph of this Act. The notification must also inform the employee whether or not the employee is entitled to rights of priority in connection with re-employment. Information shall also be included in the notice,

where applicable, that notification is required in order for the employee to exercise such rights.
Notification must be delivered to the employee personally. If this cannot reasonably be required, notification may instead be posted by registered letter to the employee's last known address.

Section 17 An employee who has received notification under Section 15, first paragraph, is entitled to a reasonable leave of absence with full employment benefits in order to visit an employment agency or otherwise seek work.

Summary dismissal

Section 18 An employee may be summarily dismissed where he has grossly neglected his obligations to the employer.
Summary dismissal may not be based solely on circumstances that were known to the employer more than two months before notice was given under Section 30 or, where no such notice was given, two months before the date of dismissal. However, the employer may base the summary dismissal entirely on circumstances known to him for more than two months if upon the request of the employee or with the consent of the employee the employer has delayed the giving of notice or dismissal or where there are extraordinary reasons for invoking such circumstances. (SFS 1993:1496)

Section 19 Notice of summary dismissal by the employer must be given in writing.
The employer shall state in the notice of summary dismissal the procedures that the employee must comply with in the event the employee wishes to claim that the dismissal is invalid or wishes to claim damages as a consequence of the dismissal.
The employer is obligated, upon request by the employee, to state the circumstances on which notice of summary dismissal is based. This statement must be in writing, where the employee so requests.

Section 20 Notice of summary dismissal must be delivered to an employee personally. Where this cannot reasonably be required, notice may instead be posted by registered

letter to the employee's last known address.
Notice of summary dismissal shall be deemed given when communicated to the employee. Where the employee cannot be reached and notice of summary dismissal has been dispatched by letter as provided in the first paragraph, notice of summary dismissal shall be deemed given 10 days after the letter was submitted to the post office for delivery. If the employee is on holiday, notice of dismissal shall be deemed given not earlier than the day after the holiday ends.

Pay and other benefits during lay offs

Section 21 An employee who is laid off is entitled the same pay and other employment benefits as if the employee had been allowed to continue his or her duties. This however, does not apply where the lay off is a consequence of the seasonal nature of the work or the fact that the work is otherwise inherently intermittent. (SFS 1984:1008)

Order of priority in connection with termination of employment

Section 22 In the event of notice of termination on the grounds of shortage of work, the employer shall observe the following rules on priority.
Before order of termination is determined, an employer with at most ten employees, irrespective of the number of in the group subject to order of priority rules, may exempt at most two employees who, in the opinion of the employer, are of particular importance for the future activities. When computing the number of employees at the employer, employees referred to in Section 1 are not included. The or those employees who are exempted have priority for continued employment.
Where the employer has several operational units, the order of termination shall be determined separately within each unit. The circumstance alone that one employee has his workplace at his home, does not mean that the workplace comprises a separate operational unit. If the employer is, or is usually, bound by a collective bargaining agreement, a special order of termination shall be established for each agreement

sector. Where, under circumstances as mentioned above, there are several production units in the same locality, a single order of termination shall be drawn up for all the units in the locality that fall within the agreement sector of an organisation of employees, provided the organisation makes a request to this effect not later than the time for negotiations under Section 29.

The order of termination for those employees who are not exempted is determined on the basis of each employee's total time of employment with the employer. Employees with longer employment times shall have priority over employees with shorter employment times. In the event of equal employment times, priority shall be given to the older employee. Where it is only possible to offer continued work to an employee with the employer following a re-location of the employee, priority shall be contingent on the employee possessing satisfactory qualifications for the continued work. (SFS 2000:763)

Section 23 An employee who has reduced working capacity and who has, therefore, been given special duties by the employer shall be given priority for continued work, notwithstanding the rules on priority, where such can be accomplished without serious inconvenience to the employer.

Section 24 Repealed (SFS 1984:1008).

Rights of priority for re-employment, etc.

Section 25 Employees whose employment has been terminated as a consequence of shortage of work shall have rights of priority for re-employment in the business in which they were previously employed. The above-mentioned rights shall also apply with respect to employees who have been employed for a fixed term as provided in Section 5 and who have not been given continued employment due to a shortage of work. The right to priority, however, shall be contingent upon the employee having been employed by the employer for a total of more than twelve months during the last three years or, in the case of a former seasonal employee's right to priority for new seasonal employment, six months during the past two years, provided the employee is sufficiently qualified for the new employment.

The right to priority shall apply from time of the notice of termination or when notice was given or should have been given under Section 15, first paragraph, and thereafter until nine months from the date that the employment ceased. With respect to seasonal employment, rights of priority shall instead apply from the time when notice was given or should have been given under Section 15, second paragraph, and thereafter until nine months have elapsed from the commencement of the new season.

Where during the above-mentioned periods of time the undertaking, the business or the part of the business in which the activities are conducted has been transferred to a new employer by such a transfer as is subject to Section 6 b, the right to priority shall apply with respect to the new employer. Rights of priority shall also apply in circumstances where the previous employer was put into bankruptcy.

Where the employer has several production units, or if the employer's business involve several collective bargaining agreement sectors, the rights of priority shall apply to employment within the unit and the collective bargaining agreement sector to which the employee belonged at the termination of the previous employment. Where, under such circumstances, there are several production units in the same locality, priority within the collective bargaining agreement sector of an organisation of employees shall apply to all of the employer's production units in the locality, provided such a request is made by the organisation not later than the time for negotiations as provided for in Section 32. (SFS 2007:390)

Section 25 a Notwithstanding Section 25, a part-time employee who has notified his or her employer that he or she desires to have employment at a higher level of occupation, though at most full-time, has a priority right to such employment. This right is contingent upon the employer's need of labour being satisfied by the part-time employee being employed at a higher level of occupation and that the part-time employee is adequately qualified for the new work tasks.

If an employer has several production units, the priority right applies to employment at the unit where the employee is engaged part-time.
The priority right does not apply as regards a person who is entitled to re-allocation of work under Section 7, second paragraph. (SFS 2006:440)

Section 26 Where several employees are entitled to priority for re-employment under Section 25 or priority right to employment at a higher level of occupation under Section 25 a, the order in which they are inter se to be re-employed shall be determined on the basis of each employee's total period of employment with the employer. Employees who have longer periods of employment shall have priority over employees with shorter periods of employment. In the event of equal periods of employment, the employee who is senior in age shall be given priority. (SFS 1996:1424)

Section 27 Where notice regarding the right of priority to re-employment has been given under Section 8, second paragraph or Section 16, second paragraph, the right of priority may not be exercised by the employee prior to notice by the employee to the employer of his intention to exercise such right.
An employee who accepts an offer of re-employment shall not be obligated to commence the new employment until after a reasonable period of transition.
Where an employee declines an offer of re-employment that the employee should reasonably have accepted, any right to priority shall be forfeited.

Negotiations, etc.

Section 28 An employer who is bound by a collective bargaining agreement and who enters into a contract of fixed-term employment regarding work governed by the collective bargaining agreement, shall immediately notify the relevant local organisation of employees of the contract of employment. Such notice shall also be given when a collective bargaining agreement is temporarily not in force.

However, no such notice need be given where the period of employment is not more than one month.

Section 29 Sections 11 - 14 of the Employment (Co-determination in the Workplace) Act (1976:580) shall apply in respect of the duty of employers to enter into negotiations before deciding on termination of employment on the grounds of a shortage of work, lay-offs or re-engagement following lay-offs. (SFS 1989:963)

Section 30 An employer who wishes to summarily dismiss an employee or to give notice terminating employment for reasons relating to the employee personally, shall inform the employee of this in advance. Information concerning termination shall be given at least two weeks in advance. Information concerning summary dismissal shall be given at least one week in advance. If the employee is a union member, the employer shall notify the local organisation of employees to which the employee belongs at the same time as notice is given to the employee.

The employee and the local organisation of employees to which the employee belongs are entitled to consultations with the employer concerning the measure to which the information and the notice relate. This shall apply provided that such consultations are requested not more than one week after information or notice was given.

Where such consultations have been requested, the employer may not give notice of termination or summarily dismiss the employee until the consultations have been concluded.

Section 30 a An employer who gives an employee notice, under Section 15, of the termination of fixed-term employment, shall at the same time notify the local organisation of employees to which the employee belongs.

The employee and the local organisation of employees are entitled to enter into consultations with the employer concerning the notice. (SFS 1989:963)

Section 31 An employer who intends to give notice to an employee that probationary employment will be terminated prematurely, or that such employment will be terminated without it being converted into indefinite-term employment, shall notify the employee of such at least two weeks in advance. Where the employee is a union member, the employer shall notify the local organisation of employees to which the employee belongs at the same time as notice is given to the employee.

The employee, and the local organisation of employees to which the employee belongs, shall be entitled to consultations with the employer concerning the notice.

Section 32 An employer who intends to employ an employee under circumstances where another person has rights of priority for re-employment in the business or rights of priority for employment at a higher level of occupation, shall first negotiate with the relevant organisation of employees under Sections 11 - 14 of the Employment (Co-determination in the Workplace) Act (1976:580). The above-mentioned provision shall also apply where a question arises as to which of several persons with rights of priority shall obtain re-employment or employment at a higher level of occupation. (SFS 1996:1424)

Right to remain in the employment up to the age of 67

Section 32 a An employee is entitled to remain in the employment up to the end of the month when he or she attains the age of 67, unless otherwise prescribed by this Act. (SFS 2001:298)

Section 33 An employer desiring an employee to leave his or her employment at the end of the month when he or she attains the age of 67 shall give the employee at least one month's written notice of such desire.

An employer desiring an employee to leave his or her employment upon becoming entitled to full disability pension that is not for a fixed period under the National Insurance Act (1962:381) shall give the employee written notice of such desire immediately upon the employer learning of the decision concerning disability pension.

An employee who has reached the age of 67, shall not be entitled to more than one month's notice of termination and shall not have rights of priority as mentioned in Sections 22, 23, 25 and 25 a. (SFS 2002:195)

Disputes regarding the validity of notices of termination or summary dismissal, etc.

Section 34 Where notice of termination is given without objective grounds, the notice shall be declared invalid upon the application of the employee. However, the above-mentioned provision shall not apply where the notice of termination is challenged solely on the grounds that it is in breach of the rules regarding priority.

If a dispute arises concerning the validity of a notice of termination, the employment shall not terminate as a consequence of the notice prior to the final adjudication of the dispute. Nor may the employee be suspended from work as a consequence of the circumstances that caused the notice to be given, in the absence of special reasons for such. The employee shall be entitled to pay and other benefits under Sections 12 - 14 for the duration of the employment.

Pending final adjudication of the dispute, a court may rule that employment will terminate at the expiration of the period of notice, or at a later time determined by the court, or that a current suspension shall be discontinued.

Section 35 Where an employee has been summarily dismissed under circumstances that would not constitute grounds for a valid notice of termination, the summary dismissal shall be declared invalid upon the application of the employee.

Where such an application is brought, a court may order that the employment shall continue, notwithstanding the summary dismissal, pending final adjudication of the dispute.

Where a court has issued an order under the second paragraph the employee may not be suspended from work by the employer as a consequence of the circumstances that caused the summary dismissal. The employee shall be entitled to pay and other benefits under Sections 12 - 14 for the duration of the employment.

Section 36 A contract of employment, the term of which has been limited in contravention of Section 4, first paragraph, shall, upon the application of the employee, be declared valid for an indefinite term.

Where such an application is brought, a court may order that the employment shall continue, notwithstanding the contract, pending final adjudication of the dispute. The employee shall be entitled to pay and other benefits under Sections 12 - 14 for the duration of the employment.

Section 37 Where a court has issued a final order that a notice of termination or a summary dismissal is invalid, the employer may not suspend the employee from work as a consequence of the circumstances that caused the notice of termination or summary dismissal.

Damages

Section 38 An employer who violates this Act shall be liable for damages for loss suffered by the employee as well as pay and other employment benefits to which the employee may be entitled. An employee who fails to comply with the notice obligations mentioned in Section 11, first paragraph, shall be liable for damages to the employer.

Damages under the first paragraph may comprise both compensation for losses sustained and for violation of the Act. Compensation for losses in respect of the period following the cessation of employment may not, under any circumstances, exceed the amount mentioned in Section 39.

Where reasonable, damages may be reduced, in whole or in part.

Section 39 Where an employer refuses to comply with a court order that notice of termination or a summary dismissal is invalid, or that a fixed-term employment shall be valid for an indefinite term, the employment relationship shall be deemed to have been dissolved. As a consequence of the employer's refusal to comply with the court order, the employer shall pay damages to the employee under the following provisions.

Damages are to be determined according to the employee's total period of employment with the employer at the time of dissolution of the employment

relationship, and shall correspond to the following amounts:
16 months' pay for less than five years of employment;
24 months' pay for at least five years but less than ten years of employment;
32 months' pay for ten or more years of employment;
Damages may not be determined, however, in such a manner that such damages are calculated on the basis of a greater number of months than have actually been commenced with the employer. Where the employee has been employed by the employer for less than six months, the amount assessed shall correspond to six months' pay. SFS (2007:389).

Limitations

Section 40 An employee who intends to initiate proceedings to have a notice of termination or a summary dismissal declared invalid shall notify the employer of such intention not later than two weeks after notice of termination was given or summary dismissal has occurred. Where, however, the employee has not been informed of the procedures to be followed concerning invalidation, as provided in Section 8, second paragraph, or Section 19, second paragraph, the period of limitation shall be one month from the day on which the employment was terminated.
Where an employee claims that the term of a contract of employment has been limited in violation of Section 4, first paragraph, and where such employee intends to initiate proceedings to have the contract declared valid for an indefinite term, he shall notify the employer to this effect not later than one month after the expiration of the period of employment.
Where negotiations have been demanded within the period of notice in respect of a matter governed by the Employment (Co-Determination in the Workplace) Act (1976:580), or by a collective bargaining agreement, proceedings must be commenced not more than two weeks after the conclusion of the negotiations. In circumstances other than those referred to above, proceedings shall be commenced within two weeks of the expiry of the period of notice.

Section 41 Any person who wishes to claim damages or advance other claims based upon the provisions of this Act shall notify the other party to this effect not more than four months after the date on which the action giving rise to the damages was taken or the claim became payable. Where an employee has not been informed of the procedures to be followed for bringing a claim for damages as referred to in Section 8, second paragraph, or Section 19, second paragraph, the period of notice shall be calculated commencing on the day on which the employment was terminated. Where the employee's claim relates to a breach of Section 4, first paragraph, the period of limitation shall commence at the expiry of employment. If the employee's claim relates to a breach of Section 6 f, the time limit is counted from the date on which anyone was appointed to the vacant employment.

Where negotiations have been demanded within the period of notice in respect of a matter governed by the Employment (Co-Determination in the Workplace) Act (1976:580), or by a collective bargaining agreement, proceedings must be commenced not more than four months after the conclusion of the negotiations. In circumstances other than those referred to above, proceedings shall be commenced within four months of the expiry of the period of notice. (SFS 2006:439)

Section 42 A claim shall lapse where notice has not been given or proceedings have not been commenced in respect thereof within the period stated in Sections 40 or 41.

Proceedings

Section 43 Proceedings concerning the application of this Act shall be conducted in accordance with the Labour Disputes (Judicial Procedure) Act (1974:371). Proceedings under Sections 34 - 36 shall be conducted expeditiously.

An application for a court decision under Section 34, third paragraph, Section 35, second paragraph, or Section 36, second paragraph shall not proceed prior to the other party first having been afforded the opportunity to express his views. Where, however, harm may result from a delay, the court may grant the application pending an order to the contrary. An interlocutory order by a district court may be appealed against separately. (SFS 1994:1046)

Transitional provisions

SFS 1984:510

This Act shall enter into force on 1 July 1984 and shall apply to local collective bargaining agreements that are entered into after such date.

SFS 1984:1008

This Act shall enter into force on 1 January 1985. Agreements in respect of lay-offs, which were entered into prior to the entry into force of this Act shall be without effect to the extent such agreements deviate from this Act.

SFS 1989:428

This Act shall enter into force on 1 July 1989. Previous provisions shall continue to apply with respect to persons who, following the entry into force of this Act, remain in youth employment in the public sector.

SFS 1989:963

This Act shall enter into force on 1 January 1990.

Where notice or advance has been given prior to the entry into force of this Act that a fixed-term employment shall terminate, the previous provisions of this Act shall continue to apply to such relationship after the entry into force of this Act.

SFS 1990:1357

1. This Act shall enter into force on 1 April 1991.
2. The new provisions in Section 5 shall only apply to contracts of employment that were entered into after the entry into force of this Act. The previous provisions shall apply to contracts of employment entered into prior to the entry into force of this Act.
3. The previous provisions of Section 33, first paragraph, shall apply to employees who attained the age of 65 prior to 1 May 1991.

SFS 1993:718

This Act shall enter into force on 1 July 1993. The previous provisions shall continue to apply where the period of notice commenced prior to the entry into force of this Act. SFS 1993:1496

1. This Act shall enter into force on 1 January 1994.
2. Repealed (SFS 1994:1685).
3. With respect to employment conditions at the time of the entry into force of this Act, the employer shall, upon request by the employee, provide such information as is referred to in Section 6 a within two months of such request.
4. The new provisions in Section 7, third paragraph and Section 18, second paragraph shall only apply in respect of circumstances of which the employer became aware following the entry into force of the new provisions. In all other circumstances, the provisions shall be governed by the previous provisions.
5. Previous provisions in respect of rights of priority under Section 22 shall apply in conjunction with negotiations under the Employment (Co-Determination in the Workplace) Act (1976:580) regarding termination as a consequence of a shortage of work, provided negotiations were demanded prior to the entry into force of this Act.

SFS 1994:1685

1. This Act shall enter into force on 1 January 1995.
2. This Act shall not, however, apply with respect to a transfer of an undertaking, a business or a part of a business that occurred prior to the entry into force of this Act.
3. Previous provisions in respect of rights of priority under Section 22 shall apply in conjunction with negotiations under the Employment (Co-Determination in the Workplace) Act (1976:580) regarding termination as a consequence of a shortage of work, provided negotiations were demanded prior to the entry into force of this Act.

SFS 1996:1424

1. This Act shall enter into force, as regards Section 2 on 1 July 1997, as regards Section 5, second paragraph, on 1 January 2000, and otherwise on 1 January 1997.
2. As regards contracts of employment that have been entered into before 1 January 1997, Section 11 applies with its former wording.
3. As regards a person who has acquired rights of priority for re-employment under Section 25 before 1 January 1997, Section 25 applies with it former wording.
4. When applying the provisions concerning period of employment in Section 15, firs paragraph, and Section 25, first paragraph, periods of employment before 1 January 1995 are ignored.

SFS 2001:298

1. This Act enters into force on 1 September 2001.
2. Collective bargaining agreement that has been concluded prior to the entry into force of the Act, apply notwithstanding Section 32 a until the agreement has expired, though at most up to and including the end of year 2002.
3. Regulations imposing an obligation to resign shall apply under the Regulation on Occupational Pension and Occupational Group Life Insurance for certain Employees with Non-government Employment (1991:1427), as worded on 1 January 2001, shall apply notwithstanding Section 32 a until the Pension Scheme for Employees with the Government and others has expired, though at most up to and including the end of year 2002.

SFS 2002:195

1. This Act enters into force on 1 January 2003. Older provisions shall still be applied concerning pension relating to periods before the entry into force.

SFS 2006:439

1. This Act enters into force on 1 July 2006.
2. The provisions of the repealed Section 6 a shall be applied instead of the provisions of Sections 6 c - e as regards contracts of employment concluded prior to 1 July

2006.

SFS 2006:440

1. This Act enters into force on 1 July 2007.
2. Sections 2, 4, 5, 5 a, 6 c, 15, 25 and 25 a, as previously worded, apply to contracts of employment concluded prior to 1 July 2007.
3. In calculating the time of employment for a temporary substitute employment under section 5, paragraph two, temporary substitute employment before 1 July 2007 shall be taken into account.
4. Repealed by SFS (2007:390).

SFS 2007:389

1. This act enters into force on 1 July 2007.
2. For employees terminated before 1 July 2007, the repealed provisions of section three shall apply.
3. The older provisions of section 3 and 39 shall apply as regards deciding the amount of damages relating to a court verdict announced before 1 July 2007.

SFS 2007:391

1. This Act enters into force 1 January 2008.
2. The provisions of repealed Section 5 shall apply as regards employment agreements entered into before 1 January 2008.
3. In calculating the time of employment for a temporary substitute employment, time in temporary substitute employment before 1 January 2008 shall be taken into account.

참고문헌(Bibliography)

European Commission, 'Social Dialogue', 2012.

'European Social Dialogue', 2012, p.58.

N.N.J. (Nanda) Kurstjens, "The Dutch Polder Model: Social Pacts", Radboud University Nijmegen, 2015.

C. Maxwell Watson, Bas B. Bakker, Jan Kees Martin, Ioannis Halikias, "The Netherlands: Transforming a Market Economy", IMF, 1999.

Juhana Vartianinen, 'The labour Market in Finland: Institutions and Outcomes', Prime Minister's Office, 1998.

Dr. Jörg Weingarten, 'Short Summary – Germany: Social Dialogue in Times of the Crises'.

Glyn Gaskarth, 'The Hartz Reforms', 2014.

ILO, 'Social dialogue and tripartism', 2018.

한국노동연구원, '노사정위원회 활동평가 및 발전방안에 관한 연구, 2002.

경제사회발전노사정위원회, '경제사회발전노사정위원회 20년, 2017.

배인연, '독일노동법과 노사관계', (주)중앙경제, 2016.

최종태, 서울특별시노사정 서울MOEL협의회 10년 발자취, 2010.

Inge Lippert, Tony Huzzard, Ulrich Jüggens, William Lazonick, "Coporate Governance, Employee Voice, and Work Organization", Oxford University Press, 2014.

Johan Bo Davidsson, 'The First Real Ghent System', For presentation at the ESPAnet Anniversary Conference, Edinburgh, 2012.

Janine Leschke, Günther Schmid, Dorit Griga, On the Marriage of Flexibility and Security: Lessons from the Hartz-reforms in Germany, WZB Social Science Research Center Berlin, April 2006.

Case C-341/05 Laval un Partneri Ltd v Svenska Byggnadsarbetareförbundet,

Svenska Byggnadsarbetareförbundets avdelning 1, Byggettan and Svenska Elektrikerförbundet, 2007.12.18.

CJEU, C-287/04 유럽이사회 v. 스웨덴 사건.

Ronnie Eklund, Tore Sigeman and Laura Carlson, 'Swedish Labour and Employment Law Cases and Materials', IUSTUS FŐRLAG, 2008.

CJEU Case C-441/99, C-321/97.

Gabriella Sebardt, 구조조정과 스웨덴 모델, 국내와 국제적인 내용에 있어서 고용보장에 대한 스웨덴 단체협약(diss), Iustus Förlag, Uppsala 2005.

Annamaria Westregård, '스웨덴 질병보험체계와 유연화의 영향에 대한 노동법의 변화', EuZA, 2012.

2008-2009년 스웨덴에서의 노동자들의 자유이동에 대한 보고서, 2009.

B. Nysrtöm, 'Active Ageing and Labour Law in Sweden', in F. Hendrickz (ed.), Active Ageing and Labour Law, Intersentia 2012.

A. Numhauser-Henning and M. Rönnmar, '강제퇴출과 연령차별-the Swedish Hörnfeldt Case Put in Perspective', in Essays in Honour of Michael Bogdan, Juristförlager, 2012.

B. Nystrōm, '다양성, 평등과 통합. Law and Practice: Swedish Country Report', in R. Blanpain (ed.), Diversity, Equality and Intergation, Beyond the Law: a Comparative Study, Vande Broelle, Bruges 2008.

R. Nielsen, Employers' Prerogatives – in a European and Nordic Perspective, Handelshōjskolens Forlag, Copenhagen 1996.

M. Rōnnmar, 'The Right to Ditect and Allocate Work', in A. Numhauser-Henning (ed.), Legal Perspectives on Equal Treatment and Non-Discrimination, Kluwer 2001.

'Minijob - Midijob: Baustein für die Rente', Deutsche Rentenversicherung Sicherheit für Generation, 2018.

B. Nystrőm, '스웨덴에서의 파견노동 규제'.

R. Blanpain, F. Hendrickx (eds.), 유럽연합과 미국에서의 임시 파견노동, 노동관계

비교 논고 No. 82, Wolters Kluwer 2013.

Ronnie Eklund, Tore Sigeman and Laura Carlson, 'Swedish Labour and Employment Law Cases and Materials', IUSTUS FŐRLAG, 2008.

Eklund, BOLAGISERING – ETT MODE ELLER MĂSTER ARBETSRĂTTSLIGA LŌSNINGSMODELLER I 2I KONCERNER Juristfōrlager 1992.

Ronnie Eklund, Tore Sigeman and Laura Carlson, 'Swedish Labour and Employment Law Cases and Materials', IUSTUS FŐRLAG, 2008.

Ronnie Eklund, Tore Sigeman and Laura Carlson, 'Swedish Labour and Employment Law Cases and Materials', IUSTUS FŐRLAG, 2008.

ECHR AB Kurt Kellerman v. Sweden, Application no. 41579/98, 2004.

'스웨덴 조정 사무소의 연차 보고서 2013.

R. Fahlbeck and T. Sigeman, *European Employment and Industrial Relations Glossary*; Sweden, Sweet & Maxwell, Office for Official Publications of the European Communities, 2001.

Folke Schmidt, '스웨덴에서의 법과 노사관계', Almqvist & Wiksell International, Stockholm 1977.

B. Nysröm, 'European Works Council: Sweden', in International Encyclopaedia for Laws: Labour Law and Industrial Relations, Blanpain (ed.) Kluwer Law International 2013.

Index

①

②

⑨

Ⓒ

Ⓔ

Ⓖ

Ⓣ

㉠

ㄴ

ㄷ

ㄹ

ㅁ

ㅂ

ⓩ

ㅎ